33.遯	34.大壯	35.晉	36.明夷	37.家人	38.睽	39.蹇	40.解
卦詞 4-256	卦詞 4-281	卦詞 4-304	卦詞 4-337	卦詞 5-25	卦詞 5-52	卦詞 5-88	卦詞 5-110
初六 4-258	初九 4-283	初六 4-310	初九 4-341	初九 5-29	初九 5-57	初六 5-94	初六 5-115
六二 4-260	九二 4-285	六二 4-314	六二 4-348	六二 5-31	九二 5-61	六二 5-96	九二 5-117
九三 4-263	九三 4-286	六三 4-318	九三 4-353	九三 5-35	六三 5-64	九三 5-99	六三 5-120
九四 4-267	九四 4-291	九四 4-320	六四 4-358	六四 5-42	九四 5-69	六四 5-101	九四 5-125
九五 4-270	六五 4-294	六五 4-324	六五 4-362	九五 5-44	六五 5-73	九五 5-102	六五 5-128
上九 4-271	上六 4-297	上九 4-327	上六 4-366	上九 5-46	上九 5-76	上六 5-104	上六 5-130

41.損	42.益	43.夬	44.姤	45.萃	46.升	47.困	48.井
卦詞 5-138	卦詞 5-172	卦詞 5-205	卦詞 5-240	卦詞 5-270	卦詞 5-302	卦詞 5-326	卦詞 5-365
初九 5-147	初九 5-177	初九 5-213	初六 5-243	初六 5-277	初六 5-307	初六 5-331	初六 5-373
九二 5-152	六二 5-180	九二 5-217	九二 5-249	六二 5-282	九二 5-309	九二 5-336	九二 5-376
六三 5-154	六三 5-185	九三 5-221	九三 5-252	六三 5-287	九三 5-312	六三 5-342	九三 5-381
六四 5-158	六四 5-192	九四 5-225	九四 5-256	九四 5-290	六四 5-313	九四 5-347	六四 5-384
六五 5-161	九五 5-194	九五 5-231	九五 5-259	九五 5-292	六五 5-316	九五 5-352	九五 5-386
上九 5-166	上九 5-198	上六 5-236	上九 5-263	上六 5-296	上六 5-318	上六 5-357	上六 5-388

49.革	50.鼎	51.震	52.艮	53.漸	54.歸妹	55.豐	56.旅
卦詞 6-24	卦詞 6-58	卦詞 6-97	卦詞 6-130	卦詞 6-162	卦詞 6-194	卦詞 6-227	卦詞 6-269
初九 6-31	初六 6-63	初九 6-105	初六 6-138	初六 6-167	初九 6-198	初九 6-234	初六 6-273
六二 6-34	九二 6-68	六二 6-107	六二 6-141	六二 6-171	九二 6-203	六二 6-239	六二 6-278
九三 6-36	九三 6-73	六三 6-112	九三 6-145	九三 6-175	六三 6-207	九三 6-247	九三 6-281
九四 6-41	九四 6-80	九四 6-115	六四 6-150	六四 6-180	九四 6-211	九四 6-253	九四 6-284
九五 6-45	六五 6-89	六五 6-117	六五 6-152	九五 6-183	六五 6-212	六五 6-256	六五 6-288
上六 6-47	上九 6-92	上六 6-122	上九 6-156	上九 6-187	上六 6-219	上六 6-258	上九 6-292

57.巽	58.兌	59.渙	60.節	61.中孚	62.小過	63.旣濟	64.未濟
卦詞 6-303	卦詞 6-337	卦詞 6-355	卦詞 6-385	卦詞 7-27	卦詞 7-61	卦詞 7-91	卦詞 7-127
初六 6-307	初九 6-340	初六 6-359	初九 6-392	初九 7-37	初六 7-68	初九 7-96	初六 7-135
九二 6-310	九二 6-342	九二 6-361	九二 6-396	九二 7-41	六二 7-71	六二 7-100	九二 7-137
九三 6-314	六三 6-344	六三 6-366	六三 6-398	六三 7-47	九三 7-74	九三 7-105	六三 7-138
六四 6-317	九四 6-345	六四 6-367	六四 6-400	六四 7-51	九四 7-76	六四 7-110	九四 7-141
九五 6-322	九五 6-348	九五 6-373	九五 6-403	九五 7-54	六五 7-81	九五 7-116	六五 7-145
上九 6-327	上六 6-350	上九 6-376	上六 6-405	上九 7-57	上六 7-85	上六 7-122	上九 7-149

譯註 周易四箋 5

Four Methods of Exposition on the Book of Change

옮긴이 방인(方仁)은 1980년에 서울대학교 인문대학 철학과를 졸업하였으며, 1983년에 한국학중앙연구원 부설 한국학대학원에서 「다산역학(茶山易學)사상에 대한 연구」로 석사학위를 취득하였다. 1995년에는 서울대학교 철학과에서 「태현(太賢)의 유식(唯識)철학연구」로 박사학위를 취득하였다. 다산역학과 관련해서는 「다산의 「역론(易論)」을 통해 본 卜筮의 모의실험적 기능」(『주역연구』 제4집, 한국주역학회, 1999) 등 7편의 논문을 발표하였으며, 중문(中文)으로는 「茶山易的辨證法」(『第五屆韓國傳統文化國際學術硏討會論文集』, 南京大, 2005) 등 2편, 영문(英文)으로는 "A Semiotic Approach to Understanding Tasan Chŏng Yakyong's Philosophy of Yijing"(*Review of Korean Studies*, Academy of Korean Studies, 2000) 등 3편의 논문을 발표하였다. 1989년 이래 경북대학교 인문대학 철학과 교수로 재직하고 있으며, 미국의 하버드대학 옌칭연구소와 캐나다의 브리티시 컬럼비아대학(UBC) 한국학연구소의 객원교수(Visiting Scholar)를 역임하였다.

옮긴이 장정욱(張正郁)은 1989년에 경북대학교 경상대학 회계학과를 졸업했으며, 동 대학원 철학과 박사 과정을 수료했다. 현재 대구와 인근의 대학에 출강하고 있으며, 도가(道家) 연구 동아리인 '삼현관(三玄觀)'의 모임을 이끌고 있다. 다산(茶山)의 『역학서언(易學緖言)』 중 「현산역간(玆山易柬)」(『다산학』 4호, 다산학술문화재단, 2003), 「사수고점박(沙隨古占駁)」(『다산학』 6호, 다산학술문화재단, 2005)을 번역하였고, 논문으로는 「노자(老子)의 현실인식과 사유와 실천」(경북대 석사논문, 1993), 「역상(易象)의 적용방식과 설정원리에 대한 분석－다산의 『周易四箋』을 중심으로」(대한철학회, 『철학연구』 75집, 2000), 「역사(易詞)에 나타나는 '유부(有孚)'의 의미－다산(茶山) 「역례비석(易例比釋)」의 '유부'례(有孚例)를 중심으로」(한국주역학회, 『주역연구』 제6집, 2001) 등이 있다.

역주譯註 **주역사전**周易四箋 **5**

1판 1쇄 발행 2007년 08월 20일
1판 2쇄 발행 2014년 04월 20일
1판 3쇄 발행 2017년 09월 30일
1판 4쇄 발행 2024년 01월 31일

지은이 / 다산 정약용
옮긴이 / 방인 · 장정욱
펴낸이 / 박성모
펴낸곳 / 소명출판
출판등록번호 / 제1998-000017호
주소 / 서울시 서초구 사임당로14길 15 서광빌딩 2층
대표전화 / (02) 585-7840
팩시밀리 / (02) 585-7848
somyungbooks@daum.net / www.somyong.co.kr

값 31,000원

ISBN 978-89-5626-266-6 94810
ISBN 978-89-5626-261-1 (전8권)

역주 주역사전 5

譯註 周易四箋

다산 정약용 지음
방인 · 장정욱 옮김

소명출판

일러두기

1. 이 책은 茶山 丁若鏞의 『周易四箋』(戊辰本, 24卷, 1808)을 완역하고 주석을 단 것이다.
2. 번역의 底本으로 삼은 것은 활자본 『周易四箋』(新朝鮮社本, 『與猶堂全書』, 1937)과 필사본 奎章閣 所藏 『周易四箋』과 國立中央圖書館 所藏 『周易四箋』이다. 略號로는 新朝鮮社本은 '新朝本'으로, 奎章閣本은 '奎章本'으로, 國立中央圖書館 所藏本은 '國中本'으로 표기하였다.
3. 新朝本, 奎章本, 國中本을 對校하여 오자(誤字)를 바로잡고, 이를 [校閱]로 표시하였다.
4. 각 조목은 원문과 번역문으로 나누어 실었다. 한글표기를 원칙으로 하되, 필요하다고 판단된 경우, 한글과 漢字를 병기하였다.
5. 원문은 '○' 표시로 구분한 것 외에 문단 구분이 없으나, 原文이 지나치게 긴 경우에는 적절히 나누어 문단 구분을 하였으며, '○' 표시는 그대로 살렸다.
6. 원문의 細注 부분은 원래의 위치에서 작은 글씨로 써주고, ≪ ≫로 표시해 주었다.
7. 원문에는 없으나, 의미맥락상 필요한 말은 [ ] 안에 넣었다.
8. 譯註는 脚注로 처리하였다. 『周易四箋』에서 인용하고 있는 해당 원전을 찾아 출전을 밝히고, 필요한 경우 원문을 실었으며, 인용이나 출전이 잘못된 경우 해당 원전에 근거해 바로잡았다.
9. 脚註에서 제시된 『周易四箋』 및 『易學緖言』의 典據는 新朝鮮社本의 卷數 및 面數에 의거하였다.
10. 신조선사본의 면수는 양면으로 되어 있으므로, 가・나로 나누어 표기하였다.
11. 『周易四箋』은 『四箋』으로, 그리고 『易學緖言』은 『緖言』으로 略號를 사용하였다.
12. 8卦의 离와 64卦의 離를 구별하여 표기하였다. 즉, 8卦 중의 하나로 쓰일 때에는 离로, 64卦 중의 하나로 쓰일 때에는 離로 표기하였다.
13. 본 역주본에서는 卦爻의 변화를 표시하기 위하여 기본적으로 '훈글과컴퓨터'사의 8卦 폰트를 조합하여 사용하였다. 그러나 각 卦爻 앞에 오는 괘 그림 및 기타 본문 내의 괘 그림에는 예문서원에서 만든 64卦의 폰트를 사용하였다.
14. 각 卷의 前面紙에는 卦爻辭索引을 배치하여, 각각의 卦辭와 爻詞가 기재되어 있는 卷數와 面數를 쉽게 찾아볼 수 있도록 하였다. 여기에는 64卦의 384爻辭, 64卦辭, 用九・用六 등 모두 450개의 占筮例가 제시되어 있다.
15. 각 卷의 後面紙에는 爻變表를 배치하여 爻變의 모든 例를 일목요연하게 참고할 수 있도록 하였다. 여기에는 64卦의 384爻와 用九・用六 등 모두 386개의 爻變例가 제시되어 있다.

역자 서문

다산(茶山) 정약용(丁若鏞) 선생의 저서 『주역사전(周易四箋)』에 대해서 역자(譯者)가 처음으로 관심을 갖게 된 것은 한국정신문화연구원(현재 한국학중앙연구원의 前身)의 한국학대학원에서 「다산역학사상에 대한 연구」(1983)라는 제목으로 석사논문을 쓰게 되면서부터이다. 그 이후(以後) 벌써 20년의 세월이 훨씬 지나서, 이제 그 역서(譯書)의 출간을 눈앞에 두게 되니, 벅찬 감회를 억누를 수가 없다. 솔직히 말하자면, 『주역사전』을 연구하겠다고 나섰을 때는 그 가치를 충분히 인식하고 출발했다기보다는 실학사상가로서 새로운 사상사적 전환의 틀을 마련한 다산 정약용의 경학 관련 저술 중에서 미개척 분야를 연구해 보겠다는 의욕이 더 강했던 것이 사실이었다. 하지만 이때는 『주역사전』이 번역도 되어 있지 않았을 뿐 아니라, 다산역학에 관련된 선행 연구도 거의 찾아볼 수 없었기 때문에 텍스트의 독해(讀解)는 결코 호락호락하지 않은 난제(難題)였다. 이런 상황에서 역자는 학부 시절에 『맹자(孟子)』를 배우면서 인연을 맺게 된고(故) 함재(涵齋) 김재홍(金在泓 : 1916~2006) 선생님께서 평소 다산 정약용 선생의 『주역사전』이 중국의 어떤 역학대가의 저술에도 뒤지지 않는 독창성과 탁월성을 지니고 있음을 역설하시던 것을 상기하고, 찾아뵙고 가르침을 청하게 되었다. 돌이켜 생각해보면, 선생의 가르침이 없었더라면, 당시 석사논문은 물론이고, 오늘날 『주역사전』의 번역도 감히 시도하지 못하였을 것이다. 이 기회를 빌어 지난 해 세상을 떠나신 함재(涵齋) 선생님께 마음속 깊이 감사 드린다. 역자(譯者)는 그 이후 연구 주제를 바꾸어 「신라 태현(太賢)의 유식사상(唯識思想)」이라는 제목으로 박사논문을 쓰게 되었지만, 다산역학에 관한 관심은 한 번도 마음속을 떠난 적이 없었다. 박사논문을 마친 이후로 역자(譯者)의 연구 관심은 오히려 다산역학으로 다시 옮겨오게 되었다. 다산역학은 역자가 경북대학교 철학과 대학원에서 강의를 개설한 이래, 가장 많이 설강한 과목이 되었으며, 아울러 몇 편의 관련 논문도 발표하기에 이르렀다. 그러다가 한국학술진흥재단의 2000년 동서양학술명저번역 사업에 참여하게 되어, 제자 장정욱(張正郁)과 더불어 『주역사전』의 번역에 착수하게 되었다. 지원 당시 역자가 학술진흥재단의 다른 사업에 지원하고 있는 관계로 부득이하게 장정욱이 연구책임자가 되었으나, 전체적인 총괄과 마무리는 역자가 담당하게 되었다. 번역 작업은 일단 2002년에 완료되었으나, 그 이후에도 오류를 수정하고, 내용을 보완하는 작업을 계속하였다. 2005년 8월부터 일 년 동안 캐나다 밴쿠버에 있는 브리티시 컬럼비아 대학(UBC)의 한국학연구소의 초청으로 연구년을 보내면서, 최종적인 교정작업에 몰두할 수 있었다. 역자가 번역 작업을 하면서 특히 어려움을 많이 느낀 부분은 주역의 괘사(卦辭)와 효사(爻辭)의 번역이다. 다산은 해석방법론에 있어서 자신의 독창적인 방법론을 활용하고 있기 때문에, 이전(以前)의 역학자들로부터 현저하게 차별되는 방식으로 괘사와 효사를 해석하고 있다. 다산의 독특한 괘효사(卦爻辭)의 해석을 충실히 살리기 위해, 역자는 일단 괘효사를 직역 위주로 번역하였으나, 그것만으로는 의미가 충분히 드러나지 않아,

숨은 뜻을 괄호 안에 넣어 보충함으로써 그 문맥을 살리려고 시도하였다. 그러나 그 과정에서 번역해 놓고도 문맥이 통하지 않는 부분에 이르러서는 절망감을 느낀 적이 한두 번이 아니다. 역자는 괘사와 효사의 만족할 만한 번역을 얻을 때까지 역문(譯文)을 몇 번이고 다시 고쳤으며, 다산의 관점을 충실히 반영하기 위하여 최대한 노력하였다. 아울러, 가능한 한 역주(譯註)를 상세히 달아서 독자들의 이해를 돕도록 하였다. 이미 『주역사전』의 번역본(『자세히 풀어쓴 주역사전』, 이영희 역, 민창사, 2004)이 나와 있음에도 불구하고, 본 역서(譯書)가 의의를 가질 수 있다면, 그것은 바로 이 주석(註釋) 때문일 것이다.

번역 텍스트로는 1937년에 신조선사(新朝鮮社)에 의해 간행된 활자본과 규장각(奎章閣) 소장(所藏) 필사본을 주로 사용하였고, 번역과 아울러 양본(兩本)에 대한 텍스트 대교(對校) 작업을 병행하였다. 번역이 끝나갈 무렵에 다산학술문화재단의 도움으로 국립중앙도서관에서 소장하고 있는 『주역사전』의 또 다른 필사본을 입수하게 되어 교정 작업과 더불어 텍스트 교열(校閱)에 참조하였다. 역자가 『주역사전』의 번역에 착수할 당시에는 텍스트 교열 작업까지 목표로 한 것은 아니었지만, 다산학술문화재단이 기념비적 사업의 일환으로 의욕적으로 추진하고 있는 『여유당전서』의 정본(定本) 사업에 참여하게 된 것을 계기로 철저한 자세로 임하게 되었다. 텍스트 간의 이동(異同)을 대조하여, 그 차이를 밝힐 뿐 아니라, 그 중에서 어떤 것을 모범적 텍스트로 정할 것인지에 관해서도 역자의 견해를 밝혔다. 세 개의 텍스트가 모두 일치된 경우라 하더라도, 만일 다산이 인용한 전거(典據)가 잘못된 것이 확실한 경우에는 과감하게 그 잘못을 시정(是正)하고자 하였다. 역주에서 신조선사본(新朝鮮社本)은 '新朝本'으로, 규장각본은 '奎章本'으로, 국립중앙도서관본은 '國中本'으로 표기하였다. 그리고 번역서의 편집 체제와 관련하여, 신조선사본(8卷) 체제를 따르지 않고, 『주역사전』의 무진본(24卷) 체제를 근간으로 하여 권수 등을 표기함으로써, 고본(古本)의 원형(原形)을 제시하고자 하였다. 다만 24권으로 분권(分卷)하게 되면, 각권(各卷)의 분량이 너무 작아지는 문제도 있고 하여 각권을 표시하기는 하되, 3권씩 묶어 총8책(冊)의 체제로 묶기로 하였다. 그렇지만 각주에서 『주역사전』 및 『역학서언(易學緒言)』의 전거(典據)를 제시할 경우에는 신조선사본의 권수 및 면수에 의거하기로 하였다. 그것은 일반적으로 전거(典據) 제시의 경우에 신조선사본의 권수 및 면수를 제시하는 것이 통례(通例)이고, 필사본의 경우에는 활자본과는 달리 면수를 분명하게 확정하기 어렵기 때문이다. 권수가 이중적으로 표기됨으로써 독자들에게 혼란을 야기할 소지는 있겠으나, 무진본 권수는 오직 책의 고본의 원형을 드러내기 위한 용도로 사용되었을 뿐이고, 실제로 각주에서 인용문의 출처를 밝히는 용도로는 신조선사본의 권수, 면수가 사용되었다는 점을 미리 염두에 둔다면, 큰 혼란은 없으리라고 본다.

그러면 이제 『주역사전』의 학술적 가치에 대해 말해보기로 하자. 다산은 신유(辛酉)년(1801) 상신에 유배된 이후, 자신에게 닥친 불운을 오히려 학문을 닦을 수 있는 절호의 기회로 삼아, 『주역』 연구에 착수하게 된다. 「윤외심(尹畏心)에게 보낸 편지[與尹畏心書]」에서 전하는 다산의 술회에 따른다면, "계해년(1803) 늦은 봄부터 눈으로 보는 것, 손으로 잡는 것, 입으로 읊조리는 것, 마음으로 생각하는 것, 붓으로 기록하는 것으로부터 밥을 먹고 변소에 가며, 손가락 놀리고 배 문지르는 것에 이르기까지 어느 하나도 주역 아닌 것이라고는 없었다."(『與猶堂全書』 第1集 『詩文集』 「與尹畏心書」, 제19권 19~20면) 이처럼 자나깨나 오로지 『주역』 연구에 몰두한 결과 나온 다산의 『주역』 주석서가 바로 『주역사전』이다. 다산이 『주역사전』의 완성을 위해 쏟은 정성은 그야말로 엄청난 것이었다. 『주역사전』이 세상에 최초로 모습을 드러낸 것은 1804년에 펴낸 갑자본(甲子本, 八卷)이었으나, 다산은 이에 만족하지 않고 고치고 또 고치어, 을축본(乙丑本) 8권(1805), 병인본(丙寅本) 8권(1806), 정묘본(丁卯本) 24권(1807), 무진본(戊辰本) 24권(1808)의 개정본을 차례로 내기에 이르렀다. 갑자본에서 무진본에 이르기까지 무려 모두 4번의 개고(改稿)를 거친 셈인데, 아마도 다산의 저술 중에서 이처럼 정성을 기울인 저술은 없을 것이다. 이렇게 해서 탄생된 『주역사전』을 다산은 자신의 다른 어떤 저술보다도 더 소중히 여겼다. 다산은 『주역사전』이 하늘의 도움이 없었다면 결코 나올 수 없었을 "天助之文字(하늘의 도움을 얻어 지어낸 文字)"였다고 회고하고 있다. 다산은 자신의 두 아들에게 주는 편지(「示二子家誡」)에서 다음과 같이 당부하고 있다. "『주역사전』은 그야말로 내가 하늘의 도움을 얻어 지어낸 문자(文字)이다. 결코 사람의 힘으로 통할 수 있거나, 사람의 지혜나 생각으로 도달할 수 있는 바가 아니다. 이 책에 마음을 가라앉혀 깊이 생각하여 그 속에 담긴 오묘(奧妙)한 이치를 모두 통할 수 있는 사람이 있다면, 그는 바로 나의 자손이나 친구가 되는 것이니, 그런 사람이 천년에 한 번 나오더라도 배 이상 정을 쏟아 애지중지할 것이다[周易四箋 是 吾得天助之文字 萬萬非人力可通 智慮所到 有能潛心此書 悉通奧妙者卽子孫朋友 千載一遇 愛之重之 當倍常情]."(『與猶堂全書』 第1集 『詩文集』 卷18, 5나) 다산은 자신의 저술에 대해 아는 사람은 적고, 비난하는 사람은 많다는 사실에 대해 개탄하며, 만일 천명(天命)이 허락하지 않는다면, 차라리 불에 태워버려도 좋겠다고 말하면서도, 만일 자신이 저술한 책 중에서 『주역사전』과 『상례사전(喪禮四箋)』만이라도 전승해간다면, 나머지 책들은 그냥 없애버려도 좋겠다고 말한다. 다산의 『주역사전』이 지니는 진정한 가치를 처음으로 발견하고, 이를 격려한 사람은 다산의 중형(仲兄)이었던 손암(巽菴) 정약전(丁若銓)이었다. 『주역사전』이 완성되었을 당시 흑산도(黑山島)에 유배되어 있던 손암(巽菴)은 이를 읽어보고, 복희 · 문왕 · 공자의 세 성인 마음속의 오묘한 이치가 이제야 찬연하게 밝혀졌다고 기뻐하였다. 손암은 말하기를 "처음에는 놀라고, 중간에는 기뻤고, 나중에는 나도 모르게 무릎이 굽어졌다. 저자(著者)인 내 동생을 어떤 사람이라고 해야 좋을지 모르겠다. 미용(美庸)저 자신도 모를 것이다"라고 하였다. 손암은 특히 「계사전」 중에서 고점법(古占法)에 대한 부분을 특별히 독립시켜 주석(註釋)한 「시괘전(蓍卦傳)」

에 대해서 감탄을 금치 못하였다. 손암은 말하기를 "주역사해(周易四解)는 그 어느 것이 장관(壯觀)이 아니오리마는 시괘전(蓍卦傳)에 이르면, 더욱 절기(絶奇)한 문자(文字)인 것이다[周易四解 孰非壯觀, 而至蓍卦傳 尤是絶奇文字]"라고 하였다. 손암과 더불어 다산의 당대에 『주역사전』의 가치를 높이 평가한 인물로는 아암(兒庵) 혜장(惠藏, 1772~1811) 선사(禪師)가 있었다. 혜장 선사는 다산이 강진 유배시에 친하게 지냈던 불승(佛僧)으로서, 유학(儒學)에 대해서도 박식(博識)을 자랑하던 사람이었다. 혜장은 전통적 역학(易學)에 대해서도 해박하였으나, 다산의 『주역사전』을 접하고 나서는 산승(山僧)이 20년 동안 역학(易學)을 공부한 것이 모두 헛된 일에 지나지 않았다고 고백하고, 그 이후로 40세라는 아까운 나이로 세상을 떠날 때까지 한결같이 다산 역학의 열성적인 전수자가 되었다.

그렇다면 다산의 『주역사전』의 대략적인 내용에 대해서 살펴보기로 하자. 『주역사전』의 '四箋'이란 글자 그대로는 '네 가지 주석'이라는 뜻이지만, 보다 구체적으로는 『주역』 해석을 위한 ① 추이(推移), ② 효변(爻變), ③ 호체(互體), ④ 물상(物象)의 네 가지 방법론을 가리킨다. 먼저 추이(推移)란 전통적인 역학방법론인 괘변설(卦變說)을 가리키고, 호체(互體)란 상괘(上卦)와 하괘(下卦) 외에 중간에서 괘를 취하는 것을 가리키며, 물상(物象)이란 괘사를 해석할 때 철저하게 「설괘전(說卦傳)」에 설명된 괘의 상징에 의거하여 해석하는 것을 가리킨다. 이 중에서 효변을 제외한 나머지 세 방법론은 역학사를 통해 전승되어 내려온 것이기 때문에, 새로운 것이 아닌 것처럼 보일 수도 있으나, 구체적으로 그 내용을 살펴보면, 보다 정밀한 해석이 가능하도록 다산에 의해서 새롭게 조직된 것임을 알 수 있다. 다산역학의 방법론 중에서 가장 독창적인 요소라고 부를 수 있는 것은 단연코 효변의 방법론이다. 다산은 이 효변법(爻變法)을 개발함으로써 첩첩산중 가로막고 있던 해석학적 난제를 단숨에 해결하는데 성공할 수 있었다. 효(爻)란 획(畫)과 구분되는 개념으로서, 획(畫)이 단순히 그어진 선(線) 이외의 것을 가리키지 않는 정태적 개념이라고 한다면 이

와는 달리 효(爻)는 음(陰)에서 양(陽)으로, 혹은 양(陽)에서 음(陰)으로 변화된 상태를 가리키는 동태적 개념이라고 할 수 있다. 이 효변 개념은 역해석자에게 코페르니쿠스적인 발상의 전환을 요구한다. 효변설(爻變說)을 따른다면, 음(陰)은 비록 음으로 표기되어 있다고 하더라도 사실은 노음(老陰)이기 때문에 이미 양으로 변동되고 있는 과정을 가리키며, 양(陽)은 비록 양으로 표기되어 있다고 하더라도 사실은 노양(老陽)이기 때문에 이미 음으로 변동되고 있는 과정을 가리킨다. 따라서, 효변설을 취하면, 대부분의 역학가들이 양(陽)으로 보고 있는 것을 반대로 음(陰)으로 보고, 대부분의 역학가들이 음(陰)으로 보고 있는 것을 오히려 양(陽)으로 보게 되는 것이다. 역학사상 효변을 통해 괘사를 해석한 역학자의 경우는 정말로 희귀하다. 주자(朱子)의 경우에도 점법(占法)에서는 효변설을 취하고 있으나, 괘사 해석에서는 전혀 효변을 취하고 있지 않다. 따라서, 효변설에 관한 한 다산은 거의 대부분의 역학자들이 취하고 있는 전통적 해석방식에 도전하고 있다고 보아도 과언이 아닐 것이다. 다산의 효변설이 역학사상 일대사건이 될 수 있는 것도 바로 이 효변설이 지니는 혁명적인 발상 때문이다. 그렇다면 다산은 어떻게 이 효변설에 착안하게 되었으며, 다른 대부분의 역학자들의 통설에 맞설 수 있는 용기와 확신을 지닐 수 있었을까? 그것은 바로 『춘추좌씨전』에 소개되어 있는 춘추관점(春秋官占)의 점서례(占筮例)를 통해서였다. 『춘추좌씨전』에는 건초구(乾初九)를 '乾之姤'라고 표기하고 있는 등의 예가 자주 등장하고 있는데, 여기서 '乾之姤'는 '乾의 姤'라고 읽으면 안 되고, '乾이 姤로 간다', 혹은 '乾이 姤로 변화한다'라고 읽어야 하는 것이다. 즉 이때 '之'는 문자 그대로 '갈 지(之)자'로 읽어야 하는 것이다. 이러한 용례는 『춘추좌씨전』에 17개, 『국어(國語)』에 3개가 나타나고 있다. 다산은 『춘추좌씨전』과 『국어』의 점서례(占筮例)에 대한 철저한 분석을 통해, 이것이 『춘추좌씨전』과 『국어』의 몇몇 사례에 국한되는 것이 아니라, 『주역』 64괘(卦) 384효(爻) 전체에 모두 적용되어야 하는 방법론임을 확신하게 된다. 역학의 정통적 계보가 단절되게 된 이유도 바로 이 효(爻)가 변동하는 법이 온전히 전수되지 못했던 데 있다. 효변을 취하지 않게 되면, 물상(物象)이 맞지 않게 되고, 물상이 맞지 않게 되자 「설괘전(說卦傳)」을 폐기하게 되니, 아예 『주역』을 올바로 해석하게 되는 길이 끊어져 버린 것이다. 그렇지만, 효변설을 취하고, 다시 변동된 물상을 「설괘전」에 대조해 본다면, 3백 84개의 효사(爻詞)가 글자마다 부합하고 글귀마다 계합(契合)하여 털끝만큼도 의심스럽거나 통하지 않는 것이 없게 된다는 것이다. 「윤외심(尹畏心)에게 보낸 편지[與尹畏心書]」에서 다산은 효변을 궁전(宮殿)의 천문만호(千門萬戶)를 모두 열 수 있는 열쇠에 비유하고 있다. 궁전 속에는 종묘의 아름다움과 백관의 풍부함이 모두 그 속에 있으나, 단지 자물쇠가 견고히 채워져 있어서, 그 문 앞에 누가 이르더라도 아무도 감히 내부를 엿볼 수 없는 상황이다. 그런데 여기에 하나의 만능열쇠가 있어, 그 열쇠만 손에 쥔다면, 궁전의 모든 문을 열 수 있으니, 그 열쇠로 외문(外門)을 열면 외문이 열리고, 중문(中門)을 열면 중문이 열리고, 고문(皐門)·고문(庫門)·응문(應門)·치문(雉門) 등이 차례로 열려, 결국에는 천문만호가 모두 활짝 열려 종묘의 아름다움과 백관의 풍부함을 모두 감상할 수 있게 되는 것과도 같다. 다산의 외손자인 방산(舫山) 윤정기(尹廷琦, 1814~1897)가 그의 저서 『역전익(易傳翼)』에서 이 효변을 주역 해석의 비밀문을 여는 "황금열쇠(金鑰匙)"라고 불렀던 것도 바로 이 때문이다. 요즈음의 말로 한다면 이른바 '마스터 키'(master key)와도 같은 것이 바로 효변이라 하겠다. 이처럼 일단 효변설을 취하게 되자, 다산은 『주역』의 해석학적 난제들을 파죽지세처럼 풀어 나갈 수 있었다. 뿐만 아니라, 다산은 효변설을 추이설(推移說) 등의 다른 방법론적 수단과 효과적으로 결합시킴으로써 마침내 만족할 만한 『주역』 전편의 해석에 성공하기에 이르렀다. 지금까지 역자(譯者)는 효변설을 중심으로 다산역학방법론의 의의를 설명하였으나, 보다 자세한 내용을 알기 위해서는 『주역사전』의 해제(解題)를 참조하기를 바란다.

이 번역본이 완성되기까지 도움을 주신 많은 분들께 이 자리를 빌어 감사를 드리고 싶다. 무엇보다도 동서양명저번역사업이라는 뜻깊은 사업을 통해, 『주역사전』의 학술적 가치를 세상에 널리 알릴 수 있는 기회를 부여해 준 한국학술진흥재단에 깊은 감사를 드리고 싶다. 아울러, 귀중한 자료인 『주역사전』의 국립중앙도서관 소장본을 구하여, 텍스트의 비교대조에 큰 도움을 주신 다산학술문화재단에 깊은 감사를 드린다. 그 다음으로 역자(譯者)는 경북대 철학과 대학원 수업을 통해 『주역사전』을 접하게 된 것을 계기로 이제는 다산역학에 관해서는 전문적인 학자의 수준으로 성장한 나의 제자 장정욱이 공역자(共譯者)로서 보여준 성실성과 각고(刻苦)의 노력에 대해 찬사를 보내고 싶다. 아울러 학업에 바쁜 와중에도 교정작업을 헌신적으로 도와준 경북대 철학과 대학원의 제자 김상현과 이정숙에게도 역시 고마움을 전하고 싶다. 그리고 이 역주본(譯註本)에서 64괘의 폰트(font)를 사용할 수 있도록 선뜻 허가해주신 예문서원 오정혜 사장님과 이를 주선해주신 계명대 홍원식 교수님께도 진심으로 감사의 말씀을 드리고 싶다. 책의 출판이 늦어지는데도 인내심을 갖고 기다려주신 소명출판의 박성모 사장님의 배려와 원문(原文)과 세주(細注)가 뒤엉켜서 어지럽던 원고를 전문적인 편집 작업을 통해 깔끔하게 정리해주신 편집진의 노고가 없었더라면, 이 책이 이렇게 세상에 나올 수 없었을 것이다. 그리고 마지막으로 이 번역이 시작해서 끝날 때까지 헌신적으로 뒷받침해주고, 성원을 아끼지 않은 나의 아내에게도 고마운 마음을 표하고 싶다.

『주역사전』 무진본(戊辰本) 발간
이백주년을 한 해 앞둔 2007년 7월에
경북대 연구실에서
방인 삼가 적음

譯註 周易四箋 5 _ 차례

『**주역사전**』 **해제**(다산의 역경해석 방법론)와 **참고문헌**은
『周易四箋』 8권 말미에 수록하였습니다.

譯註 周易四箋 1

譯註 周易四箋 2

譯註 周易四箋 3

譯註 周易四箋 4

譯註 周易四箋 6

周易四箋 戊辰本 卷之十六

周易四箋 戊辰本 卷之十七

周易四箋 戊辰本 卷之十八

譯註 周易四箋 7

譯註 周易四箋 8

周易四箋 戊辰本 卷之十三

【37. 풍화 가인(風火 家人)】

离下巽上 ○第二十二卦之正 ≪遯一之四 中孚三之二≫

离는 下卦이고, 巽은 上卦이다. ○第22卦의 正卦이다. ≪遯卦의 1이 4로 가고, 中孚卦의 3이 2로 간다.≫

雜卦傳曰 家人 內也

「雜卦傳」에 말하였다. "家人은 안을 뜻한다."[1]

○程子曰 文中子[2] 以明內齊外爲義 古今善之 所謂 齊乎巽也

○程子가 말하였다. "문중자(文仲子)[3] 왕통(王通)이 집안을 밝게 하고, 밖을 깨끗이 함을 [家人卦의] 뜻으로 삼았는데, 예로부터 지금까지 이 해석을 좋게 여기니, [이것이] 이른바 '齊乎巽'[4]이다."[5]

○鏞案 卦自中孚來 中孚者 誠也 ≪本大离≫ 又自大巽來 ≪自遯來≫ 大巽者 齊也 ≪齊乎巽≫ 移之家人 离巽如舊 旣誠身矣 始可以齊家也 欲齊家者 必先乎修身也 ≪先离而後巽≫

---

1) 「序卦傳」, "夷者, 傷也. 傷於外者, 必反其家; 故, 受之以家人. 家道窮, 必乖; 故, 受之以睽."

2) [校閱] 新朝本과 國中本에는 "文中子"로 되어 있으나 奎章本에는 "文仲子"로 되어 있다. 伊川의 『易傳』에는 "文中子"로 되어 있다. 그러나 왕통(王通)은 "文中子" 혹은 "文仲子"로 불려졌으므로 어느 경우나 무방하다. 여기서는 前者를 따른다.

3) 文仲子 : 隋나라 때 학자인 왕통(王通, 584~618)의 시호(諡號)로 字는 중엄(仲淹)이다. 당태종 이세민(李世民)을 도와 당나라를 세웠으며, 명재상으로 이름을 떨친 방현령(方玄齡), 두여회(杜如晦), 위징(魏徵) 등이 모두 그의 제자였다. 그가 죽은 후 제자들이 文仲子(文中子)로 불렀다. 저서에 『文中子中說』(10卷)이 있다. 『文中子中說』을 줄여서 『文中子』, 또는 『中說』이라고도 한다.

4) '齊乎巽'은 「說卦傳」에 나오는 말.

5) 茶山이 程伊川의 『易傳』으로부터 인용한 구절인 "程子曰, …… 齊乎巽也"의 引用句는 마치 程子가 文中子의 설을 수용한 것처럼 오해될 소지가 있으나, 실제로는 程伊川이 文中子의 설을 긍정한 것이 아니라, 부정한 것이라고 보아야 옳다. 程伊川의 引用句의 본래 형태는 다음과 같다. "文仲子書 以明內齊外爲義, 古今善之, 非取象之意也, 所謂 齊乎巽 言萬物潔齊於巽方, 非巽有齊義也, 如戰乎乾, 乾非有戰義也(文仲子의 책에는 안을 밝게 하고, 밖을 깨끗이 함을 뜻으로 삼았는데, 古今으로 이를 좋게 여기지만, 象을 취한 뜻이 아니다. 이른바 '齊乎巽'은 만물이 巽方에서 깨끗해짐을 말한 것이요, 巽에 깨끗하다는 뜻이 있는 것이 아니니, '戰乎乾'이 乾에 싸운다는 뜻이 있는 것이 아닌 것과 같다)."

遯 → 家人 ← 中孚

○[鏞案] 家人卦는 中孚卦로부터 왔다. 中孚는 '誠', 즉 성실함을 뜻한다. ≪[家人卦는] 본래 大离의 형태≫ 또 [家人卦는] 大巽[의 卦인 遯卦]에서 왔는데 ≪[家人卦는] 遯卦에서 옴≫ 큰 巽은 가지런히 다스림(齊)을 뜻한다. ≪「說卦傳」에서 "齊乎巽", 즉 "巽[6]에서 가지런히 한다"라고 함≫ [中孚卦 혹은 遯卦로부터] 推移하여 家人卦로 되어도, [中孚卦에 있던] 离와 [遯卦에 있던] 巽은 以前처럼 [家人卦에 그대로] 있다. 이미 誠心으로 修身하니, 비로소 집안을 다스릴 수가 있는 것이다. 집안을 다스리려고 하는 사람은 반드시 먼저 자기 자신을 닦아야 한다. ≪[家人卦를 보면] 먼저 离가 있은 뒤에 巽이 있다.[7]≫

中孚之時 震巽 ≪長男女≫ 艮兌 ≪少男女≫ 旣與同處 移之家人 ≪三之二≫ 坎离又著 ≪今互坎≫ 六子具會 一家諧翕 於是 离垣之內 ≪本大离≫ 坎以爲宮 ≪下互坎≫ 剛處其中 ≪三之剛≫ 爲正家主 ≪義見下≫

家人 ← 中孚

中孚卦의 때에는 震과 巽이 있고 ≪[震은] 長男이고, [巽은] 長女에 해당됨≫ [또] 艮과 兌가 있어서 ≪[艮은] 막내아들이고, [兌는] 막내딸에 해당됨≫ 이미 함께 같은 곳에 거주하고 있다. [그런데 中孚卦로부터] 推移하여 家人卦로

6) 巽은 동남쪽에 해당된다.
7) 下卦(先)가 离이고 上卦(後)가 巽이라는 것인데, 즉 家人卦가 먼저 "离孚"(修身)이고 다음이 "巽齊"(齊家)인 측면을 지적한 것이다.

가면 ≪[中孚卦의] 3이 2로 감≫ [둘째 아들을 상징하는] 坎과 [둘째 딸을 상징하는] 离가 또한 나타나서 ≪지금 家人卦의 2·3·4位가 互坎≫ 여섯 자식들이 모두 모여 있으니, 한 집안이 和合하게 된 것이다. 이에 离의 담장 안에 ≪[中孚는] 본래 大离의 형태≫ 坎의 집이 있으니 ≪[家人卦의] 下互卦가 坎≫ 剛이 그 가운데 있으면서 ≪[家人卦의] 제3位에 있는 剛≫ 집안을 바로 다스리는 主人이 된다. ≪[이에 대한] 뜻이 아래 [「象傳」의 부분]에 보인다.≫

离以治之 巽以齊之 男處男位 ≪一三五≫ 女處女位 ≪二與四≫ 內明外順 ≪巽爲順≫ 各以其法 ≪坎爲律≫ 上下二剛 ≪六亦剛≫ 防閑至嚴 此 家人之義也 然 此 正家之義 其在風火之卦 只是一象 聖人偶以名之 以筮諸貞 未必家人爲本象也 ≪鄭東卿云 家人 由人事而名也 學者 不旁通其情 而拘於家人一事 則六十四卦 皆拘也≫

䷤

家人

离로써 [그 집안을] 다스리고, 巽으로써 가지런하게 한다. 남자는 남자의 자리에 머무르고 ≪제1位, 제3位, 제5位[는 剛이므로 男子의 자리에 해당됨]≫ 여자는 여자의 자리에 머무르면서 ≪제2位와 제4位[는 柔이므로, 여자의 자리에 해당됨]≫ 집안에서는 밝게 처신하고, 밖으로는 유순하게 처신하니 ≪巽은 순종함의 뜻이 됨≫ 각자가 [각각] 그 법도에 맞게 처신하는 것이다. ≪坎은 규율(規律)이 됨≫ 上卦와 下卦에서 두 개의 剛이 [제일 위에] 자리잡고 있어서 ≪[上卦의] 제6位도 역시 剛≫ 방비하고 단속함이 지극히 엄격하니, 이것은 家人卦의 뜻이다. 그러나 여기서 '집안을 바로 다스린다는 뜻(正家之義)'은 그 風火 家人卦에 있어서 다만 한 가지 象에 불과한 것으로서, 聖人이 우연히 그렇게 명명(命名)한 것일 뿐이다. [따라서] 여러 事案을 점침에 있어서, 반드시 家人이라는 개념이 [이 風과 火로 구성된 卦의] 本象이 되어야 하는 것은 아니다.[8] ≪정동경(鄭東卿[9])이 말했다. "家人이란 人事에 의거하여 命名한 것이다. [易을] 공부하는 자들이 [이 괘의 의미를] 다양한 상황들에 맞추어 적용하지 못하고, 단지 家人이라는 한 가지 事案에만 국한시켜 적용함으로써 거기에 구애된다면, [『周易』의] 64卦가 [그 무궁무진한 변용의 묘미를 잃고] 모두 한갓 구속이 될 뿐이다."≫

家人, 利女貞.

家人은 여자의 일에 이롭다.

此 家人之不變者也 中孚之時 巽女兌女 中無坎貞 ≪三四虛≫ 移之家人 ≪三之二≫ 則不出离垣 而事功堅固 ≪今互坎≫ 利女貞也 ≪婦女之事 无不利≫ 內外柔順 ≪离中柔≫ 未有剛健之象 故其用如此

遯 → 家人 ← 中孚

---

8) 茶山은 「讀易要旨」 제4則 '顧名'에서 卦名이 반드시 本象을 지칭하고, 다른 나머지는 客象에 해당되는 것은 아니라고 주장한다. 예를 들어서, '오라비가 누이를 시집 보냄(以兄嫁妹)'은 雷澤 歸妹卦의 수많은 象 중에 一象일 뿐이며, 六爻의 爻辭가 비록 모두 "歸妹"를 말하더라도 [반드시] 嫁妹가 本象이 되고 다른 일은 客象이 되는 것은 아니라는 것이다.

9) 정동경(鄭東卿) : 生沒年 未詳. 字는 소매(少梅). 號는 합사(合沙). 자칭 '합사어부(合沙漁父)'라 하여, 학인(學人)이 '合沙先生'이라 불렀다. 宋代 초기의 心學을 대표하는 인물이다. 저술로는 『易說』(3卷)이 있다.

이것은 家人卦가 변하지 않는 경우이다. 中孚卦의 때에는 巽의 여자(長女)나 兌의 여자(少女)나 속에 坎의 貞이 없다. ≪[中孚卦의] 3・4位는 [陰이니] 비어 있음≫ [그런데 中孚卦로부터] 推移하여 家人卦가 되면 ≪[中孚卦의] 3이 2로 감≫ 离의 담장(垣)을 벗어나지 않고서도, 일 처리(事功)가 건실(健實)하니 ≪지금 [家人卦에서 2・3・4의] 互坎이 있음≫ [이것을 가리켜] "利女貞"이라고 한 것이다. ≪부녀자의 일에 있어서는 불리할 것이 없다.≫ [家人卦는] 안(內卦)과 밖(外卦)으로 모두 유순하여 ≪[家人卦의 上卦는 巽이니, 柔順함을 상징하며, 또 下卦는] 离이니, [역시] 가운데 [부드러움을 상징하는] 柔가 있음≫ 剛健한 象이 없는 까닭에, 그 쓰임새가 이와 같다.

彖曰 : 家人, 女正位乎內, 男正位乎外, 男女正, 天地之大義也. 家人, 有嚴君焉, 父母之謂也. 父父, 子子, 兄兄, 弟弟, 夫夫, 婦婦而家道正, 正家而天下定矣.

「彖傳」: "家人"이란 여자는 안에서 바른 지위(正位)를 지키고, 남자는 밖에서 바른 지위(正位)를 지킴을 뜻하니, [이처럼] 남녀가 正道를 지키는 것은 天地의 大義이다. 집안 사람(家人)에게는 엄한 주군(嚴君)이 있으니, [그것은 바로] 父母를 일컫는다. 아비가 아비답고, 자식이 자식다우며, 형이 형답고, 아우가 아우다우며, 지아비가 지아비답고, 지어미가 지어미답다면, 家道가 올바로 설 것이니, 집안을 바르게 다스린 以後에라야 天下가 안정될 것이다.

离女在內 ≪下爲內≫ 坎男居外 ≪內之外≫ 陽得陽位 ≪一三五≫ 陰得陰位 ≪二與四≫ 男女正位也 家人者 六子也 ≪三男與三女≫ 六子之生 皆自乾坤 ≪皆 三索而得≫ 是 父母也

䷤

家人

[家人卦를 보면] 离의 여인(中女)이 안에 거처하고 ≪下卦는 안에 해당됨≫ [2·3·4位에] 坎의 남자(中男)는 밖에 거처하고 있는데 ≪[家人卦에서 互坎卦는] 內卦에서 볼 때, 바깥쪽에 있음≫ 陽이 陽의 자리를 얻고 ≪1·3·5位[에 剛이 있음]≫ 陰이 陰의 자리를 얻었으니 ≪제2位와 제4位[에 柔가 있음]≫ 男女가 바른 자리(正位)를 지키고 있는 것이다. [여기 「彖傳」에서 말한] 家人은 여섯 자식을 가리킨다. ≪세 아들과 세 딸이 여섯 자식이 됨≫ [震·巽·坎·离·艮·兌의] 여섯 자식은 모두 乾과 坤에서 생겨났으니 ≪[6子는] 모두 "三索而得", 즉 "세 번 구하여 얻은 것"이다.≫ 이 乾과 坤은 [여섯 자식의] 父母이다.

卦自遯來 ≪一之四≫ 乾父尊嚴 ≪乾在上≫ 是嚴君也 ≪乾爲君≫ 移之家人 ≪四之一≫ 則以其父命 ≪上巽命≫ 正其家法 ≪互坎法≫ 家有嚴君也

遯 → 家人

家人卦는 遯卦로부터 왔다. ≪[遯卦의] 1이 4로 간 것이다.≫ [遯卦의 上卦에] 乾의 아비가 존엄하게 계시니 ≪[遯卦에서 보면] 乾이 위에 자리하고 있다.≫ 이것은 "嚴君"에 해당된다. ≪乾은 또 '君'이 됨≫ [그런데 遯卦로부터] 推移하여 家人卦로 되면 ≪[遯卦의] 4가 1로 감[10]≫ 그 부친(父親)의 命에 따라 ≪[家人의] 上卦인 巽은 命≫ 그 家法을 바로 잡으니 ≪[家人卦의] 互坎은 法을 상징함≫ [이것은] 집 안에 嚴君이 있기 때문이다.

○遯之時 乾父在上 艮子在下 ≪天山卦≫ 父父而子子也 中孚

10) 물론 推移의 본법은 "一之四"인데, 동일한 상황의 반대 측면을 주목하여 말하는 것이다.

之時 震兄在先 ≪下互震≫ 艮弟在後 ≪上互艮≫ 兄兄而弟弟也

遯 → 家人 ← 中孚

○遯卦의 때에는 乾의 아비가 위에 있고, 艮의 자식이 아래에 있으니 ≪遯卦는 天과 山으로 이루어진 卦이다.≫ [이로써 볼 때] "아버지는 아버지다운 것(父父)"이고, "아들은 아들다운 것(子子)"인 것이다. 中孚卦의 때에는 震의 형이 앞에 있고 ≪2·3·4의 下互卦가 震≫ 艮의 아우가 뒤에 있으니 ≪中孚卦의 上互卦가 艮≫ [이것을 가리켜] "형은 형답고, 아우는 아우답다(兄兄而弟弟)"라고 말한 것이다.[11]

移之家人 坎夫中剛 ≪二四互≫ 离婦內柔 ≪离在內≫ 夫夫而婦婦也 坎宮中正 ≪在卦中≫ 家道正也 乾卜爲离 ≪遯之時 上乾≫ 天下定也 ≪离爲治≫

遯 → 家人 ← 中孚

[그런데 遯卦 혹은 中孚卦로부터] 추이하여 家人卦로 가면, 坎의 지아비는 안으로 강직(剛直)하고 ≪2·3·4의 內互卦≫ 离의 지어미는 집안에서 온유(溫柔)하니 ≪离가 [家人卦의] 안에 자리함≫ [이것을 가리켜] "지아비는 지아비답다(夫夫)"라고 한 것이고, "지어미는 지어미답다(婦婦)"라고 한 것이다. [家人卦의 卦象을 보면] 坎의 집이 가운데 바르게 자리하고 있으므로 ≪[內互卦로] 卦의 가운데 자리하고 있음≫ "家道正"이라고 한 것이

11) 遯卦에서는 일반적인 上下 관계를 적용한 것이고, 中孚卦에 대해서는 內卦가 먼저 성립하고 外卦가 뒤에 성립하는 卦의 형성순서를 적용시킨 것이다.

다. 또 [하늘을 상징하는] 乾이 아래로 내려가 [다스림을 상징하는] 离가 되었으므로 ≪遯卦의 때에는 上卦가 乾≫ [이것을 가리켜] "天下定"이라고 한 것이다. ≪离는 다스림의 뜻이 된다.≫

初九 : 閑有家, 悔亡. ○象曰 : 閑有家, 志未變也.

初九 : 집단속을 철저히 한다면, 후회하는 일이 없을 것이다. ○「象傳」 : 집단속을 철저히 함(閑有家)이니 [그 엄중히 경계(警戒)하려는] 의지(志)가 [초지일관(初志一貫)] 변하지 않을 것이다.

此 家人之漸也 卦自遯來 ≪一之四≫ 遯之時 雖有艮門 ≪遯下艮≫ 不成防閑 ≪艮下開≫ 亦未有家 ≪遯無坎≫ 移之家人 ≪四之一≫ 艮門嚴防 ≪下今离≫ 坎宮亦成 ≪二四互≫ 閑有家也 ≪离閑而坎家≫ 初爲卦主故 言其本象

遯 → 家人 → 漸

이것은 家人卦가 漸卦로 변하는 경우이다. 家人卦는 遯卦로부터 왔다. ≪[遯卦의] 1이 4로 간 것이다.≫ 遯卦의 때에는 비록 艮의 門이 있어도 ≪艮은 아래쪽이 [陰이니] 열려 있음≫ 또한 가정(家庭)을 이루지 못하였다. ≪遯卦에는 [집을 상징하는] 坎이 없다.≫ [그런데 遯卦로부터] 推移하여 家人卦로 가면 ≪[遯卦의] 4가 1로 감≫ 艮의 대문이 엄중히 방비되고 ≪[家人卦의] 下卦가 지금

离≫ 坎의 집도 역시 이루어져 있으므로 ≪[家人괘의] 2·3·4의 互卦≫ "閑有家"라고 한 것이다. ≪离는 방비(防備)의 뜻이 되고, 坎은 집을 상징한다.≫ [家人卦에서] 初九는 卦主가 되므로 그 本象을 말한 것이다.

○悔亡者 中孚也 移之家人 ≪三之二≫ 离防未變 ≪大离 今下离≫ 是 悔亡也 ≪無所悔≫

中孚 → 家人

○"悔亡"이란 [家人卦의 母卦인] 中孚卦에 말미암은 것이다. [中孚卦로부터] 推移하여 家人卦로 가더라도 ≪[中孚卦의] 3이 2로 감≫ 离의 방비함은 변함이 없으니 ≪[中孚卦에서는] 큰 离의 형태이었는데, 지금 [家人괘에서는] 下卦가 离로 되었다.≫ 이것이 "悔亡"이 되는 까닭이다.

○志未變者 中孚未變也 ≪离爲志≫ 御家之法 謹其防閑 以嚴內外則 男女以正 而事無可悔矣

中孚 → 家人

○"志未變"이라고 한 것은 "中孚", 즉 "속마음의 신실함"이 변하지 않았기 때문이다. ≪离는 '志', 즉 '意志'가 된다.≫ 집안을 다스리는 법도에 있어서 밖으로부터의 환란에 대비하기를 신중히 하여 안과 밖으로 엄중히 하면, 남녀 [식솔]들이 모두 바르게 되어, 일에 후회할 것이 없는 것이다.

○案 閑之爲文 象以木塞門

○[案] '閑'字의 형태는 나무(木)로 문(門)을 막은 모습을 본뜬 것이다.

六二 : 无攸遂, 在中饋, 貞吉. ○ 象曰 : 六二之吉, 順以巽也.

六二 : [부녀자(婦女子)는 앞에 나설 일이 있더라도] 기필코 뜻을 이루고자 하지 말 것이며, [다만 가정(家庭)의] 안에서 음식을 장만하여 식구들을 먹이는 데 힘쓸 것이니, [그렇게 한다면] 하는 일이 吉할 것이다.[12] ○「象傳」: 六二의 吉함은 유순함으로써 순종함에 말미암은 것이다.

此 家人之小畜也 遂者 進也 達也 ≪義見下≫ 小畜自姤來 ≪一之四≫ 柔進至四 ≪一之四≫ 不達于上 ≪止於中≫ 柔伏如舊 ≪下巽 今上巽≫ 无攸遂也 婦人之義 有所進取 而不敢必達 ≪至於盡 曰 達≫ 有所作爲 而不敢必成也 ≪成事曰 遂≫

家人 → 小畜 ← 姤

이것은 家人卦가 小畜卦로 변하는 경우이다. '遂'는 '앞으로 나섬(進)'이며, 도달함이다. ≪이 설명은 아래에 나온다.≫ 小畜卦는 姤卦로부터 왔는데 ≪[姤卦의] 1이 4로 감≫ 柔가 前進하여 제4位에 이르렀으나 ≪[姤卦의]

---

12) 家人六二의 爻詞는 여자의 사회적 역할에 대해 봉건사회에서 어떻게 규정하고 있는가를 잘 보여주고 있다. 물론『주역』의 이러한 윤리가 현대사회에 적용될 수 없다는 것은 당연한 이치라고 하겠다.

1이 4로 감≫ 제일 높은 자리에까지는 이르지 않았고 ≪중간에서 멈춤≫ 柔가 [剛 밑에] 엎드려 있는 것은 [以前의 姤卦의 경우처럼] 여전하니 ≪[姤卦에서] 下卦가 巽이었는데, 지금 [小畜卦가 되면] 上卦가 巽이 됨≫ "无攸遂"라고 한 것이다.13) 부인(婦人)의 [바른] 도리(義)로 볼 때, 앞에 나서서 취할 일이 있다고 하더라도 감히 끝까지 기필코 달성해야 되겠다고 나서서는 안 되며 ≪끝까지 이르는 것을 '達'이라고 한다.≫ 어떤 일을 할 때라도 감히 반드시 성취하고야 말겠다는 방식이 되어서는 안 된다. ≪일을 [完遂해서] 成事시키는 것을 '遂'라고 한다.≫

○小畜又自夬來 ≪上之四≫ 夬之時 兌以饋食 ≪夬上兌≫ 然 女人在外 ≪一陰 最在上≫ 其象不順 移之小畜 則入而在中 ≪巽爲入 三四爲中≫ 以主兌饋 ≪今互兌≫ 在中饋也

家人 → 小畜 ← 夬

○[家人卦 六二의 之卦인] 小畜卦는 또한 夬卦로부터 왔다. ≪[夬卦의] 上이 4로 감≫ 夬卦의 때에도 음식을 대접하여 올리는 兌의 象이 있기는 하지만 ≪夬卦의 上卦는 兌≫ 그 여인이 밖에 자리하고 있어 ≪陰 하나가 제일 높은 자리에 있음≫ 그 象이 柔順하지 못하다. [그런데 夬卦로부터] 推移하여 小畜卦로 가면 [그 여인이] 안으로 들어와 ≪巽은 들어감이 되고, 3·4位는 '中'이 된다.≫ 兌의 음식접대를 주관하니 ≪지금 2·3·4位가 互兌≫ [이것을 가리켜] "在中饋", 즉 "집안에서 음식을 대접해 올린다"라고 한 것이다.

○坎事旣順 ≪本互坎≫ 柔往得位 ≪姤之移≫ 幹事吉也

---

13) 아래 細註에서는 "成事, 曰遂"라고 하였다.

䷤ ䷈ ䷫

家人 → 小畜 ← 姤

○坎의 사업(事業)이 이미 순조로운데 ≪[家人卦의 2・3・4位는] 본래 互坎≫ 柔가 나아가서 자신의 바른 자리를 얻으니 ≪姤卦로부터 추이[하여 小畜卦가 됨]≫ 일을 맡아 처리함에 吉한 것이다.

○ 自夬而移 柔乃卑降 ≪上之四≫ 以成巽德 ≪上今巽≫ 順以巽也 ≪兌則逆≫

䷤ ䷈ ䷪

家人 → 小畜 ← 夬

○小畜卦는 夬卦로부터 추이한 것이다. 柔가 이에 자신을 낮추어 아래로 내려와 ≪[夬卦의] 上이 4로 감≫ 巽의 유순하게 따르는 덕을 이루니 ≪[小畜卦의] 上卦가 지금 巽≫ [이것을 가리켜] "順以巽"라고 한 것이다. ≪[巽과 반대인] 兌의 경우는 '逆', 즉 '거스름'의 뜻이 된다.≫

○案 大戴記云 婦人從父 無所敢自遂 ≪注云 遂 成也≫ 公羊傳云 大夫無遂事 ≪荀子 小事殆乎遂≫ 遂者 達也 成也 大壯云 不能遂 其義 亦同

○[案] 『대대례기(大戴禮記)』에 "婦人은 지아비를 따르지, 감히 스스로 무엇을 하는 일이 없다"[14]라고 하였으며 ≪그 注에 "遂"는 '成'이라 하였다.≫

---

14) 이것은 毛奇齡의 『仲氏易』(上海古籍出版社, 1990, 155면)에서도 언급되고 있다. 『大戴禮記』 「本命」(第八十)에 나오는 文句인데, 축약된 것이다. 원문은 다음과 같다. "女子者, 言如男子之教而長其義理者也. 故謂之婦人, 婦人, 伏於人也. 是故無專制之義, 有三從之道, 在家從父, 適人從夫, 夫死從子, 無所敢自遂也"

『春秋公羊傳』에도 "[春秋의 法에 의하면] 大夫는 어떤 일을 [전행(專行)하여] 완수(完遂)하지 않는다"[15]라고 하였으니 ≪『荀子』「王制」편에서도 "작은 일도 거의 이루어진다(遂)"라고 하였다.[16]≫ "遂"란 '達'이고, '成'이다. 大壯卦 上六에서 "不能遂", 즉 "나가지도 못한다"라고 하였는데, 그 뜻이 역시 동일하다.

○又按 馬融 以二爲奧主 此 不知爻變也

家人 → 小畜 ← 夬

○[又按] 마융(馬融)은 [家人卦에서는] 여자를 집의 안주인(奧主)으로 삼았다고 보았는데, 이것은 爻變法을 몰랐기 때문이다.[17]

○男學稼云 下离上坎 本具烹飪之象 ≪火溫水≫ 故其變爲饋食之占也 列[18]女傳 孟母云 婦人之職 冪酒漿而精五飯[19]

---

15) 『春秋公羊傳』. "桓公 8年, 冬, 祭公來, 遂逆王后于紀, …… 大夫無遂事. 此其言遂何? 成使乎我也."(남기현 역주, 『춘추공양전』, 자유문고, 2005, 82면)

16) 『荀子』「王制」, "'大事, 殆乎弛; 小事, 殆乎遂'; 弛, 廢也. 遂, 因循也. 『春秋傳』曰, '遂, 繼事也'." 『荀子集解』(『漢文大系』 卷15 第5, 3면). 王孫念은 "遂讀爲墜"라고 하는 등 『荀子』의 이 구절의 뜻에 대해서는 논란이 있다.

17) 奎章本과 新朝本에서 모두 "馬融, 以二爲奧主"라고 되어 있다. 그러나 馬融은 "以二爲奧主"라고 말한 것이 아니라, "家人, 以女爲奧主"라고 하였다(徐芹庭, 『兩漢十六家易注闡微』, 五洲出版社, 中華民國 64年, 347면). 따라서 이는 原文의 재인용이라고는 볼 수는 없다. 그러나 茶山이 "以女爲奧主"라고 하였다고 해서, 잘못을 범한 것은 아니다. 馬融은 上卦인 巽과 下卦인 离를 家人卦의 奧主로 삼은 것으로서, 巽과 离는 長女와 中女에 해당된다. 이처럼, 제2爻와 제4爻가 모두 家人卦의 奧主에 해당되지만, 다산은 여기서 제2효만을 奧主로 언급하고 있다.

18) [校閱] 新朝本과 國中本에는 "列女傳"으로 되어 있으나 奎章本에는 "烈女傳"으로 되어 있다. 劉向의 저서인 『列女傳』은 지아비에게 貞節을 지킨 烈女에 관한 傳記가 아니라, 列女, 즉 많은 여성들에 관한 傳記이다. 따라서 前者를 따른다.

19) [校閱] 新朝本에는 "五飮"으로 되어 있으나 奎章本과 國中本에는 "五飯"으로 되어

䷤ ䷈

家人 → 小畜

○學稼가 말하였다. "[家人卦에는] 아래에 [불을 상징하는] 离가 있고, 바로 그 위에 [물을 상징하는] 坎이 있으니, 본래 음식을 삶아 요리하는 象을 갖추고 있다. ≪불이 물을 데우는 象이다.≫ 그러므로 그것이 변함에 [즉 계속 진행됨에] 이렇게 음식을 대접하는 占이 되는 것이다.[20] 『列女傳』 「鄒孟軻母傳」[21]에 孟子의 어머니가 이르기를, '부인(婦人)의 일은 [집안 대소사에 쓸] 술이나 장(漿) 담그는 일을 잘 갈무리하고, 하루 다섯 차례의 식사(五飯)[22]를 정갈하게 장만하는 것이다'라고 하였다."[23]

䷩

九三 : 家人嗃嗃, 悔厲, 吉. 婦子嘻嘻, 終吝. ○「象傳」: 家人嗃嗃, 未失也, 婦子嘻嘻, 失家節也.

있다. 後者가 옳다. 또 통행되는 대부분의 『列女傳』 원문에는 "羃"으로 나오는데, 통용자이므로 그대로 둔다. 毛奇齡의 『仲氏易』에서 이 구절을 인용하면서 "冪"字로 하였다.

20) 팽임(烹飪)과 궤식(饋食) : 家人은 요리하여 준비하는 전단계이고(烹飪), 小畜은 그 후에 대접하는 것(饋食)이라는 말이다.

21) 『列女傳』 : 중국 漢나라 때 유향(劉向)의 저술, 조선에서는 中宗 38年(1543)에 출간된 바 있다.

22) 五飯 : 하루 다섯 번의 식사, 즉, 세 끼 식사와 중간의 간식을 가리킨다.

23) 『列女傳』 卷一 「母儀傳」과 「鄒孟軻母傳」에 나온다. 原文은 다음과 같다. "孟母曰, 夫婦人之禮, 精五飯, 羃酒漿, 養舅姑, 縫衣裳而已矣. 故有閨內之脩, 而無境外之志. 易曰, 在中饋, 无攸遂(맹자의 어머니가 말하였다. '대저 부인의 禮는 하루 다섯 번의 먹거리를 잘 만들고, 술이나 장 담그는 일을 하고, 시부모를 봉양하고 또 의복을 짓는 일을 할 따름이다. 그러므로 집안에서의 일을 열심히 할 뿐, 집 밖의 일에 마음쓰지 않는다.' 『周易』에 '在中饋, 无攸遂'라고 하였다)."

九三 : [가법(家法)이 지나치게 엄정(嚴正)하면] 집안사람들이 [힘들어하고] 근심하는 소리를 내겠지만, 위태로운 상황은 사라질 것이므로, 吉할 것이다. [그러나 만일] 부녀자(婦女子)들이 [방탕(放蕩)하게] 웃고 떠드는 소리를 낸다면, 끝내 잘못을 고치는데 인색한 것이다. ○「象傳」 : "가인학학(家人嗃嗃)"은 아직 [가정(家庭)의 규율(規律)을] 잃지 않은 것이지만, "부자희희(婦子嘻嘻)"는 가정(家庭)의 절도(節度)를 [완전히] 잃은 것이다.

此 家人之益也 家人者 家人之本象也 ≪爻未變≫ 婦子者 九三之變象也 ≪巽婦震男爲婦子≫ 卦自中孚 ≪三之二≫ 兌口震鳴 ≪二四互≫ 移爲坎憂 ≪二四互≫ 其聲嗃嗃也 ≪憂懼聲≫ 嗃嗃 猶嗷嗷也 ≪程子云≫ 曷然哉 坎律嚴酷 ≪二四互≫ 中心緊束也 ≪坎中剛≫

中孚 → 家人 → 益

이것은 家人卦가 益卦로 변하는 경우이다. [이 九三에 나오는] "家人"은 家人卦의 本象을 가리킨 것이고 ≪爻가 아직 변하지 않은 상태≫ "婦子"는 九三의 [효변함에 따른] 變象을 가리킨다. ≪[益卦의] 巽婦와 震男이 '婦'와 '子'에 해당된다.≫ 家人卦는 中孚로부터 왔으니 ≪[中孚卦의] 3이 2로 감≫ [中孚卦에는] 兌의 입과 震의 울음소리가 있었는데 ≪中孚卦의 2·3·4의 下互卦≫ [中孚卦로부터] 推移하여 [家人卦로 변하면] 坎의 근심이 되니 ≪[家人卦의] 2·3·4位의 下互卦는 坎≫ 그 소리가 '학학(嗃嗃)'인 것이다. ≪[학학(嗃嗃)은] 근심하고 두려워하는 소리≫ '학학(嗃嗃)'은 [근심스레 서로 이야기하는 소리인] '오오(嗷嗷)'와 같은 종류의 말이다. ≪程子가 그렇게 말함≫ 어째서 그러한가? 坎의 규율이 엄정(嚴正)하여 ≪[家人卦의] 2·3·4의 互卦≫ 마음이 긴장되어 있기 때문이다. ≪坎은 中이 剛하다.≫

○悔厲者 變其舊厲也 中孚之時 兌以乘剛 ≪一陰爲兌主≫ 其象厲也 ≪與乾九三同≫ 移之家人 ≪三之二≫ 則陰降陽升 各得其位 ≪二之三≫ 悔厲 吉也

中孚 → 家人

○"悔厲"란 그 이전의 위태로움을 변화시킨 것이다. 中孚卦의 때에는 兌가 있어서, 柔가 剛을 올라타고 있으니 ≪陰 하나가 [외람되게] 兌의 주인이 됨≫ 그 象이 위태롭다. ≪乾卦 九三의 경우와 같음[24]≫ [그런데 中孚卦로부터] 推移하여 家人卦로 가면 ≪[中孚卦의] 3의 柔가 2로 감≫ 陰은 내려가고 陽은 상승하여, 각각 그 [합당한] 자리를 얻게 되니 ≪2가 3으로 감≫ [이것을 가리켜] "悔厲, 吉"이라고 한 것이다.

○三之變 爲益 ≪風雷卦≫ 上巽 婦也 下震 子也 本以离喜 ≪下本离≫ 今爲震鳴 ≪下今震≫ 其聲嘻嘻也 ≪字從[25]喜≫ 嘻嘻者 謔浪嬉笑之聲也 ≪程子云 笑樂無節≫ 曷然哉 坎律旣壞 ≪三爻動≫ 家法蕩然也

中孚 → 家人 → 益

○九三이 효변하여 益卦가 되는데 ≪[益卦는] 風과 雷로 된 卦≫ 그 [益卦의] 上卦는 巽이니 '婦'에 해당되며, 下卦는 震이니 '子'에 해당된다. 본래 离로써 기뻐함이 있었는데 ≪[家人卦의] 下卦는 본래 离≫ 지금 震의

24) 乾卦 九三, 夕惕若, 厲无咎(『四箋』 卷1, 39나). "兌, 以一陰, 下乘二剛, 位亦匪據(陰居陽), 其象危也."(『四箋』 卷1, 40가)

25) [校閱] 新朝本의 "從"이 奎章本에는 "以"로 되어 있다.

소리(鳴)로써 울리니 ≪[益卦의] 下卦가 지금 震≫ 그 소리가 "희희(嘻嘻 : 즐거워서 떠드는 소리)"인 것이다. ≪'희(嘻)'字는 '喜'에 의거해 있다.≫ '희희(嘻嘻)'란 실없이 농지거리나 지껄이면서[26] 즐기고 웃는[27] 소리이다. ≪程子는 "웃고 즐김에 절제가 없는 것"이라 하였다.≫ 어째서 이렇게 되었는가? 坎의 규율이 이미 무너져 ≪이 九三효가 변함≫ 家法이 방탕하게 흘렀기 때문이다.

○中孚之時 以陰居陽 ≪三本柔≫ 下乘二剛 ≪下本兌≫ 三之旣移 陰降陽升 ≪二之三≫ 家道正矣 ≪男女 各正位≫ 今又 以柔而居剛 ≪三今柔≫ 舊習依然 ≪二陰乘初剛≫ 不改過也 ≪吝≫ 三爲卦終 ≪下之終≫ 是 終吝也 ≪不改過曰 吝≫

中孚 → 家人 → 益

○中孚卦의 때에는 陰이 陽의 위치에 자리하여 ≪[中孚卦의] 제3位는 본래 柔≫ 아래로 두 개의 剛을 올라타고 있었는데 ≪[中孚卦의] 下卦는 본래 兌≫ 그 제3位에 있는 柔가 이미 이동하니, 陰은 내려가고, 陽은 상승하여 ≪2가 3으로 감≫ 집안의 법도가 바로 잡혔다. ≪男女가 각각 바른 위치에 자리함≫ [그런데] 지금 다시 [家人卦의 九三爻가 효변하여 益卦로 되면] 柔가 剛의 자리에 머물러서 ≪[益卦의] 제3位가 지금 柔≫ [옛날의 습속(習俗)을 고치지 않은 채로] 구태의연(舊態依然)하게 있으니 ≪[益卦의 下卦에서] 2陰이 初位의 剛을 올라타고 있음≫ [이것은 以前의] 잘못을 고치지 않은 것이다. ≪[즉 허물을 고침에] 인색한 것이다.≫ 이 제3位는 卦의 마지막에 해당되니 ≪下卦의 끝에 해당됨≫ 이것을 가리켜 "終吝"이라고 한 것이다. ≪잘못을 고치지 않는 것을 '吝'이라고 한다.≫

---

26) 謔浪 : 희학질하며 삼가지 않음.
27) 嬉笑 : 즐기고 웃음.

○未失者 坎律未[28]失也 ≪卦未[29]變之象≫

䷼ ䷤ ䷩

中孚 → 家人 → 益

○"未失"이라고 한 것은 坎의 규율(規律)을 아직 잃지 않았음을 가리킨다. ≪[家人]卦가 아직 효변하지 않았을 때의 象이다.≫

○失家節者 坎律滅 而無復節制也 二者 皆未得中 然 嗃嗃則家有法度 所以終吉 ≪程子曰 治內過剛則 傷於嚴急 然而 家道齊肅 猶爲吉也≫

○"失家節"이라고 한 것은 坎의 규율이 소멸되어 다시 절제하는 도리를 회복하지 못함을 가리킨다. ["家人嗃嗃"과 "婦子嘻嘻"의] 두 가지는 [엄밀히 말하자면, 어느 것이건 간에] 모두 中道를 얻지 못한 것이지만, "학학(嗃嗃)"의 경우는 [그래도] 집안에 법도가 살아 있어서 끝에 가서는 吉할 수 있는 것이다. ≪程子가 말하였다. "집안을 다스림이 지나치게 강직하면, 그 엄격하고 긴박함이 가정의 평화를 해칠 수도 있다. …… 그렇지만 집안의 법도가 엄정하게 서 있는 까닭에 …… 오히려 [마침내] 吉하게 된 것이다."[30]≫

○案 說文云 嗃嗃 嚴酷貌 ≪又云 嚴厲貌[31]≫ 非也 坎律嚴酷 故震鳴嗃嗃 ≪中孚之本震≫ 直以嗃嗃 爲嚴酷貌 則非字義也 ≪字從[32]口≫ 何氏訂詁 以嘻嘻 爲歎懼聲 ≪讀之如噫嘻≫ 亦非也 嘻者 喜發

---

28) [校閱] 奎章本에는 "미(未)"가 "말(末)"로 되어 있는데, 誤記이다.
29) [校閱] 奎章本에는 "미(未)"가 "말(末)"로 되어 있는데, 誤記이다.
30) 程子曰: 程子의 인용문은 原文으로부터 많이 생략된 형태이다.
31) [校閱] "貌"가 奎章本에는 "皃"로 나오는데, "貌"와 同字이다.
32) [校閱] 新朝本의 "從"이 奎章本에는 "以"로 되어 있다.

於口也 ≪字從[33]喜≫ 以會意則 爲嘻笑之嘻 ≪與嬉同≫ 以諧聲則爲嘻歎之嘻 字同而義別也 其必謂之嗃嗃 嘻嘻者 卦今爲益 ≪三爻動≫ 風雷 皆有聲之物也

中孚 → 家人 → 益

○[案] 『說文』에서는 [『周易』의 이 구절과 연관하여] "학학(嗃嗃)"은 '엄격하고 혹독한 모양'이라고 하였는데[34] ≪또 '엄하고 위태로운 모양'이라 함≫ 틀린 말이다. 坎의 규율이 엄격한 까닭에 그 震의 소리가 "학학(嗃嗃)"으로 울리는 것이지 ≪中孚卦에는 본래 震이 있음≫ 곧바로 "학학(嗃嗃)"으로써 '엄혹(嚴酷)한 모양'의 뜻으로 삼는 것은 字義가 아니다. ≪글자가 '口'字에 의거하고 있다.≫ 하해(何楷)[35]의 『고주역정고(古周易訂詁)』[36]에서는 "희희(嘻嘻)"는 '탄식하고 두려워하는 소리(歎懼聲)'라고 하였는데 ≪'희희(噫嘻)'[37] 처럼 읽는다.≫ 역시 잘못된 말이다. '嘻'는 '기쁨'이 '입(口)'에서 터져 나옴을 가리킨 말이다. ≪글자가 '喜'字에 의거함≫ 이를 會意字로 보면 嘻笑(웃음)의 '嘻'가 되고 ≪'嬉'와 같음≫ 諧聲字(形聲字)로 보면 '嘻歎(탄식함)'의 '嘻'가 되니, 글자는 같으나 뜻이 다르다.[38] 이 卦에서 굳이 "嗃嗃", 혹은 "嘻

33) [校閱] 新朝本의 "從"이 奎章本에는 "以"로 되어 있다.

34) 『說文』: 상해고적본(段玉裁本)에는 확인되지 않음. 『康熙字典』, 中華書局, 1992, 213면에 "說文, 嚴酷貌"라고 하였고, 諸橋轍次, 『大漢和辭典』 卷2, 大修館書店, 昭和 55年, 2198면에 "『說文新附』, 嗃嚴酷皃"라 함.

35) 하해(何楷): 明末 淸初의 經學家. 『古周易訂詁』라는 저서가 있다. 字가 '元子', 號는 黃如인데(伍華 主編, 『周易大辭典』, 中山大學出版社, 1993, 860면), 다산은 何玄子라고 인용하기도 한다. 저서로는 『古周易訂詁』(16권)·『詩經世本古義』 등이 있다(伍華 主編, 같은 책, 917면). 『四庫全書總目提要』에 『古周易訂詁』의 提要가 나온다.

36) 何楷, 『古周易訂詁』(景印 文淵閣四庫全書 第三六冊), 177면.

37) 희희(噫嘻): ① 불평과 원망의 소리, ② 경멸하는 소리, ③ 감탄하여 칭찬하는 소리. 여기서는 ①의 뜻이다.

38) 何氏는 諧聲字로 간주하여 오류를 범했다는 것. 즉 "嘻"에 '탄식한다'는 뜻이 있기는 하지만, 이 구절에서는 그것이 아니라는 것.

嘻”라고 말한 것은, 卦가 지금 [風雷] 益卦가 되어 ≪[家人卦의] 세 번째 爻가 변동≫ 그 [益卦를 구성하는] 바람[☴]과 우레[☳]가 모두 소리가 나는 것이기 때문이다.

○又按 舊本 嗃作確 ≪荀爽本[39]≫ 亦作熇 ≪劉瓛本≫ 鄭玄云 嗃嗃 苦爇[40]之意 ≪先儒 皆以爲离火之聲≫ 皆非也 又 嘻 或作嬉 ≪張揖本≫ 或作喜 ≪陸績本≫ 侯果曰 嘻嘻 笑也

○[又按] 옛 판본(舊本)에서는 ‘嗃’이 ‘確’으로 나오거나 ≪순상(荀爽)의 책≫ 또는 ‘熇’로 나오며 ≪유환(劉瓛)의 책≫ 鄭玄은 ‘학학(嗃嗃)’이 ‘고열에 들떠 신음하는 소리(苦爇 : 불이 거세게 타는 소리)’를 뜻한다고 하였는데 ≪先儒들은 모두 离에 따라 ‘불이 타오르는 소리’로 간주하였다.≫ 모두 틀린 말이다. 또한 ‘嘻’를 혹 ‘嬉’라 한 경우가 있으며 ≪장읍(張揖)[41]의 책[42]≫ ‘喜’라 한 경우가 있다 ≪육적(陸績)의 책≫ 후과(侯果)는 말하기를, “嘻嘻는 웃음소리”라고 하였다.

○學稼云 益自否來 卦有父母 ≪乾與坤≫ 故得稱婦子

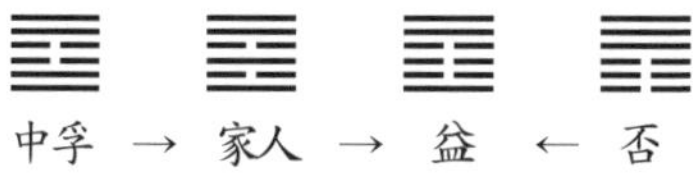

39) [校閱] 奎章本에는 “本”이 “木”으로 되어 있는데, 誤記이다.

40) [校閱] 奎章本과 新朝本과 國中本에 모두 “爇”로 나온다. 爇과 “설(爇)”은 同字이다.

41) 장읍(張揖) : 魏晉南北朝시대에 魏나라(220~265) 明帝 때 박사를 지낸 인물로서, 저서에 『廣雅』가 있다.

42) 魏나라 장읍(張揖)의 저술인 『廣雅』를 가리킨다. 『廣雅』는 일명 『博雅』라고도 하는데, 『爾雅』를 증보한 것으로, 차례 역시 『爾雅』와 흡사하며 18,150字를 수록하고 있으며, 上·中·下卷으로 쓰여졌다. 『爾雅』에서 수록하지 못한 어휘까지 다루고 있어, 내용이 『爾雅』에 비해 충실해졌고, 先秦 및 작자가 생활하던 시기의 많은 어휘를 다루었다. 부족한 점이라면 체제가 『爾雅』의 수준에 머물러 있고, 어휘의 해석이 동의어나 유의어로 되어 있다는 것이다. 후대에 이르러 이에 注를 달고 연구한 저작으로는 隋代의 曹憲이 지은 『博雅音』과 淸代의 왕념손(王念孫)이 지은 『廣雅疏證』이 있다.

○學稼가 말하였다. "[家人卦 九三의 之卦인] 益卦는 否卦로부터 왔으니, 否卦에는 아버지와 어머니의 상징이 있다. ≪乾과 坤[이 父와 母가 됨]≫ 그러므로 [부모와 대비되는] '婦子(며느리 · 자식 · 손자)'를 언급한 것이다."

○學圃云 坎有二陰故 嗃嗃疊文 震亦二陰故 嘻嘻疊文

○學圃가 말하였다. "[家人卦의 下互卦인] 坎에 두 개의 陰이 있으므로, '학학(嗃嗃)'이라고 같은 글자를 겹쳐서 첩문(疊文)을 쓴 것이며, [益卦의 下卦인] 震에도 역시 두 개의 陰이 있으므로 '희희(嘻嘻)'라고 같은 글자를 겹쳐서 첩문(疊文)을 쓴 것이다."

䷌

六四 : 富家, 大吉. ○象曰 : 富家大吉, 順在位也.

六四 : 집안을 부유(富裕)하게 하니, 크게 길할 것이다. ○「象傳」: "집안을 부유하게 하니 크게 吉한 것(富家大吉)"은 지위에 順從함에 말미암은 것이다.

此 家人之同人也 同人自夬來 ≪上之二≫ 兌以毁決 ≪見說卦≫ 出而不入 ≪反於巽≫ 移之同人則 离財內貯 ≪离爲貝[43]≫ 乾富以盈 ≪上今乾≫ 富其家也 ≪互坎本爲家≫

43) [校閱] "离爲貝"의 "貝"가 奎章本에는 "見"으로 되어 있는데, 誤記이다.

䷤ ䷌ ䷪

家人 → 同人 ← 夬

이것은 家人卦가 同人卦로 변하는 경우이다. 同人卦는 夬卦로부터 왔는데 ≪[夬卦의] 上이 2로 감≫ 兌로 말미암아, 훼손되고 터지니 ≪「說卦傳」에 [설명이] 나옴≫ [재물이] 나가고는 [다시] 들어오지 않는 것이다. ≪[兌의 훼손되고 터져서 새어버리는 성질은] 巽[의 들어오는 성질]과 반대됨≫ [그런데 夬卦로부터] 推移하여 同人卦로 가면, 离의 재물이 안으로 축적되어 ≪离는 패물(貝物)이 됨≫ 乾의 富가 가득하게 되니 ≪[同人卦의] 上卦가 지금 乾≫ 그 집안을 부유하게 하는 것이다.[44] ≪[家人卦에는 2·3·4의] 互坎卦가 있으니, 본래 집의 뜻이 됨≫

○ 夬之時 厲而不順 ≪兌乘剛≫ 移之爲巽 ≪下互巽≫ 遂亦得位 ≪柔居二≫ 順在位也 ≪巽爲順≫

䷤ ䷌ ䷪

家人 → 同人 ← 夬

○[同人卦의 母卦인] 夬卦의 때에는 위태롭고 순종치 못하였는데 ≪兌는 [柔가] 剛을 올라타고 있는 형태≫ [夬卦로부터] 추이하여 [同人卦로 되면, 下互卦가] 巽이 되니 ≪[同人卦의] 下互卦가 巽≫ 마침내 또한 바른 자리를 얻으니 ≪[同人卦에서] 柔가 [陰의 자리인] 제2位에 자리함≫ [이것을 가리켜] "順在位"라고 한 것이다. ≪巽은 '順從함'의 뜻이 된다.≫

---

44) "富家"를 '富其家'로 풀이하여, "富"를 動詞로 본 것이다.

九五 : 王假有家, 勿恤, 吉. ○ 象曰 : 王假有家, 交相愛也.

九五 : 王의 감화(感化)로써 [왕가(王家)의] 가법(家法)이 [엄정(嚴正)하게] 서게 될 것이니, 근심하지 말 것이며, 吉할 것이다. ○ 「象傳」 : "王의 감화(感化)로써 [왕가(王家)의] 가법(家法)이 [엄정(嚴正)하게] 서게 됨(王家有家)"은 交感하여 서로 사랑하기 때문이다.

此 家人之賁也 賁自泰來 ≪二之上≫ 乾則爲王 ≪泰下乾≫ 坤其妃也 移之爲賁 則乾王自修 ≪移爲离≫ 以誠其身 ≪內离誠≫ 而坤后孚感 亦以离化 ≪上大离≫ 坎宮以正 ≪下互坎≫ 禮法賁然 ≪卦今賁≫ 王假有家也

家人 → 賁 ← 泰

이것은 家人卦가 賁卦로 변하는 경우이다. 賁卦는 泰卦로부터 왔는데 ≪[泰卦의] 2가 上으로 감≫ [泰卦의] 乾은 곧 王의 상징이 되며 ≪泰卦의 下卦는 乾≫ 坤은 그 왕비의 상징이 된다. [그런데 泰卦로부터] 추이하여 賁卦가 되면, 乾의 임금은 스스로 수양하여 ≪[泰卦로부터] 推移하면, [賁卦의 下卦가] 离가 됨≫ 자신을 誠實하게 하니 ≪[賁卦의 下卦인] 离는 誠을 상징함≫ 坤의 왕후도 이에 믿음으로써 감화(感化)된다. 또한 离로써 敎化하니 ≪賁卦에는 위에 [3·4·5·6의] 큰 离가 있음≫ 坎의 집안이 이로써 바로 잡히게 되고 ≪[2·3·4位의] 下互卦가 坎≫ 禮法이 찬란하게 되니 ≪卦가 지금 賁≫ [이것을 가리켜] "왕격유가(王假有家)"라고 한 것이다.[45]

○乾移爲艮 ≪二之上≫ 其象宜恤 ≪有王終[46]之象≫ 然而勿恤者 家人之卦也 ≪家人之卦 占之如此 故勿恤≫

家人 → 賁 ← 泰

○[泰卦의 下卦에 있던] 乾은 [賁卦로] 推移하게 되면 [종말 혹은 죽음을 상징하는] 艮이 되니 ≪[泰卦의] 2가 上으로 감≫ 그 象이 근심스러운 것이 되어야 마땅한 것이지만 ≪[乾王이 艮으로써 死亡하게 되니] 임금이 죽는 象이 됨≫ 그럼에도 불구하고 "勿恤", 즉 "근심치 말라"고 한 것은 [이것이 임금과는 무관한] 家人들과 연관된 卦이기 때문이다. ≪家人의 卦는 점괘가 이와 같으므로 "물휼(勿恤)"이라고 한 것이다.≫

○兩离相孚 上下相喜 ≪上下离≫ 交相愛也

家人 → 賁

○[賁卦에는] 두 개의 离가 있어서, 서로 믿고, 上下가 서로 기뻐하니 ≪上下가 离≫ [이것을 가리켜] "交相愛", 즉 "교감하여 서로 사랑함"이라고 한 것이다.

○學稼云 五爲君位 故論帝王治家之法

○學稼가 말하였다. "제5位는 君主의 地位에 해당하는 까닭에, 帝王이 집안을 다스리는 法을 논한 것이다."[47]

---

45) "孚而格至之, 曰假."(『四箋』 卷6, 25가)
46) [校閱] "有王終之象"의 "終"이 奎章本에는 "然"으로 나오는데, 誤記이다.

上九 : 有孚, 威如, 終吉. ◯ 象曰 : 威如之吉, 反身之謂也.

上九 : 믿음이 있고 [거기에다가] 위엄(威嚴)이 있으면, 마침내 길할 것이다. ◯「象傳」: 위엄이 있으면 길하다는 것은 [위엄을 부리면 좋다는 뜻이 아니라, 그러한 위엄이 저절로 나올 수 있도록] 스스로를 반성(反省)하라는 뜻이다.

此 家人之旣濟也 旣濟自泰來 《二之五》 二之旣升 离誠內明 《下今离》 遂與五應 《五今剛》 是 有孚也 升者爲坎 《上今坎》 正其法律 《坎爲法》 以御其家 《下互坎》 家道嚴肅 《坎爲敬》 有孚威如也 今卦已終 《全卦終》 是 終吉也

家人 → 旣濟 ← 泰

이것은 家人卦가 旣濟卦로 변하는 경우이다. 旣濟卦는 泰卦로부터 왔는데 《[泰卦의] 2가 5로 감》 [泰卦의] 2가 이윽고 상승하니, 离의 정성스러움이 안에서 밝고 《[旣濟卦의] 下卦가 지금 离》 마침내는 [2가] 위의 5와 호응하기 때문에 《[旣濟卦의] 제5位가 지금 剛》 이것을 [가리켜] "有孚"[48]라고 한 것이다. [泰卦의 제2位에 있는 剛이 위로] 上升하여 坎이 되니 《[旣濟卦의] 上卦가 지금 坎》 [坎으로써] 그 法律을 바르게 집행함으로써 《坎은 法律이 됨》 그 집안을 다스려 《[旣濟卦의] 下互卦도 坎》 家道

---

47) 괘 자체가 '家人'이라 '治家의 도리'와 연관되고, 제5位가 君位여서 '왕의 治家法'이 언급되었다는 뜻.

48) '有孚'란 자신도 성의가 있고, 상대도 그 정성에 감동, 감화되어 호응해 온다는 것.

가 엄숙하게 서니 ≪坎은 恭敬함이 됨≫ [이것을 가리켜] "有孚威如"라고 한 것이다. [이처럼 집안이 잘 다스려지고] 지금 卦가 [上九에서] 이미 종결되는 까닭에 ≪[上九는] 전체의 卦가 종결되는 위치≫ "終吉"이라고 한 것이다.

○ 离以自修 ≪下今离≫ 反身而誠也 ≪中庸云≫ 雖家人父子之間 反身不誠 徒欲立威則 賊恩傷義 秖[49]以爲亂矣

家人 → 旣濟 ← 泰

○离로써 스스로 修身하니 ≪[旣濟卦의] 下卦가 지금 离≫ 자신을 돌이켜서, 誠實한 것이다. ≪『中庸』에서 [그렇게] 말함[50]≫ 비록 [천륜에 따른] 가족이나 父子 사이라고 하더라도, 自身을 돌이켜 보아도 성실하지 않은데, 헛되이 위엄만 세우고자 한다면 [부모로 받은] 은혜(恩惠)를 저버리게 되고, 도의(道義)를 손상하게 되며, 다만 혼란을 초래할 뿐이다.

---

49) [校閱] 新朝本과 奎章本과 國中本에 모두 "秖以爲亂"으로 나온다. "秖"와 "秖"는 同字이다.

50) 『中庸』에 "反身而誠"이라는 말은 나오지 않는다. 다만, "反求諸其身"이란 말이 나올 뿐이다. 위의 "反身而誠"(萬物, 皆備於我矣, 反身而誠, 樂莫大焉, 『孟子』「盡心章句上」)이나 "反身不誠"(悅親有道, 反身不誠, 不悅於親矣, 『孟子』「離婁上」)이라는 말은 『孟子』에 그대로 나온다. 따라서 "『中庸』云"은 단순히 "孟子云"의 誤字 내지는 茶山의 착각이라 볼 수 있지만, 『孟子』의 그 구절과는 전체적 맥락에서 다소 취지를 달리한다는 측면에서, 茶山이 "中庸云"이라 굳이 밝힌 것이라 볼 수도 있겠다.

38. 화택 규(火澤 睽)

兌下离上 ○第二十二卦之反 ≪大壯上之三 中孚四之五≫

兌는 下卦이고, 离는 上卦이다. ○第22卦의 反卦이다. ≪大壯卦의 上이 3으로 가고, 中孚卦의 4가 5로 간다.≫

序卦傳曰 睽者 乖也 ≪乖 戾也≫

「序卦傳」에 말하였다. "睽는 어긋남이다." ≪乖는 어그러진다는 뜻이다.≫

○雜卦傳曰 睽 外也

○「雜卦傳」에 말하였다. "睽卦는 밖을 가리킨다."

○鏞案 睽者 癶也 ≪從[51]二止相背≫ 癸也 ≪古癸[52]字≫ 發矢之義也 矢發則弓與矢 相離也 ≪上九云 張弧 說弧≫

○[鏞案] '睽'字는 '등질 癶(발)'[53]에서 나왔는데 ≪['癶'字는] 두 개[의 다

---

51) [校閱] 新朝本에는 "終"으로 되어 있으나 奎章本에는 "以"로 되어 있다.

52) [校閱] 新朝本의 "癸"字는 '癶'의 윗부분과 '天'의 아래 부분으로 되어 있다. 그러나 奎章本에서는 '癶'의 윗부분과 "矢"의 아랫부분으로 구성되어 있다(즉 '癸').

53) '필발머리 癶(발)'字는 두 다리를 뻗치고 있는 모양을 본뜬 글자이다. "등지다", "사이

리]가 멈추어서, 서로 등지고 있는 형태에 근거한 글자≫ '癸'는 ≪['癸'字는] 열 번째 천간(天干)인 '癸(계)'字의 古字≫ '화살을 쏜다'는 뜻이다. 화살이 발사되면 활과 화살은 서로 분리된다. ≪[睽卦의] 上九에서 말하기를, "張弧"·"說弧"라고 하였다.≫

卦自大壯來 大壯之時 下有乘矢 ≪下四陽≫ 上爲震發 ≪古禮 每射四矢故 孟子云 發乘矢≫ 已[54]有發矢之象 ≪陽進如矢發≫ 但無坎弓 無以發也

大壯 → 睽 ← 中孚

睽卦는 大壯卦로부터 왔는데, 大壯卦의 때에는 아래에 4개의 화살(乘矢)이 있고 ≪[大壯卦의] 아래 있는 4개의 陽≫ 위로는 震의 발사(發射)가 되니 ≪古禮에 따르면, 활을 쏠 때는 항상 네 개의 화살을 [한 단위로] 쏘았다. 따라서 『孟子』「이루(離婁)」에서 말하기를, "화살 4발(乘矢)을 쏘았다"라고 한 것이다.[55]≫ 이미 화살을 쏘는 象이 있었다. ≪陽이 상승하여 전진하는 모습이 [마치] 화살을 쏘는 것과 같다.≫ 다만 [大壯卦에는] 坎의 활이 없으므로, 화살을 쏠 도리가 없는 것이다.

移之爲睽 則坎弓旣張 ≪上互坎≫ 一矢乃發 ≪三之上≫ 弓與矢相離 ≪上重离≫ 此之謂 睽也 又 說文曰 睽 目不相視也 ≪字從[56]目≫

가 벌어지다"의 뜻이다.

54) [校閱] "已有發矢之象"의 "이(已)"가 新朝本에는 "기(己)"로 되어 있는데, 誤記이다.

55) 發乘矢: "화살 4개를 쏘다"는 뜻이다. 『孟子』「離婁章句下」에 나오는 말이다. "抽矢, 扣輪, 去其金, 發乘矢而後反(화살을 뽑아 화살끝 쇠테를 두드려서 그 활촉을 빼버리고, 화살 4개를 쏜 뒤에 돌아갔다)."

56) [校閱] "從"이 奎章本에는 "以"로 되어 있다.

大壯 → 睽 ← 中孚

[大壯卦로부터] 추이하여 睽卦가 되면, 坎의 활을 이미 잡아당겨 ≪上互卦가 坎≫ 화살 하나를 이에 발사(發射)하면 ≪[大壯卦의] 3이 上으로 감≫ 활과 화살이 서로 분리되니 ≪睽卦의 위에 离가 두 개가 있음≫ 이것을 '睽'라고 하는 것이다. 한편 『說文』에서 말하기를, "睽는 눈이 서로 보지 않는 것을 뜻한다"고 하였다. ≪睽字는 '目'字를 따른다.≫

卦自中孚來 中孚者 大离也 ≪兼畫三≫ 兌巽二女 离目以相視 ≪三四虛≫ 其志相孚 ≪中無阻≫ 移之爲睽 則雖有离目 ≪上下离≫ 中有一梗 ≪四今剛≫ 不相對視 所謂 二女同居 其志不同 ≪彖傳文≫ 此之謂 睽也

睽 ← 中孚

睽卦는 中孚卦로부터 왔다. 中孚는 큰 离의 형태로서 ≪兼畫하면 三畫卦가 됨≫ 兌[의 少女]와 巽[의 長女]의 두 女人이 그 离의 눈을 서로 쳐다보며 ≪中孚는 3·4位가 陰으로 비어서 가로막고 있는 것이 없음≫ 그 마음(志)으로 서로 믿고 있다. ≪가운데 장애물이 없다.≫ [그런데 中孚卦로부터] 추이하여 睽卦로 되면, 비록 离의 눈은 있더라도 ≪위아래가 离≫ 가운데 하나 가로막는 것이 있어 ≪제4位가 지금 剛陽≫ 서로 마주 보지 못하니, [이것이] 이른바 "二女同居, 其志不同"라는 것이니 ≪睽卦의 「彖傳」에 나오는 말≫ 이것을 일컬어 [질시(嫉視) 혹은 반목(反目)이라는 뜻에서] '睽'라고 한 것이다.

發矢之義 孔子於大傳言之 ≪弧矢之利 取諸睽≫ 目視之義 孔子於彖傳 發之 ≪二女 志不同≫ 此 皆名卦之正義也

[睽卦의] ‘활을 쏜다’는 뜻은 孔子가 「繫辭傳」에서 말하였고 ≪[「계사전(繫辭傳)」에서] “弧矢之利, 取諸睽(활과 화살의 이로움은…… 睽卦에서 취하였다”라고 함)≫ ‘눈으로 보는 것(즉 반목함이라는 것)’과 연관된 뜻은 孔子가 아래 「彖傳」에서 밝혔으니 ≪“두 여자가…… 뜻이 같지 않음” 운운≫ 이것은 모두 卦 이름을 그렇게 명명(命名)한 본래의 취지이다.57)

又 离火炎上 兌澤潤下 行相違也 ≪程子云≫ 陽必居陰 ≪二四六≫ 陰乃居陽 ≪三與五≫ 其位乖戾也 ≪與家人相反≫ 此 亦名卦之餘義也 ≪程逈58)云 火澤相遇則革 不相遇則睽≫

한편 [睽卦의 上卦인] 离의 불[☲]은 위로 타오르고, [下卦인] 兌의 못[☱]은 아래로 적셔 스미니, 그 운동 방향이 서로 반대이다 ≪程子가 [그렇게] 말함≫ [또한 睽卦를 보면] 陽이 굳이 陰의 자리에 위치하고 ≪2·4·6位의 경우≫ 陰이 곧 陽의 자리를 차지하고 있으니 ≪3과 5位≫ 그 자리가 어긋난다.59) ≪家人卦와 상반된 경우≫ 이 역시 괘 이름을 그렇게 지은 또 다른 취지(餘義)60)이다. ≪정형(程逈)61)이 말하였다. “불[☲]과 못[☱]이

---

57) 以上 다산의 설명에 따르면 睽卦에는 ① 發矢, ② 不相視, ③ 相違(乖戾)의 세 가지 뜻이 있다.

58) [校閱] 원문에는 ‘程逈’의 ‘逈’字에 위의 꼭지(′)가 없다. 즉 ‘冂’ 안에 ‘口’가 들어가 있는 형태이다. 뜻은 같은 同字이다.

59) 睽卦의 경우, 初爻의 경우를 제외하고, 나머지 五爻가 모두 합당한 자리에 위치하고 있지 않으므로 睽卦라고 이름붙인 것이 된다.

60) 앞서 “正義”라는 말에 대비하여 “餘義”라는 말을 사용함.

서로 만나면 革卦가 되지만, [불[☲]과 못[☱]이] 서로 만나지 못한다면 睽卦가 된다."[62]≫

○虞翻曰 卦自大壯來

○우번(虞翻)이 말하였다. "睽卦는 大壯卦로부터 왔다."

䷥

睽, 小事, 吉.

睽는 작은 일이면 吉할 것이다.

此 睽之不變者也 卦自中孚來 ≪四之五≫ 陰進居五 旣得中矣 ≪上之中≫ 遂成坎貞 ≪三五互≫ 可以幹矣 ≪事 貞也≫ 陰德本小 ≪易例也≫ 唯小事吉也 若筮大事則 其自中孚者 五來居四 旣失其中 ≪上之中≫ 又不得位 ≪陽居陰≫ 其象不吉也 ≪陽 以占大事≫ 其自大壯者 三往居上 旣離其羣 ≪四陽本相聚≫ 又不得位 ≪上位陰≫ 其象

---

61) 정형(程迥) : 宋代 사람으로 호는 沙隨이며, 沙隨先生으로도 불리었다. 朱子가 그를 칭송하여 "博聞至行, …… 開悟後學"이라 함(伍華 主編, 『周易大辭典』, 中山大學出版社, 1993, 888면). 저서에 『周易古占法』·『古周易章句外編』 등이 있다(金勝東, 『易思想辭典』, 부산대 출판부, 1998, 981면). 『四箋』에서 정형(程迥)은 정순신(程舜臣)으로도 언급되고 있으며, 정형(程迥)의 易說에 관해서는 『易學緖言』에서 「沙隨古占駁」이라는 제목으로 독립적으로 다루고 있다.

62) [澤火] 革卦와 [火澤] 睽卦의 두 경우가 모두 澤과 火로 구성되어 있기는 하지만, 澤과 火가 같이 있다고 해서, 만난다고 볼 수는 없다는 뜻이다. 즉 [火澤] 睽卦의 경우에는 下卦인 澤水는 아래로 向하는 데 반하여, 上卦인 离火는 위로 향하는 성질을 지니므로, 澤과 火가 서로 交涉작용을 일으키지 못한다고 볼 수 있다.

不吉也 故曰 小事吉

大壯 → 睽 ← 中孚

이것은 睽卦가 변하지 않는 경우이다. 睽卦는 中孚卦에서 나왔는데 ≪4가 5로 감≫ 陰이 위로 전진하여 제5位에 자리하여 中을 얻고 ≪上卦의 가운데≫ 마침내 坎의 일을 이루니 ≪3 · 4 · 5의 互卦≫ 일을 맡아 처리할 수 있는 것이다. ≪"小事"의 "事"는 "貞"이다.[63]≫ 陰의 德은 본래 작으니 ≪易例이다.≫ 다만 "小事가 吉한 것"이다. 만약 큰 일을 점친다면, 睽卦가 中孚卦에서 나온 경우는 5가 와서 제4位에 있으니, 그 "中道"를 잃을 뿐만 아니라 ≪원래 上卦의 "中"이었다.≫ 또한 자신의 바른 자리도 얻지 못하게 되니 ≪'陽ㅡ'이 '陰의 자리'에 위치≫ 그 象이 不吉하다. ≪陽으로는 큰 일을 점친다.≫ 睽卦가 大壯卦로부터 추이한 경우에도, 3이 위로 나아가 제6位에 자리하게 되니, 그 무리를 벗어났을 뿐만 아니라 ≪4개의 陽이 본래 서로 모여 있음≫ 또한 자신의 바른 자리도 얻지 못하였으니 ≪제6位는 陰의 자리≫ 그 象이 不吉하다. 그러므로 "小事, 吉"이라 한 것이다.

彖曰 : 睽, 火動而上, 澤動而下, 二女同居, 其志不同行, 說而麗乎明, 柔進而上行, 得中而應乎剛. 是以, 小事吉. 天地睽而其事同也, 男女睽而其志通也, 萬物睽而其事類也, 睽之時用, 大矣哉.

「彖傳」: 睽卦는 불이 위로 타오르고, 연못의 물이 아래로 내려가며, 두 여자가 함께 머물고 있으나, 그 뜻이 함께 가지 않으니,[64] 기쁨[65]이

63) "小事, 吉"은 "小貞, 吉"이라는 것.

64) "其志不同行, 說而麗乎明"으로 句를 끊느냐, 아니면, "其志不同, 行說而麗乎明"으로 끊느냐 하는 것이 문제가 된다. 다산이 注에서 "离火炎上, 兌澤潤下, 其志不同也"라고

밝음[66]에 짝하고(麗) 있는 것이다. [中孚卦와 睽卦의 추이관계를 보면] 柔가 나아가서, 위로 향해 가서, 中의 자리를 얻어 [아래의] 剛에 상응한다. 이런 까닭에 "小事, 吉"이라고 한 것이다. 天地가 다르나, 그 [하는] 일은 같으며, 男女가 유별하나(睽) 그 뜻은 통하며, 萬物이 제 각각이나, 그 事物에는 類의 동일성이 있는 것이다. 睽의 時機의 역할(時用)은 크도다!

中孚之時 通體爲火 ≪兼畫离≫ 變而爲睽 則火動而上也 ≪上今离≫ 大壯之時 通體爲澤 ≪兼畫兌≫ 變而爲睽則 澤動而下也 ≪下今兌≫ 動者 變也

大壯 → 睽 ← 中孚

中孚卦의 때에는 괘 전체를 통틀어 보면 불[☲]의 형상인데 ≪兼畫하면 离≫ 추이하여 睽卦가 되니 곧 "火動而上(불이 위로 타오른 것)"이 된다. ≪上卦가 지금 离≫ 大壯卦의 때에는 괘 전체가 못[☱]의 형상인데 ≪겸획하면 兌≫ 추이하여 睽卦가 되니 [이것을 가리켜] "澤動而下", 즉 "연못의 물이 아래로 내려간다"라고 한 것이다. ≪[睽卦의] 下卦가 지금 兌≫ ["火動而上, 澤動而下"의 구절에서] "動"은 '변화한다'는 뜻이다.[67]

하였으므로, "其志不同也"라고 句를 끊었다고도 볼 수 있으나. 이어서 "行者, 上下也"라고 하였으므로, "其志不同行"에서 끊는 것이 옳다고 본다. 또 다산은 革卦의 「彖傳」의 注에서 革卦 「彖傳」의 문장이 睽卦와 같다고 말하고 있는데, 이것은 革卦의 「彖傳」에서 "二女同居, 其志不相得"이라고 한 것과 睽卦의 「彖傳」에서 "二女同居, 其志不同行"이라 한 문장이 서로 대응되는 것을 말한 것이다. 이런 이유에서 보더라도, "其志不同行"에서 끊는 것이 옳다고 본다.

65) 說 : 兌(☱)는 기쁨을 상징함.

66) 离(☲)는 밝음(明)을 상징함.

○上离下兌 ≪中少女≫ 中成坎宮 ≪三五互≫ 二女同居也 离火炎上 兌澤潤下 ≪性相[68]乖≫ 其志不同也 行者 上下也 ≪升與[69]降≫

睽

○[睽卦의] 上卦는 离이고, 下卦는 兌인데 ≪[离는] 中女에 해당되고, [兌는] 少女에 해당됨≫ 가운데 坎의 집이 형성되니 ≪3·4·5位의 互卦는 坎≫ [이것을 가리켜] "二女同居"라고 한 것이다. 离의 불이 위로 타오르고, 兌의 연못에 있는 물은 아래로 흘러 적시니 ≪그 성질이 상반된다.≫ 그 뜻이 같지 않은 것이다. "行"은 위와 아래로 오르내리는 것을 가리킨다. ≪'行'은 상승하거나, 하강하는 것을 가리킨다.≫

○柔進上行者 中孚之移也 ≪四之五≫ 進而居五 是 得中也 ≪上之中≫ 二剛五柔 上下應也

睽 ← 中孚

○[「彖傳」에서] "柔進[而]上行"이라고 한 것은 中孚卦로부터 推移한 것을 가리킨다. ≪[中孚卦의] 4가 5로 감≫ 나아가서, 제5位에 머무르니, [이것을 가리켜] "得中"이라고 한 것이다. ≪上卦의 中을 가리킴≫ [睽卦에서 보면] 제2位가 剛이고, 제5位가 柔이니, 上下가 呼應하는 것이다.

---

67) 睽卦 자체로 설명하지 않고 中孚·大壯과의 관계 속에서 설명함. 즉 中孚의 불이 睽卦에서 보면 위에 가 있고, 大壯의 '못'이 睽에서 보면 아래에 가 있는 형국이다.
68) [校閱] 新朝本에는 "相"이 "上"으로 되어 있는데, 誤記이다.
69) [校閱] "升與降"의 "與"가 新朝本에는 "爲"로 나오는데, 誤記이다.

○天地者 陰陽也 大壯之時 陽與陽聚 ≪下四陽≫ 陰與陰聚 ≪上二陰≫ 移之爲睽 中成坎事 ≪上互坎≫ 此 天地睽而其事同也 中孚之時 震巽相會 ≪長男女≫ 艮兌相合 ≪少男女≫ 移之爲睽 坎志相通 ≪上互坎≫ 此 男女睽而其志通也 ≪坎爲通≫

大壯 → 睽 ← 中孚

○"天地"는 陰·陽을 가리킨다. 大壯卦의 때에는 陽과 陽이 모여 있고 ≪아래 네 개의 陽≫ 陰과 陰이 모여 있었는데 ≪위의 2개의 陰≫ [大壯卦로부터] 추이하여 睽卦가 되면, 가운데서 坎의 事業이 이루어지니 ≪3·4·5位의 上互卦가 坎≫ 이것을 가리켜 "天地睽而其事同", 즉 "天地가 다르나, 그 [하는] 일은 같다"라고 한 것이다. 中孚卦의 때에는 [下互卦인] 震과 [上卦인] 巽이 서로 어울려 있고 ≪각각 長男과 長女≫ 艮(上互卦)과 兌(下卦)가 서로 짝하여 있는데 ≪각각 少男과 少女≫ 추이하여 睽卦가 되면 坎의 志가 서로 통하니 ≪睽의 3·4·5位의 上互卦가 坎≫ 이것을 가리켜 "男女睽而其志通"이라고 한 것이다. ≪坎은 또 '通한다'는 뜻이 된다.≫

萬物者 卦畫也 ≪大傳云 物以羣分≫ 大壯 中孚 皆爲聚合之卦 ≪皆辟卦≫ 而移之爲睽 則剛柔交錯 ≪相分散≫ 坎功以成 ≪上互坎≫ 此 萬物睽而其事類也

萬物은 [『周易』의 상징체계에서는] 괘획(卦畫)으로 표현된다. ≪「繫辭傳」에 "物以羣分", 즉 "사물들이 무리를 지어 나뉘어 있음"이라고 하였다.≫ 大壯卦와 中孚卦는 모두 聚合之卦[70]에 해당되는데 ≪즉 [大壯卦와 中孚卦는] 모두 辟卦≫ 추이하여 가서 睽卦가 되면, 그 剛과 柔가 뒤섞여 ≪서로 분

70) 취합지괘(聚合之卦)는 陽은 陽대로, 陰은 陰대로 모여 있는 卦를 가리킨다.

산됨≫ 坎의 功(事)이 이루어지니 ≪上互卦가 坎≫ 이것을 가리켜, "萬物睽而其事類", 즉 "만물은 제 각각이나, 그 사태(事態)들은 같은 종류(種類)끼리 묶여진다"라고 한 것이다.

初九 : 悔亡, 喪馬, 勿逐自復. 見惡人, 无咎. ○ 象曰 : 見惡人, 以辟咎也.[71]

初九 : [변한 것이 있더라도 다시 본래대로 될 것이니, 결국에는] 바뀐 것이 없을 것이다. 말(馬)을 잃어버리더라도, 쫓아가 찾지 말 것이니, [잃어버린 말이] 스스로 돌아올 것이다. 惡人을 만나더라도 허물이 없을 것이다. ○ 象曰 : 惡人을 만나더라도, [그렇게 함으로써] 해(害)를 입는 일은 없을 것이다.

此 睽之未濟也 易例 乾坤坎离 爲四正之卦 故坎以當乾 ≪得乾中≫ 离以當坤 ≪得坤中≫ 此 又一例也

大壯 → 睽 → 未濟 ← 否

이것은 睽卦가 未濟卦로 변하는 경우이다. 易例에 따르면, 乾 · 坤 · 坎 · 离는 4正卦이다. 따라서 坎은 乾에 해당하고 ≪[坎은] 乾의 中을 얻음≫ 离는 坤에 해당하니 ≪[离는] 坤의 中을 얻음≫ 이것은 또한 [『周

71) "以辟咎也"의 '辟'字는 "피"로 읽는다.

易』의] 한 가지 用例이다.

○卦自大壯來 ≪三之上≫ 移失[72]其乾 今變爲坎 ≪下今坎≫ 中剛如舊 是 悔亡也 ≪變者亡≫

大壯 → 睽 → 未濟

○睽卦는 大壯卦로부터 왔다. ≪[大壯卦의] 3이 上으로 감≫ [大壯卦로부터] 推移하게 되면 [大壯卦의 下卦에 있던] 그 乾을 상실하였다가, 지금 [睽初九가] 효변하여 [未濟卦로 되면] 坎이 되더라도 ≪[未濟卦의] 下卦가 지금 坎≫ [제2位에 있는] 가운데 剛은 以前과 마찬가지로 있으니, 이것을 가리켜 "悔亡"이라고 한 것이다. ≪["悔亡"이란 변했던 것이 없어짐을 가리킴≫

○未濟自否來 ≪五之二≫ 否者 泰之交也 ≪地天爲天地≫ 泰之時 乾馬在內 ≪泰下乾≫ 交之爲否 馬亡在外 ≪如大壯六五之爲喪羊≫ 是 喪馬也 泰之震足 ≪三五互≫ 今爲艮止 ≪否互艮≫ 是 勿逐也 移之未濟 ≪五之二≫ 下乃得坎 ≪下今坎≫ 坎亦爲馬 ≪說卦文≫ 是 其馬勿逐而自復也 ≪震旣濟之六二同≫ 昔自內出 ≪泰爲否≫ 今自外來 ≪否移爲未濟≫ 旣往而復也 又坎爲歸 ≪說卦文≫

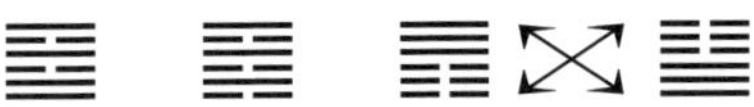

睽 → 未濟 ← 否 泰

72) [校閱] "以失其乾"의 "失"이 奎章本에는 "矢"로 되어 있는데, 誤記이다.

○未濟卦는 否卦로부터 왔는데 ≪[未濟卦의] 5가 2로 감[73]≫ 否卦는 泰卦로부터 交易한 것이다. ≪[泰卦의] 地/天이 [否卦의] 天/地로 [그 위치가 바뀌게] 됨≫ 泰卦의 때에는 乾의 말(馬)이 안에 있었는데 ≪泰卦의 下卦의 乾[은 馬을 가리킴]≫ 交易하여 否卦가 되면, 말이 사라져서 밖으로 나가 있으니 ≪大壯卦 六五에서 "喪羊"의 경우와 같음≫ 이것은 '말을 잃어버린 것(喪馬)'이다. 泰卦에는 震의 다리(足)가 있었으나 ≪[泰卦의] 3·4·5位의 互震≫ 지금 [否卦에서는] 艮으로 멈춤(止)이 되니 ≪否卦의 [2·3·4의] 互艮≫ 이것을 가리켜 "勿逐", 즉 "쫓아가지 말라"고 한 것이다. 否卦가 推移하여 未濟卦로 되면 ≪[否卦의] 5가 2로 감≫ [未濟괘의] 下卦가 곧 坎이 되는데 ≪[未濟괘의] 下卦가 지금 坎≫ 坎이 또한 말(馬)이 되니 ≪「說卦傳」의 나온다.≫ 이것은 그 말이 "뒤쫓아가지 않아도, 스스로 돌아오는 것"이다. ≪震卦와 旣濟卦 六二의 경우도 동일함≫ [陽 즉 말이] 이전에는 안에서 나갔는데 ≪泰卦가 否卦로 된 경우≫ 지금은 밖에서 들어오니 ≪否卦가 추이하여 未濟卦가 되는 경우≫ 이미 갔다가 되돌아온 것이다. 또 坎은 歸(돌아옴)의 뜻이 된다. ≪「說卦傳」에 나오는 말≫

○否之時 上三陽 君子也 ≪本皆震≫ 下三陰 惡人也 ≪艮小人≫ 移之未濟 則君子之旣遯在外者 還入坤國 ≪五之二≫ 與艮相見 ≪本互艮≫ 見惡人也 ≪互离以相見≫ 君子 當睽違之時 値否塞之運 潔身高擧 嫉惡太[74]甚 取禍之道也 屈心抑志 見此惡人 又何咎焉

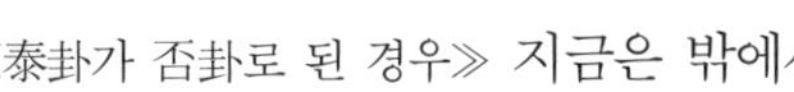

睽 → 未濟 ← 否 泰

73) 물론 否卦는 이른바 "三陰卦"이니 추이의 본법은 "二之五"인데, 지금 "陽一"의 입장에서 "五之二"라 말하는 것이다.

74) [校閱] 新朝本과 國中本에는 "太"로 되어 있으나 奎章本에는 "大"로 되어 있다.

○否卦의 때에는 上卦의 세 陽은 君子에 해당되고 ≪본래 모두 震≫ 下卦의 세 陰은 惡人에 해당된다. ≪艮은 小人을 상징함≫ [그런데 否卦로부터] 추이하여 未濟卦로 되면, 君子 중에 이미 도망가서 밖에 은둔하고 있던 사람[75]이 坤의 나라로 되돌아 들어와서 ≪[否卦의] 5가 2로 감≫ [小人인] 艮과 서로 만나니 ≪[否卦의 2·3·4位는] 본래 互艮≫ [이것을 가리켜] "見惡人"이라고 한 것이다. ≪[未濟卦의 2·3·4位의] 互离에 의해 서로 보는 것≫ 君子는 [매사(每事)가] 어긋나는 때를 당하고, 꽉 막힌 운에 처하여서서는, 품행을 바르게 처신하고, 처신을 고결하게 해야 한다. [그러나] 惡을 혐오함이 지나치면, 화(禍)를 만나는 법이다. 마음을 굽히고 뜻을 눌러, 이런 惡人을 만난다면, 또한 무슨 허물이 있겠는가?

○否塞之時 剛自外反 ≪五之二≫ 是 无咎也

睽 → 未濟 ← 否

○시운(時運)이 꽉 막혀 있을 때를 맞아, 剛이 밖으로부터 돌아오니 ≪[否卦의] 5가 2로 감≫ 이것을 가리켜 "无咎"라고 한 것이다.

○以辟咎者 以遠害也

○"以辟咎"[76]는 "以遠害", 즉 '해(害)를 멀리 한다'는 뜻이다.

○學稼云 睽自大壯來 喪其乾馬 ≪乾變兌≫ 今而得坎 ≪坎亦馬≫ 故其占如此 ≪象必兩取之≫

---

75) 君子之旣遯在外者 : 否卦의 上乾은 사람이 나라 밖으로(坤의 나라) 또는 도성 밖으로(坤의 邑) 나가서 은둔한 형국이다.

76) 以辟咎 : 허물을 피하기 위한 것, 辟는 '피'字로 읽는다.

大壯 → 睽 → 未濟

○學稼가 말하였다. "睽卦는 大壯卦로부터 왔다. 그 乾의 말을 잃어버렸는데 ≪[大壯卦로부터 推移하여, 睽卦로 되면 乾이 兌로 변함≫ 지금 [睽卦 初九가 효변하여 未濟卦가 되면] 坎을 얻게 되니 ≪坎도 역시 말을 상징함≫ 그러므로 그 占이 이와 같다." ≪이런 象은 틀림없이 [泰卦·否卦의 交易과 大壯卦·睽卦의 推移의] 두 측면에서 모두 취한 것이다.≫

○學圃云 卦德爲睽 故其占爲先喪後得

○學圃가 말하였다. "卦의 성질이 어그러짐(睽)에 있으므로, 그 占이 [일단] 먼저 상실하고, 나중에 얻는 것이 된다."

九二: 遇主于巷, 无咎. ○象曰: 遇主于巷, 未失道也.

九二: [헤어진] 주군(主君)을 [고을(邑)의] 길거리(巷)에서 [다시] 만나게 되니, 허물이 없을 것이다. ○「象傳」: [헤어진] 주군(主君)을 [고을(邑)의] 길거리에서 [다시] 만나게 된 것(遇主于巷)은 [바른] 길(道)을 잃지 않았기 때문이다.

此 睽之噬嗑也 大壯之時 震主在上 ≪上本震≫ 中孚之時 震主在內 ≪下互震≫ 移之爲睽 失其主矣 ≪卦無震≫

이것은 睽卦가 噬嗑卦로 변하는 경우이다. [睽卦의 母卦인] 大壯卦의 때에는 震의 군주가 위쪽에 있고 ≪[大壯卦의] 上卦는 본래 震≫ [睽卦의 또 다른 母卦인] 中孚卦의 때에는 震의 군주가 안쪽에 자리해 있었는데 ≪[中孚卦의] 下互卦가 震≫ [大壯卦 혹은 中孚卦로부터] 추이하여 睽卦로 되면, 그 主君을 잃어버리게 된다. ≪睽卦에는 震이 없음≫

二之既變 忽以坤臣 ≪否下坤≫ 逢此震主 ≪下今震≫ 是 遇主也 是 何地也 艮邑之下 ≪今互艮≫ 震道中開 ≪二三柔≫ 邑中道[77]曰 巷 ≪說文云≫ 遇主于巷也

그런데 이 睽卦 九二가 효변하게 되면 [噬嗑卦로 되어] 갑자기 坤의 신하가 ≪噬嗑卦의 母卦인 否卦의 下坤≫ 이 震의 군주를 맞이하게 되니 ≪[서합괘의] 下卦가 지금 震≫ 이것은 "遇主", 즉 "主君을 만남"에 해당된다. [그렇다면 主君을 만나는] 이러한 상황은 어느 곳에서 벌어지는 사건인가? [그것은] 艮의 고읍(邑) 아래에 ≪[噬嗑卦에] 지금 互艮이 있음≫ 震의 길(道)이 가운데 펼쳐져 있는 곳이다 ≪제2·3·位는 柔[이니, 길이 뚫려 있음을 상징함]≫ 성읍의 가운데 있는 큰 길을 '항(巷)'이라고 하니 ≪『說文』에서 이렇게 말함≫ [이것을 가리켜] "遇主于巷", 즉 "主君을 고을의 길거리(巷)에서 만나게 된다"고 말한 것이다.

77) [校閱] 新朝本과 國中本에는 "途"로 되어 있으나, 奎章本에는 "道"로 되어 있다.

○否塞之時 剛自外反 ≪五之一≫ 是 无咎也 ≪善補過≫

睽 → 噬嗑 ← 否

○어렵고 궁색(窮塞)한 시절을 만나서, 剛이 밖으로부터 안으로 되돌아오니 ≪[否卦의] 5가 1로 감≫ 이것을 가리켜 "无咎"라고 한 것이다. ≪허물을 바르게 고침≫

○未失道者 得震也 ≪震大道≫ 卦德爲睽離故 取先離後遇之象

睽 → 噬嗑 ← 否

○"未失道"라고 한 것은 [否卦에서 噬嗑卦로 推移하면서] 震을 얻었기 때문이다. ≪震은 大道를 상징함≫ 卦의 성질이 등지고 헤어짐에 있는 까닭에, [이렇게] 먼저는 헤어지고, 나중에 만나는 象을 취한 것이다.

○案 虞氏易 艮爲城 艮者 坤邑之防外者也 ≪艮 止也 人所居止曰邑≫ 无妄六三 以艮爲邑

○[案] 우번(虞翻)의 易說에서는 艮을 '城'으로 보았는데, 艮[☶]은 [그 형태가] 坤의 邑의 밖을 방비(防備)하고 있는 것이다. ≪[또] 艮은 '머무르는 것'을 상징하는데, 사람이 머물러 사는 곳을 '邑'이라고 한다.≫ 无妄卦 六三에 ['邑人之災'라는 爻辭가 있으니, 그 경우도 역시] 艮을 邑으로 삼았다.

䷥

六三 : 見輿曳, 其牛掣, ≪句≫ 其人天且劓. 无初有終. ○ 象曰 : 見輿曳, 位不當也, 无初有終, 遇剛也. ≪掣音 尺制反≫

六三 : 수레를 끄는 것을 보니, 그 [두 마리의] 소가 [서로 반대 방향으로 수레를] 끌어당기고 있다. ≪句≫ 그 사람이 머리를 깎이는 형벌(天)과 코를 베이는 형벌(劓)을 당할 것이다. 처음에는 없으나, 끝에는 있을 것이다. ○「象傳」: "見輿曳"는 자리가 합당하지 않음을 가리킨 것이다. "无初有終"은 剛을 만난다는 뜻이다." ≪'掣(체)'字의 발음은 '尺(척)'과 '制(제)'의 反切音[78]≫

此 睽之大有也 今之坎輿 ≪上互坎≫ 大壯之震車也 ≪上本震≫ 坎則爲曳 ≪說卦文≫ 离以見之 ≪今重离≫ 見輿曳也

䷡ → ䷥ → ䷍

大壯 → 睽 → 大有

이것은 睽卦가 大有卦로 변하는 경우이다. 지금 [睽卦에 있는] 坎의 수레는 ≪上互卦인 坎≫ [以前에] 大壯卦에 있던 震의 수레였다. ≪[大壯卦의] 上卦는 본래 震≫ 坎은 곧 끄는 것(曳)이 되는데 ≪「說卦傳」의 글≫ [눈을 상징하는] 离로써 그것을 보니 ≪지금 [睽卦에서] 离가 두 번 중첩되어 있음[79]≫ 이것을 가리켜 "見輿曳", 즉 "수레 끄는 것을 본다"고 한 것이다.

掣者 牽制也 ≪卽掣肘之意≫ 兩离之牛 ≪上下离≫ 一在輿前 ≪此上

78) '掣'字의 발음은 尺(척)字의 'ㅊ'과 制(제)字의 'ㅔ'가 합쳐져서 '체'가 된다는 뜻이다.
79) 두 눈을 상징한다는 것.

离≫ 一在輿後 ≪此互离≫ 互相牽掣 ≪挽引也≫ 其牛掣也 曷然哉 卦德 睽乖也 言其本象者 三爲卦主也 ≪大壯上之三≫

大壯 → 睽 → 大有

'掣(체)'[80]는 끌어당기면서 제어(制御)함을 뜻한다. ≪즉 '체주(掣肘)',[81] 즉 '방해하다', 혹은 '견제하다'의 뜻이다.≫ 두 개의 离는 [두 마리의] 소(牛)를 상징하는데 ≪睽卦의 上卦와 下互卦가 离≫ 한 마리는 [3·4·5의 互坎의] 수레의 앞쪽에 있고 ≪이것은 上卦의 离를 가리킴≫ 다른 한 마리는 수레의 뒤쪽에 있어서 ≪이것은 2·3·4의 互卦인 离≫ 서로 끌어당김(牽掣)이니 ≪[한 쪽에서는 앞으로] 당기고 [다른 한 쪽에서는 뒤로] 끄는 것≫ [이것을 가리켜] "其牛掣", 즉 "그 [수레를 끄는 두 마리의] 소(牛)가 [양쪽에서 서로] 끌어당긴다"라고 한 것이다. 어째서 그러한가? 睽卦의 성격이 등지고 어그러짐에 있기 때문이다. 그 本象을 말한 것은 六三이 卦主가 되기 때문이다. ≪大壯卦의 上이 3으로 감≫

○中孚之時 震髮旣蕃 ≪巽爲寡髮 震多髮≫ 艮鼻如山 ≪中孚之兩互≫ 移之爲睽 ≪四之五≫ 髮鼻猶存 ≪二本震而四本艮≫ 變而大有則 其髮其鼻 ≪二與四≫ 不可復見 ≪今無跡≫ 斯何故也 离刃之所割也 ≪上今离≫ 髡髮爲天 ≪朱子云≫ 割鼻爲劓 ≪呂刑注≫ 天且劓也 若是者 何也 坎爲刑律 ≪三五互≫ 离爲獄[82]也 ≪中孚本大獄[83]≫

---

80) 掣 : 끌다, 당기다. 끌어당기다.

81) '掣肘(체주; 철주)' : 남의 팔꿈치를 옆에서 끈다는 뜻으로, '남의 일을 방해하여 못하게 제지함'을 이르는 말.

82) [校閱] "离爲獄也"의 "獄"이 新朝本에는 "獸"로 되어 있는데, 誤記이다.

䷼ ䷥ ䷍

中孚 → 睽 → 大有

○[睽卦의 母卦인] 中孚卦의 때에는 震의 머리털이 무성하였고 ≪巽은 '머리숱이 적은 것(寡髮)'이 되고, 震은 '머리숱이 많은 것(多髮)'이 됨≫ 艮의 코가 산처럼 오뚝하였다. ≪[巽과 震은] 中孚卦의 두 互卦≫ [中孚卦로부터] 추이하여 睽卦가 되면 ≪[中孚卦의] 4가 5로 감≫ 머리털과 코는 그대로 있다. ≪제2位는 본래 震[으로서 머리털의 한 부분]이며, 제4位는 본래 艮[으로서 코의 한 부분]≫ [그런데 睽卦 六三이] 효변하여 大有卦가 되면, 그 털과 그 코를 ≪제2位와 제4位≫ 다시 볼 수 없게 된다. ≪지금은 흔적조차 없다.≫ 이것은 무슨 까닭인가? 离의 칼로 [그 머리털을] 잘랐기 때문이다. ≪[大有卦의] 上卦가 지금 离≫ 머리를 깎는 형벌(髡髮)을 일컬어 "天"[84]이라고 하고 ≪朱子가 그렇게 말함≫ 코를 베어 버리는 형벌을 "의(劓)"[85]라고 하니 ≪『尙書』「呂刑」의 注에 나온다.≫ 이것을 가리켜 "天且劓", 즉 "머리를 깎이는 형벌과 코를 베이는 형벌"이라고 한 것이다. 이렇게 된 것은 무엇 때문인가? 坎이 刑律이 되고 ≪[睽卦의] 3·4·5位의 互卦≫ 离가 감옥이 되기 때문이다. ≪中孚는 본래 '큰 감옥'의 형태≫

○大有自姤來 ≪一之五≫ 一陽始[86]消 ≪姤一陰≫ 是 无初也 移之至五 ≪一之五≫ 終有一剛 ≪上猶剛≫ 无初有終也 亦自夬來 ≪上之五≫ 夬則無終 ≪上一陰≫ 移得有終也

---

83) [校閱] "中孚本大獄"이 奎章本에는 "中孚本大有"라고 되어 있으나 誤記이다. 中孚卦는 大离의 象이므로, 大獄이 된다. 따라서 新朝本과 國中本를 따르기로 한다. "中孚本大獄" 대신에 "中孚本大离"라고 해도 무방하다.

84) 天: 옛날에 이마에 먹물을 넣어 표를 내거나, 머리를 깎아 버리던 형벌.

85) 고대 五刑의 하나.

86) [校閱] 新朝本에는 "始"가 "治"로 되어 있는데, 誤記이다.

睽 → 大有 ← 姤　　大有 ← 夬

○大有卦는 姤卦로부터 왔다. ≪[姤卦의] 1이 5로 감≫ [그 姤卦는] 1陽이 비로소 소멸하는 단계이니 ≪姤卦의 1位의 陰≫ 이것을 가리켜 "无初", 즉 "처음(初位)에 [陽이] 없다"라고 한 것이다. [그런데 姤卦의 1이] 추이하여 5로 가면 ≪姤卦의 1이 5로 감≫ 그 끝(終)의 위치에 剛이 하나 있으니 ≪上位에 여전히 剛이 있음≫ 이것을 [가리켜] "无初有終", 즉 "처음(初位)에는 [陽이] 없으나, 끝(上位)에는 [陽이] 있다"라고 말한 것이다. 또 [大有卦는] 夬卦로부터 왔는데 ≪[夬卦의] 上이 5로 감≫ 夬卦는 [姤卦와는 반대로] 곧 "無終", 즉 "끝에 [陽이] 없는 것"이다. ≪[夬卦의] 上位의 1陰≫ [한편 夬卦로부터] 추이하여 [大有卦로 되면] "有終", 즉 "끝에 [陽이] 있는 것"이 된다.

○位不當者 陰居陽也 ≪三位陽≫ 德不稱位故 坎眚爲罪

睽

○"位不當"이란 [睽卦에서 제3位의] 陰이 陽의 자리에 머물고 있는 것을 가리킨다. ≪제3位는 陽의 자리에 해당[되나, 지금 睽卦에서 보면 陰이 머물고 있음]≫ [이처럼 그] 德이 地位에 부합하지 않으므로 [그 3・4・5位의] 坎의 허물(眚)이 罪로까지 확대되는 것이다.

○遇剛者 姤也 ≪雜卦傳云 姤 柔遇剛也≫ 姤往至五 ≪一之五≫ 得遇一剛 ≪上今剛≫ 所以有終也

睽 → 大有 ← 姤

○"遇剛"이라고 한 것은 [大有卦의 母卦인] 姤卦를 지칭한 말이다. ≪「雜卦傳」에서 말하기를, "姤는 柔가 剛을 만나는 것"이라고 하였다.≫ 姤卦로부터 나아가서 [大有卦로 推移하여] 제5位에 이르면 ≪[姤卦의] 1이 5로 감≫ 한 개의 剛을 만나게 되니 ≪[大有卦의] 上位가 지금 剛≫ [이것이] "有終"이 되는 까닭이다.

○案 舊本 掣 或作觢 ≪說文云 角 一俯一仰也≫ 或作㸷 ≪鄭玄云 牛角皆踊曰 㸷≫ 或作𢍁 ≪子夏傳云 一角仰≫ 或作觭 ≪荀爽本≫ 總之 於象無當也 王弼云 掣[87] 滯隔不進也 亦非矣 掣者 制手也

○[案] 舊本에는 '체(掣)'字가 혹 '서(觢)'字로 되어 있는 경우도 있으며 ≪『說文』에 말하기를, "뿔 하나는 아래로 굽어 있고, 다른 하나는 위로 치솟아 있는 것"이라 하였음≫ 혹은 '㸷'로 ≪정현(鄭玄)이 말하기를, "소의 뿔이 [두 개가] 모두 치솟아 있는 것(踊)을 '㸷'라고 한다"고 함[88]≫ 혹은 [舊本에] '𢍁'로 되어 있는 경우도 있고 ≪『子夏傳』에 "[두 뿔 중에] 뿔 하나가 치솟은 것"이라고 함≫ 혹은 '觭(기)'字[89]로 된 경우도 나오는데 ≪순상(荀爽)의 책≫ 요컨대 [어느 경우를 막론하고 모두] 卦象과는 부합하지 않는다. 왕필(王弼)이 말하기를, "체(掣)는 꽉 막히어 나가지 못하는 것을 뜻한다"라고 하였는데,[90] 역시 틀린 말이다. '체(掣)'字는 [글자 그대로] '制手', 즉 '손으로 制御함'을 뜻하는 것이다.[91]

---

87) [校閱] "掣"가 奎章本에는 "挈"로 되어 있는데, 誤記이다. 王弼本에 "掣"로 되어 있으므로, 新朝本과 國中本을 따른다.

88) 毛奇齡, 『仲氏易』, 上海古籍出版社, 1990, 159면.

89) 하나는 위로 하나는 아래로 향한 소의 뿔을 뜻함.

90) 王弼本에는 "其牛掣者, 滯隔所在, 不獲進也"라고 되어 있다(樓宇烈, 『老子周易 王弼注校釋』, 華正書局, 中華民國 72年, 406면).

○又 劓 或作劓 ≪說文云≫ 或作䑛 ≪王肅本≫ 此聲轉[92]之誤也 劓 與曳掣 叶韻 當是去聲

○한편 '劓(의)'字를 혹 '劓'字로 쓴 경우도 있다. ≪『說文』에서 그렇게 말함≫ 또 혹은 '䑛(얼)'字로 쓴 경우도 있는데 ≪왕숙(王肅)의 책≫ 이것은 발음이 와전(訛傳)됨에 따른 오류(聲轉)인 것이다. '劓(의, yì)'字는 '曳(예, yè)'字와 '掣(체, chè)'字와 더불어 협운(叶韻)으로서, 당연히 거성(去聲)이다.

○朱子曰 天 合作而 剃鬚也 篆文 天作天而[93]

○朱子가 말하였다. "'天'字는 '而'字[94]를 합쳐서 만든 글자이니, 털을 깎아 버리는 것(剃鬚)을 뜻한다. 전문(篆文)에 '天'로 썼고, ['而'字는] '而'로 썼다."[95]

䷥

九四 : 睽孤, 遇元夫, 交孚, 厲, 无咎. ○象曰 : 交孚无咎, 志行也.

九四 : [부모가 죽으니] 부모를 등진 고아(孤兒)가 될 것이다. [헤어져

91) 왕필이나 다산 모두 "不進"이라는 점에서는 뜻을 같이 하나, 다산의 해석은 '막힌다'는 것이 아니라, '양쪽에서 서로 당겨 견제한다'는 것이다.

92) [校閱] "聲轉"이 奎章本에는 "聲傳"으로 되어 있으나 誤記이다.

93) [校閱] 『朱子語類』의 原文에는 "天, 合作而, 剃鬚也. 篆文天作天, 而作而"이라고 되어 있다(『朱子語類』 제5冊, 中華書局, 1986, 1830면). 만일 引用句가 "天作天"에서 끝난 것이라면, 두 번째 而는 잘못 들어간 것이 된다. 만일 原文이 "而作而"에서 끝난 것이라고 본다면, 다산의 引用文에서 "而作"이 생략되어 있는 것이 된다.

94) '而'字는 본래 코 밑 수염을 본뜬 글자로서, 일설에는 턱수염, 또는 구레나룻을 본떴다고 함.

95) 『朱子語類』에 나오는 말이다. "天, 合作而, 剃鬚也. 篆文天作天, 而作而"이라고 하였다(『朱子語類』 제5冊, 中華書局, 1986, 1830면).

살던] 원래 지아비였던 사람(元夫)을 [다시] 만나게 되어, 서로 사귀고 믿으니, 위태로우나, 허물이 없을 것이다. ○「象傳」: 서로 사귀고 믿어도 허물이 없는 것은 뜻한 바를 실행(實行)하기 때문이다.

此 睽之損也 損自泰來 《三之上》 泰之時 父母俱存 《乾父而坤母》 移之爲損 乾父遂亡 《坤猶存》 乃以艮死 《上今艮》 無父曰孤 《孟子云》 是 睽孤也

中孚 → 睽 → 損 ← 泰

이것은 睽卦가 損卦로 변하는 경우이다. 損卦는 泰卦로부터 왔으니 《[泰卦의] 3이 上으로 감》 泰卦의 때에는 부모가 모두 살아 계셨는데 《乾의 아비와 坤의 어미》 [泰卦로부터] 추이하여 損卦가 되면, 乾의 아버지가 마침내 돌아가시니 《[損卦에서는 乾은 없어지고] 坤만 그대로 남아 있음》 이에 艮으로써 죽은 것이다. 《[損卦의] 上卦가 지금 艮》 아버지가 없는 자를 일컬어 '고(孤)'라고 하니 《『孟子』「양혜왕(梁惠王)」에서 [그렇게] 말함[96]》 이것이 "睽孤(離散의 고아)"의 뜻이다.

○中孚之時 兌女艮男 《三五艮》 同處离垣 《本大离》 日與相見 《离爲目》 移之爲睽 《四之五》 則兌女獨居 《下猶兌》 不見艮

96) 『孟子』「梁惠王章句下」의 '好貨好色章'에 "幼而無父曰孤(어려서 아버지 없는 이를 고아[孤]라고 한다)"라고 함. 孟子가 周나라 文王의 예를 들면서 어진 정치를 베풀기 위해서는 반드시 먼저 일할 능력이나 의지할 데가 없는 환(鰥)·과(寡)·독(獨)·고(孤)의 네 부류의 사람들을 돌보아야 한다고 말하는 구절에서 언급되고 있다. 여기서 '환(鰥)'은 늙어서 아내 없는 홀아비를 가리키고, '과(寡)'는 늙어서 남편이 없는 과부를 가리키며, '독(獨)'은 늙어서 자식이 없는 외로운 사람을 가리키며, '고(孤)'는 어려서 아버지 없는 고아를 가리킨다.

夫 《卦無艮》 坎盜中梗 《上互坎》 非我耦也 《坎中男》 四之旣變 艮男忽至 《上今艮》 遇元夫也 《元 始也 本也》 遂成大离 《二六夾》 六位皆應 《剛柔應》 是 交孚也 《三往上來 爲交感》

中孚 → 睽 → 損 ← 泰

○[睽卦의 母卦인] 中孚卦의 때에는 兌의 젊은 여자와 艮의 젊은 남자가 《3·4·5位의 互艮》 离의 담장 안에 같이 거처하여 《[中孚卦는] 본래 큰 离의 형태》 날마다 서로 보며 같이 살고 있었다. 《离는 눈(目)이 됨》 그런데 [中孚卦로부터] 추이하여 睽卦가 되면 《4가 5로 감》 兌의 여자만 홀로 있고 《[睽卦의] 下卦만 兌》 艮의 지아비는 보이지 않는데 《睽卦에는 艮이 없음》 坎의 도적이 가운데 가로막고 있는 상황이니 《[睽卦의] 上互卦가 坎》 그는 나의 배필이 아니다. 《坎은 중년 남자[로서 도적에 해당하니 나의 배필이 될 수 없다.]》 이에 [睽卦의] 九四爻가 이미 변하여 [損卦로 되면 원래 中孚卦에 있던] 艮의 남자가 갑자기 나타나니 《[損卦의] 上卦가 지금 艮》 [이것을 가리켜] "우원부(遇元夫)", 즉 "원래(元來) 지아비였던 사람(元夫)을 만난다"라고 한 것이다. 《元은 '始'[시작]을 뜻하고, '本'[근본]을 뜻한다.》 이렇게 해서 [損卦가] 되면, 마침내 큰 离의 형태를 이루고 《2·3·4·5·6의 夾卦[는 大离의 형태]》 여섯 자리가 모두 相應하니 《1-4, 2-5, 3-6位가 각각 剛과 柔로써 호응한다.》 [이것을 가리켜] "交孚"라고 한 것이다. 《[泰卦로부터 推移하여 損卦로 될 때] 3이 위로 가고, 上이 아래로 내려옴도 [역시] 交感하는 것이 된다.》

○損自泰來 《三之上》 三之旣升 兌乃乘剛 《下今兌》 其象厲也 四爻之動 其德稱位 《四今柔》 亦无咎也 《善補過》

睽 → 損 ← 泰

○損卦는 泰卦로부터 왔다. ≪[泰卦의] 3이 上으로 간 것이다.≫ [泰卦의] 3이 이미 위로 올라가서 [損卦가 되니, 損卦의 下卦인] 兌에서 [柔가] 이에 剛을 올라타고 있으니 ≪[損卦의] 下卦가 지금 兌≫ 그 象이 위태롭다. 그러나 [睽卦의] 九四爻가 변하여, [損卦로 되면] 그 德이 그 地位에 합당하게 되니 ≪[損卦의] 제4位가 지금 柔≫ [이] 역시 "无咎", 즉 "허물이 없게 됨"의 까닭이다. ≪잘못을 잘 보완함≫

○三之旣升 遂成离志 ≪今大离≫ 是 志行也 ≪泰卦之震行≫

中孚 → 睽 → 損 ← 泰

○[泰卦의] 3이 이미 상승하여, 마침내 离의 意志를 이루니 ≪지금 [損卦의 2·3·4·5·6位가 합쳐져서] 큰 离를 형성함≫ [이것을 가리켜] "志行", 즉 "뜻한 바를 이행(履行)한다"라고 한 것이다. ≪泰卦에는 互卦인 震이 있으니 '行'을 뜻한다.≫

○案 卦德睽乖 故取先離後遇之象 然 筮父子則 睽而遂孤 筮夫婦則 睽而復遇 其占不同也

大壯 → 睽 → 損 ← 泰

○[案] 睽卦의 성질이 등지고 어긋나는 데 있으므로, 먼저 헤어진 뒤

에야 만나는 象을 취하는 것이다. 그러나 [睽卦로써] 父子관계를 점친다면, 헤어져서 결국 고아가 될 것이고, 부부관계를 점친다면, 헤어졌다가 다시 만나게 될 것이니, 그 占이 같지 않다.

○學稼云 大壯之時 四陽相聚 移之爲睽則 四六兩剛 離其羣而孤居 故四六兩爻 皆言睽孤 盖亦微旨也

䷡ ䷥

大壯 → 睽

○學稼가 말하였다. "[睽卦의 母卦인] 大壯卦의 때에는 네 개의 陽이 서로 모여 있었지만, 推移하여 睽卦가 되면 제4位와 제6位에 있는 두 개의 剛이 그 무리를 떠나 홀로 머무르고 있다. 그러므로 제4位와 제6位의 두 爻에서 모두 '睽孤'라고 말한 것이니, 대개 또한 은미한 뜻(微旨)이다."

䷥

六五 : 悔[97]亡, 厥宗, 噬膚, 往, 何咎. ○象曰 : 厥宗噬膚, 往有慶也.

六五 : [변한 것이 있더라도 다시 본래대로 될 것이니, 결국에는] 바뀐 것이 없을 것이다. 그 종친(宗親)들이 [모여서] 고기를 씹으니, [이처럼 종친(宗親)들이 화목(和睦)하다면] 어디를 가더라도 무슨 허물이 있겠는가!

97) [校閱] "悔亡"의 "悔"가 奎章本에는 "晦"로 되어 있는데, 誤記이다.

◯「象傳」: “그 종친(宗親)들이 [모여서] 고기를 씹으니(厥宗噬膚)”, 가는 곳에 경사(慶事)가 있을 것이다.

此 睽之履也 五之變爲乾 ≪上今乾≫ 此 大壯之舊乾也 ≪本下乾≫ 失而復得 ≪睽無乾≫ 其悔亡也

大壯 → 睽 → 履 ← 夬

이것은 睽卦가 履卦로 변하는 경우이다. [睽卦의] 六五爻가 변하게 되면, [睽卦의 上卦가] 乾이 되는데 ≪[履卦의] 上卦가 지금 乾≫ 이것은 [睽卦의 母卦인] 大壯卦에 있던 以前의 乾이다. ≪[大壯卦의] 下卦는 본래 乾≫ 이처럼 [중간에] 잃어버렸다가 [나중에] 다시 얻으니 ≪[大壯卦에는 乾이 있었으나, 推移하여] 睽卦로 되면 乾이 없음, [다시 睽卦 六五가 효변하게 되면, 履卦가 되니, 乾을 회복하게 됨]≫ 그 변화된 것이 사라지게 된다.

◯乾則爲父 ≪說卦文≫ 父黨爲宗也 ≪見同人≫ 履自夬來 ≪上之三≫ 夬之時 宗人在下 ≪夬下乾≫ 羊膚在上 ≪易例 凡柔畫爲膚≫ 移之爲履則 乾宗開口 ≪下[98]今兌≫ 羊膚來入 ≪互巽入≫ 厥宗噬膚也 曷然哉 艮廟之中 ≪中孚之互艮≫ 羊豕俱陳 ≪兌羊而坎豕≫ 離誠孚格 ≪上下离≫ 祭祀之卦也 祭祀之禮 宗人在下 祭畢分胙 ≪卽分羹≫ 則宗人 升而噬膚 ≪饋食禮≫ 此 其禮也 少牢特牲禮 皆有膚鼎

98) [校閱] 新朝本에는 “下”가 “上”으로 되어 있는데, 誤記이다.

中孚 → 睽 → 履 ← 夬

○乾은 곧 아버지가 되는데 ≪「說卦傳」의 글≫ 아버지 쪽의 [일가] 친족(父黨)을 '宗'이라고 한다. ≪同人卦에 用例가 나온다.≫ 履卦는 夬卦에서 나왔는데 ≪[夬卦의] 上이 3으로 감≫ 夬卦의 때에는 그 친족들(宗人)이 아래에 머무르고 ≪夬卦의 下卦는 乾≫ 羊의 고기(膚)가 위에 놓여 있다. ≪易例에 따르면, 일반적으로 음획(陰畫)은 '살갗 혹은 고기'가 된다.≫ [夬卦가] 推移하여 履卦가 되면, 乾의 친족(宗)이 입을 벌리고 있는데 ≪[履卦의] 下卦는 지금 [입을 상징하는] 兌≫ [거기에] 양고기(羊膚)를 들여놓으니 ≪[履卦의 3·4·5位의] 互巽은 '入(들어감)'의 뜻≫ [이러한 상황을 가리켜] "궐종서부(厥宗噬膚)", 즉 "그 종친(宗親)들이 [모여서] 고기를 씹는다"라고 한 것이다. 어째서 그러한가? 艮의 宗廟 가운데 ≪中孚卦의 [3·4·5位의] 互艮≫ 양과 돼지(豕)가 모두 차려지고 ≪兌는 羊이 되고, 坎은 돼지가 됨≫ 离의 정성(誠)과 믿음(孚)으로써 [上帝에게] 이르게 하니 ≪[睽卦의] 上卦와 下互卦는 离≫ [睽之履는] 祭祀를 상징하는 卦인 것이다. 祭祀를 모시는 禮를 보면, 宗人들이 [사당] 아래에 자리하였다가, 제사를 마치고 [그 제사상에 바친] 고기(胙)를 나누면 ≪즉 [제사음식을 나누는] "분준(分餕)"의 절차≫ 宗人들이 다시 [사당으로] 올라가서 고기를 씹어 먹는다. ≪즉 [『儀禮』「特牲饋食禮」에서] '궤식례(饋食禮)'[의 절차]가 이러하다.≫ 여기서 ["궐종서부(厥宗噬膚)"라는 말은] 그런 儀禮에 해당된다. 소뢰(少牢)나 특생례(特牲禮)에는 모두 '膚鼎([뼈가 없는] 고기만을 담는 솥)'을 사용한다.

○履自夬來 柔降在下 ≪上之三≫ 剛往成乾 ≪上今乾≫ 往无咎也 祭祀之禮 所以聚合宗族 叙其敦睦也 大壯之時 宗族相聚 ≪下四陽≫ 自睽以來 離散極矣 今 又宗族相聚 ≪上三陽≫ 离以合禮 ≪二

四五≫ 又何咎焉

大壯 → 睽 → 履 ← 夬

○履卦는 夬卦로부터 왔다. 柔가 하강하여 아래에 머무르고 ≪[夬卦의] 上이 3으로 감≫ 剛이 위로 가서 乾을 이루니 ≪[履卦의] 上卦가 지금 乾≫ [이것을 가리켜] "왕무구(往无咎)", 즉 "앞으로 나아가도 허물이 없는 것"이라고 한 것이다. 제사(祭祀)라는 의례는 宗族을 단합시키며, 그 화목함(敦睦)을 도모하기 위한 것이다. [睽卦의] 母卦인 大壯卦의 때에는 宗族이 서로 모여 있었지만 ≪[大壯卦의] 아래에 모여 있는 4개의 陽≫ 睽卦 以來 그 분산되어 흩어짐이 더욱 심하였다. [그런데] 지금 [睽九五가 효변하여 履卦로 되면] 다시 宗族이 서로 모이고 ≪履卦의 上卦의 3개의 陽≫ 离로써 禮에 합치하게 하니 ≪[履卦의] 2·3·4位의 互卦≫ 또한 무슨 허물이 있겠는가?

○往有慶者 乾族復聚也 卦德睽乖 故取先離後合之象

○"왕유경(往有慶)"이라고 한 것은 乾의 친족(親族)이 다시 모이는 것을 뜻한다. 睽卦의 성질이 등지거나 어긋나는 데 있으므로, 먼저 헤어지고 난 뒤에, 나중에 합치는 象을 취한 것이다.

上九 : 睽孤. 見豕負塗. 載鬼一車. 先張之弧, 後說之弧. 匪寇

婚媾. 往, 遇雨則吉. ○ 象曰 : 遇雨之吉, 羣疑亡也.

上九 : 아버지를 잃은 고아(孤兒)[의 점괘]로다. 돼지가 진흙을 뒤집어쓰고 있는 것을 본다. [그것은 비가 올 징조로다.][99] 시체를 한 수레 가득 싣게 될 것이다.[100] 먼저 활을 당겼다가, 나중에 활을 벗기게 될 것이다. 도적이 아니라 혼인하게 될 상대이다. 길을 가다가 비를 만나면 [다른 재앙은 더 없겠기에] 吉할 것이다.[101] ○「象傳」: [길을 가다가] 비를 만나니 吉하다라고 한 것은 뭇 의심이 해소됨을 말한 것이다.

此 睽之歸妹也 歸妹自泰來 《三之四》 泰之時 父母俱存 《乾父而坤母》 移之歸妹則 乾父遂亡 《坤亦亡》 倒艮以死 《歸妹本倒合》 無父曰 孤 《孟子云》 是 睽孤也 九四之詞 上下照也

睽 → 歸妹 ← 泰

이것은 睽卦가 歸妹卦로 변하는 경우이다. 歸妹卦는 泰卦로부터 왔는데 《3이 4로 감》 泰卦의 때에는 부모가 모두 살아 계셨는데 《[泰卦에

99) 돼지가 진흙을 뒤집어쓰고 있는 것을 보는 것은 장차 비가 올 징조에 해당됨.

100) 이 경우는 師旅之占, 즉 군대의 출동에 관련된 점괘이다.

101) 다산은 주석(註釋)에서 爻辭의 "睽孤, 見豕負塗, 載鬼一車, 先張之弧, 後說之弧, 匪寇婚媾, 往遇雨則吉"을 의미 연관된 하나의 전체 문장으로 읽는 것에 대해 반대하고 있다. 즉 이것은 각각 "① 睽孤, ② 見豕負塗, ③ 載鬼一車, ④ 先張之弧, 後說之弧, ⑤ 匪寇婚媾, ⑥ 往遇雨則吉의 여섯 가지 독립된 事案에 대한 占辭를 모아 놓은 것에 불과하므로, 이것을 연결해서 읽으면, 명백한 오독(誤讀)이 될 것이다. 이것은 각각 ① 睽孤(아비에 대해 점친 것), ② 見豕(날씨와 더불어 제사의 희생에 대해 점친 것), ③ 載鬼(군사문제에 대해 점친 것), ④ 張弧(적에 대해 점친 것), ⑤ 婚媾(혼례에 대해 점친 것), ⑥ 遇雨(나들이나 어떤 일(行役)에 대해 점친 것)의 6가지 事案에 대한 점사를 열거한 것에 지나지 않는다. 따라서 현토(懸吐)하는 방법도 연결해서 현토하지 않고, 각각 별도로 斷句하였다. 다산은 이처럼 여러 사안을 하나의 효사에 모아 놓은 것을 「讀易要旨」에서 제2則에서 '該事'라고 부르고 있다.

는] 乾의 父와 坤의 母가 있음≫ [그러나] 추이하여 歸妹卦로 되면 [泰卦의 下卦에 있던] 乾의 아버지가 마침내 사망하니 ≪坤도 역시 없어짐≫ [歸妹卦의 上震이] 거꾸로 된 艮이 되므로 죽는 것이 된다. ≪歸妹卦는 [결혼과 연관된 괘이므로] 본래 [上下의 어느 한 괘를] 뒤집어 결합하는 방식을 취함≫ 아버지가 없는 자식을 '孤'라고 일컬으니 ≪『孟子』「梁惠王」에 나옴[102]≫ 이것이 [바로] "규고(睽孤)"의 뜻이다. [上九의 爻詞는] 九四의 爻辭와 [더불어] 위와 아래로 參照된다.

○坎豕在前 ≪上互坎≫ 离以見之 ≪下互离≫ 是 見豕也 本以坤土 ≪泰上坤≫ 今沾坎水 ≪睽 亦坎水沾土象≫ 其象塗也 ≪水土合 爲泥≫ 坎則爲背 ≪北肉也≫ 豕負塗也 ≪背負之[103]≫ 詩云 有豕白蹢 烝涉波矣 將雨之徵也

睽 → 歸妹 ← 泰

○[歸妹卦에서 보면] 坎의 돼지가 앞에 있어서 ≪[歸妹卦의] 上互卦가 坎≫ 离[의 눈으]로써 [그것을] 보니 ≪[歸妹卦의] 下互卦가 离≫ 이것을 [가리켜] "見豕", 즉 "돼지를 본다"고 한 것이다. [泰卦의 때에] 본래 坤의 흙이 있었는데 ≪泰卦의 上卦는 坤≫ 지금 [歸妹卦로 推移하게 되면] 坎의 물을 더하니 ≪睽卦도 역시 坎의 물을 흙에 첨가한 象≫ 그 象이 '진창(塗)'이 된다. ≪물과 흙이 합쳐지면 진흙(泥)이 됨≫ 또 坎은 곧 '등(背)'이 되니 ≪'背'字는 '北'字[104]와 '肉'字가 합쳐진 글자≫ "豕負塗", 즉 '돼지가 진흙

102) 無父曰孤:『孟子』「梁惠王章句下」에 나오는 말.

103) [校閱] 奎章本과 國中本에는 "背負也"로 되어 있으나 新朝本에는 "背負之"로 되어 있다. 前者는 다소 어색하다. 여기서는 後者를 따른다.

104) 坎은 北方을 상징함.

을 뒤집어 쓴 형상'이다. ≪[돼지의] 등에 [진흙을] 뒤집어 쓴 것≫ 『詩經』[「小雅」「魚藻之什」「漸漸之石」]에, "유시백적(有豕白蹢), 증섭파의(烝涉波矣)", 즉 "돼지가 발굽(白蹢)이 희니, 여럿이 물을 건너가며"라고 하였으니, [그것은] 장차 비가 올 징조를 가리킨 것이다.[105)]

○乾車之上 ≪下本乾≫ 坎則爲輿 ≪三五互≫ 艮尸倒臥[106)] ≪歸妹本倒艮≫ 載鬼一車也 此 師旅之占也 ≪卽輿尸之凶≫

睽 → 歸妹 ← 泰

○乾의 수레 위에 ≪[泰卦의] 下卦가 본래 乾≫ 坎이 곧 車體(輿)가 되는데 ≪[歸妹卦의] 3·4·5의 互卦≫ 艮의 시체가 그 위에 거꾸로 누워 있으니 ≪歸妹卦에서는 본래 뒤집어진 艮을 취함≫ [이것을 가리켜] "載鬼一車", 즉 "귀신을 한 수레 가득 신고 있다"고 한 것이다. 이는 군대와 연관된 占(師旅之占)이다. ≪즉 수레에 [전사한] 시체를 싣고 돌아오게 되는 흉한 占卦에 해당된다.≫

○大壯之時 本有乘矢 ≪義見上≫ 移之爲睽 ≪上之三≫ 坎弓銜矢 ≪上互坎≫ 弓腹正飽 ≪上离爲大腹≫ 先張之弧也

105) 有豕白蹢, 烝涉波矣 : 『詩經』「小雅」「魚藻之什」「漸漸之石」에 나오는 句로서, 전체 詩句는 다음과 같다. "有豕白蹢, 烝涉波矣. 月離于畢, 俾滂沱矣, 武人東征, 不皇他矣", 즉, "돼지가 발굽이 희니, 여럿이 물을 건너가며, 달이 畢星에 걸려 있으니, 비가 주룩주룩 내리리로다, 武人이 동쪽으로 정벌감이여, 다른 일을 할 겨를이 없도다." 朱子는 注에서 "烝涉波. 月離畢, 將雨之驗也(돼지가 물을 건너가고, 달이 필성(畢星)에 걸려 있음은 장차 비가 올 징조이다)"라고 함(成百曉 譯註, 『詩經集傳』 下, 전통문화연구회, 1999, 185~186면).

106) [校閱] 奎章本에는 "臥"의 俗字가 쓰여져 있다.

大壯 → 睽

○[睽卦의 母卦인] 大壯卦의 때에는 본래 네 개의 화살(乘矢)이 있었는데 ≪뜻이 앞에서 나옴≫ [大壯卦로부터] 추이하여 睽卦로 되면 ≪[大壯卦의] 上이 3으로 감≫ 坎의 활에 화살을 채워서 당김에 ≪[睽卦의] 上互卦는 坎≫ 활의 중앙부(弓腹)가 바야흐로 가득 불룩하게 되니 ≪[睽卦의] 上卦인 离는 '큰 배(大腹)'에 해당됨≫ [이것을 가리켜] "先張之弧(먼저는 활을 가득 당김)"이라고 한 것이다.

上之旣變 震以發之 ≪上今震≫ 一矢遂亡 ≪上剛滅≫ 後說之弧也 ≪矢脫於坎弓≫

睽 → 歸妹

[睽卦의] 上九가 이미 효변하여 [歸妹卦로] 되면, 震으로써 [그 화살을] 발사(發射)함에 ≪[歸妹卦의] 上卦가 지금 震≫ [결국] 한 개의 화살이 [날아가서] 없어진 것이니 ≪[睽卦의] 上位에 있던 剛이 소멸됨≫ [이것을 가리켜] "後說之弧", 즉 "나중에 활을 벗김"이라고 한 것이다. ≪화살이 坎의 활로부터 벗겨짐≫

○坎自外來 ≪上互坎≫ 疑其爲寇 ≪坎爲盜≫ 上之旣變 艮壻外至 ≪上倒艮≫ 遂與兌女 ≪下本兌≫ 离以成禮 ≪二四互≫ 乃婚媾也 寇敵我仇也 ≪怨耦也≫ 夫婦亦仇也 ≪嘉[107]耦也≫ 故寇與婚媾 其占相類

107) [校閱] 新朝本에는 "가우(嘉耦)"로 되어 있으나 奎章本에는 "희우(喜耦)"로 되어 있다. 新朝本이 더 적합하다.

易凡言匪寇婚媾 皆此義也

大壯 → 睽 → 歸妹

○[大壯卦와 睽卦의 관계에서] 坎이 밖에서부터 들어옴에 ≪上互卦가 坎≫ 그것이 도적이 아닐까 의심하였는데 ≪坎은 도적이 됨≫ [睽卦의] 上九가 이미 효변함에 [歸妹卦가 되면] 艮의 사위가 밖으로부터 도착하여 ≪[歸妹卦의] 上卦는 [震인데] 뒤집어진 艮≫ 마침내 兌의 여인과 더불어 ≪[睽卦의] 下卦가 본래 兌≫ 离로서 혼례를 올리니 ≪[睽卦의] 2・3・4位의 互卦는 离≫ 이것이 곧 "혼구(婚媾)"인 것이다. 원수(寇敵)도 [어쨌거나] 나의 짝(我仇)이고, ≪원망스러운 짝에 해당됨≫ 부부도 역시 짝(仇)이다. ≪좋은 짝[108]에 해당됨≫ 그러므로 나의 원수인 도적과 결혼상대자(婚媾)는 그 占이 서로 유사한 측면이 있다. 『周易』에서 대저 "匪寇婚媾(도적이 아니라 혼인 상대이다)"라고 한 것은 모두 이런 뜻이다.[109]

○往者 泰之剛 上往也 ≪三之四≫ 泰之乾人 往而遇坎 ≪上互坎≫ 坎則爲雨 ≪說卦文≫ 是 遇雨也 旣已遇雨 宜無他害 ≪坎多眚≫ 遇雨則吉也

大壯 → 睽 → 歸妹 ← 泰

○"往"은 泰卦의 剛이 위로 나아가는 것이다. ≪3이 4로 감≫ 泰卦의

108) 嘉耦 : 좋은 배우자, 알맞은 상대.
109) "비구혼구(匪寇婚媾)"라는 句는 ① 屯卦 六二, ② 賁卦 六四, ③ 睽卦 上九 등 『周易』에 모두 세 차례 나온다.

乾의 사람이 위로 나아가서, 坎을 만나는데 ≪歸妹卦의 上互卦가 坎≫ 坎은 곧 비(雨)가 되니 ≪「說卦傳」의 글≫ 이것이 곧 "遇雨"이다. 이미 [이렇게] 비를 만났으니, 다른 害는 없을 것이므로 ≪坎은 재앙이 많음을 뜻함≫ "遇雨則吉", 즉 "길을 가다가 비를 만나면, 吉하다"라고 한 것이다.

○坎之爲卦 爲盜 爲病 爲陷 爲眚 ≪見說卦≫ 卦旣有坎 必逢其一 ≪不可以皆免≫ 與其遇彼 ≪諸險象≫ 曷若遇雨 ≪無大害≫ 旣已遇雨 保無他疑 ≪坎爲疑≫ 羣疑亡也

○坎이라는 卦는 '도둑'이 되고 '질병'이 되며 '함정에 떨어짐(陷)'이 되고 '허물(眚)'이 되는데, ≪「說卦傳」에 나온다.≫ 卦에 이미 이런 坎[☵]이 있으면 반드시 그런 재앙들 중에 하나를 만나게 되는데, ≪모두 모면할 수는 없는 것이다.≫ 그런 것들을 만나는 것이 ≪그런 여러 험난한 象들≫ 어찌 비를 만난 것과 같겠는가? ≪비를 맞는 것이 큰 害는 아니다.≫ 이렇게 이미 비를 만났다는 것은, 혹시 재난을 만날까 주저할 것이 없음을 보증하는 것이니 ≪坎은 "疑"가 됨≫ "羣疑亡(여러 의심이 모두 풀림)"이라고 한 것이다.

○案 此爻之詞 睽孤 ≪筮父子≫ 見豕 ≪筮雨兼筮牲≫ 載鬼 ≪筮師旅≫ 張弧 ≪筮仇敵≫ 婚媾 ≪筮婚禮≫ 遇雨 ≪筮行役≫ 六者 各爲一象 不相連續 ≪卽所云 該事≫ 讀之爲一事 便不可通 ≪見要旨≫ 世事萬變 或一事之內 兼此數象 ≪如史蘇之占≫ 亦須通看

○[案] 이 爻의 글에 나오는 ① 睽孤(父子에 대해 점친 것), ② 見豕(날씨와 더불어 제사의 희생에 대해 점친 것), ③ 載鬼(군사문제에 대해 점친 것), ④ 張弧(적에 대해 점친 것), ⑤ 婚媾(혼례에 대해 점친 것), ⑥ 遇雨(나들이나 어떤 일(行役)에 대해 점친 것)의 6가지는 각기 하나의 독립된 象으로 서로 연관되는 것이 아니니 ≪즉 [내가 앞서 「讀易要旨」에서] "該事"110)라고 말한 경우이다.≫ 이것들을 한 가지 사건에 연결된 것으로 읽으면 뜻이 통하지 않는다. ≪「讀易要

旨」에서 설명함≫ 물론 세상사는 천변만화(千變萬化)하는 것이므로, 혹 한가지 사안이 이런 여러 가지 象을 겸비할 수도 있는 것이니 ≪예컨대『春秋左氏傳』에서 사소(史蘇)의 占과 같은 경우[111]≫ 그런 경우는 또한 마땅히 모두 연관지어 보아야 한다.

○又按 舊本 弧作壺 ≪京房 馬融 鄭玄 王肅 翟子玄 虞翻 李鼎祚本 皆

110) 해사(該事) : 「讀易要旨」의 제2則으로서, 여러 가지 일들을 고루 갖추어 事例를 제시하는 것을 뜻한다. 주역의 作者인 聖人은 하나의 象徵을 택해 繇詞를 말했지만, 또 다른 한편으로 하나의 象에만 집착하여, 변화무상하게 통하는 측면을 알지 못할까 근심하여, 간혹 하나의 繇詞 내에 몇 가지 각기 다른 일들을 잡다하게 논의하였다(聖人 旣抽一象 而爲詞 又恐學者 執此一象 不知變通 故 或於一繇之內 雜論數事). 이처럼, 하나의 효사에 여러 事案에 관한 점사를 넣어놓은 경우에는 각각의 占辭가 각각 다른 맥락에서 이루어진 글이기 때문에, 그 글의 문맥(詞理)이 서로 연결되지 않는다. 따라서 다산은 만일 역사적 사실을 기록(書史)한 것처럼 보아 爻辭를 연결하여 읽는다면, 뜻이 통하지 않는다는 것은 너무나 당연하다고 주장하고 있다(各自成文, 詞理, 不相連續, 讀之如書史, 便不可通). (『四箋』 卷1, 14가)

111) 사소(史蘇)의 占은 「春秋官占補註」의 '伯姬嫁秦之筮'(僖公 十五年)에 나온다. 史蘇가 점쳐서 얻은 占卦는 歸妹卦 上六, 즉 歸妹之睽이다. 歸妹卦 上六의 爻辭는 "女, 承筐无實, 士刲羊, 无血, 无攸利"로 되어 있는데. 史蘇가 歸妹卦 上六의 爻辭로부터 인용한 문장은 前後가 바뀌고 다른 글자로 대체되는 등 歸妹卦 上六의 爻辭로부터 변형된 것이다("士刲羊, 亦無衁也, 女承筐, 亦无貺也"). 史蘇의 점에서 ① "士刲羊, 亦無衁也(선비가 羊을 잡아도 피가 나오지 않는다)"와 ② "女承筐, 亦无貺也(바구니를 이고 있어도, 그 안에 들어 있는 幣帛이 없다)"는 서로 독립적인 사건이다. 그러나 史蘇는 이 爻辭를 "西鄰責言, 不可償也, 歸妹之睽, 猶无相也"라고 해석함으로써, 두 가지 사건의 의미를 연관시키고 있다. 다산에 따르면 이 두 사건은 다음과 같이 의미 연관된 것으로 해석될 수 있다. 즉, 秦나라와 晉나라는 혼인관계가 있는 나라들이다. 맹약(盟約)은 피로서 하는 것이기 때문에, "羊을 잡아도 피가 나오지 않는다면", 그 맹약(盟約)이 반드시 깨어질 것이요, 손님을 초빙(招聘)할 때에는 반드시 폐백(幣帛)의 禮物을 가지고 하는 것이기 때문에, "바구니를 이고 있어도 그 안에 들어 있는 물건이 없다면", [손님을] 초빙(招聘)하더라도 祭祀드리는 일이 순조롭지 않을 것이니, 이로움이 없는 것이 된다. 또 史蘇는 계속해서 이 占卦를 풀이하여 "爲嬴敗姬, 車說其輹, 火焚其旗, 不利行師, 敗于宗丘"라고 말하고 있는데, 여기에는 다음의 5가지 사건이 언급되어 있다. 즉, ③ "爲嬴敗姬([秦나라의 國姓인] 영씨(嬴氏)가 [晉나라의 國姓인] 희(姬氏)를 敗退시키는 것), ④ 車說其輹(수레로부터는 그 바퀴 통이 벗겨지는 것), ⑤ 火焚其旗(불길이 타올라 그 깃발을 태워 버림), ⑥ 不利行師(軍師를 움직임에 不利함), ⑦ 敗于宗丘(宗丘에서 敗함). 여기서 史蘇의 점괘 해석에 나오는 ③에서 ⑦까지의 사건은 모두 의미적으로 연관된 것으로 볼 수 있다.

同≫ 虞仲翔云 兌口离腹 坎酒在中 壺之象也 漢儒之不可宗 如此 弧之形 如瓠甗 ≪卽葫蘆≫ 故 其字[112]從[113]瓜 ≪弧與瓠甗 皆細腰≫ 壺者 葫蘆也 ≪豳風云 八月斷壺≫ 故 弧與壺 古字相通 直釋之爲酒壺可乎

䷡ ䷥ ䷵ ䷊

大壯 → 睽 → 歸妹 ← 泰

○[又按] 舊本에서는 '활 弧(호)'字가 '병 壺(호)'字로 나온다. ≪경방(京房), 마융(馬融), 정현(鄭玄), 왕숙(王肅), 적자현(翟子玄), 우번(虞翻), 이정조(李鼎祚)의 책이 모두 동일하다.≫ 우중상(虞仲翔)이 말하기를, "[睽卦는] 兌의 입(口)과 离의 배(腹)로 구성된 괘인데, 坎의 술이 그 가운데 있으니, 호리병(壺)의 象이다"라고 하였다. 漢儒들을 [이론적] 종주(宗主)로 삼을 수 없는 것이 [바로] 이와 같은 이유 때문이다. 활의 모양이 호리병과 유사하므로 ≪즉 '호로(葫蘆)'≫ 그 글자가 '오이 瓜(과)'字에 의거하고 있는 것이다. ≪활(弧)과 호리병은 모두 허리 부분이 잘록하다.≫ '호(壺)'는 '호리병 박(葫蘆)'이다. ≪[『詩經』] 「豳風」 「七月」에 "8月에는 박(壺=瓠)을 따고"라 하였다.≫ 그러므로 '弧'字와 '壺'字는 古字에 있어서 서로 통한다. [그렇다고 해서] 바로 그것을 '주호(酒壺 : 술이 담긴 호리병)'라고 해석하는 것이 옳겠는가?

○又按 春秋筮法 皆占本卦之爻詞 獨史蘇之筮 ≪僖十五年≫ 遇歸妹之睽 ≪彼上六≫ 兼言此爻之詞 ≪卽歸妹 睽孤 寇張之弧≫ 此 亦筮家之一例也 ≪兼觀之卦詞≫

112) [校閱] 奎章本에는 "字"가 "子"로 되어 있는데, 誤記이다.
113) [校閱] 奎章本에는 "從"이 "以"로 되어 있다.

歸妹 → 睽

○[又按] 춘추시대의 筮法이 모두 本卦의 爻詞로써 점쳤는데, 오직 사소(史蘇)의 占筮만이 ≪희공(僖公) 15年≫ 歸妹卦가 睽卦로 변하는 경우에 ≪歸妹卦 上六이 효변≫ [그 之卦인] 이 睽卦의 上六爻의 효사를 아울러 같이 말하였으니 ≪즉 "歸妹, 睽孤, 寇張之弧"라고 함≫ 이 역시 占筮家들의 占法의 한 例이다. ≪지괘(之卦)의 爻辭를 [本卦의 爻辭와 더불어] 같이 살핀 경우이다.≫

39. 수산 건(水山 蹇)

艮下坎上 ○ 第二十三卦之正 ≪觀上之三 小過四之五≫

觀 → 蹇 ← 小過

正卦 反卦

蹇 ← 反易 → 解

艮이 下卦이고, 坎이 上卦이다. ○ 第23卦의 正卦이다. ≪觀卦의 上이 3으로 가고, 小過卦의 4가 5로 간다.≫

序卦傳曰 蹇者 難也

「序卦傳」에 말하였다. "蹇은 곤란함이다."

○雜卦傳曰 蹇 難也

○「雜卦傳」에 말하였다. "蹇卦는 곤란함이다."

○程子曰 蹇 險阻之義

○程子가 말하였다. "蹇은 험난함의 뜻이다."

○鏞案 蹇者 跛也 一足偏廢也 ≪說文云≫ 卦自小過來 ≪四之五≫ 小過之時 卦有兩震 ≪下倒震≫ 兩足俱完 ≪無反對故 取倒象≫ 移之爲蹇則 坎疾在足 ≪上今坎≫ 一足偏廢 ≪下倒震≫ 此之謂 蹇也 又自觀來 昔之巽股 今受坎疾 ≪巽爲坎≫ 亦其所以爲蹇也

觀 → 蹇 ← 小過

○[鏞案] 蹇은 절뚝거리는 것(跛)이니, 한 쪽 다리가 상해서, 절름거리는 것이다. ≪『說文』에서 이렇게 말했다.[114]≫ 蹇卦는 小過卦로부터 왔는데 ≪[小過卦의] 4가 5로 감≫ 小過卦의 때에는 [다리를 상징하는] 두 개의 震이 있는데 ≪[小過卦의] 下卦는 거꾸로 된 震≫ [震의] 두 다리가 모두 온전한 상태로 있다. ≪小過卦는 [뒤집어도 小過卦가 되니] 反對卦가 없으므로, 이렇게 뒤집어진 象을 취한 것이다.≫ [그런데 小過卦로부터] 推移하여 蹇卦가 되면, 坎의 질병(疾病)이 다리에 생겨 ≪[蹇卦의] 上卦가 지금 [질병을 상징하는] 坎≫ 한 쪽 다리를 못쓰게 되니 ≪[蹇卦의] 下卦는 [艮이니, 艮은] 뒤집어진

---

114) 『說文』云: "蹇, 跛也, 從足寒, 省聲."(鄭玄云, 『周禮注疏』, 上海古籍出版社, 1987, 83면. 段玉裁본에는 "跛"가 古字로 나온다)

震[으로서 온전한 다리를 상징함]≫ 이것을 일러 '蹇'이라고 하는 것이다. 또 [蹇卦는] 觀卦로부터 왔는데, 이전의 巽의 허벅다리가 지금 坎의 질병을 얻었으니 ≪巽이 坎으로 됨≫ 역시 이 卦가 蹇이 되는 까닭이다.

蹇之反 解也 解亦自小過來 ≪三之二≫ 一足受病 ≪解下坎≫ 與此不殊故 歸妹之解 ≪初九爻≫ 曰 跛能履 斯又明驗也 孔子之傳 訓之爲難者 六爻之義也

蹇卦의 反易卦는 解卦인데, 解卦도 역시 小過卦로부터 왔다. ≪[小過卦의] 3이 2로 감≫ [小過卦로부터 解卦로 추이하게 되면] 다리 하나가 병에 걸리니 ≪解卦의 下卦는 坎[인데, 坎은 질병을 상징함]≫ 지금 [小過卦로부터 推移하여 蹇卦가 되면서, 질병에 걸리게 되는] 경우와 다르지 않다. 따라서 歸妹卦가 解卦로 변하는 경우에도 ≪[歸妹卦의] 初九爻≫ "跛能履", 즉 "절름발이가 걸을 수 있다"라고 하였으니, 이것도 또한 [小過卦로부터 推移하여 蹇卦가 된 경우와 小過卦로부터 推移하여 解卦가 된 경우가 다르지 않다는] 분명한 증거이다. [한편 「序卦傳」과 「雜卦傳」에서 '蹇'은 '難'의 뜻으로 말하였는데] 孔子는 「彖傳」에서 '蹇'을 '難', 즉 '곤란함'·'어려움'·'역경' 등의 뜻으로 풀이하였으니,[115] ['難'의 뜻은] 蹇卦의 여섯 爻의 각각에서 나타나는 의미인 것이다.

115) 「序卦傳」과 「雜卦傳」에서 "蹇, 難也"라고 하였다.

蹇, 利西南, 不利東北, 利見大人, 貞, 吉.

蹇은 서남쪽에서는 이로울 것이고, 동북쪽에서는 이롭지 않을 것이다. 大人을 만나면 이로울 것이며, 일을 맡아 처리하면 吉할 것이다.

此 蹇之不變者也 卦自小過來 ≪朱子云≫ 居中兩剛 ≪三與四≫ 本得坤卦之中 ≪上下有四陰≫ 四之旣升 ≪四之五≫ 又得坤中 ≪上今坎≫ 坤位西南 ≪見說卦≫ 利西南也

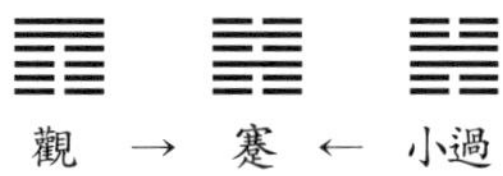

이것은 蹇卦가 변하지 않는 경우이다. 蹇卦는 小過卦로부터 왔는데 ≪朱子도 그렇게 말함[116]≫ 小過卦의 가운데 두 개의 剛이 있으니 ≪[小過卦의] 제3位과 제4位≫ [그것은] 본래 坤卦의[117] 中位를 얻은 것이고 ≪[兩剛을 사이에 두고] 위와 아래로 네 개의 陰이 있음≫ [推移의 과정에서 小過卦의] 4가 이미 상승함에 ≪[小過卦의] 4가 5로 감≫ 또 다시 坤의 中位를 얻었으니 ≪[蹇卦의] 上卦가 지금 坎인데, 坎은 坤의 中을 얻은 것]≫ 坤의 방위가 서남쪽이 되므로 ≪「說卦傳」에 그렇게 적혀 있음≫ "利西南" 즉 "서남쪽에서는 이롭다"라고 한 것이다.[118]

---

116) "卦自小過來, 陽進, 則往居五, 而得中."(金碩鎭, 『周易傳義大全譯解』 下, 대유학당, 1996, 897면)

117) 그냥 "坤"이라 하지 않고 "坤卦"라 한 것으로 보아, 重卦인 64괘에서 坤(重地坤)을 말한 것이다.

118) 坤(서남쪽)의 中이니, '利西南'인 것이다. 즉 '中'과 '利'가 대응하는 것이다.

○卦又自觀來 ≪上之三≫ 觀者 大艮也 ≪兼畫三≫ 其道本窮 ≪艮爲徑≫ 移之爲蹇 又成一艮 ≪下今艮≫ 艮位東北 ≪見說卦≫ 不利東北也

觀 → 蹇 ← 小過

○蹇卦는 또 觀卦로부터 왔는데 ≪[觀卦의] 上이 3으로 감≫ 觀卦는 큰 艮의 형태이니 ≪[觀卦를] 兼畫하면 삼획괘(三畫卦)의 艮이 됨≫ 그 길이 본래 막혀 있었다. ≪艮은 좁은 길이 된다.≫ [觀卦로부터] 추이하여 蹇卦가 되면, 또 다시 한 개의 艮이 생기는데 ≪[蹇卦의] 下卦가 지금 艮≫ 艮의 방위가 동북쪽이니 ≪「說卦傳」에 나온다.[119]≫ "不利東北", 즉 "동북쪽에서는 이롭지 않다"라고 한 것이다.

○小過之時 震主在上 四之旣升 又得君位 ≪五君位≫ 此 大人也 君子之在下者 ≪下倒震≫ 相見乎离 ≪三五互≫ 利見大人也

觀 → 蹇 ← 小過

○小過卦의 때에는 震의 군주가 위(上卦)에 자리하였는데, 제4位의 剛이 이미 상승함에 또한 君主의 지위(君位)를 얻으니 ≪제5位는 君主의 자리에 해당됨≫ 이것이 ['利見大人'의] '大人(군주)'이다. [이렇게 됨에] 군자 중에도 아래에 있던 자가 ≪[震이 군자를 상징하는데, 小過卦의] 下卦가 거꾸로 된 震≫ [小過卦로부터 蹇卦로 推移하게 되면] 离에서 [그 군주와 더불어] 상견례(相見禮)를 가지니 ≪[蹇卦의] 3·4·5位의 互卦가 离≫ "利見大人", 즉 "大人을 만남에 이롭다"라고 한 것이다.

---

119) "艮, 東北之卦也."(『四箋』 卷8, 30나)

○本以坎貞 ≪小過之大坎≫ 移又成坎 ≪四之五≫ 幹事吉也

蹇 ← 小過

○[蹇卦는 小過卦로부터 왔는데, 小過卦에는] 본래 坎의 貞(事)의 뜻이 있었는데 ≪小過卦는 큰 坎의 형태≫ [그런데 小過卦로부터 蹇卦로] 推移함에 또 다시 坎을 이루니 ≪[小過卦의] 4가 5로 감≫ 일을 맡아 처리하면 吉한 것이다.

○案 劉子新論云 蹇 利西南 就土順也 ≪虞翻云 五在坤中≫ 不利東北 登山峻也

○[案] 『劉子新論』[120]에서 말하였다. "蹇卦에서 '利西南'이라 한 것은 土의 유순함에 나아간 것이며 ≪우번(虞翻)이 말하였다. "[蹇卦에서] 5가 坤의 가운데에 있음을 가리킨다."[121]≫ '不利東北'이라고 한 것은 山의 험준함에 오른 것을 가리킨다."

○又按 程子曰 卦本坤 由五往而成坎 ≪朱子曰 震是坤第一畫變 坎是第二畫變 艮是第三畫變 易之取象 不曾確定了[122]≫

---

120) 南北朝시대 北齊 유주(劉晝)가 쓴 『新論』을 가리킨다. 여기서 "劉子新論"이라고 한 것은 東漢(後漢)의 환담(桓譚, 23?~56)이 쓴 『新論』과 구별하기 위해서이다. 『劉子新論』은 본래 『劉子』라고 하는데, 편자에 대해서는 이론이 많다. 漢나라 유흠(劉歆), 혹은 『文心雕龍』의 저자인 유협(劉勰, 464~521), 또는 유효표(劉孝標)라고도 하였으나, 당(唐)나라 원효정(袁孝政)의 고증에 따라 北齊의 유주(劉晝)로 밝혀졌다.

121) "虞翻曰, 觀上反三也. 坤西南卦, 五在坤中, …… 故利西南."(李鼎祚, 『周易集解』, 北京市中國書店, 1990, 129면)

122) [校閱] "了"가 奎章本에는 "子"로 되어 있는데, 誤記이다.

觀 → 蹇 ← 小過

○[又按] 程子가 말하였다. "卦가 본래 坤인데, 그 5가 위로 감으로 말미암아 坎을 이룬 것이다." ≪朱子가 말하였다. "震은 坤의 第1畫이 변한 것이고, 坎은 그 第2畫이 변한 것이며, 艮은 第3畫이 변한 것인데, 『周易』에서 象을 취하는 방식은 [자유자재로 취하는 것이지, 어떤 특별한 방식으로 일찍이] 확정된 방식이 없다."≫

鏞謂 卦有三陰以上 皆坤土也 小過 本以頤交 ≪交易之≫ 頤從臨觀來 蹇之四陰 非坤土乎 無可疑也

頤 小過 → 蹇

臨 → 頤 ← 觀

내(丁若鏞)가 생각하기에, [만일 어떤] 卦에 陰이 세 개 以上 있으면 [그것은] 모두 坤의 土에 해당된다. [蹇卦의 母卦인] 小過卦는 본래 [上下互卦가 坤인] 頤卦와 交易의 관계에 있고 ≪[上卦와 下卦를] 서로 바꾼 것≫ 頤卦는 臨卦와 觀卦로부터 왔으니, 蹇卦에 있는 네 개 陰은 坤의 土가 아니겠는가? [蹇卦에 있는 네 개 陰은 坤의 土라는 사실에는] 의심의 여지가 없다.

彖曰 : 蹇, 難也, 險在前也, 見險而能止, 知矣哉. 蹇利西南, 往得中也, 不利東北, 其道窮[123]也, 利見大人, 往有功也, 當位貞吉, 以正邦也, 蹇之時用, 大矣哉.

---

123) [校閱] 『四箋』의 원문에는 "窮"이 '窮'字로 나오는데, "窮"과 同字이다.

「彖傳」: 건(蹇)은 어려움을 뜻한다. 험난함이 앞에 놓여 있으니, 험난함을 보고, 멈출 수 있다면, 지혜로울 것이다. "蹇利西南"이라고 한 것은 나아가서 中道를 얻었기 때문이다. "不利東北"이라고 한 것은 그 길이 막혔기 때문이다. "利見大人"이라고 한 것은 나아가서 功을 이루기 때문이요, 地位에 합당하게 일을 처리하면 길한 것(貞吉)은 [그렇게 함으로써] 나라를 바르게 다스리기 때문이니, 蹇卦의 때와 쓰임새가 위대한 것이다.

見坎險而艮止 ≪上今坎≫ 其智明矣 互坎爲智

蹇

坎의 험난함을 보고, 艮으로써 멈추니 ≪[蹇卦의] 上卦가 지금 坎≫ 그 지혜로움이 밝은 것이다. [蹇卦의 2・3・4位의] 互坎이 '智', 즉 '지혜로움'이 된다.

○往得中者 四之五也 ≪上之中≫ 其道窮[124]者 艮爲徑也

觀 → 蹇 ← 小過

○"往得中"이라고 한 것은 [小過卦의] 4가 5로 간 것을 가리킨다. ≪[제5位는] 上卦의 中에 해당된다.≫ "其道窮"이라고 한 것은 艮이 좁은 길(徑)을 뜻하기 때문이다.

---

124) [校閱] 國中本의 "窮"이 奎章本과 新朝本에서는 "竆"으로 되어 있다. "窮"과 "竆"은 同字이다.

○往有功者 勞乎坎也 君旣有功 ≪震爲坎≫ 與有利也

小過 → 蹇

○"往有功"이라고 한 것은 坎에서 勞役하기 때문이다.[125] 군주(君主)가 이미 공덕을 이루었기에 ≪[小過에서 蹇卦로 추이하면서] 震이 坎으로 됨≫ 더불어 이로움이 있는 것이다.

○三五兩剛 皆得其位 ≪陽居陽≫ 以成坎貞 ≪上下坎≫ 當位貞吉也 坤國遂治 ≪离爲治≫ 以正邦也

觀 → 蹇 ← 小過

○[蹇卦에서] 제3位와 제5位의 두 개의 剛이 모두 그 바른 자리를 얻고 ≪陽이 陽의 자리에 바르게 위치함≫ 坎의 貞(일을 맡아 처리함)을 이루니 ≪[蹇卦의] 上卦와 下互卦가 坎≫ [이것을 가리켜, 「彖傳」에서] "當位貞吉"이라고 한 것이다. 坤의 나라가 마침내 잘 다스려지니 ≪离는 다스림의 뜻이 됨≫ [이것을 가리켜] "以正邦也"라고 한 것이다.

125) 「說卦傳」에 '勞乎坎'이라고 하였다.

初六 : 往蹇, 來譽. ○ 象曰 : 往蹇來譽, 宜待也. ≪鄭氏本 宜待時也≫

初六 : 가면 다리를 절뚝거리게 될 것이고, 오면 칭송을 받게 될 것이다. ○「象傳」: "往蹇來譽"(가면 다리를 절뚝거리게 되고, 오면 칭송을 받게 될 것)이니, [함부로 나갈 것이 아니라] 마땅히 [알맞은 시기를] 기다려야 한다. ≪鄭玄의 책에는 ["宜待也"가 아니라] "宜待時也"라고 적혀 있다.[126]≫

此 蹇之旣濟也 卦自小過來 ≪四之五≫ 上震之足 往成坎疾 ≪四之五≫ 是[127] 往蹇也 卦之本象 如此 故諸爻 亦於爻變之後 別取往蹇之象 以爲詞也

小過 → 蹇 → 旣濟 ← 泰

이것은 蹇卦가 旣濟卦로 변하는 경우이다. 蹇卦는 小過卦로부터 왔는데 ≪[小過卦의] 4가 5로 감≫ [小過卦의] 上卦에 있는 震의 다리가 나아가서, 坎의 질병에 걸리게 되니 ≪[小過卦의] 4가 5로 감≫ 이것을 [가리켜] "往蹇"이라고 한 것이다. 蹇卦의 本象이 이와 같으므로 [다른 爻들의 경우에서도] 爻變 이후에 별도로 [가면, 다리를 절뚝거리게 되는] "往蹇"의 象을 취하여, 그것으로써 爻辭를 삼은 것이다.[128]

---

126) 鄭氏本 :『仲氏易』, 上海古籍出版社, 1990, 164면("鄭氏本, 時下多一時字"). 王弼, 韓康伯 注, 孔穎達 疏, 陸德明 音義,『周易注疏』(四庫易學叢刊), 上海古籍出版社, 1989, 160면(鄭本, 宜待時也).

127) [校閱] "是"가 奎章本에는 "見"으로 되어 있는데, 誤記이다.

128) 六二만 제외하고 모두 "往蹇"이 언급됨. 즉, 初九, 往蹇來譽. 九三, 往蹇來反. 九四, 往蹇來連. 九五, 往蹇來朋. 上六, 往蹇來碩.

○旣濟自泰來 ≪二之五≫ 泰之三陽 本震足也 ≪震之積≫ 移之成坎 ≪二之五≫ 是 往蹇也 泰之旣移 ≪五之二≫ 柔來成离 ≪下[129]今离≫ 离則爲愛 ≪見家人九五≫ 愛以成言 ≪下本艮≫ 其言爲譽 ≪艮成言≫ 往蹇來譽也

蹇 → 旣濟 ← 泰

○旣濟卦는 泰卦로부터 왔다. ≪[泰卦의] 2가 5로 간 것이다.≫ 泰卦의 세 개의 陽은 본래 震의 다리이다. ≪[세 개의] 震이 쌓인 것[이 泰卦]≫ [泰卦로부터] 推移하여 [질병을 상징하는] 坎을 이루니 ≪[泰卦의] 2가 5로 감≫ [이것을 가리켜] "往蹇", 즉 "나아가면, 다리에 병이 들어 절뚝거리게 된다"라고 한 것이다.[130] [그런데 다른 한편] 泰卦로부터 이미 추이하게 되면 ≪[泰卦의] 5가 2로 감≫ 柔가 들어와서, 离를 이루는데 ≪[旣濟卦의] 下卦가 지금 离≫ 离는 곧 사랑이 된다. ≪家人卦 九五에 [离를 愛의 뜻으로 간주하는 그 用例가] 나옴≫ 사랑으로써 말을 이루면 ≪[蹇卦의] 下卦가 본래 艮[인데, 艮은 말씀을 이루는 것을 뜻함]≫ 그 말은 칭송하는 말이 되니 ≪艮은 말씀을 이루는 것이 됨[131]≫ [이것을 가리켜] "往蹇來譽", 즉 "가면, 다리를 절뚝거리게 될 것이고, 오면 칭송을 받을 것"이라고 한 것이다.

○往則坎險爲難 ≪二之五≫ 不往則嘉言自來 ≪离爲嘉≫ 宜待時也 筮而遇是者 只宜坐待 不宜躁動 所謂 見險而止也

---

129) [校閱] "下今离"의 "下"가 新朝本에는 "上"으로 되어 있는데, 誤記이다.
130) 이것은 本象과 대비되는 '之卦'의 象을 가지고 말한 것인데, 역시 "往蹇"의 象이 있다.
131) 「說卦傳」에 '成言乎艮'이라는 말이 나온다.

蹇 → 旣濟 ← 泰

○가면 坎의 험난함으로 곤란에 처하게 되고 ≪[泰卦의] 2가 5로 감≫ 가지 않으면, 칭송하는 말이 저절로 들어오니 ≪离는 '嘉', 즉 '기쁨'이 됨≫ [이것을 가리켜] "宜待時", 즉 "당연히 알맞은 시기를 기다려야 한다"라고 한 것이다. 점쳐서 이 [蹇卦 初六의] 경우를 얻으면, 다만 가만히 앉아서 기다려야 할 것이며, 조급하게 움직이면 안 되는 것이니 [이것이] 이른바 [「彖傳에서 말한 바] "見險而止",[132] 즉 "험난함을 보고, 멈춘다"는 뜻이다.

○學稼云 二則多譽 ≪大傳文≫ 初非其時故 宜待也

○學稼가 말하였다. "제2位는 '명예로움이 많은 자리'에 해당된다. ≪["二則多譽"는] 「繫辭傳」에 나오는 말≫ [그러나] 初位는 그런 [명예로움이 많은] 때에 해당되지 않으므로 '宜待', 즉 '마땅히 기다려야 한다'라고 말한 것이다."

六二 : 王臣蹇蹇, 匪躬[133]之故. ○象曰 : 王臣蹇蹇, 終无尤也.

六二 : 왕의 신하가 다리를 절뚝거리고, 또 절뚝거리니, [그것은 임금

132) 「彖傳」에서 '見險而能止'이라고 함.

133) [校閱] 新朝本에는 "躬"으로 나오나, 奎章本과 國中本에는 "躳"으로 되어 있다. "躳"은 "躬"의 本字이다.

을 보필하느라고] 자신을 돌보지 못했기 때문이다. ○「象傳」: "王臣蹇蹇(왕의 신하가 다리를 절고, 또 절게 될 것)"이나 마침내 허물이 없을 것이다.

此 蹇之井也 井自泰來 《一之五》 坤則爲臣 《泰上坤》 內有乾王 《地天卦》 王之臣也 小過之移 《四之五》 一足旣蹇 《義見上》 變而爲井 一足又病 《下倒震 今爲大坎》 王臣之蹇蹇也[134]

小過 → 蹇 → 井 ← 泰……← 復

이것은 蹇卦가 井卦로 변하는 경우이다. 井卦는 泰卦로부터 왔는데 《[泰卦의] 1이 5로 감》 坤은 곧 신하가 되며 《泰卦의 上卦는 坤》 그 [泰卦의] 內卦에 乾의 임금이 있으니 《[泰卦는] 地와 天으로 구성된 卦》 [그 신하는] 王의 臣下인 것이다. 小過로부터 推移하여 [蹇卦로 되면] 《[小過卦의] 4가 5로 감》 한 쪽 다리를 이미 [병들어] 절룩거리고 있는데 《뜻이 앞에서 나옴》 蹇卦[의 六二]가 爻變하여 井卦가 되면, 한쪽 다리가 다시 병들게 되니 《[蹇卦의] 下卦는 [艮으로서] 뒤집힌 震의 형태이었으나, 지금 [蹇卦 六二가 효변하여 井卦가 되면, 1·2·3·4위의] 大坎이 됨》 王의 臣下가 "蹇蹇", 즉 "왕의 신하가 다리를 절고, 또 절게 되는 것"이다.

---

134) [校閱] 新朝本과 國中本은 동일하지만, 奎章本은 그 내용이 많이 틀리다. 즉, 前者에는 "小過之移, 《四之五》, 一足旣蹇, 《義見上》, 變而爲井, 一足又病, 《下倒震, 今爲大坎》, 王臣之蹇蹇也"로 되어 있으나 이 부분이 後者에는 없다. 그 대신에 後者에는 다음과 같이 나온다. 즉, "泰之初剛, 本震足也, 《復一陽》, 移爲坎疾, 《一之五》, 王臣之蹇也, 自小過來, 《四之五》, 本有此蹇, 《本象也》, 蹇而又蹇, 《井亦蹇》, 王臣蹇蹇也(泰卦의 初位의 剛은 본래 震의 다리인데 《復卦의 一陽은 震의 다리를 가리킴》 [泰卦로부터] 推移하여 [井卦로 되면] 坎의 질병이 되니 《1이 5로 감》 王의 臣下가 다리를 절게 된 것이다. 蹇卦는 小過卦로부터 왔으니 《[蹇卦의] 4가 5로 감》 본래 [小過卦에] 이러한 蹇의 象이 있었으므로 《蹇은 小過卦의 本象》 蹇하고 또 蹇하니 《[앞서 말했듯이 '之卦'인] 井卦도 역시 '蹇'》 [이것을 가리켜] '王臣蹇蹇'이라고 한 것이다)."

○ 坤臣之勞乎坎 ≪上今坎≫ 匪爲其躬[135] 入于王宮 ≪五之一≫ 順其巽命 ≪下今巽≫ 宣力于外 ≪坎在外≫ 勞以成疾 ≪蹇又蹇≫ 匪躬之故也

小過 → 蹇 → 井

○ 坤의 臣下가 坎에서 노력(勞力)하는 것(勞乎坎)은 ≪[井卦의] 上卦가 지금 坎≫ [결코] 그 자신을 위한 것이 아니다. [坤의 臣下가] 왕궁에 들어가 ≪[泰卦의] 5가 1로 감≫ 그 巽의 명령에 따르며 ≪[井卦의] 下卦가 지금 巽≫ 밖으로 [外治에] 힘을 쏟다가 ≪[勞力을 상징하는] 坎이 外卦에 자리하고 있음≫ 노고(勞苦)로 말미암아 질병을 얻으니 ≪다리를 절게 되는 병에 걸렸는데, 다시 또 다리를 절게 되는 병에 걸리게 됨≫ [이것은] "匪躬之故", 즉 "자신을 돌보지 않았기 때문"인 것이다.

○ 泰之時 以柔居五 ≪居陽位≫ 移乃卑降 ≪五之一≫ 遂以巽伏 ≪下今巽≫ 終无尤也 ≪五六 皆得位 終无尤也≫

小過 → 蹇 → 井 ← 泰

○ 泰卦의 때에는 柔가 제5位에 자리하였는데 ≪陽의 자리에 위치한 것≫ [泰卦로부터] 추이하여 [井卦로 가면, 柔가] 곧 [가장] 낮은 곳으로 내려가 ≪[泰卦의] 5가 1로 감≫ 마침내 巽으로써 복종하니 ≪[井卦의] 下卦가 지금 巽≫ "終无尤", 즉 "마침내 허물이 없는 것"이 된다. ≪[井卦의 마지막 자리

135) [校閱] 新朝本에는 "躬"으로 나오나, 奎章本에는 "躳"으로 되어 있다. "躳"은 "躬"의 本字이다.

인] 제5位와 제6位가 모두 바른 자리를 얻었으니 [이것을 가리켜] "終无尤", 즉 "마침내 허물이 없는 것"이 된다.≫

九三 : 往蹇, 來反. ○ 象曰 : 往蹇來反, 內喜之也.

九三 : 가면, 다리를 절게 될 것이고, 되돌아오게 될 것이다. ○「象傳」: "往蹇來反(가면, 다리를 절게 되고, 되돌아오게 됨)"이니, [밖으로 떠나갔던 사람이 되돌아오는 것을] 안에서 [있던 사람들이] 기뻐하게 될 것이다.

此 蹇之比也 小過之移 ≪四之五≫ 震足受病 ≪上成坎≫ 是 往蹇[136]也 ≪已見上≫ 卦自觀來 ≪上之三≫ 內陽盡亡 坤國空虛 ≪下四陰≫ 移之爲蹇 一剛來反 ≪上之三≫ 往蹇來反也 三爲卦主故[137] 言其本象

이것은 蹇卦가 比卦로 변하는 경우이다. 小過卦로부터 推移하여 [蹇卦로 되면] ≪[小過卦의] 4가 5로 감≫ 震의 다리에 병이 생기니 ≪[蹇卦의] 上卦에 坎이 생성됨≫ 이것이 "往蹇", 즉 "가면, 다리를 절게 되는 것"이다. ≪이미 앞에서 설명이 나타남≫ [또] 蹇卦는 觀卦로부터 왔는데 ≪[觀卦의] 上

136) [校閱] "往蹇"이 新朝本에는 "往來"로 되어 있는데, 誤記이다.
137) [校閱] 新朝本에는 "三爲卦主故" 다음에 "主"가 한 번 더 나오는데, 誤記이다.

이 3으로 감≫ 그 觀卦를 보면 內卦에 陽이 [모두] 소진(消盡)되어 없어지고, 坤의 나라가 텅 비게 된다. ≪[觀卦의] 아래 부분에 네 개의 陰이 있음≫ [觀卦로부터] 추이하여 가서 蹇卦가 되면, 한 개의 剛이 되돌아오니 ≪[觀卦의] 上이 3으로 감≫ [이것을 가리켜] "往蹇來反"이라고 한 것이다. 九三이 卦主가 되므로, [變相인 比卦의 象을 취하지 않고] 그 本象을 말한 것이다.[138]

○ 內得一陽 其喜 可知也 往而復反 人情之所喜也 互离爲喜

觀 → 蹇

○ [觀卦로부터 蹇卦로 推移하게 되면] 內卦에서 陽 하나를 얻으니, 그 기쁨을 가히 알 만하다. 떠나갔다가 되돌아오면 기뻐하는 것은 인지상정(人之常情)이다. [蹇卦의 3·4·5位의] 互卦의 离는 기뻐함(喜)의 뜻이 된다.

○ 虞翻云 觀上反三 爲蹇

觀 → 蹇

○ 우번(虞翻)이 말하였다. "觀卦의 上이 3으로 되돌아가 蹇卦가 되었다."[139]

---

138) "往蹇"이나 "來反"이 모두 母卦와 연관된 象(本象)이라는 것을 가리킨 것이다.
139) 李鼎祚, 『周易集解』, 北京市中國書店, 1990, 129면에 "虞翻曰, 觀上反三也"라고 나옴.

六四 : 往蹇, 來連. ◯ 象曰 : 往蹇來連, 當位實也.

六四 : 가면 [함께 가는 무리와 단절되어] 다리를 절게 될 것이고, 되돌아오면 [함께 가는 무리와] 연결(連結)될 것이다. ◯「象傳」: "往蹇來連"은 그 지위에 합당하게 건실(健實)하게 됨을 가리킨 것이다.

此 蹇之咸也 咸自否來 ≪三之上≫ 否之三陽 本自無疾 ≪無坎形≫ 柔往之故 ≪三之上≫ 遂成坎疾 ≪今大坎≫ 是 往蹇也 蹇之爲蹇 以陽絶也 ≪觀小過 皆二陽連≫ 變而爲咸 絶者復續 ≪四今剛≫ 三陽相連 ≪三四五≫ 往蹇來連也 否移爲咸 ≪上之三≫ 剛自外來 故謂之來連

觀 → 蹇 ← 小過　　蹇 → 咸 ← 否

이것은 蹇卦가 咸卦로 변하는 경우이다. 咸卦는 否卦로부터 왔다. ≪[否卦의] 3이 上으로 감≫ 否卦에는 세 개의 陽[의 健實함]이 있으니, 본래 자체적으로 질환이 없었다. ≪[否卦에는] 坎의 형태가 없음≫ [그런데 否卦로부터 推移하여, 咸卦로 가게 되면] 柔가 [위로] 간 까닭에 ≪[否卦의] 3[位의 陰]이 上으로 감≫ 결국 坎의 질병을 이루게 되니 ≪지금 [咸卦의 2·3·4·5·6이] 大坎을 형성함≫ 이것을 가리켜 "往蹇", 즉 "나아가면, 다리를 절게 되는 병을 얻게 됨"이라고 한 것이다. 蹇이 ['곤란함'·'다리를 절음'이라는 뜻의] 蹇이 되는 까닭은 陽으로부터 단절(斷絶)되기 때문이다. ≪[蹇卦의 母卦인] 觀卦와 小過卦는 모두 두 개의 陽이 연접해 있음≫ 爻

變하여 咸卦가 되면, 그 단절(斷絶)되었던 것들이 다시 연속(連續)되어 ≪4位도 지금 咸卦에서 剛≫ 세 개의 陽이 서로 연결되니 ≪咸卦의 3·4·5位≫ [이것을 가리켜] "往蹇來連", 즉 "나아가면 [동류(同類)와 단절되어] 다리를 절게 되는 병을 얻게 되고, 되돌아오면 [同類들과] 연결된다"라고 말한 것이다. 否卦로부터 추이하여, 咸卦가 되면 ≪[否卦의] 上이 3으로 감≫ 剛이 밖으로부터 안으로 들어오니, 이것을 가리켜 "來連", 즉 "되돌아오면 [同類들과] 연결된다"라고 한 것이다.

○咸自否移 剛來得位 ≪上之三≫ 乾則爲實 ≪反坤虛≫ 當位實也 ≪艮果亦爲實≫

蹇 → 咸 ← 否

○咸卦는 否卦로부터 推移된 것이니, [否卦의 上位의] 剛이 [밖으로부터 안으로] 들어와, [제3位를 차지하였으니, 이것은 剛이 있어야 할 자리에 剛이 있는 것이니, 합당한] 地位를 얻은 것이다. ≪[否卦의] 上이 3으로 감≫ 乾은 곧 건실(健實)함이 되니 ≪坤의 空虛함과 반대됨≫ [이것을 가리켜] "當位實", 즉 "그 지위에 합당하게 건실하게 됨"이라고 한 것이다. ≪[咸卦의 下卦에 艮이 있으니] 艮의 과실(果實)도 역시 實의 한 종류이다.≫

九五 : 大蹇朋來. ○ 象曰 : 大蹇朋來, 以中節[140]也.

九五 : 大君이 다리를 절게 [되는 곤경에 처하게] 되니, 친구들이 [도와주러] 올 것이다. ○「象傳」: "大君이 다리를 절게 [되는 곤경에 처하게] 되니, 친구들이 [도와주러] 오는 것(大蹇朋來)"은 [그 군주가 평소에] 중용(中庸)의 절도(節度)를 지켰기 때문이다.

此 蹇之謙也 小過之移 ≪四之五≫ 震主升位 ≪五君位≫ 遂當坎險 ≪上今坎≫ 此 大蹇也 ≪王之蹇≫ 五之旣變 西南得朋 ≪上今坤≫ 濟蹇之佐 於是乎 羣至 ≪坤爲臣≫ 大蹇朋來也

䷽ ䷦ ䷎

小過 → 蹇 → 謙

이것은 蹇卦가 謙卦로 변하는 경우이다. 小過卦가 추이하여 [蹇卦가 된 것이니] ≪[小過卦의] 4가 5로 간 것≫ 震의 군주가 [자신의 君主의] 자리로 올라갔다가 ≪제5位는 君主의 자리≫ 마침내 坎의 험난함을 당하였으니 ≪[蹇卦의] 上卦가 지금 坎≫ 이것을 가리켜 "大蹇"이라고 한 것이다. ≪즉 王이 [다리를 절게 되는 병을 얻는] 곤경에 처하게 된 것을 가리킨다.141)≫ [그러나 蹇卦의] 九五[爻]가 이미 변하여 [謙卦로 되면] 서남쪽에서는 친구를 얻게 되어 ≪[謙卦의] 上卦가 지금 [서남쪽인] 坤≫ [이에] 그 蹇[의 곤경]을 구원하고 보필할 자가 [이에] 무리를 지어 몰려오니 ≪坤은 신하가 됨≫ [이것을 가리켜] "大蹇朋來", 즉 "군주가 다리를 절게 되는 곤경에 처함에 [도와줄] 친구들이 온다"라고 말한 것이다.

○朋來 柰何 坎以律己 ≪左傳云≫ 動中節制 又能謙卑 ≪卦今

---

140) [校閱] 新朝本에는 "節"이 "絶"로 되어 있는데, 誤記이다.
141) '大'를 '王'이라 본 것인데, 易例에 '陽(—)'이 '大'가 된다.

謙≫ 以自節約 ≪艮爲節≫ 故臣鄰來附也

小過 → 蹇 → 謙

○이렇게 벗이 오는 것은 어찌 된 까닭인가? 坎의 규율(規律)로써 자신을 다스리고 ≪『春秋左氏傳』에서 말함[142]≫ 일을 하는 중에도 절제하며, 또한 겸손하게 [자신을] 낮춤으로써 ≪卦가 지금 謙卦≫ 스스로 절약(節約)하는 까닭에 ≪艮은 '節'의 뜻이 됨≫ 신하와 이웃이 와서 따르는 것이다.

上六 : 往蹇, 來碩, 吉, 利見大人. ○ 象曰 : 往蹇, 來碩, 志在內也, 利見大人, 以從貴也.

上六 : [밖으로] 가면, 곤란을 당할 것이지만, [안으로] 돌아오면 큰 지위를 얻을 것이니, 吉할 것이며, 大人을 만나 이로울 것이다. ○「象傳」: "往蹇來碩"은 뜻한 바가 [밖으로 나가는 것에 있지 않고] 안[으로 들어옴]에 있음을 말한 것이다. "利見大人"이라고 한 것은 귀인(貴人)을 따르게 됨을 말한 것이다.

---

142) "坎以律己"라는 말이 『左傳』에 나오는 것은 아니다. 「春秋官占補註」의 "知莊子之語"(宣公 12年)에 "有律, 以如己也, 故曰, 律否臧(法律을 두어서, [大衆이] 自己를 따르게 하는 것이다. 그러므로 [師卦 初六의 爻詞에서] '律否臧', 즉 '[大衆의] 순종치 않음을 다스린다'라고 말한 것이다)"이라고 하였음. 茶山은 그 주석에서 "本以坎律, 先自律己(본래 坎의 規律로써 먼저 스스로 自己를 규율한다)"라고 하였으니, 坎을 律로 본 것이다.

此 蹇之漸也 漸自否來 ≪三之四≫ 柔往成坎 ≪爲互坎≫ 是 往蹇也 內陽旣亡 坤國空虛 ≪天地否≫ 移之爲漸 一剛還來 ≪四之三≫ 大如碩果 ≪下今艮 爲果≫ 往蹇 來碩也 陽在上曰 碩 ≪三爲下之上≫

䷦ ䷴ ䷋

蹇 → 漸 ← 否

이것은 蹇卦가 漸卦로 변하는 경우이다. 漸卦는 否卦로부터 왔는데 ≪[否卦의] 3이 4로 감≫ 柔가 나아가서 [험난함과 질병을 상징하는] 坎을 이루니 ≪[漸卦의 2·3·4位에] 互坎이 이루어 졌다.≫ [역시] "往蹇"이다. 否卦의 內卦에 陽이 이미 소진하여, 坤의 나라가 텅 비어 있는데 ≪天과 地로 구성된 卦가 否卦이다.≫ [否卦로부터] 추이하여 가서 漸卦가 되면, 하나의 剛이 [안으로] 다시 돌아오니 ≪[否卦의] 4가 3으로 감≫ 그 크기가 [마치] 큰 과일(碩果)과 같으므로 ≪[漸卦의] 下卦가 지금 艮인데, 과실(果實)이 됨≫ [이것을 가리켜] "왕건래석(往蹇來碩)"이라고 한 것이다. 陽이 위에 자리해 있는 것을 [易例에서는] '碩'이라고 한다.[143] ≪제3位는 下卦의 上位가 된다.≫

○大人者 乾王也 ≪否上乾≫ 坤臣漸進 ≪三之四≫ 相見乎离 ≪三五互≫ 得此巽命 ≪上今巽≫ 以居其位 ≪四位柔≫ 受爵之卦也 故曰 利見大人

䷦ ䷴ ䷋

蹇 → 漸 ← 否

143) 碩果不食 : 剝卦 上九의 爻辭(『四箋』 卷3, 30나).

○"大人"은 乾의 임금을 가리킨다. ≪否卦의 上卦는 乾≫ 坤의 신하가 점차(漸次) 나아가 ≪否卦의 3이 4로 감≫ 离에서 [임금과] 상견례(相見禮)를 갖고 ≪[漸卦의] 3·4·5位의 上互卦≫ 이 巽의 命을 얻어 ≪上卦가 지금 巽≫ 그 자신의 [바른] 자리를 차지하니 ≪陰의 자리인 제4位에 柔가 자리했다.≫ 작위를 받는 것을 상징하는 卦이다. 그러므로 "利見大人"이라고 한 것이다.

○剛自外來 ≪四之三≫ 以實坤國 ≪下本虛≫ 遂成坎志 ≪二四互≫ 志在內也

蹇 → 漸 ← 否

○[否卦에서 漸卦로 추이하면서] 剛이 밖으로부터 들어와서 ≪[否卦의] 4가 3으로 감≫ 坤의 나라를 건실하게 하고 ≪[否卦의] 下卦가 [坤이니] 본래 비어 있음≫ 마침내 坎의 뜻을 이루니 ≪2·3·4의 互卦는 坎[인데 意志를 상징함]≫ "志在內"라고 한 것이다.

○坤臣踰險 ≪否下坤≫ 上從乾君 ≪踰三剛≫ 得此巽命 ≪上今巽≫ 利見之占 以從貴也 ≪君爲貴≫

蹇 → 漸 ← 否

○坤의 신하가 험난한 역경을 헤치고 ≪否卦의 下卦는 坤[인데, 신하를 상징함]≫ 위로 乾의 君主를 섬겨서 ≪제3位의 剛을 넘어감≫ 이 巽의 命을 얻게 되니 ≪[漸卦의] 上卦가 지금 巽≫ [이것은 곧 君主를] 만나서 이로운 점괘에 해당되므로, "以從貴"라고 한 것이다. ≪君主가 貴한 사람에 해당된다.≫

【40. 뇌수 해(雷水 解)】

坎下震上 ○第二十三卦之反 ≪臨一之四 小過三之二≫

坎이 下卦이고, 震이 上卦이다. ○第23卦의 反卦이다. ≪臨卦의 1이 4로 가고, 小過卦의 3이 2로 간다.≫

序卦傳曰 解者 緩也 ≪朱子曰 緩 縱弛也≫

「序卦傳」에서 말하였다. "解는 느슨함이다." ≪朱子가 말하였다. "[「說卦傳」에서] '완(緩)'이라고 한 것은 느슨해짐을 뜻한다."≫

○雜卦傳曰 解 緩也

○「雜卦傳」에서 말하였다. "解는 느슨함이다."

○程子曰 解者 散也 雷雨之作 和暢而緩散故 天下患難 解散也

○程子가 말하였다. "解는 흩어짐이다. …… 우레가 치고, 비가 내리는 것은 [陰과 陽의 기운이] 조화롭게 펼쳐지며, 느슨하게 흩어지는 것이다. 그러므로 天下의 환난이 풀려서 흩어지는 것이다."

○朱子曰 解 難之散也 出於險之外也

○朱子가 말하였다. "解는 어려움이 흩어지는 것이니, …… 험난함으로부터 벗어나는 것이다."

○鏞案 卦自臨來 二陰初凝 ≪下二陽≫ 川壅爲澤 ≪左傳云≫ 臨者 凝滯不流之卦也 移之爲解 則坎川流通 ≪上下坎≫ 無所凝滯 此之謂 解也 ≪如氷解之解≫

臨 → 解

○[鏞案] 解卦는 臨卦로부터 왔다. [臨卦의 때에는] 두 개의 陰이 처음에는 응결(凝結)되어 있으므로 ≪[臨卦의] 아래 있는 두 개의 陽[은 2陰이 응결된 것]≫ [『左傳』에서 말한 것처럼] "흐르는 하천을 막아서 못이 된다." ≪『左傳』에 나오는 말[144)]≫ [解卦의 辟卦인] 臨卦는 [물이] 응결되고 막혀서 흐르지 못하는 것을 상징하는 卦이다. [臨卦로부터] 추이하여 解卦가 되면, 坎의 河川이 흘러서 ≪[解卦의] 上互卦와 下卦가 坎≫ 엉키고 막힌 것이 없어지니, 이것을 두고 '解'라고 말하는 것이다. ≪예컨대 "氷解", 즉 "얼음이 풀린다"고 할 때 '解'와 같은 뜻이다.≫

又自小過來 小過之時 坎罪中聚 ≪二五夾≫ 兩巽之繩 ≪上互則倒巽≫ 上下牢結 ≪艮手以結之≫ 移之爲解則 巽繩都解 ≪今無巽≫ 坎眚分釋 此之謂 解也 ≪如解紛之解≫

144) 川壅爲澤 : 『春秋左氏傳』 중에서 「春秋官占補註」의 '知莊子之語'에 나온다(『四箋』 卷7, 32가).

臨 → 解 ← 小過

또한 解卦는 小過卦로부터 왔다. 小過卦의 때에는 坎의 罪가 가운데 쌓여 있고 ≪2·3·4·5의 협괘(夾卦)는 坎[으로서, 罪를 상징함]≫ 두 개의 巽의 밧줄로 ≪小過卦의 上互卦는 곧 거꾸로 된 巽≫ 위와 아래가 꽁꽁 묶여 있다. ≪艮의 손으로 그것을 묶음≫ [그런데 小過卦로부터] 推移하여 解卦로 되면, 巽의 밧줄이 모두 제거되고 ≪지금 [解卦에서] 巽이 없음≫ 坎의 허물도 분산(分散)되고 해소(解消)되니,[145] 이것을 일러 '解'라고 한다. ≪예컨대 "解紛",[146] 즉 "분란을 해소하다"라고 할 때의 '解'의 뜻과 같다.≫

險在前則爲蹇 ≪彼上坎≫ 險已過則爲解 ≪今下坎≫ 此 解嚴也 雷在下則爲屯 ≪此 交易之義≫ 雨已降則爲解 ≪屯上坎≫ 此 解甲也 ≪草木甲坼[147]也≫ 此 卦之所以名解也

正卦 反卦

蹇 解 解 屯

[坎의] 험난함이 앞에 있으면 蹇卦가 되고 ≪蹇卦는 上卦가 坎≫ [坎의] 험난함이 이미 지나 갔으면 解卦가 되니 ≪지금 解卦의 경우는 下卦가 坎≫ 이것은 '경계를 해제(解除)함'의 뜻이 된다. 우레[☳]가 아래에 있으면 屯

---

145) 解卦에 坎이 없는 것은 아니지만, 小過의 大坎의 형태는 풀어진 것(分釋)이다.

146) 解紛 : 『史記』 「滑稽列傳」에 "太史公曰, 天道恢恢, 豈不大哉! 談言微中, 亦可以解紛"이라는 말이 나온다. 또 『戰國策』에 "所貴於天下之士者, 爲人, 排患, 釋難, 解紛亂而無所取也, 卽有所取者, 是商賈之人也(천하의 인사를 귀히 여기는 것은 남을 위하여 근심을 물리치고, 어려움을 풀고 분란을 해결하고서도 취하는 것이 없는 것이다, 만일 취하는 것이 있다면, 이는 장사하는 商人일 것이다)"라는 말이 나온다.

147) [校閱] 奎章本에는 "坼"字가 모두 異體字로 나온다.

卦가 되고 ≪이것은 交易에 따른 뜻이다.≫ 비[☵]가 이미 내렸으면 解卦가 되니 ≪屯卦의 上卦는 坎≫ 이것은 "껍질을 벗음"이다. ≪즉 초목의 새싹이 그 껍질을 터트리고 싹터 나오는 것이다.≫ 以上이 이 卦가 '解'라고 명명된 까닭이다.[148]

䷧

解, 利西南. 无所往, 其來復, 吉, 有攸往, 夙吉.

解卦는 서남쪽이 이로운 占卦이다. 나아갈 곳이 없으면, 그 [바로] 돌아와 회복하니 吉할 것이다. 갈 곳이 있으면, 일찍 가는 것이 吉할 것이다.

此 解之不變者也 卦自臨來 ≪一之四≫ 剛往坤方 ≪上本坤≫ 得其民而爲主 ≪上今震≫ 利西南也

䷒ 　 ䷧
臨 → 解

이것은 解卦가 변하지 않는 경우이다. 解卦는 臨卦로부터 왔는데 ≪[臨卦의] 1이 4로 감≫ 剛이 坤의 방향으로 나아가서 ≪[臨卦의] 上卦는 본래 坤≫ 그 백성을 얻어서 군주가 되므로 ≪[解卦의] 上卦가 지금 [군주를 상징하는] 震[149]≫ "利西南"이라고 한 것이다.

---

148) 종합하면 解卦에는 다음의 네 가지 의미가 있다. ① 氷解, ② 解紛, ③ 解嚴, ④ 解甲("甲坼").

149) 震이 主가 된다는 것은 荀九家 중 한 사람인 우번(虞翻)의 說이다.

◯又自小過來 ≪三之二≫ 震本在上 ≪雷山卦≫ 无所往矣 ≪今亦震≫ 三之所降 ≪三之二≫ 乃得中位 ≪下之中≫ 遂成坎歸 ≪下[150]今坎≫ 其來復者 吉也 ≪復入[151]聲≫

解 ← 小過

◯또 解卦는 小過卦로부터 왔다. ≪[小過卦의] 3이 2로 감≫ [解卦의 上卦인] 震이 [본래부터] 上卦에 자리잡고 있었으므로 ≪[小過卦는] 雷와 山으로 구성됨≫ "无所往", 즉 "나아갈 바가 없다"라고 한 것이다. ≪지금 [解卦에서도] 역시 [上卦가 변함 없이] 震≫ 小過卦의 3이 아래로 내려감에 ≪[小過卦의] 3이 2로 감≫ 곧 가운데 자리를 얻고 ≪下卦의 中≫ 마침내 坎으로써 되돌아가니 ≪[解卦의] 下卦가 지금 坎≫ "기래복길(其來復吉)", 즉 "그 돌아와 회복하니, 吉하다"라고 한 것이다. ≪'復'字는 입성(入聲)이[니, '복'으로 읽어야 한]다.[152]≫

◯有攸往者 臨之初剛 ≪一之四≫ 往于外也 下卦位离 ≪一二三≫ 初爲日出 ≪易例也≫ 二爲日中 ≪見豐卦≫ 三爲日昃 ≪離九三≫ 臨之初剛 日出而往 ≪發於初≫ 遂得震道 ≪上今震≫ 凡筮而遇是者 早往則吉 夙者 早也

臨 → 解 ← 小過

150) [校閱] 新朝本에는 "下"가 "上"으로 되어 있는데, 誤記이다.
151) [校閱] 奎章本에는 "입(入)"이 "인(人)"으로 되어 있는데, 誤記이다.
152) "復入聲"이란, 결국 "復"字를 "복"으로 읽어야 된다는 것. ←'부'는 去聲(fù).

○“有攸往”, 즉 “나아갈 곳이 있다”라고 한 것은 臨卦의 初位의 剛이 ≪[臨卦의] 1이 4로 감≫ 밖으로 나가는 것을 가리킨다. [본래] 下卦의 자리는 [해를 상징하는] 离의 자리이니 ≪1·2·3位는 奇·偶·奇數로 陽·陰·陽에 해당하여 离가 됨≫ 初位는 일출(日出)이 되고 ≪易의 用例에 따름≫ 제2位는 한낮이 되며 ≪豐卦에 그 용례가 나옴≫ 제3位는 해가 기우는 저녁이 된다. ≪離卦 九三에 그 用例가 나옴≫ 臨卦의 初位의 剛이 해가 뜰 때 나아가서 ≪初位에서 출발함≫ 마침내 震의 길(道)을 얻으니 ≪[解卦의] 上卦가 지금 震≫ 무릇 점을 쳐서 이러한 점괘를 얻은 경우에는 일찍 가면 吉한 것이다. ‘숙(夙)’은 ‘일찍(早)’을 의미한다.

彖曰 : 解, 險以[153]動, 動而免乎險, 解,[154] 解利西南, 往得衆也, 其來復, 吉, 乃得中也, 有攸往, 夙吉, 往有功也. 天地解而雷雨作, 雷雨作而百果草木, 皆甲坼,[155] 解之時, 大矣哉.

「彖傳」 : 解는 험난한 가운데 움직이는 것이니, 움직여서 험난함을 모면하는 것이 ‘解’이다. “解利西南”, 즉 “解는 서남쪽이 이롭다”라고 한 것은 나아가서 무리를 얻기 때문이요, “其來復吉”, 즉 “그 들어와서 회복하는 것이 吉하다”라고 한 것은 이에 곧 中道를 얻기 때문이다. “有攸往夙吉”, 즉 “갈 곳이 있으면, 일찍 가는 것이 吉하다”라고 한 것은 나아가서 공을 세우기 때문이다. 天地가 풀림에 우레가 치고 비가 내리며, 우레가 치고 비가 내림에 뭇 과실과 초목이 모두 싹을 터트리고 나오니, 解의 때(時)는 위대하도다!”

動而免乎險者 豫六二之吉也 豫之解曰 介于石 不終日 孔子曰

153) [校閱] “險以動”의 “以”가 奎章本에는 “而”로 되어 있는데, 誤記이다.
154) [校閱] “解”가 新朝本과 國中本에는 “觧”로 나온다. “解”와 “觧”는 同字이다.
155) [校閱] 奎章本에는 “皆甲坼”의 “坼”字가 異體字로 나온다.

君子見幾而作 不俟終日 ≪大傳文≫ 此所謂 動而免乎險也 ≪義詳豫六二≫

豫 → 解

"動而免乎險"은 豫卦 六二의 吉함을 가리킨 것이다. 豫卦 六二(豫之解)의 爻辭에서 "介于石, 不終日", 즉 "돌 사이에 끼여서 [곤경에 처해] 있는데, [바로 벗어나서] 終日토록 기다리지 않는다"라고 하였는데, 孔子께서 말씀하시기를 "君子는 기미를 살펴서 일어나서, 종일토록 기다리지 않는다"라고 하였다. ≪「繫辭傳」의 말[156]≫ 이것이 이른바 "動而免乎險", 즉 "움직여서 험난함을 모면함"의 뜻이다. ≪뜻은 豫卦 六二 부분에 자세히 나온다.≫

○往得衆者 剛往得坤 ≪一之四≫ 以成震主也 ≪自臨移≫

臨 → 解

○"往得衆"이란 剛이 가서 坤을 얻어 ≪1이 4로 감≫ 震의 군주가 되는 것이다. ≪[解卦는] 臨卦로부터 추이한 것≫

○乃得中者 三之二也 ≪自小過移者≫

臨 → 解 ← 小過

156) 「繫辭下傳」 제5장에 나온다.

○“乃得中”, 즉 “이에 中道를 얻는다”라고 한 것은 [小過卦의] 3이 [中道의 자리인] 제2位로 간 것이다. ≪[解卦는] 小過卦로부터 추이한 것≫

○往有功者 一剛旣升 ≪一之四≫ 兩坎乃固也 ≪上互坎≫

臨 → 解

○“往有功”, 즉 “나아가서 공을 세운다”라고 한 것은 [臨卦에서] 剛 하나가 상승함에 ≪臨卦의 1이 4로 감≫ 두 개의 坎이 이에 견고하기 때문이다. ≪解卦의 上互卦도 坎≫

○天地者 陰陽也 臨與小過 皆陰陽各聚 ≪皆辟卦≫ 散以解之 則爲雷爲雨 於是 艮之果蓏 ≪小過本下艮≫ 震之草木 ≪臨小過 皆震≫ 無不動其离甲 ≪今互离≫ 坼[157]而爲震 ≪上今震≫ 震也者 离甲之上坼[158]者也 ≪离爲龜鼈 爲甲胄≫ 解之爲德 不亦大矣哉

臨 → 解 ← 小過

○“天地”란 陰陽을 가리킨다. 臨卦와 小過卦는 모두 陰과 陽이 각각 모여 있는데 ≪[臨卦와 小過卦는] 모두 벽괘(辟卦)≫ [이것들이] 흩어져 풀려 나감에 우레가 되고 비가 된다. 이에 艮의 과일열매와 ≪小過卦는 본래 下卦가 艮≫ 震의 초목이 ≪臨卦와 小過卦에는 모두 震이 있음≫ 그 离의 껍질을 [뚫고 나오고자] 들썩이지 않음이 없어 ≪지금 [解卦의] 下互卦는 离≫ [마침

157) [校閱] 奎章本에는 “坼”字가 모두 異體字로 나온다.
158) [校閱] 奎章本에는 “坼”字가 모두 異體字로 나온다.

내는 그 껍질을] 터트려서 震이 되는데 ≪[解卦의] 上卦는 지금 震≫ 震이라는 것은 [보이는 그대로] 离의 껍질이 위가 터진 것이다. ≪离는 거북과 자라를 상징하고, 갑옷과 투구를 상징한다.≫ [따라서] 解의 德이 또한 위대하지 않은가!

○ 學圃云 險在前則止 ≪蹇下艮≫ 險已過則動 ≪解上震≫ 故曰 解 險以動

蹇　解

○ 學圃가 말하였다. "험난함이 앞에 있으면 멈추고 ≪蹇卦의 下卦는 艮≫ 험난함이 이윽고 지나가면, 움직이는 까닭에 ≪解卦의 上卦는 震≫ '解險以動', 즉 '解는 험난한 가운데 움직이는 것'이라고 한 것이다."

初六 : 无咎. ○ 象曰 : 剛柔之際, 義无咎也.

初六 : 허물이 없을 것이다. ○「象傳」: 剛과 柔가 交際하니, 義理에 있어 허물이 없는 것이다.

此 解之歸妹也 卦自臨來 ≪一之四≫ 移之爲解 以柔居剛 ≪初位陽≫ 不能無過 ≪下本坎≫ 今德稱位 ≪初今剛≫ 是 无咎也

臨 → 解 → 歸妹 ← 泰

이것은 解卦가 歸妹로 변하는 경우이다. 解卦는 臨卦로부터 왔는데 ≪[臨卦의] 1이 4로 감≫ 추이하여 解卦가 되면, 柔가 剛의 자리에 머무르니 ≪初位는 陽의 자리≫ 허물이 없을 수 없으나 ≪[解卦의] 下卦는 본래 坎≫ 지금 [爻變하여 歸妹卦가 되면] 그 지위에 걸맞은 德이 있으니 ≪[歸妹卦의] 初位에 지금 剛이 있음≫ 이것이 "无咎"가 되는 까닭이다.

○剛柔之際者 乾坤之交也 ≪歸妹自泰來≫ 兌則爲義 ≪西方卦≫ 義无咎也

○"剛柔之際"는 乾과 坤이 [서로] 교섭(交涉)하는 것을 말한다. ≪歸妹卦는 泰卦로부터 온 것≫ 兌는 곧 義가 되니 ≪兌는 서쪽을 상징하는 卦≫ "義无咎", 즉 "義理에 있어 허물이 없는 것"이다.

○學稼云 此所謂 存質也 ≪見要旨≫

○學稼가 말하였다. "이것이 이른바 存質이다." ≪[『周易四箋』의] 「讀易要旨」를 참조할 것[159]≫

---

159) 存質은 茶山이 讀易要旨 第三則에서 언급한 주역 해석의 원칙 중의 하나이다. 解卦 初六에서 '无咎'라고 말하고, 구체적인 사건을 전혀 언급하지 않고, 일반적인 경우에 포괄적으로 적용될 수 있는 占辭만을 적용한 것을 말한다.

九二 : 田獲三狐, 得黃矢. 貞吉. ○象曰 : 九二貞吉, 得中道也.

九二 : 사냥에서 세 마리의 여우를 잡고, 황금 화살을 얻을 것이다.[160] 일을 맡아서 처리하면 吉할 것이다. ○「象傳」 : 九二에서 “貞吉”이라고 한 것은 中道를 얻었기 때문이다.

此 解之豫也 卦自臨來 ≪一之四≫ 坎弓离戈 ≪二四离≫ 震之車馬以適坤田 ≪一之四≫ 田獵之卦也

臨 → 解 → 豫

이것은 解卦가 豫卦로 변하는 경우이다. 解卦는 臨卦로부터 왔는데 ≪[臨卦의] 1이 4로 감≫ 坎의 활과 离의 창과 ≪2·3·4位의 离≫ 震의 수레와 말[車馬]을 갖추고, 坤의 들판으로 가니 ≪[臨卦의] 1이 4로 간 것≫ 사냥의 卦이다.

卦又自小過來 ≪三之二≫ 兼畫之坎 ≪本大坎≫ 一大狐也 ≪荀九家云 坎爲狐≫ 移之爲解 兩坎又見 ≪上互坎≫ 二小狐也 ≪未濟 以坎 爲小狐≫ 合之爲三 ≪一與二≫ 射而獲之 ≪坎爲弓≫ 田獲三狐也 二爲卦主故 言其本象

160) 茶山은 아래서 달리 어떤 화살을 얻는 것이 아니고, 여우를 잡았으니 그 사용한 자신의 화살을 ‘잃어버리지 않았다(得)’는 뜻으로 해석하였다.

䷧ ䷽

解 ← 小過

解卦는 또한 小過卦로부터 왔다. ≪[小過卦의] 3이 2로 감≫ [小過卦는] 兼畫한 坎의 형태이니 ≪[解卦의 辟卦인 小過卦는] 본래 큰 坎의 형태≫ [그것은] 한 마리 큰 여우를 상징한다. ≪荀九家는 坎을 여우의 상징으로 간주함≫ [그런데 小過卦로부터] 추이하여 解卦가 되면, 두 개의 坎이 또 나타나니 ≪[解卦의] 上互卦가 坎≫ [그것은] 두 마리의 작은 여우를 상징한다. ≪未濟卦[의 爻詞]에서도 坎을 '小狐'[작은 여우]의 상징으로 간주함≫ [따라서 모두] 합치면 세 마리가 되는데 ≪[小過卦에서의] 처음 한 마리와 [解卦에서의] 다음의 두 마리≫ 활로 쏘아 그것을 잡으니 ≪坎은 활이 됨≫ [그것을 가리켜] "田獲三狐", 즉 "사냥하여 세 마리의 여우를 잡는다"라고 한 것이다. 九二가 卦主가 되므로 [變象인 豫卦의 象을 말하지 않고] 그 本象을 말한 것이다.

○坎弓之中 銜此一剛 ≪三之二≫ 非卽爲矢乎 陽之在中 其色爲黃 ≪子服惠伯云≫ 非卽黃矢乎 ≪坤 鼎 噬嗑 皆以陽在中 爲黃≫ 狐之不獲 我矢亦亡 ≪失[161]於林≫ 今狐旣獲 矢不在是乎

䷒ ䷧ ䷽

臨 → 解 ← 小過

○坎의 활 가운데 이 한 개의 剛이 물려져 있으니 ≪[小過卦의] 3이 2로 감≫ [이것이] 바로 '화살'이 아니고 무엇이겠는가? 陽이 가운데 있어서, 그 색깔이 黃色이 되니[162] ≪[『左傳』에서] 자복혜백(子服惠伯)이 그렇게 말

161) [校閱] "失於林"의 "失"이 奎章本에는 "矢"로 되어 있는데, 誤記이다.
162) 坤六五의 '黃裳元吉'을 참조할 것.

함[163]≫ [이것이] 바로 "黃矢"가 아니고 무엇이겠는가? ≪坤卦・鼎卦・噬嗑卦에서 모두 陽이 [陰으로 둘러싸인] 가운데 있는 것을 가리켜 '黃'이라고 함≫ 여우를 잡지 못한다면, 내 화살도 또한 잃어버리겠지만 ≪[화살을] 숲 속에 잃어버림≫ 지금 여우가 이미 포획되니, 화살이 바로 여기에 있는 것이 아니겠는가?

○本以大坎 ≪小過之兼畫≫ 移不失坎 ≪下今坎≫ 坎德貞固 ≪文言云≫ 幹事之吉也

臨 → 解 ← 小過

○[小過卦는] 본래 큰 坎의 형태이었는데 ≪小過卦를 兼畫하면 大坎[의 형태]≫ [小過卦로부터] 推移하여 [解卦가 되어도] 坎을 상실하지 않는다. ≪[解卦의] 下卦가 지금 坎≫ 坎이 곧고 굳음의 성질을 지니므로 ≪「文言」의 말≫ 일을 맡아 처리함에 길한 것이다.

○小過之時 艮徑迷矣 ≪下本艮≫ 移之爲坎 ≪三之二≫ 得中道也 ≪剛在中≫

○小過卦의 때에는 艮의 좁은 길(徑)에서 헤매었는데 ≪[小過卦의] 下卦가 본래 艮≫ [小過卦로부터] 추이하면, [解卦의 下卦가] 坎이 되므로 ≪[小過卦의] 3이 2로 감≫ "得中道", 즉 "中道를 얻은 것"이라고 한 것이다. ≪[解卦의 下卦에서] 剛이 가운데 자리함≫

○噬嗑九四 當參看 ≪得金矢≫

163) 남괴(南蒯)의 점괘에 대해, '子服惠伯'이 풀이하면서 "黃, 中之色"이라고 함(『四箋』 卷7, 28가; 文璇奎 譯, 『春秋左氏傳』 下, 명문당, 1987, 114면).

○噬嗑卦 九四의 경우를 마땅히 참조해 보아야 할 것이다. ≪"得金矢"라고 咸164)≫

六三 : 負且乘, 致寇至. 貞吝. ○象曰 : 負且乘, 亦可醜也, 自我致戎, 又誰咎也.

六三 : [小人이 등에 보따리를] 짊어지고서, 또 [君子의 수레에] 타니, 도적을 불러들이게 될 것이다. 일을 맡아 처리함에 있어 [그 잘못을 고치는 것에] 인색하다. ○「象傳」: [小人이 등에 보따리를] 짊어지고서 또 [君子의 수레에] 타는 행동이 또한 [분수에 맞지 않는 행동이니] 추하다고 할 수 있으며, 스스로 도적을 불러들인 격이니, 또 누구를 탓할 것인가?

此 解之恒也 卦自小過來 ≪三之二≫ 下艮小人也 移之爲解則兩剛之間 一陰介之 ≪三今柔≫ 上負震囊 ≪義見坤六四≫ 下乘坎輿 ≪三乘二≫ 負且乘也 坎則爲背 ≪肉在北≫ 可以負也 震則爲足 ≪雷水卦≫ 可以乘也

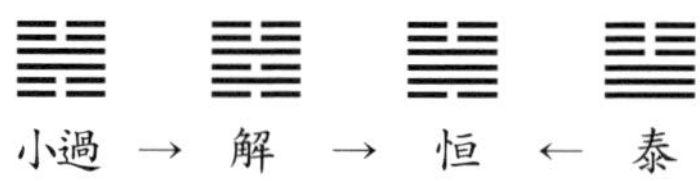

164) 噬嗑 九四에 "得金矢"라는 말이 나옴.

이것은 解卦가 恒卦로 변하는 경우이다. 解卦는 小過卦로부터 왔는데 ≪[小過卦의] 3이 2로 감≫ 下卦의 艮은 小人을 가리킨다. [小過卦로부터] 추이하여 解卦가 되면, 두 剛의 사이에 [小人을 상징하는] 陰 하나가 끼여 ≪[解卦의] 제3位가 지금 柔≫ 위로는 震의 보따리를 짊어지고 ≪震이 보따리가 되는 뜻은 坤卦 六四에 보임[165]≫ 아래로는 坎의 수레를 타니 ≪3이 제2位에 올라 있음≫ [이것을 가리켜] "負且乘", 즉 "짊어지고서, 또 수레에 타는 것"이라고 한 것이다. [解卦에서] 坎은 [北쪽에 해당하니, 사람에게 있어서는] 등(背)이 되니 ≪['背'字는 글자 그대로] '肉(=月)'이 '북쪽'에 있는 것을 가리킴[166]≫ [그 등으로써] 짊어질 수 있으며, 震은 곧 다리가 되니 ≪解는 雷와 水로 된 卦≫ [그 다리로써] 곧 수레를 탈 수 있는 것이다.

○三之旣變 其卦爲恒 ≪下今巽≫ 泰所移也 ≪一之四≫ 柔自外來 猝爲坎盜 ≪今[167]大坎≫ 致寇至也

解 → 恒 ← 泰

○[解卦의] 六三爻가 이미 변하니, 그 卦가 恒卦가 되는데 ≪[恒卦의] 下卦가 지금 巽≫ [恒卦는] 泰卦로부터 추이한 것이다. ≪[泰卦의] 1이 4로 간 것≫ [泰卦의 제4位에 있는] 柔가 밖에서부터 들어와서 갑자기 坎의 도적이 되니 ≪[恒卦의 1·2·3·4位가] 지금 큰 坎의 형태가 됨≫ [이것을 가리켜] "致寇至", 즉 "도둑을 불러들인다"라고 한 것이다.

---

165) 坤卦 六四에 '括囊無咎'라는 말이 나옴.

166) '등 背(배)'字는 '月'字에 '北'字가 합쳐진 글자이므로, 신체(月)의 뒤쪽, 즉 등을 가리킨다.

167) [校閱] 奎章本에는 "本大坎"으로 되어 있으나 新朝本과 國中本에는 "今大坎"으로 되어 있다. 지금 解卦의 六三이 爻變하여 된 恒卦가 大坎의 형상을 하고 있다는 것을 가리키므로, 後者가 옳다.

○爻之旣變 三雖得位 ≪三今剛≫ 初往四來 ≪自泰移≫ 皆失其位 ≪位不當≫ 其占 吝也 ≪不改過≫ 坎德本貞 ≪下本坎≫ 是 貞吝也 以之幹事 不能遄改也

小過 → 解 → 恒 ← 泰

○[解卦의 六三의] 爻가 이미 변하여, 제3位에서 비록 바른 자리를 얻었으나 ≪[恒卦에서] 제3位가 지금 剛≫ 初位의 剛이 가고 제4位의 柔가 들어옴에 ≪泰卦로부터 推移함≫ 모두 그 바른 자리를 상실하니 ≪[恒卦의 1과 4는] 그 자리가 합당하지 않음≫ 그 占이 '吝', 즉 '인색함'의 점이 되는 것이다. ≪[解卦의 初位가 柔이고, 제4位가 剛이어서 그 합당한 자리를 상실하였는데, 解卦 六三이 효변하여 恒卦가 되어도 그것이 고쳐지지 않았으므로] 잘못을 고치지 않은 것≫ 坎의 성질이 본래 일을 맡아 처리함에 있으니 ≪[解卦의] 下卦가 본래 坎≫ "貞吝", 즉 "일을 처리하더라도 [그 잘못을 고침에 있어] 인색하다"라고 한 것이다. 이처럼 [잘못을 고침에 인색하다면] 일을 [맡아] 처리함에 있어 [잘못을 알더라도] 빨리 고칠 수가 없다.

○醜 猶鄙也 無恥如此 人所鄙也 非三之故 ≪爻象 皆以三≫ 坎寇不至 自我致戎也

小過 → 解 → 恒 ← 泰

○"醜"는 '비루(鄙陋)하다'는 뜻이다. [잔뜩 짊어지고, 수레를 타니] 부끄러움을 모르는 것이 이와 같으니, 그 사람이 비루(鄙陋)한 것이다. [解卦의] 제3位에 있는 柔가 아니라면 ≪[등에 짊어지고, 수레를 타는] 爻象

은 모두 [解卦의] 제3位에 있는 유획(柔畫)으로 말미암은 것≫ 坎의 도적도 이르지 않을 것이니, [이것을 가리켜] "自我致戎", 즉 "스스로 도적(戎)을 불러들인 셈"이라고 한 것이다.

孔子曰 作易者 其知盜乎 易曰 負且乘 致寇至 負也者 小人之事也 ≪小過之下艮≫ 乘也者 君子之器也 ≪上震爲君子≫ 小人而乘君子之器 ≪艮小人 欲乘坎車≫ 盜思奪之矣 ≪陰自外來入 爲主≫ 上慢下暴 ≪震慢而坎暴≫ 盜思伐之矣 ≪震以聲其罪≫ 慢藏誨盜 ≪坤爲藏≫ 冶容誨淫 ≪离女冶其面≫ 易曰 負且乘 致寇至 盜之招也 ≪艮手以招之≫

小過 → 解 → 恒 ← 泰

孔子께서 [다음과 같이] 말씀하셨다. "易을 지은 사람은 도둑에 대하여 아는구나! 『周易』에 '등에 짊어지고, 또 수레를 타니, 도둑을 불러들인다'라고 하였으니, 짊어지는 것은 [곧] 小人의 일이며 ≪小過卦의 下卦는 艮[인데, 艮은 小人을 상징함]≫ 수레(乘)라고 한 것은 君子의 기물(器)을 가리킨 것이다. ≪[小過卦의] 上卦는 震[인데, 震은 君子를 상징함]≫ 小人이 분수에 넘치게, 君子의 器物인 수레를 타니 ≪艮의 小人이 坎의 수레를 타고자 욕심을 냄≫ 도적이 뺏을 생각을 하게 되는 것이다. ≪[泰卦에서 恒卦로 추이함에] 陰이 밖에서 들어와 主人이 됨≫ 위로는 거만하게 처신하고, 아래로는 난폭하게 대하니 ≪[解卦의] 上卦인 震은 거만함을 상징하며, 下卦인 坎은 난폭함을 상징함≫ 도적이 공략할 것을 생각하는 것이다. ≪震으로써 그 罪를 성토하는 셈≫ [집주인이] 곳간의 문단속을 게을리 하는 것(慢藏)은 도둑질하라고 가르쳐주는 격이며 ≪坤은 '藏', 즉 '감추는 것'이 된다.≫ [여자가] 용모(容貌)를 요란하게 꾸미는 것은 음란함을 불러들이는 격이다. ≪[解卦의 2·

3·4는 离인데] 离의 여자가 그 얼굴을 화장함≫ [그러므로] 『周易』에 이르기를, '負且乘, 致寇至', 즉 '[등에] 짊어지고서, 또 [수레에] 타는지라, 도적을 불러들이는 것'이라고 하였으니, [그것은 다른 사람이 아닌 자기 자신이] 스스로 도둑을 불러들인 것을 말한 것이다." ≪艮의 손으로 불러들인 것≫

○程子曰 陰柔 居下之上 非其據也 小人 居君子之位 非其所堪也 伐者 聲其罪也

䷧
解

○程子가 말하였다. "[解卦를 보면] 柔가 下卦의 윗자리(제3位)에 자리하니, …… 그 있을 자리가 아니다. …… 이렇듯 小人이 君子의 자리를 차지하고 있으니 감당하지 못하는 것이다. …… '伐'은 그 罪를 성토함을 뜻한다."

○案 小過之時 震之君子 乘此大坎之車 ≪兼畫坎≫ 艮之小人 效而乘之 ≪三之二≫ 逢此害也

䷽ ䷧
小過 → 解

○[案] [解卦의 辟卦인] 小過卦의 때에는 震의 君子가 이 大坎의 수레를 타고 있었는데 ≪[小過卦를] 겸획하면 坎≫ 艮의 小人이 이를 흉내내어 수레를 타니 ≪[小過卦의] 3이 2로 감≫ 이런 재난을 만나는 것이다.

恒爲大坎 ≪初五夾≫ 其象 盜也 上震爲慢者 剛在下也 ≪二陰壓一剛≫ 本以坤帛 ≪本四陰≫ 藏於室外 ≪小過四陰 皆在外≫ 所以盜也 ≪恒 亦陰在外≫ 亦以艮男 交於离女 ≪移之爲互离≫ 所以淫也 ≪非其配≫

小過 → 解 → 恒 ← 泰

[解卦의 六三爻가 효변하면, 恒卦가 되니] 恒卦는 [도적을 상징하는] 큰 坎의 형태로서 ≪1·2·3·4·5의 夾卦가 大坎≫ 그 象이 '도적'이다. [解卦의] 上卦인 震이 慢(거만함)을 뜻하는 것은 [陰이 위에 있고] 剛이 아래에 있는 형태를 취하고 있기 때문이다. ≪[震의 형태를 보면] 두 개의 陰이 陽 하나를 누르고 있음≫ 본래 坤의 비단을 ≪[小過卦에는] 본래 네 개의 陰이 있음≫ 방 밖에 감추어 두었으니 ≪小過卦에서 네 개의 陰이 모두 밖에 있음≫ 도둑을 맞게 되는 까닭이다. ≪恒卦에서도 역시 陰이 밖에 있음≫ 또 艮의 [젊은] 남자(少男)로서 [자기보다 年上인] 离의 여인(中女)과 [어울리지 않게] 교제함이니 ≪[小過卦로부터 推移하여 解卦로 되면, 2·3·4位가] 互离가 됨≫ [이것이] 음란함이 되는 까닭이다. ≪[少男인] 艮과 [中女인] 离는 그 올바른 배필이 아님≫

九四 : 解而拇, 朋至, 斯孚. ○ 象曰 : 解而拇, 未當位也.

九四 : [폐질(廢疾)에 걸린] 너(而)의 엄지발가락(拇)[의 각질(角質)]이 [이

제는 완쾌되어] 벗겨져 나갈 것이니, [폐질(廢疾)에 걸린 너를 멀리하던] 벗들도 와서, 이를 믿어 줄 것이다. ○「象傳」: "解而拇"(너의 엄지발가락이 벗겨져서 병세가 호전된 것)이나, 아직 그 지위에 합당한 것은 아니다.

此 解之師也 拇與蹞通 足之將指也 ≪見咸卦≫ 卦自臨來 ≪一之四≫ 大震足也 ≪兼畫三≫

臨 → 解 → 師

이것은 解卦가 師卦로 변하는 경우이다. '拇'字는 '蹞'字와 통용되는데, 발의 將指, 즉 '엄지발가락'을 가리킨다.[168] ≪咸卦에서도 나온다.≫ 解卦는 臨卦에서 나왔는데 ≪[臨卦의] 1이 4로 감≫ [臨卦는 큰 震의 형태이며] 큰 震은 다리를 상징한다. ≪[臨卦를] 겸획하여 三畫卦로 보면 大震이 됨≫

移之爲解 遂成坎痛 ≪上下坎≫ 足有疾也 四之旣變 病足遂滅 ≪上震亡≫ 解而拇也 ≪蹞在足之前≫ 而者 汝也 ≪如鹿角之解≫

臨 → 解 → 師

[臨卦로부터] 추이하여 解卦로 되면, 마침내 坎의 질병을 이루니 ≪[解卦의] 上互卦와 下卦가 坎≫ 다리에 병이 난 것이다. 解卦의 九四爻가 효변하여 [師卦로 됨에] 병에 걸린 다리가 드디어 없어지니 ≪[解卦에서는] 上互卦의 震이 있었으나 [師卦에서는] 없어짐≫ [이것을 가리켜] "解而拇", 즉

168) "무(拇)"는 일반적으로 '엄지손가락'이지만, 咸卦 初六의 "咸其拇"와 여기서는 '엄지발가락'의 뜻이라는 것.

"너의 엄지발가락이 떨어짐"이라고 한 것이다. ≪'拇'는 다리의 앞부분에 해당된다.[169]≫ "而"字는 '너(汝)'를 뜻한다. ≪[여기서 '解'字의 用例는] 예컨대 녹각(鹿角; 사슴뿔)이 떨어져 나간다'고 할 때의 '解'字와 마찬가지로 사용되었다.≫

○ 上今爲坤 ≪四爻動≫ 朋之至也 二五相應 ≪剛柔應≫ 朋至斯孚也

臨 → 解 → 師

○[師卦의] 上卦는 지금 坤이 되니 ≪[解卦의] 제4爻가 변동≫ 벗들이 이르는 것이다. [師卦에서] 제2位와 제5位가 서로 호응하니 ≪剛과 柔가 서로 호응함≫ [이것을 가리켜] "朋至斯孚", 즉 "벗들이 와서, 이에 믿어 줄 것"이라고 한 것이다.

○ 未當位者 本象也 ≪陽居四≫

○"未當位"라고 한 것은 [解卦의] 本象에 해당된다. ≪[解卦의 제4位에서 보면] 陽이 [陰이 있어야 할 자리인] 제4位에 있음≫

○ 筮而遇是者 凡有廢疾 雖長而宜去也

○ 占筮를 통해, 이 괘를 얻은 사람은 대개 폐질(廢疾)에 걸려, [그 앓고 있는 기간이] 비록 오래되었다고 하더라도, 그 병을 떨쳐버리게 될 것이다.

169) 위의 震이 없어지니, 다리의 앞부분인 '엄지발가락'이 떨어진다는 것.

六五 : 君子維有解, 吉. 有孚于小人. ○ 象曰 : 君子有解, 小人退也.

六五 : 君子가 묶였다가 풀려나게 될 것이니, 吉하다. 小人에게 믿음을 얻게 될 것이다. ○「象傳」: 君子가 풀려나게 되니, 小人은 물러갈 것이다.

此 解之困也 困自否來 ≪二之上≫ 否之時 君子在外 ≪乾在上≫ 不敢入內 有若維縶者 然 其維之者 巽繩也 ≪否互巽≫ 移之爲困 則 君子之最在外者 解還國中 ≪上之二≫ 維有解也

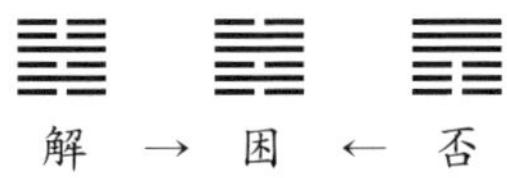

이것은 解卦가 困卦로 변하는 경우이다. 困卦는 否卦에서 나왔는데 ≪[否卦의] 2가 上으로 감≫ 否卦의 때에는 君子가 밖에 머무르고 ≪乾이 [否卦의] 上卦에 있음≫ 감히 안으로 들어가지 못하는 것이 마치 밧줄로 묶여서 붙들려 있는 듯 한데, 그 묶는 밧줄은 [다름 아닌] 巽의 밧줄이다. ≪否卦의 [3·4·5位의] 上互卦인 巽≫ 그런데 [否卦로부터] 추이하여 困卦가 되면, [否卦의 세 사람의] 君子 중에서 가장 바깥에 있던 사람이 풀려나서, 나라 안으로 돌아오니 ≪[否卦의] 上이 2로 감≫ [이것을 가리켜] "維有解", 즉 "묶였다가, 풀려나게 될 것"이라고 한 것이다.

困 雖剛揜之卦 卦德旣解 則六爻 皆取解釋之象 不以困爲拘也

困卦가 비록 剛이 [陰에 의해서] 둘러 쌓여 막힌 卦(剛揜之卦)[170] 이기는 하나, 본래 이 解卦의 성격(德)이 이미 '풀려남(解)'에 있으므로, 그 여섯 爻가 모두 해방(解放), 혹은 석방(釋放)의 象을 취하는 것이며, 여기서도 '之卦'인 困卦의 성격에 구애받지 않는 것이다.

○否移爲困 與艮相見 ≪否四 爲互艮≫ 仍以离孚 ≪下互离≫ 有孚于小人也 ≪艮小人≫

解 → 困 ← 否

○否卦로부터 추이하여 困卦가 되면, [君子가 小人을 상징하는] 艮과 서로 만나 ≪否卦의 제4位까지 互艮이 됨≫ 이에 离의 믿음으로써 서로 교감(孚)하니 ≪[困卦의] 下互卦가 [相見禮와 믿음을 상징하는] 离≫ [이것을 가리켜] "有孚于小人", 즉 "소인에게 믿음을 얻는다"라고 한 것이다. ≪艮은 小人이다.≫

○否三陰 小人也 其一黜外 ≪二之上≫ 小人退也

解 → 困 ← 否

○否卦에 있는 세 개의 陰은 小人을 가리키는데 [否卦로부터 困卦로 推移하게 되면] 그 [세 명의 小人들 중] 하나가 밖으로 축출(逐出)되므로 ≪[否卦의] 2가 上으로 감≫ "小人退", 즉 "소인이 물러간다"라고 한 것이다.

---

170) 剛揜: 困卦의 「彖傳」에 "困, 剛揜也"라고 함.

上六 : 公用射隼于高墉之上, 獲之, 无不利. ○ 象曰 : 公用射隼, 以解悖也.

上六 : 公이 높은 성벽 위에서 매를 쏘아 잡으니, 이롭지 않은 것이 없다. ○「象傳」: "公이 매를 쏘아 잡는 것(公用射隼)"은 [백성에게 해악(害惡)을 끼치던 자를 제거함으로써, 그] 패덕(悖德)으로부터 해방시킴을 가리킨 것이다.

此 解之未濟也 卦自小過來 ≪三之二≫ 小過者 飛鳥[171]也 ≪見本卦≫ 移之爲解 ≪三之二≫ 飛而獲雉 ≪移之爲互离≫ 其象 隼也 ≪鷂鷹屬≫

小過 → 解

이것은 解卦가 未濟卦로 변하는 경우이다. 解卦는 小過卦로부터 왔는데 ≪[小過卦의] 3이 2로 감≫ 小過卦는 날고 있는 새를 상징한다. ≪이 설명은 [小過卦의] 本卦에 나온다.≫ [小過卦로부터] 추이하여 解卦가 되면 ≪[小過卦의] 3이 2로 감≫ 그 새가 날아가서 꿩을 낚아채서 잡으니 ≪추이하면 解卦의 [2·3·4位에 꿩을 상징하는] 互卦의 离가 됨≫ 그 象이 매(隼)의 형상이다. ≪"준(隼)"은 매와 같은 맹금류에 속한다.≫

其變爲未濟 ≪上今离≫ 否之旣移 ≪五之二≫ 乾君彎弓 ≪三五坎≫

171) [校閱] 奎章本과 國中本에는 "飛鳥"로 되어 있으나 新朝本에는 "飛离"로 되어 있다. 前者가 더 적합하다.

一矢南飛 ≪五之二≫ 正中其翮 ≪离之剛≫ 則上离下离 ≪下互离≫ 忽見二禽 ≪离爲鳥≫ 斯何象也 隼之擊雉 與之爲一 ≪滾合而爲一≫ 旣射其隼 ≪五之二≫ 雉乃分飛 ≪分爲二≫ 高者爲雉[172] ≪上离雉≫ 落者隼也 ≪隼被箭而落≫ 公用射隼 非謂是乎

解→제6효변→ 未濟←推移← 否

解卦의 上六爻가 효변하면, 未濟卦가 된다. ≪[未濟卦의] 上卦는 지금 离≫ [그 未濟卦의 母卦인] 否卦가 [未濟卦로] 추이함에 ≪[否卦의] 5가 2로 감≫ 乾의 군주가 활을 당겨서 ≪未濟卦의 3·4·5位가 [활을 상징하는] 坎≫ 화살 하나를 남쪽으로 날려보내 ≪[否卦의] 5가 2로 감≫ 바로 그 [날개의] 깃촉(翮)에 적중시키면 ≪离에 있는 [두 개의] 剛≫ 위에도 离가 있고, 아래에도 离가 있어서 ≪[未濟卦의] 下互卦가 离≫ 홀연히 두 마리의 날짐승이 나타나게 된다. ≪离는 '새'가 됨≫ 이것은 어떤 象인가? 매가 꿩을 덮쳐, 더불어 하나가 되었다가 ≪뒤엉켜 한 덩어리가 됨≫ 이처럼 그 매를 활로 쏘아 맞추니 ≪[否卦의] 5가 2로 감≫ [잡혀 있던] 꿩이 이에 떨어져 날아가는 것인데 ≪그래서 나뉘어 둘이 됨≫ 높이 있는 놈은 꿩(雉)이 되고 ≪上卦인 离의 꿩≫ 떨어지는 놈은 매(隼)인 것이다. ≪매가 화살을 맞아서 떨어짐≫ "公用射隼", 즉 "公이 매를 쏘아 잡는 것"이란 이를 말하는 것이 아니겠는가?

离則爲墉 ≪見同人≫ 其位在上 ≪上爻動≫ 高墉之上也 ≪互巽 本爲高≫ 發而得中 ≪五之二[173]≫ 獲其禽也 卦象如此 何事不利

---

172) [校閱] 新朝本에는 "高者爲雉(上离雉)"라는 구절 위의 난외(欄外)에 解卦가 그려져 있고, 奎章本에는 未濟卦가 그려져 있다. 여하간 모두 통상 卦辭와 爻辭 위의 난외에 괘그림이 그려져 있는 이전의 사례와 다르다.

解→ 제6효변→ 未濟 ←推移← 否

离는 곧 담장이 되는데 ≪[离가 담장이 되는 例는] 同人卦에 설명이 나옴≫ 이 爻의 자리가 上位이니 ≪解卦의 上爻가 변동함[으로써 未濟卦가 됨]≫ "高墉之上(높은 담장 위)"인 것이다 ≪[否卦의 3·4·5位에 있는] 互巽은 본래 높음을 상징함≫ [화살을] 쏘아서 적중하니 ≪[否卦의] 5가 2로 가서 中位를 얻음≫ 그 짐승을 잡은 것이다. 卦의 象이 이와 같으니, 무슨 일인들 이롭지 않겠는가!

○悖者 亂也 隼之旣飛 ≪小過三之二≫ 乃擊离雉 ≪二四互[174]≫ 亂之道也 今射其隼 ≪五之二≫ 雉自釋難 ≪得分飛≫ 是 解悖也 ≪卽所云 解紛釋難≫ 卦德本解 故其占如此

小過→推移→解→ 제6효변 →未濟←推移← 否

○'패(悖)'는 '어지러움'을 뜻한다. 매가 날아가서 ≪小過卦의 3이 2로 가는 것≫ 离의 꿩을 덮치는 것은 ≪[解卦의] 2·3·4位의 互离≫ 패덕(悖德)한 짓인데, 지금 그 매를 쏘아 ≪[否卦의] 5가 2로 감≫ 꿩이 스스로 곤란함으로부터 석방되니 ≪매로부터 떨어져 날아 갈 수 있게 됨≫ 이것이 '解悖'의 뜻인 것이다. ≪즉 '얽힘을 풀고, 재난을 구원함[解紛釋難]'을 가리킨다.≫ 解卦의 성격이 본래 해방(解放)에 있으므로, 그 占이 이러한 것이다.

---

173) [校閱] 新朝本과 奎章本과 國中本에 모두 "二之五"라고 나오는데, 여기서는 화살을 발사하는 측면에서 말하는 것이니 당연히 "五之二"가 되어야 한다. 따라서 원문의 "二之五"를 "五之二"로 바꾸었다.

174) [校閱] 奎章本에는 "二四互"로 되어 있으나 奎章本에는 "二四离"로 되어 있다. 여기서는 前者를 따른다.

○ 筮而遇是 則霸主出兵 以救諸侯之難 必得解紛之功也

○ 점쳐서 [解卦 上六의] 이 경우를 얻는다면, 강력한 군주(霸主)는 군대를 동원하여, 제후의 어려움을 구원함으로써, 분란(紛亂)을 解決하는 功을 세울 것이 틀림없다.

孔子曰 隼者 禽也 弓矢者 器也 ≪坎爲弓銜矢≫ 射之者 人也 ≪乾爲人≫ 君子 ≪本上震≫ 藏器於身 ≪坤四陰以藏之≫ 待時而動 ≪一二三四五 非[175]時≫ 何不利之有 ≪發必中≫ 動而不括 ≪卦無艮手 不能掣≫ 是以 出而有獲 ≪出乎乾之中≫ 語成器而動者也

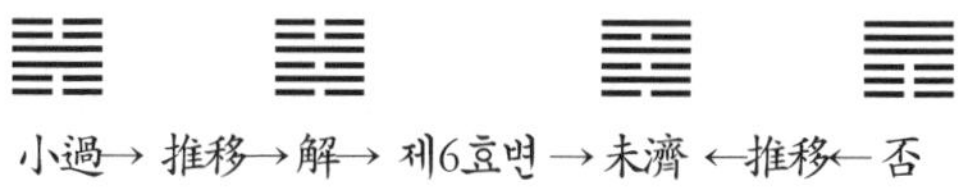

孔子께서 말씀하시기를, "매(隼)는 날짐승이며, 활과 화살은 武器이며 ≪坎[☵]은 그 모양이 활에 화살을 매겨 둔 듯하다.≫ 그것을 쏘는 것은 사람이다. ≪乾은 사람이 됨≫ 君子가 ≪[小過卦 혹은 解卦의] 上卦는 본래 震≫ 몸에 武器를 간직하여 ≪[小過卦에서] 坤[☷]에 해당하는 네 개의 陰으로써 간직함≫ [적절한] 때를 기다려 움직이니 ≪여기서 보면, [上位를 제외한] 1·2·3·4·5位는 모두 [적절한] 때가 아님≫ 어찌 불리함이 있겠는가! ≪쏘면, 반드시 적중함≫ 행동함에 있어 아무런 거리낌(括)이 없으니 ≪卦에 艮의 손이 없으니, 그를 제지할 수가 없음≫ 이런 까닭에 나아가서 획득하는 것이며 ≪乾의 가운데로부터 나옴≫ [『周易』의 이 구절은 君子가] 적절한 수단을 강구한 다음에 행동할 것을 말한 것이다."[176]

---

175) [校閱] 奎章本과 國中本에는 "非時"로 되어 있으나 新朝本에는 "時時"로 되어 있다. 前者가 옳다.

176) 「繫辭下傳」 5章(金碩鎭, 『周易傳義大全譯解』 下, 대유학당, 1996, 1430면).

○朱子曰 括 結礙也 ≪不括 言無所掣肘≫

○朱子가 말하였다. "['動而不括'의] '括'은 걸리고 막힘을 뜻한다." ≪'不括'은 붙잡고 말리는 것이 없음을 말한다.≫

○案 卦體之內 本有弓矢 ≪坎與[177]离≫ 藏器於身也 括 檢也 挈也

小過→推移→解→ 제6효변→未濟←推移←否

○[案] 解卦의 卦體 안에 본래부터 활과 화살이 있으므로 ≪[解卦에] 坎의 활과 离의 화살[178]이 있음≫ [이것을 가리켜] "藏器於身", 즉 "몸에 武器를 지닌다"라고 한 것이다. '괄(括)'은 '단속함(檢)'을 뜻하고, 또 '잡아 끄는 것(挈)'을 뜻한다.

177) [校閱] 奎章本과 國中本에는 "坎與离"로 되어 있으나 新朝本에는 "坎爲离"로 되어 있다. 다산은 "本有弓矢(坎與离)"라고 하였으므로, 解卦에 坎弓과 离矢가 있다는 뜻으로 본 것으로 보인다. 따라서 여기서는 前者를 따르기로 한다.

178) "本有弓矢(坎與离)"라고 하였으므로, 이것은 解卦에 坎弓과 离矢가 있음을 가리킨 것이다. 离가 矢가 된다는 것은 荀九家의 설이다. 그러나 다산은 离만 矢가 되는 것이 아니고, 易例에서는 일반적으로 陽畫을 모두 矢로 간주한다고 하였다.

周易四箋 戊辰本 卷之十四

41. 산택 손(山澤 損)

兌下艮上 ○ 第二十四卦之正 ≪泰三之上≫

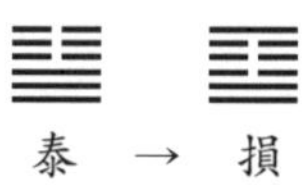

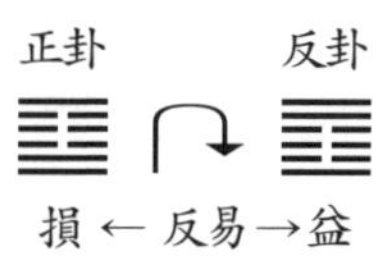

兌는 下卦이고, 艮은 上卦이다. ○ 第24卦의 正卦이다. ≪泰卦의 3이 上으로 간다.≫

雜卦傳曰 損益 盛衰之始也

「雜卦傳」에서 말하였다. "손(損)과 익(益)은 흥성(興盛)과 쇠퇴(衰退)의 시작이다."

○大傳曰 損 德之修也 ≪朱子曰 懲忿窒慾[1] 以修身≫ 損 先難而後易 ≪就難損者 先損之≫ 損以遠害

泰 → 損

○「大傳」에서 말하였다. "損은 德을 닦음이다. ≪朱子가 말하였다. "분한 마음을 삭이고, 욕심을 막음으로써, 修身하는 것이다."[2]≫ …… 덜어내는 것은 처음에는 어려우나, 나중에는 쉬우니 ≪덜기 어려운 것에 나아가서, 먼저 덜어내라는 말≫ …… 덜어냄으로써 해로움을 멀리하는 것이다."[3]

○程子曰 三 本剛而成柔 上 本柔而成剛 ≪又 下兌 三變也 上艮上變也≫

○程子가 말하였다. "[泰卦의] 제3位는 본래 剛이었는데, [損卦로 되면서] 柔로 되었고, [泰卦의] 上位는 본래 柔였는데, [損卦로 되면서] 剛으로 되었다." ≪또 [程子가 말하였다.] "[損卦의] 下卦에 있는 兌는 제3位가 변한 것이고, [損卦의] 上卦에 있는 艮은 上位가 變한 것이다."≫

○朱子曰 損下之陽 益上之陰

○朱子가 말하였다. "[損卦는 泰卦의] 아래에 [제3位에] 있는 陽을

1) [校閱] 奎章本과 國中本에는 "慾"을 되어 있으나 新朝本에는 "欲"으로 되어 있다.
2) 『備旨具解原本周易』, 朝鮮圖書株式會社, 1982, 1105면.
3) 『繫辭下傳』의 제7장에 나오는 말이다.

덜어서, 위의 陰에 보탠 것이다."

○鏞案 卦自泰來 下卦太實 ≪乾三陽≫ 上卦太虛 ≪坤三陰≫ 故損下而益上也 乾則爲君 ≪說卦文≫ 坤其民也 ≪虞氏云≫ 損益二卦皆損君之富 ≪損乾陽≫ 以益其民 ≪益於坤≫ 然 卦體 以內爲我 ≪外爲敵≫ 損我益彼 則謂之損 ≪損我陽≫ 損彼益我 ≪益下坤≫ 則謂之益也 荀爽 九家易 及蜀才 虞翻 皆云 卦自泰來

泰 → 損　　　　益 ← 否

○[鏞案] 損卦는 泰卦로부터 왔는데, [泰卦의] 下卦는 지나치게 꽉 차있고 ≪[泰卦에 있는] 乾의 세 개의 陽≫ [泰卦의] 上卦는 지나치게 비어 있다 ≪[泰卦에 있는] 坤의 세 개의 陰≫ 그러므로 아래를 덜어서 위에 보태는 것이다. 乾은 곧 君主가 되고 ≪「說卦傳」의 글≫ 坤은 그 백성이 되니 ≪우번(虞翻)이 [그렇게] 말함≫ 損卦와 益卦의 두 卦는 모두 君主의 富를 덜어서 ≪乾의 陽을 덜어냄≫ 그 백성들을 돕는다[는 점에서 같다]. ≪坤[의 백성]에게 보탬≫ 그런데 [重卦의] 卦體에서, 內卦를 나(我)로 삼으니 ≪外卦는 상대방[敵]이 됨≫ [그 內卦를 중심으로 보면, 君主인] 나의 것을 덜어서, 상대방에게 보태어 주면 [그것을 곧] '損'이라고 하며 ≪나의 陽을 덜어냄≫ [外卦의 君主인] 상대방의 것을 덜어서 [內卦의 백성인] 나에게 보태면 ≪下卦의 坤에 보탬≫ [그것을 곧] '益'이라고 하는 것이다.[4] 순상(荀爽) 등의 九家易 및 촉재(蜀才)와 우번(虞翻)의 易에서 모두 "損卦는 泰卦로부터 왔다"라고 하였다.

4) 損卦나 益卦가 모두 임금이 백성에게 베푸는 것인데, 損이란 임금의 입장(內卦)에서 하는 말이고, 益은 받는 백성의 입장(內卦)에서 하는 말이라는 것.

○又按 益之震春 ≪益下震≫ 物盛之始也 損之兌秋 ≪損下兌≫ 物衰之始也 蔡董二家 以損爲盛 非矣 ≪蔡淵 董眞卿≫

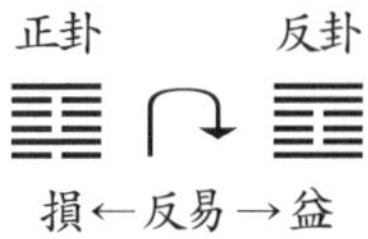

○[又按] 益卦의 [下卦에 있는] 震의 봄은 ≪益卦의 下卦는 震≫ 만물이 풍성하게 되는 시작이며, 損卦의 [下卦에 있는] 兌의 가을은 ≪損卦의 下卦는 兌≫ 만물이 쇠퇴하는 시작이다. 蔡氏와 董氏 두 사람은 損을 성대함[의 시작]으로 보았는데, [그것은] 잘못이다.[5] ≪[蔡氏는] 채연(蔡淵)[6]을 가리키고, [董氏는] 동진경(董眞卿)[7]을 가리킴.≫

損, 有孚, 元吉, 无咎, 可貞, 利有攸往, 曷之用. 二簋可用享.

[君主가 자신의 富를] 덜어내어 [백성을 돕는다면 백성들이 군주에게]

5) 蔡氏와 董氏의 말은, 「雜卦傳」에서 '盛衰之始'라고 했는데, 이 損卦가 그 '盛之始'에 해당하고, 益卦가 '衰之始'에 해당한다는 뜻이다.

6) 채연(蔡淵, 1156~1236) : 字는 伯靜, 號는 節齋, 남송 때 경학가로 벼슬길에 나아가지 않고, 학문과 講學에 힘썼다. 蔡元定의 長子로 家學을 계승하였으며, 주희에게 수학하였다. 특히, 『周易』 연구에 몰두하였고, 象數學과 義理學을 종합하려는 입장을 취하였다. 저술로 『易象意言』·『周易經傳訓解』·『卦爻辭旨』·『餘論』·『論孟思問』 등이 있다(최석기, 『中國經學家事典』, 경인문화사, 2002, 235면).

7) 동진경(董眞卿) : 字는 季眞, 송말 원초의 경학가로, 董鼎의 아들이며, 胡一桂(1247~?)에게 배웠다. 저술로 『周易會通』이 있는데, 胡一桂의 『易纂疏』를 근본으로 하고, 諸家의 說을 널리 수집하여, 象數學·義理學을 모두 수용한 책이다(최석기, 위의 책, 41면).

믿음을 가질 것이니, 君主가 吉할 것이고, 허물이 없을 것이며, 일을 맡아 처리할 수 있을 것이며, 가는 곳에 이로움이 있을 것이다. 어떻게 써서 [제사를] 지낼 것인가? 두 그릇의 궤(簋)로도 제사를 지낼 수 있을 것이다.

此 損之不變者也 卦有大离 ≪二六夾≫ 离則爲信 ≪虛中故≫ 六位皆應 ≪三之上≫ 損有孚也 ≪損下 故有孚≫

泰 → 損

이것은 損卦가 변하지 않는 경우이다. 損卦에는 큰 离가 있는데 ≪2·3·4·5·6位의 夾卦[는 大离의 형태로서 믿음을 상징함]≫ 离는 곧 信義가 되고 ≪[离는 속이 비어, 마치 마음을] 비운 것과 같기 때문≫ [損卦의 初位와 제4位, 제2位와 제5位, 제3位와 上位가 모두 相應하니] 여섯 자리가 모두 [서로] 相應하는 까닭에 ≪[泰卦의] 3이 上으로 감[으로써, 6位가 모두 相應하게 됨]≫ "損有孚", 즉 "덜어냄에 믿음이 있다"라고 말한 것이다. ≪아래를 덜어내는 까닭에 '有孚'라고 함≫

○卦自泰來 ≪三之上≫ 乾君損富 以益坤民 君道之吉也 本由震始 ≪復而泰≫ 善之長也 以卦位則 損下而益上也 以卦象則 損君而益民也 損君益民故 其占元吉

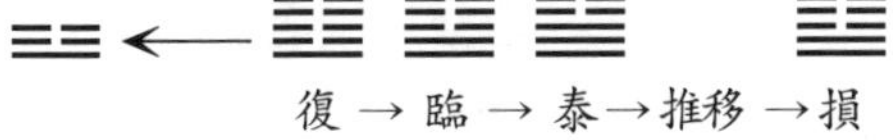

復 → 臨 → 泰 → 推移 → 損

○損卦는 泰卦로부터 왔는데 ≪[泰卦의] 3이 上으로 감≫ [泰卦의 下卦

에 있던] 乾의 君主가 자신의 財富를 덜어내어, 坤의 백성을 도우니, 君主의 道가 吉함이다. [泰卦는] 본래 [復卦로부터 推移하여 점차적으로 진행된 것으로서] 震으로부터 말미암아 시작된 것이므로 ≪復卦에서 [臨卦를 거쳐서] 泰卦로 진행됨≫ "善之長", 즉 '善한 우두머리'이라고 말한 것이다. 卦位로써 본다면, 아래를 덜어서, 위를 보태는 것이며, 卦象으로써 본다면, 君主의 것을 덜어서, 백성을 돕는 것이다. 군주의 것을 덜어서, 백성들에게 보태므로, 그 占이 [君主에게 길한] "元吉"의 占이 되는 것이다.

○泰之爲卦 以陰乘陽 ≪上三陰≫ 移之爲損 ≪三之上≫ 剛乃上升 是 无咎也 ≪善補過≫

泰 → 損

○泰卦라는 卦는 陰으로써 陽에 올라타고 있는 형태를 취하고 있는데 ≪[泰卦의] 위에 세 개의 陰이 있음≫ [泰卦가] 추이하여 損卦가 되면 ≪[泰卦의] 3이 上으로 감≫ 剛이 곧 上位로 상승하니, 이것을 [가리켜] "无咎", 즉 "허물이 없다"라고 한 것이다. ≪잘못을 잘 고침≫

○震以始之 ≪復而泰≫ 致役乎坤 ≪說卦文≫ 成終乎艮 ≪說卦文≫ 可幹事也 ≪事曰 貞≫

復 → 臨 → 泰

○震으로써 시작하고 ≪復卦에서 [臨卦를 거쳐] 泰卦로 진행[되는데, 復卦의

下卦가 震]≫ 坤에서 힘써 일하며 ≪「說卦傳」에 나오는 말≫ 艮에서 終結을 이루는 것인데 ≪「說卦傳」의 글≫ [損卦에는 震과 坤과 艮의 象이 모두 있으므로] 일을 맡아 처리할 수 있는 것이다. ≪일을 [주간(主幹)함을] 가리켜 '貞'이라고 한다.[8]≫

○剛往益民 ≪三之上≫ 坤民來附 ≪上之三≫ 利有攸往也 ≪下兌利≫

泰 → 損

○剛이 [위로] 나아가서 백성을 도우니 ≪[泰卦의] 3이 上으로 감≫ 坤의 백성도 와서 따르는지라 ≪[泰卦의] 上이 3으로 감≫ "利有攸往"이라고 말한 것이다. ≪[損卦의] 下卦에 있는 兌는 이로움을 뜻함≫

○艮廟之下 ≪艮爲鬼≫ 兌食陳饋 ≪食音飼≫ 离誠中虛 ≪上大离≫ 坤養乃備 ≪上互坤≫ 祭享之卦也 震以黍稷 ≪震爲稼≫ 兼爲竹器 ≪蒼筤塞其下≫ 其象簋也 ≪黍稷器≫

泰 → 損

○[損卦를 보면] 艮의 사당(廟) 아래에 ≪艮은 '鬼'가 됨≫ 兌의 음식이 베풀어져 있고 ≪여기 '食'의 발음은 '사'이다.≫ 离의 정성으로 마음을 비우고 ≪[損卦는] 윗부분이 큰 离의 형태≫ 坤으로써 養育함이 이에 갖추어지니 ≪[損卦의] 上互卦가 坤≫ 제사드리는 것을 상징하는 卦이다. 震은 기장(黍

8) "可貞"을 "可幹事"로 풀이한 것이다.

稷[9])이면서 ≪震은 농사 혹은 곡물[稼]을 상징함≫ [아울러] 대나무 그릇을 아울러 상징하니 ≪[震은] 푸른 대나무 바구니의 아래를 막은 형태≫ 그 象이 [祭器인] 궤(簋)의 모습이다. ≪[궤(簋)는] 기장을 담는 그릇≫

泰 三陽之漸進也 每得一震 ≪自復臨≫ 以成一陽 ≪義見乾之象≫ 是三簋也 ≪一震 爲一簋≫ 今損其一 ≪三之上≫ 二簋而用享也 ≪下二陽≫

坤 → 復 → 臨 → 泰 → 損

泰卦는 [復卦로부터] 세 개의 陽이 점차로 나아온 것으로서, 매번 한 개의 震을 얻어서 ≪復卦에서 臨卦를 [거쳐 泰卦가] 됨≫ 그 陽 하나를 이루니 ≪이 뜻은 乾卦의 「象辭」에 자세히 보임≫ 이것이 [곧] "三簋", 즉 '세 개의 [제기(祭器)그릇] 簋'이다. ≪한 개의 震이 한 개의 '簋'가 됨≫ 지금 [泰卦에서 損卦로 추이하면서] 그 하나를 덜어내니 ≪[泰卦의] 3이 上으로 감≫ 두 그릇의 궤(簋)[의 제기(祭器)]로도 제사를 지낼 수 있는 것이다. ≪[損卦의] 下卦에 있는 두 개의 陽≫

曷之用者 問辭也 節用以省費 ≪艮爲節≫ 不加賦而國用足 ≪上坤國≫ 損之義也 禮 莫重於祭祀 而尙可節損則 餘者可知 此所謂先難而後易也 ≪大傳文≫

"曷之用"은 의문문(問辭)의 형태이다. 쓰임새를 아껴서, 비용(費用)을 절약하고 ≪艮은 절약함의 뜻이 됨≫ 조세(租稅)를 더 부과(附課)하지 않아도, 국가의 용도(用度)에 부족하지 않으니 ≪위에 있는 [損卦의 上互卦인] 坤의 나라≫ [이것이] 損卦의 본래 뜻이다. 禮로서는 제사보다 더 중요한 禮가

---

9) 黍稷 : 기장, 혹은 五穀의 神을 가리킨다.

없는데 만약 [그처럼 중요한 禮를] 오히려 절약하여, 검소하게 치른다면, 다른 나머지 것들은 어떨지 짐작할 수 있다. 이것이 이른바 "先難而後易", 즉 "먼저 힘들어도, 나중에는 쉽게 됨"의 뜻인 것이다. ≪「계사전(繫辭傳)」의 글≫

○案 禮 大牢 八簋六簋 少牢 四簋 特牲 二簋 ≪特豚 亦二簋≫ 又 周八簋 殷六瑚 夏四璉[10] 虞兩敦 ≪明堂位≫ 二簋者 黍稷而已 其物最薄 損之時義也

○[案] 禮法에 태뢰(太牢)[11]에는 여덟 그릇의 궤(簋)나 여섯 그릇의 궤(簋)를 사용하고, 소뢰(少牢)[12]에는 네 그릇의 궤(簋)를 사용하고, 특생(特牲)[13]에는 두 그릇의 궤(簋)를 사용한다. ≪특돈(特豚)[14]에도 역시 두 그릇의 궤를 사용함≫ 또 周나라에서는 여덟 그릇의 궤를 사용하였고, 殷나라에서는 여섯 그릇의 호(瑚)를 사용하였으며, 夏나라에서는 네 그릇의 련(璉)을 사용하였고, 유우씨(有虞氏)는 두 그릇의 대(敦)[15]를 사용했다. ≪『禮記』「明堂位」에 나오는 말≫ [以上의 설명에서 드러나듯이] '二簋'는 기장(黍稷)[을 담는 祭器]에 불과하니, 祭祀에 쓰는 물건으로서는 가장 간소한 것이니, 절약을 때에 맞게 하려는 취지인 것이다.

---

10) [校閱] 新朝本과 奎章本과 國中本에 모두 "殷六璉, 夏四瑚"이라 나오는데, 『禮記』의 원문에는 "夏后氏之四璉, 殷六瑚"로 나온다. 따라서 여기서는 "殷六瑚, 夏四璉"으로 고쳤다.

11) 태뢰(太牢) : 소·양·돼지의 세 가지 희생을 갖추어놓고 지내는 큰 제사.

12) 소뢰(少牢) : 양과 돼지만을 갖추고, 소는 쓰지 않는 太牢보다 규모가 작은 제사로서, 諸侯·大夫에 의해 거행된다.

13) 특생(特牲) : 특(特)이란 아직 암소를 갖지 않은 숫소, 즉, 송아지를 가리킨다. 따라서 특생(特牲)은 그 송아지를 써서 드리는 제사를 의미한다. 천자가 거행하는 교(郊) 제사에 특생(特牲)을 사용한다. 『禮記』에 「郊特牲」篇이 있다.

14) 특돈(特豚) : 한 마리의 돼지, 特은 한 개, 또는 혼자 등의 뜻을 지닌다(吳江原 譯註, 『儀禮』 卷1, 청계, 2000, 166면).

15) 대(敦) : 이 경우는 도타울 '돈'字가 아니라, 祭器 '대'로 읽어야 한다. '敦'은 黍稷(서직)을 담는 옛날의 祭器의 명칭이다.

○又按 家語 孔子讀易 至損益 喟然而歎 曰 自損者 益 自益者 缺[16)]≪答子夏≫ 又 淮南子 亦有斯語[17)] ≪孔子 讀損益 而歎曰 或欲利之 適足以害之 或欲害之 適足以利之 利害禍福之門 不可不察≫

○[又按] 『孔子家語』「六本」편에서 "孔子께서 『周易』을 읽다가, 損卦와 益卦에 이르자, 탄식(歎息)하면서 말하기를, '스스로 손해보려는 자는 이익을 보고, 스스로 이익을 취하려는 자는 손해를 본다'라고 하였다.[18)] ≪[孔子가] 자하(子夏)에게 대답한 말≫ 또 『淮南子』「人間訓」에도 역시 이러한 말이 있다. ≪[『淮南子』「人間訓」에서 말하였다.] "孔子께서 損卦와 益卦를 읽다가, 탄식하면서 말하기를, ……"혹 이롭게 하고자 한 것이 마침내 해를 끼칠 수도 있고, 혹 해를 끼치고자 한 것이 도리어 이롭게 되는 수가 있으니, 이해(利害)와 화복(禍福)의 門은 잘 살피지 않을 수 없다."[19)]라고 하였다.≫

彖曰 : 損, 損下益上, 其道上行, 損而有孚元吉无咎可貞利有攸往, 曷之用, 二簋可用享, 二簋應有時, 損剛益柔, 有時, 損益盈虛, 與時偕行.

「彖傳」: 損은 아래를 덜어서 위를 보태니, 그 道가 위로 행해지는 것이다. 이렇게 덜어내니, "有孚, 元吉, 无咎, 可貞, 利有攸往"이라고 한

---

16) [校閱] 『孔子家語』의 통행본에는 '缺'字가 '決'字로 나온다.

17) [校閱] 新朝本과 國中本에는 "語"로 되어 있으나 奎章本에는 "言"으로 되어 있다. 여기서는 前者를 따른다.

18) 『孔子家語』「六本」에 나오는 구절로서, 원문에서 축약된 문장이다. 原文은 다음과 같다. "孔子讀易, 至於損益, 喟然而嘆, 子夏避席問曰, 夫子何歎焉, 孔子曰, 夫自損者必有益之, 自益者必有決之(공자가 『周易』을 읽다가, 損卦와 益卦에 이르자, 슬피 탄식하였다. 이것을 보고, 자하(子夏)가 자리를 피하면서 물었다. "선생님께서는 왜 탄식하십니까?" 공자가 말했다. "대개 스스로 덜려고 하는 자에게는 반드시 유익함이 오는 것이고, 스스로 더하려고 하는 자에게는 손해가 있게 되는 법이다. 나는 이것을 보고 탄식하는 것이다)."(이민수 역, 『孔子家語』, 을유문화사, 2003, 184면)

19) 『淮南子』 卷18 「人間訓」에 나오는 말이다. 즉, 原文은 다산의 인용구와 약간 다르다. 즉, "孔子讀易至損益, 未嘗不憤然而歎, 曰, 損益者, 其王子之事與! 事或欲以利之, 適足以害之, 或欲害之, 乃反以利之, 利害之反, 禍福之門戶, 不可不察也"라고 함.

것이다. “曷之用, 二簋可用享”이라고 한 것은 두 그릇의 궤(簋)가 마땅히 그 [맞는] 때가 있는 것을 말한 것이다. 剛을 덜어서 柔에 보태는 것은 [알맞은] 때가 있으니, 덜고 보태며, 채우고 비우는 것을 [그 적절한] 때에 맞추어 함께 하여야 한다.

震剛躋上 ≪三之上≫ 道上行也 ≪震爲道≫

泰 → 損

[泰卦의 3·4·5는 震인데] 震의 剛이 위로 올라가므로 ≪[泰卦의] 3이 上으로 감≫ “道上行”, 즉 “道가 위로 행해짐”이라고 한 것이다. ≪震은 道가 된다.≫

○應有時者 謂四時之中 唯春祭 宜然也 據禮 春祭曰 礿 ≪王制 明堂位 祭統≫ 礿者 禴也 ≪義相通≫ 酌損之意也 ≪又 瀹菜 曰禴≫

○“應有時”, 즉 “마땅히 적절한 때가 있다”라고 한 것은 [이궤(二簋)의 祭器가 春·夏·秋·冬의 사계절 중에] 오직 봄철의 제사에만 맞다는 뜻이다. 『禮記』에 따르면 봄철 제사를 ‘약(礿)’제사라고 하는데 ≪「王制」의 「明堂位」 「祭統」에 나온다.≫ ‘약(礿)’은 ‘약(禴)’의 뜻이니 ≪뜻이 서로 통함≫ [따라서 이 제사의 意義는] “작손(酌損)”,[20] 즉 “퍼내어 [검소(儉素)하게] 줄임”에 있다. ≪또한 ‘약채(瀹菜)’, 즉 나물을 삶아 지내는 제사를 ‘약(禴)’제사라고 한다.≫

20) 酌損 : 損初九의 爻辭에 “已事, 遄往, 无咎, 酌損之”라고 하였다.

月	1	2	3	4	5	6	7	8	9	10	11	12
卦名	泰	大壯	夬	乾	姤	遯	否	觀	剝	坤	復	臨
卦象	䷊	䷡	䷪	䷀	䷫	䷠	䷋	䷓	䷖	䷁	䷗	䷒
地支	寅	卯	辰	巳	午	未	申	酉	戌	亥	子	丑
	夏正										周正	殷正

春 物未盛 舊穀將盡 《麥未登》 而先王之法[21] 胎卵不殀[22] 萌芽不折 四時之中 唯春祭最薄 《見禮疏》 古之義也 泰之三陽 建寅之月也 《在周 爲季春》 於是爲春 故曰 應有時也

봄이 되어 만물이 아직 성숙하지 못하고, 지난 해 곡식은 곧 다 떨어지게 된 상황이다. 《이때 보리는 아직 여물지 않음》 [그러나] 先王의 법도(法度)에 따른다면, 어린 새끼는 죽이지 않고, 새 싹은 꺾지 않는 법이다. 사계절[의 제사] 중에서 봄철 제사가 가장 간소하니 《『禮記』의 注疏에 나옴》 [이처럼 봄 제사를 간소하게 지내는 것은] 옛날부터 내려온 [先王의] 義理이다. [한편 이 損卦의 母卦인] 泰卦에는 세 개의 陽이 있으니, [泰卦는 月曆으로는] '建寅'의 달에 해당된다. 《周나라 달력으로는 늦봄에 해당됨》 계절적으로 봄에 해당하므로, "應有時"라고 한 것이다.

○ 二簋之用 非春不可則 知王者 損益之政 皆有時宜 文質互救 寬猛相濟 皆有時也 盈 不至於三陽 《泰下乾》 不宜損之 虛不至於三陰 《泰上坤》 不宜益之 此所謂 與時偕行也

䷊ → ䷨

泰 → 損

21) [校閱] 奎章本에는 "先王之法"의 "法"이 "德"으로 되어 있다.
22) [校閱] 奎章本에는 "胎卵不殀"의 "殀"가 誤記되어 있다.

○두 그릇의 궤(簋)[의 祭器]를 사용하는 것은 봄철이 아니면 옳지 아니하니, 임금이 덜어내거나 보태는 政事를 베풂에도 모두 시의적절(時宜適切)함이 있어야 하며, 문화와 질박함이 서로 보완함이 되고, 관대함과 엄격함이 적절히 조절됨에 있어서도 [역시] 모두 [알맞은] 때가 있다는 것을 알 수 있다. [卦象으로써 본다면] 가득하여도, 세 개의 陽에 이를 정도로 가득히 차지 않는다면 ≪泰卦의 下卦는 乾≫ 덜어내는 것은 마땅하지 않으며, 비어 있더라도 세 개의 陰에 이를 정도로 비지 않는다면 ≪泰卦의 上卦는 坤≫ 보태는 것이 마땅하지 않으니, 이것이 이른바 "與時偕行", 즉 "적절한 때에 맞추어 행함"의 뜻이다.

䷨

初九 : 已[23]事, 遄往, 无咎, 酌損之. ○象曰 : 已事, 遄往, 尙合志也.

初九 : 이미 일을 끝마쳤으니, [미적거리지 말고] 빨리 떠나가야만, 허물이 없을 것이다. [술을 한 잔씩 덜어내듯이 상황을 잘 참작하여] 퍼서, 덜어내야 할 것이다. ○「象傳」: "이사천왕(已事遄往)"이라고 한 것은 위로 [올라]가서, 뜻을 합치는 것을 말한 것이다.

此 損之蒙也 已者 止也 ≪終則止≫ 已事者 了[24]事也

---

23) [校閱] 新朝本에는 "이(已)"가 "기(己)"로 되어 있는데, 誤記이다.
24) [校閱] 奎章本에는 "료(了)"가 "자(子)"로 되어 있는데, 誤記이다.

損 → 蒙

이것은 損卦가 蒙卦로 변하는 경우이다. “已”는 ‘멈춘다’는 뜻이다. ≪종결되면 멈추게 된다.≫ “已事”는 [하던 일을 멈추는 것이 아니라] 일을 完了하여 마치는 것이다.

蒙自臨來 ≪一之上≫ 臨之兩剛 是 本臨民之君子也 ≪本皆震≫ 移之爲蒙 ≪一之上≫ 則勞乎坎事 ≪下今坎≫ 功以艮終 ≪上今艮≫ 已竣事也 ≪事已成≫ 臨之初剛 浩然長往 ≪一之上≫ 止于坤國之外 ≪艮止也≫ 已事而遄往也 ≪遄 疾也≫

損 → 蒙 ← 臨

蒙卦는 臨卦에서 왔는데 ≪[臨卦의] 1이 上으로 감≫ 臨卦에 있는 두 개의 剛은 본래 백성들을 다스리는 君子를 상징한다. ≪[臨卦에 있는 두 개의 剛은] 본래 모두 震≫ [臨卦로부터] 추이하여 蒙卦가 되면 ≪[臨卦의] 1이 上으로 감≫ [그 군자가] 坎의 事業을 하느라고 勞動하고 ≪[蒙卦의] 下卦는 지금 坎≫ 자신의 직무(職務)를 艮으로써 마치니 ≪[蒙卦의] 上卦는 지금 艮≫ 이미 事業을 [끝내서] 준공(竣工)한 것이다 ≪事業이 이미 완성됨≫ 臨卦의 初位에 있는 剛이 호연지기(浩然之氣)를 품고, 장도(長途)에 올라 ≪[臨卦의] 1이 上으로 감≫ 坤의 나라 밖에 머물고 있으니 ≪艮은 멈춤[止]을 뜻함≫ [이것은] “已事[而]遄往”, 즉 “이미 사업을 끝마치고, 빨리 떠나간 것”에 해당된다. ≪‘遄’은 ‘빠름’을 뜻한다.≫

君子之義 爲國效勞 以正坤民 ≪坎以正≫ 功成身退 ≪退字 本從[25] 艮≫ 不少留淹 遄往之義也

君子의 義理는 나라를 위해 勞役을 바침으로써, 坤의 백성을 바르게 통치하는 데 있으나 ≪坎으로써 바르게 통치함≫ [일단] 功이 이루어지면, 자신은 물러나서 ≪退字가 본래 艮字에 의거해 있음≫ 잠시라도 [그 자리나 명예에] 머물지 않으니, [이것이 바로] "遄往(빨리 떠나감)"의 뜻이다.

○臨之時 兌陰乘剛 ≪臨下兌≫ 蒙乃剛升 ≪一之上≫ 是 无咎也 損本下兌 今坎中剛 亦无咎也

損 → 蒙 ← 臨

○臨卦의 때에는 兌의 陰이 [위태롭게도] 剛의 위에 올라타고 있었는데 ≪臨卦의 下卦는 兌≫ [推移하여] 蒙卦로 되면, 이에 剛이 상승하니 ≪[臨卦의] 1이 上으로 감≫ 이것이 "无咎", 즉 "허물이 없음"이 되는 까닭이다. 損卦에서는 본래 下卦가 兌이었는데, 지금 [蒙卦의 下卦인] 坎의 가운데 剛이 있으니 [이것도] 역시 "无咎"가 되는 까닭이다.

○下坎 酒也 ≪虞氏云≫ 蒙自臨來 ≪一之上≫ 大震之樽 ≪坎六四亦震爲樽≫ 艮以挹之 ≪艮爲手≫ 損其坎酒 ≪損一剛≫ 酌損之也 ≪酌挹也≫

損 → 蒙 ← 臨

25) [校閱] 奎章本에는 "從"이 "以"로 되어 있다.

○[蒙卦의] 下卦는 坎인데, 술을 상징한다. ≪虞翻의 설≫ 蒙卦는 臨卦로부터 왔으니 ≪[臨卦의] 1이 上으로 감≫ [臨卦는 大震의 형태로서] 큰 震의 술통을 상징한다. ≪坎卦의 六四爻에서도 [그 辟卦인 臨卦가 큰 震인데] 역시 震을 술통으로 간주함≫ 艮으로써 [그 술통의 술을] 퍼내어 ≪[蒙卦의 上卦인] 艮은 손이 됨≫ 그 坎의 술을 덜어내니 ≪剛 하나를 감함≫ [이것을 가리켜] "酌損之", 즉 "퍼서 덜어낸다"라고 한 것이다. ≪여기서 '酌'은 [따르는 것이 아니라] 퍼내는 것이다.≫

泰樽之時 ≪泰 亦震爲樽≫ 恰有三爵 ≪泰三陽≫ 移之爲損 ≪三之上≫ 旣損一爵 今也 臨移爲蒙 ≪一之上≫ 又損一爵 ≪今再損≫ 則樽中之酒 ≪下坎酒≫ 唯一爵也 王者之裁損法度 當斟酌時宜 如此爻象 不宜 一時遽損 致有傾敗 故 聖人戒之

泰 → 損 → 蒙 ← 臨

泰卦의 때에는 술통에 ≪泰卦에서도 역시 [3·4·5位의] 震이 '술통(樽)'이 됨≫ 흡사히 석 잔의 술이 있는 듯한데 ≪泰卦에는 세 개의 陽이 있음≫ [泰卦로부터] 추이하여 損卦가 되면 ≪[泰卦의] 3이 上으로 감≫ 이미 그 한 잔을 덜어낸 것이다. 이제 臨卦로부터 추이하여, 蒙卦가 되면 ≪[臨卦의] 1이 上으로 감≫ 또 한 잔을 덜어내니 ≪지금까지 두 번 덜어냄≫ 술통 속에 있는 술은 ≪[蒙卦의] 下卦는 坎인데, 술을 상징함≫ [이제는] 오직 한 잔만 남아 있는 셈이다. 임금이 [財物을] 감축하는 法度는 당연히 때에 맞추어서 [시의적절(時宜適切)하게] 해야 하는 것이 [술을 한 잔씩 퍼서 덜어내는] 이 爻象과 같이 해야 함이니, 시의(時宜)에 적절하지 않은데도 한꺼번에 갑자기 감소시킨다면 [도리어] 폐단을 초래하게 되는 까닭에, 聖人이 [이를] 경계한 것이다.

○志者 坎也 ≪下今坎≫ 三往之故 ≪升于上≫ 成此坎志 尙合志也 ≪尙 上也≫

否 → 損 → 蒙 ← 臨

○["尙合志(위로 가서, 뜻을 합침)"의] "志"는 坎을 가리킨다. ≪[蒙卦의] 下卦는 지금 ['志'를 상징하는] 坎이다.≫ [否卦의] 3이 [위로 올라]간 까닭에 ≪上位로 상승≫ 이 坎의 뜻(志)을 이루니, "尙合志", 즉 "위로 올라가서, 뜻을 합친다"라고 한 것이다. ≪'尙'은 '위로 가는 것'을 뜻한다.≫

○案 古以了事爲竣事 竣者 退立也 成功則去 不復留也 退字從艮 亦此義也 ≪艮 以成之 辵 走也≫ 國語 管仲曰 有司 已於事而竣 ≪見齊語≫

○[案] 옛날에는 事業을 완료함으로써, "竣事", 즉 "事業을 준공(竣工)함"으로 삼았으니, '竣'이란 '[자리에서] 물러서는 것(退立)'을 뜻한다. [따라서 "준사(竣事)"란] 공을 이루면 [바로] 떠나고, 다시 머물지 않는 것을 뜻한다. '退'字는 '艮'字로부터 유래하였으니, 역시 이런 ['완료하고 물러난다'는] 뜻이다. ≪['退'字 중에서 艮[의 부분]은 완성함을 뜻하고, '辵(착=辶)'[의 부분]은 떠나감(走≫을 뜻한다.≫ 『國語』에서 관중(管仲)이 말하기를, "관리(有司)는 자기의 업무를 모두 마치고 나서야, 물러가야 하는 것이다"라고 하였다. ≪[『國語』의] 「齊語」에 나온다.[26]≫

---

26) 『國語』「齊語」에 나오는 관련된 문장은 다음과 같다. "其秀民之能爲士者, 必足賴也. 有司見而不以告, 其罪五. 有司已於事而竣(이들 여러 부류의 백성들 가운데 우수한 사람은 士가 될 수도 있는데, 이들은 반드시 믿을 만한 재주와 학문이 충분하여야 합니다. 관리가 이러한 사람을 보고도 위에 알리지 않으면 五刑의 벌에 해당됩니다. 관리는 자기의 업무를 모두 살피고 나서야 물러가야 하는 것입니다)."(신지영 · 이정재 역, 『國語』, 홍익출판사, 1998, 138면)

○虞翻本 已事 作祀事 ≪古唯祀[27]事 出民力≫ 荀爽本 遄作顓 ≪說文 往來數曰 遄≫

○우번(虞翻)의 책에서는 "已事"가 "祀事(제사를 지내는 일)"로 적혀 있다. ≪古代에는 오직 제사와 관계된 일에만 백성들의 노동력을 동원하였다.≫ 순상(荀爽)의 책에서는 '遄(천)'字가 '顓(전)'字로 적혀 있다. ≪『說文』에서는 '往來數', '왕래가 잦은 것'을 '遄(천)'이라고 하였다.≫

九二 : 利貞, 征凶, 弗損益之. ○象曰 : 九二利貞, 中以爲志也.

九二 : 일을 맡아 처리하면 이롭고, 정벌에 나서면 흉할 것이다. 덜어내지 말고 [오히려] 보태야 할 것이다. ○「象傳」: 九二에서 "일을 맡아 처리하면 이롭다(利貞)"라고 한 것은 中道로써 뜻을 삼기 때문이다.

此 損之頤也 頤者 小過之交易也 ≪雷山爲山雷≫ 小過之時 坎德雖貞 ≪兼畫三≫ 終而復始 ≪艮下而震上≫ 不利幹事 交之爲頤則 震以始之 ≪下今震≫ 致役乎坤 ≪中四陰≫ 艮以終之 ≪艮在上≫ 利幹事也 ≪孔子之傳曰 中以爲志 明以小過交也≫

27) [校閱] 奎章本이나 新朝本에 모두 "祉"로 되어 있다. 뜻은 통한다고 보겠으나, 여기서는 보다 일반적으로 많이 쓰이는 "祀"로 고쳤다.

이것은 損卦가 頤卦로 변하는 경우이다. 頤卦는 小過卦로부터 交易된 卦이다. ≪雷와 山으로 구성된 [小過]卦가 山과 雷로 구성된 [頤]卦가 됨≫ 小過卦의 때에는 坎의 성질(德)이 있으므로, 비록 일을 맡기는 하겠지만 ≪[小過卦를] 兼畫하여 三畫[으로 하면 坎의 형태]≫ 일을 종결하였다가, 다시 시작하니 ≪[小過卦에서 종결을 뜻하는] 艮이 下卦이고, [시작을 상징하는] 震이 上卦≫ 일을 추진함에 불리한 것이다. [小過卦가] 交易하여, 頤卦가 되면, 震으로써 일을 시작하여 ≪[頤卦의] 下卦가 지금 震≫ 坤에서 수고롭게 일하고 ≪[頤卦의] 가운데 네 개의 陰이 坤≫ 艮으로써 [그 일을] 종결하니 ≪頤卦에서 艮이 제일 上位에 있음≫ 일을 추진함(幹事)에 이로운 것이다. ≪孔子의 「小象傳」에서 "中以爲志"라고 한 것은 ["利貞"이] 小過卦를 交易한 것에 따른 말임을 밝힌 것이다.≫

○征凶者 北征之凶也 頤自臨來 ≪二之上≫ 剛往擊彼 ≪二之上≫ 遂以艮死 ≪上今艮≫ 載之坤輿 ≪中四陰≫ 將隕之卦也 泰移爲損 ≪三之上≫ 其象亦然 故曰 征凶

泰 → 損 → 頤 ← 臨

○"征凶"이라고 한 것은 북쪽으로 정벌에 나서면 흉함을 가리킨 것이다. 頤卦는 臨卦로부터 왔는데 ≪[臨卦의] 2가 上으로 감≫ 剛이 가서 상대방을 공격하였으나 ≪[臨卦의] 2가 上으로 감≫ 마침내 艮으로써 죽게 되어 ≪[頤卦의] 上卦가 지금 艮≫ [그 시체를] 坤의 수레에 실으니 ≪[臨卦의] 가운데 네 개의 陰[이 坤에 해당]≫ 장수(將帥)를 잃는 卦에 해당된다. 泰卦로부터 추이하여, 損卦가 되는 경우에도 ≪[泰卦의] 3이 上으로 감≫ 그 象이 역시 그러한 까닭에, "征凶"이라고 한 것이다.

○頤自觀來 ≪五之一≫ 剛來益下 ≪五之一≫ 非徒弗損 ≪不損下≫ 而又益之也

損→ 제2효변 → 頤 ←推移← 觀

○[損卦 九二의 之卦인] 頤卦는 觀卦로부터 왔는데 ≪[觀卦의] 5가 1로 간 것≫ 剛이 내려와서 아래를 보태니 ≪[觀卦의] 5가 1로 간 것≫ 단지 덜어내지 않을 뿐 아니라 ≪아래를 덜어내지 않음≫ 또한 보태는 것이 된다.

○中以爲志者 小過之坎志也 ≪三四剛≫ 坎德本貞[28] 故交之爲利貞也

損 → 頤 ←交易→ 小過

○"中以爲志"[의 '志']는 小過卦에 있는 坎의 의지(志)를 가리킨다. ≪[小過卦의] 3·4位의 剛≫ 坎의 德이 본래 곧으니, 그러므로 交易하여도 "利貞"이 되었던 것이다.

六三 : 三人行, 則損一人, 一人行, 則得其友. ○象曰 : 一人行,

28) [校閱] "貞"이 奎章本에는 "征"으로 되어 있는데, 誤記이다.

三則疑也.

六三 : 세 사람이 동행(同行)하면, 한 사람을 잃을 것이고, 한 사람이 가면, 그 친구를 얻게 될 것이다. ○「象傳」: 한 사람이 가는 것은 세 사람이 [같이] 가면 [서로] 의심하기 때문이다.

此 損之大畜也 卦自泰來 ≪三之上≫ 泰之三陽 同以震行 ≪震之積≫ 三人行也 行之至三 ≪至於三≫ 損其一陽 ≪三之上≫ 三人行而損一也

復 → 臨 → 泰 → 損 → 大畜

이것은 損卦가 大畜卦로 변하는 경우이다. 損卦는 泰卦로부터 왔는데 ≪[泰卦의] 3이 上으로 감≫ 泰卦에서 세 개의 陽이 함께 震으로써 行進하니 ≪[泰卦의 세 陽은] 震이 세 번 쌓인 것≫ "세 사람이 [同行하여] 가는 것(三人行)"이다. 同行이 세 사람이 되었을 때 ≪3位에 도달함≫ [損卦로 추이하면서] 그 陽 하나를 잃으니 ≪[泰卦의] 3이 上으로 감≫ 세 사람이 동행하다가 그 한 사람을 잃은 것이다.

○損之兩互 其卦爲復 ䷗ 一人行也 ≪只一陽≫ 復之六三 又成明夷 ䷣ 兩剛嘉會 ≪初與三≫ 相見乎离 ≪下爲离≫ 相見曰 友 ≪見雜記[29]≫ 一人行而得友也

損 兩互作卦 → 復 → 明夷

29) [校閱] 奎章本에는 "記"가 "說"로 나오는데, 誤記이다.

○損卦의 兩互卦는 그 卦가 復卦가 되니 [復卦의 1陽은] 한 사람이 가는 것(一人行)에 해당된다. ≪[復卦에는] 단지 한 개의 陽이 있음≫ 復卦의 六三이 [효변하면] 다시 明夷卦를 형성하는데 [明夷卦의 下卦인 离에서] 두 개의 剛이 예의(禮儀)에 맞게 회합(會合)하여 ≪[明夷卦의] 初位과 제3位≫ 离에서 상견례(相見禮)를 가지게 된다. ≪[明夷卦의] 下卦가 离≫ [이때] 서로 만나는 사람을 [가리켜] 친구(友)라고 하는 것이니 ≪『禮記』「雜記」를 참조[30]≫ [이는 곧] 한 사람이 감에 친구를 얻은 것(一人行而得友)이 된다.

○疑者 信之反也 復之六三 离信相孚 ≪下成离≫ 所以成友 ≪友者 兩又也 三則不友≫ 三人行則 無以成离 疑所生也

泰 → 損 → 大畜

○["三則疑"라고 했는데] 의심(疑)은 믿음(信)의 반대이다. [앞서 설명한 것처럼, 損卦로부터 兩互卦를 취하면, 復卦가 되고, 다시 復卦의 六三을 爻變시키면 明夷卦가 되니] 復卦의 六三은 离의 신뢰로써 서로 호응하여 ≪[復卦의 六三을 爻變시키면 明夷卦가 되는데, 明夷卦의] 下卦는 离를 형성함≫ 친구가 되는데 ≪'友'字는 [古文에서 보면] 두 개의 '又'字이다. 즉 셋이면 友[친구]가 되지 않음≫ "三人行"의 경우는 [즉 泰卦와 같은 경우는] 离를 이루지 못하므로, 의심이 생기는 것이다.

孔子曰 天地絪縕 ≪自泰來 天地之氣 相交≫ 萬物化醇 ≪大离化≫ 男女構精 ≪艮男而兌女≫ 萬物化生 ≪震爲生≫ 易曰 三人行則 損一人

---

30) 『禮記』「雜記下」卷20에 "相趨也, 出宮而退. 相揖也, 哀次而退. 相問也, 旣封而退. 相見也, 反哭而退. 朋友, 虞附而退"라고 함. 『禮記(利)』, 學民文化社, 2000, 563면.

一人行則 得其友 言致一也 ≪不一則 疑生其間≫

孔子가 말하였다. “하늘과 땅의 기운이 온축(蘊蓄)되고, 교감함에 ≪[損卦는 天地를 상징하는 乾과 坤으로 이루어진] 泰卦에서 나왔기에, 天地의 기운이 서로 교감하는 것이다.≫ 만물이 조화롭게 성장하는데 ≪큰 离로써 변화시킴≫ 남성적인 기운과 여성적인 기운이 그 精氣를 얽어 섞음에 ≪[損卦는] 艮의 남자와 兌의 여자로 구성됨≫ 만물이 조화롭게 생성된다. ≪震은 생성의 뜻이 됨≫ 『周易』에 ‘三人行, 則損一人, 一人行, 則得其友’, 즉 ‘세 사람이 동행하면, 한 사람을 잃고, 한 사람이 가면, 그 친구를 얻는다’라고 하였으니 [그것은 이처럼 교감하여] ‘하나를 이룸’을 말한 것이다.”[31] ≪하나가 되지 않으면, 의심이 그 사이에 생긴다.≫

○案 天地 以兩而絪縕 ≪加一則不成≫ 男女 以兩而構精 ≪加一則不成≫ 兩則相孚 ≪今成离≫ 三則相疑 ≪不能离≫ 凡夫婦之際 朋友之交 皆有此義

○[案] 天·地에 있어서도 兩者가 인온(絪縕)[32]하는 것이고 ≪만일 여기에 어떤 하나가 더해진다면 그렇게 인온(絪縕)하지 못함≫ 男·女에 있어서도 [兩者가] 精氣를 섞는 것이니 ≪만일 여기에 어떤 다른 사람이 끼여들면 그렇게 되지 못함≫ 둘이 있으면 서로 신뢰하여 호응하고 ≪지금 [明夷에서] 离가 이루어짐≫ 셋이 있으면 서로 의심하게 법이니 ≪离[의 신뢰]가 될 수 없음≫ 무릇 부부 사이나 친구끼리의 交際에 있어서도 모두 이런 [兩者가 엮어내는 변증법적 철학의] 의미가 있는 것이다.

---

31) 以上의 孔子의 인용문은 「繫辭下傳」에 나온다.

32) 인온(絪縕) : 만물을 생성하는 원기가 왕성한 모습. 朱子의 『周易本義』에서는 “絪縕, 交密之狀”이라고 하였다. 또 『周易今註今譯』(陳鼓應·趙建偉, 臺北 : 商務印書館, 2005)에서는 인온(絪縕)을 “纏綿交密著(떨어지지 않을 정도로 꽉 달라붙어 있음)”라고 했음.

六四 : 損其疾, 使遄有喜, 无咎. ○ 象曰 : 損其疾, 亦可喜也.

六四 : 그 [말(馬)의] 질병을 덜어내어 [치유하니] 자주 기쁨이 있을 것이며, 허물이 없을 것이다. ○「象傳」: 그 [말의] 질병을 덜어내는 것도 또한 기뻐할 일이로다.

此 損之睽也 睽自大壯來 ≪上之三≫ 大壯之時 乾馬健行 ≪雷天卦≫ 不能休息 ≪乾行之不息≫ 其疾玄黃 ≪上震 爲玄黃≫ 移之爲睽則損其疾也 ≪今 無震玄黃≫ 說卦傳曰 震爲玄黃 ≪天地雜≫ 國風曰 我馬玄黃

損 → 睽 ← 大壯

이것은 損卦가 睽卦로 변하는 경우이다. 睽卦는 大壯卦로부터 왔는데 ≪[大壯卦의] 上이 3으로 감≫ 大壯卦의 때에는 乾의 말이 건장하게 달려서 ≪[大壯卦는] 雷와 天으로 된 卦≫ [잠시도] 휴식을 취하지 못하더니 ≪乾의 行進이 쉼이 없음≫ 그 [말의 털이] 검고 누런 색(玄黃)으로 변하는 질병에 걸리게 되었다. ≪[大壯卦의] 上卦인 震은 '玄黃', 즉 '검고 누런 색'이 됨≫ [그런데 大壯卦로부터] 推移하여 睽卦가 되면, 그 질병을 치유하게 된다. ≪[睽卦에는] 지금 震의 玄黃이 없음≫ 「說卦傳」에서 이르기를, "震은 검고 누런 색이 된다"고 하였으며 ≪玄黃은 하늘의 검은 색과 땅의 누런 색이 뒤섞인 것≫ [『詩經』] 「國風」 「卷耳」에서 이르기를, '[높은 산에라도 오르려 하나] 내 말이 병들어 맥을 못 추네'라고 하였다.

○遄者 數也 ≪說文 往[33]來數 曰遄≫ 睽自中孚來 ≪四之五≫ 大离之喜 ≪兼畫三≫ 今爲兩离 ≪下互离≫ 使遄有喜也 ≪數有喜≫

損 → 睽 ← 大壯

○여기 "천(遄)"字는 '빈번(頻繁)함'을 뜻한다. ≪『說文』에 이르기를, '왕래가 잦은 것이 천(遄)'이라고 하였다.≫ 睽卦는 中孚卦로부터 왔는데 ≪[中孚卦의] 4가 5로 감≫ [中孚卦에서는] 큰 离의 기쁨이 있었는데 ≪[中孚卦의] 획을 겹치면 三畫卦[의 离가 됨]≫ 지금 [睽卦에서도] 두 개의 离가 있으니 ≪[睽卦의] 下互卦가 离≫ [이것을 가리켜] "使遄有喜", 즉 "자주 기쁨을 있게 함"이라고 한 것이다. ≪자주 기쁨이 있는 것≫

○大壯之卦 以雷乘乾 ≪左傳文≫ 移之爲睽 ≪陽升而陰降≫ 其象不厲 ≪大兌厲≫ 是 无咎也 ≪下雖兌 而亦无咎≫

損 → 睽 ← 大壯

○大壯이라는 卦는 雷가 乾의 위에 올라타고 있는 형태인데 ≪『左傳』에 나오는 말[34]≫ [大壯卦로부터] 추이하여 睽卦로 되면 ≪陽이 상승하고, 陰이 하강함≫ 그 象이 이제 [더 이상 大壯卦의 때처럼] 위태롭지 않으니 ≪[大壯卦는] 큰 兌의 형태이니, 위태로운 형상임≫ 이것이 "无咎"라고 말하는 까닭이다. ≪睽卦의 下卦가 비록 [陰이 陽의 위에 있어서 허물이 있는] 兌이기는 하

---

33) [校閱] "往來"가 奎章本에는 "迬來"라고 되어 있는데, "迬"은 "往"의 誤記이다.

34) "在易卦, 雷乘乾曰, 大壯. 天之道也([蔡墨이 말하기를] …… 周易의 卦에 있기를 雷가 乾을 타는 것을 大壯이라 한다라고 하였습니다. 그건 天道인 것입니다)."(文璇奎 역, 『春秋左氏傳』 下, 명문당, 1987, 323면)

지만 [그 추이의 전반적인 측면을 본다면] 역시 허물이 없는 것이다.≫

○喜者 离也 大离變爲小离 故謂之亦

損 → 睽 ← 中孚

○"喜", 즉 '기쁨'은 离의 상징이다. [큰 离인 中孚卦가 추이하여, 睽卦로 됨에] 큰 离가 변하여 [두 개의] 작은 离가 되었으므로, "亦(또한)"이라고 말한 것이다.

○案 卦自泰來 泰之乾馬 亦有玄黃之疾 ≪天玄而地黃≫ 移之爲損則 損其疾也 故其變如此

泰 → 損 → 睽 ← 大壯

○[案] 損卦는 泰卦로부터 왔다. [泰卦에 있던] 乾의 말(馬)도 역시 털이 검고 누렇게 되는 질병에 걸려 있었는데 ≪하늘의 색은 검은 색이고, 땅의 색은 누런 색[인데, 震은 하늘과 땅의 색이 뒤섞인 것]≫ [그런데 泰卦로부터] 추이하여 損卦가 되면, 그 [말의] 질병을 덜어내니, 그러므로 그 변함이 이와 같다.

○遯九三 宜參看

遯 → 否

○[역시 말의 질병이 언급되고 있는] 遯卦 九三의 경우를 마땅히 참고해야 한다.35)

六五 : 或益之, ≪句≫ 十朋之龜, ≪句≫ 弗克違, 元吉. ○ 象曰 : 六五元吉, 自上祐也.

六五 : [덜어내지만 말고] 혹 [백성들에게 유익(有益)하도록] 보탤 수만 있다면, ≪句≫ 十朋의 거북(十朋之龜)[으로 점(占)을 치더라]도 ≪句≫ [이 시초점(蓍草占)의 점사(占辭)와] 어긋나는 일이 없을 것이니, 임금(元)에게는 吉할 것이다. ○「象傳」: 六五의 元吉은 위[의 하늘]에서 돕기 때문[에 가능한 것]이다.

此 損之中孚也

損 → 中孚

이것은 損卦가 中孚卦로 변하는 경우이다.

損之兩互 其卦 復也 ䷗ 復之六五 其卦屯也 ䷂ 屯自觀來 ≪上之一≫ 剛來益下 非不益也

35) 遯卦 九三 : '繫遯有疾, 厲; 畜臣妾, 吉'.

損→ 兩互作卦→復 → 屯 ← 觀

損卦의 兩互卦는 그 卦가 復卦가 된다. 復卦의 六五는 그 之卦가 屯卦가 된다. 屯卦는 觀卦에서 나왔는데 ≪[觀卦의] 上이 1로 간 것≫ 剛이 와서, 아래에 더해지니, 보태지 않는 것이 아니다.

亦自臨來 ≪二之五≫ 或損之也 ≪臨損下≫ 旣或損之 則 或益之也 或之者 疑之也 ≪孔子云≫ 益之兩爻 宜參看

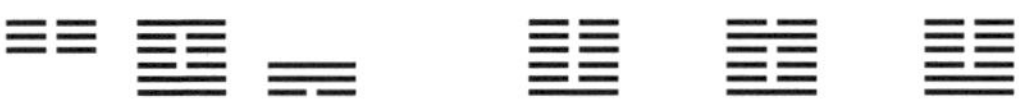

損 →兩互作卦 → 復 → 屯 ← 臨

또 屯卦는 臨卦로부터 왔으니 ≪[臨卦의] 2가 5로 감≫ [그 경우는] '혹 덜어내는 경우(或損之)'에 해당된다. ≪臨卦의 경우는 아래를 덜어내는 것이 됨≫ 이처럼 [어떤 경우에] '或 덜어내는 것'이 되면, [또 다른 경우에는] '或 보태주는 것(或益之)'이 된다. "或……之"라는 표현은 [단정하지 않고] 미심쩍어 하는 것을 가리킨다. ≪孔子께서 [乾卦 九四 「文言」에서] 이렇게 말했다.[36]≫ 益卦의 [각각 "或益之"와 "益之"라고 한 六二와 六三의] 두 爻를 마땅히 참고해 보아야 한다.

○中孚者 大离也 ≪兼畫三≫ 离則爲龜 ≪說卦文≫ 是 大龜也 本由坤成 ≪損上互≫ 坤則爲朋 ≪兩兩相對象≫ 地數以十 ≪坤爲旬≫ 十朋之龜也 ≪義詳下≫

---

36) 或之者, 疑之也 : 乾卦 九四의 「文言」에 나온다.

損 → 中孚

○[損卦 六五의 之卦인] 中孚卦는 큰 离의 형태이다. ≪[中孚卦를] 획을 겹쳐서 삼획괘(三畫卦)[로 보면, 큰 离의 형태]≫ 离는 곧 거북이 되니 ≪「說卦傳」의 글≫ [中孚는] 큰 거북(大龜)의 모양이다. [이 거북이는] 본래 坤에 의거하여 성립하였는데 ≪損卦의 上互卦가 坤≫ 坤은 곧 朋이 되고 ≪[坤은 세 개의 음획(陰畫)으로 구성되어 있으니] 陰으로서 [마치 친구처럼] 둘씩 둘씩 짝하고 있는 형태≫ 地數는 10이 되니 ≪坤은 십[旬]이 됨≫ "十朋之龜"라고 한 것이다. ≪이 뜻은 아래에 자세하게 나온다.≫

○弗克違者 洪範 所謂 龜從也 ≪違者 從之反≫

損 → 中孚

○"弗克違"란 『書經』「洪範」에 나오는 이른바 "龜從", 즉 "거북점으로 점을 쳤을 때, 좋다고 나오는 경우"를 가리킨다. ≪'違'는 따름(從)과는 반대의 경우를 가리킴≫

巽命下施 ≪上今巽≫ 民志胥悅 ≪下今兌≫ 成此大离之孚 ≪合成离≫ 雖以十朋之龜 卜此吉凶 亦無以違此吉也 卦形如合符 ≪上倒而下正≫ 何以違之

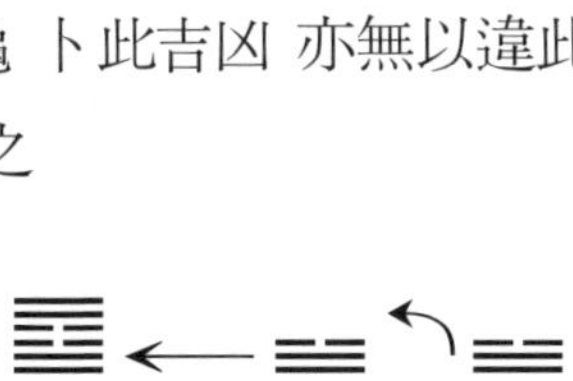

中孚 뒤집어 위로 올림

[中孚卦에서] 巽의 命令이 아래로 시행됨에 ≪[中孚卦의] 上卦가 지금 巽≫ 백성들이 마음으로 모두 기뻐하여 ≪[中孚卦의] 下卦가 지금 兌≫ 이처럼 큰 离의 感化와 호응을 이루니 ≪中孚卦는 上卦와 下卦가 결합하여 离를 이룸≫ 비록 열 쌍(十朋)의 거북으로 이 事案의 길흉을 점쳐 보아도, 또한 [이 시초점의] 길하다는 점괘를 번복하는 일은 없을 것이다. 中孚卦는 卦形이 마치 [나누어져 있던 두 쪽의] 부절(符節)을 합친 것과 같으니[37] ≪[中孚卦의] 윗부분은 뒤집어 붙인 것이고, 아래 부분은 바로 있는 형태≫ 어찌 어긋나겠는가?

○元吉者 君道之吉也 卦凡三變 ≪泰損之中孚≫ 不失震仁 ≪二四互≫ 善之長也

泰 → 損 → 中孚

○"元吉"이란 君主의 道가 吉한 것이다. 卦가 모두 세 차례 변함에 ≪泰卦에서 損卦, 그리고 中孚卦로 감≫ 모두 震의 仁을 잃지 않았으니 ≪[損卦나 中孚卦는] 2·3·4位의 互卦[가 震]≫ '善之長(선한 우두머리)'이다.

○自上祐者 巽命在上也 當損之時 苟能益之 ≪能損上益下≫ 天必祐之 ≪巽在上≫ 龜筮協從 無可疑也

損 兩互作卦 → 復 → 屯 ← 觀

37) "符節"이란 가운데를 나누어 양쪽이 거의 같은 모양이 되는데, 이에 따라 그 나눈 양쪽이 서로 대칭된다. 이 中孚卦도 上下가 똑같은 것이 아니라, 그렇게 대칭된다. 이를 두고 "上倒而下正"이라 한 것이다.

○"自上祐"는 巽의 命令이 위에 있음을 가리킨다. 마땅히 [아래를] 덜어내어야 할 시기에, 오히려 보탤 수만 있다면 ≪[觀卦에서 보면] 위를 덜어, 아래에 보탤 수가 있음≫ 하늘도 반드시 그를 도우리니 ≪巽이 위에 있음≫ 거북점과 시초점의 점괘가 화합하여 부합될 것은 의심할 여지가 없다.

○案 損益二卦 凡言益之 或益之 莫益之 弗損益之 皆論卦畫之往來 非有所指 非以十朋之龜 益之於某人也

○[案] 損卦와 益卦의 두 개의 卦에서 "益之", "或益之", "莫益之", "弗損益之"라고 한 것은, 모두 卦畫의 往來를 말한 것이지, 따로 지시하는 것이 있는 것이 아니며 [여기 損卦 六五와 益卦 六二에서도] "十朋之龜"를 어떤 사람에게 준다는 뜻이 아니다.

○案 班固 食貨志 元龜 長尺二寸 ≪直二千一百六十≫ 爲大貝十朋 ≪每朋 直二百十六≫ 公龜 九寸 ≪直五百≫ 爲壯貝十朋 ≪公所用≫ 侯龜 七寸 ≪直三百≫ 爲幺貝十朋 ≪侯伯之所用≫ 子龜 五寸[38] ≪直一百≫ 爲小貝十朋 ≪子男之所用≫ 凡兩貝爲朋 四等之貝 皆以二枚相次 謂之一朋 ≪或曰 兩貝爲朋 王莽之法也 古制 五貝而兩之 爲朋≫ 此經之云 十朋之龜 卽周書所謂 大寶龜也 詩云 錫我百朋

○[案] 반고(班固)의 『漢書』 「食貨志」에 보면, "[君主가 점칠 때 사용하는 거북인] '元龜'는 길이가 一尺 二寸으로서 ≪2160錢에 해당≫ 大貝 10朋에 해당되며 ≪매 '1朋'은 216錢에 해당≫ [公이 점칠 때 사용하는 거북인] '公龜'는 [길이가] 9寸으로서 ≪500錢에 해당≫ 壯貝 10朋에 해당되며 ≪公이 사용≫ [제후(諸侯)와 백작(伯爵)이 점칠 때 사용하는 거북인] '侯龜'는 [길이가] 7寸으로서 ≪300錢에 해당≫ 요패(幺貝) 10朋에 해당되며

38) [校閱]] 新朝本에는 "寸"이 "子"로 나오는데, 誤記이다.

≪侯·伯爵이 사용≫ [子와 男爵이 사용하는 거북인] '子龜'는 [길이가] 五寸으로서 ≪100錢에 해당≫ 소패(小貝) 10朋이 된다"라고 하였다. ≪子·男爵이 사용≫ 대개 '두 개의 貝'가 '朋'이 되는데, [以上에서 언급한] 네 가지 등급의 '패(貝)'는 모두 두 枚를 [연달아] 묶어서 '一朋'이라고 한 것이다. ≪혹자는 '두 개의 貝'를 '朋'으로 삼는 것은 왕망(王莽)의 法制이고, 古制에서는 '다섯 개의 貝'가 한 쌍 있는 것을 '朋'이라고 하였다고 주장한다.≫ 이 『易經』에서 말하는 "十朋之龜"는 곧 [『書經』] 「周書」 「大誥」에서 말한 바, "大寶龜", 즉 "큰 보배가 되는 거북"을 가리킨다. 『詩經』 [「小雅」 「청청자아(菁菁者莪)」]에서, "錫我百朋", 즉 "나에게 많은 재물(百朋)을 하사하셨다"라고 하였다.

䷒

上九 : 弗損, 益之, 无咎, 貞吉, 利有攸往, 得臣, 无家. ○ 象[39] 曰 : 弗損, 益之, 大得志也.

上九 : 덜어내지 않고, [오히려] 보태어주니, 허물이 없을 것이다. 일을 맡아 처리하면 吉하니, 가는 곳에 이로움이 있을 것이다. [새로운] 신하를 얻었으나, [그 신하가 거처할] 집(家室)이 아직 없다. ○ 「象傳」 : "덜어내지 않고 보태니(弗損益之)", 크게 뜻을 얻은 것이다.

此 損之臨也 卦自泰來 ≪三之上≫ 上剛卦主也 卦名雖損 ≪以損下≫ 在上卦則受益 ≪三之上≫ 非徒弗損 ≪無所減≫ 而又益之也 卦

39) [校閱] 新朝本에는 "象"이 "家"로 되어 있는데, 誤記이다.

主故 言其本象

泰 → 損 → 臨

이것은 損卦가 臨卦로 변하는 경우이다. 損卦는 泰卦로부터 왔으니 ≪[泰卦의] 3이 上으로 감≫ 上位의 剛이 [즉 이 上九가] 卦主에 해당된다. 卦의 이름이 비록 損이기는 하지만 ≪下卦로부터 덜어냄[으로 말미암아 損이라고 命名]≫ 上卦의 입장에서 보면, 보탬을 받는 것이니 ≪[泰卦의] 3이 上으로 감≫ 단지 덜어 내지 않을 뿐 아니라 ≪줄어드는 것이 없음≫ 또한 보태어 주는 것이다. [上九가] 卦主가 되는 까닭에, 그 本象을 말한 것이다.

○泰之爲卦 以柔乘剛 ≪上三陰≫ 移之升陽 ≪三之上≫ 是 无咎也 ≪下雖兌厲 亦无尤≫

泰 → 損

○[損卦의 母卦인] 泰卦는 柔가 剛을 올라타고 있는 모습인데 ≪上卦의 3陰[이 下卦의 3陽을 올라타고 있음]≫ [泰卦로부터] 推移하게 되면, 陽을 상승시키니 ≪[泰卦의] 3이 上으로 감≫ 이것이 "无咎"가 되는 까닭이다. ≪[損卦의] 下卦가 비록 兌라 [陰이 陽을 올라타고 있어] 위태하기는 하지나, 역시 허물이 없는 것이 된다.≫

○泰之時 陽積至三 艮以成之 ≪移爲艮≫ 以之幹事 則事半而功成也 故曰 貞吉 ≪亦本象≫

泰 → 損

○泰卦의 때에는 陽이 제3位까지 쌓여 있고, 艮으로써 그것을 완성하니 ≪[泰卦에서 損卦로 推移하게 되면] 艮이 됨≫ 이런 상황에서 일을 처리하면 [평시보다] 일을 반(半)만 해도 공적을 이루니, "貞吉", 즉 "일을 맡아 처리하면 길하다"라고 한 것이다. ≪역시 [之卦의 變相이 아닌] 本卦의 象을 가리킨다.≫

○剛升在上 ≪三之上≫ 下成兌和 ≪三六應≫ 利有攸往也 ≪兌爲利≫

泰 → 損 → 臨

○[泰卦에서 損卦로 추이하면] 剛이 상승하여 上位에 있으며 ≪[泰卦의] 3이 上으로 감≫ 下卦에서 兌의 和合이 이루어지니 ≪[損卦에서 보면] 제3位와 上位가 [각각 陰과 陽으로써] 서로 호응함≫ "利有攸往", 즉 "가는 곳에 이로움이 있는 것"이다. ≪兌는 '利'가 됨≫

○臨以萃交 ䷬ 萃之時 坤臣在南 ≪萃下坤≫ 大坎爲家 ≪三六夾≫ 交之爲臨 ≪交易之≫ 則北得其臣 ≪臨上坤≫ 坎宮遂撤 ≪今無坎≫ 得臣无家也 ≪上交也 故上卦爲主≫

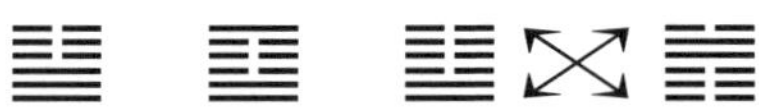

泰 → 損 → 臨 萃

○[損卦 上九의 之卦인 地澤] 臨卦는 [澤地] 萃卦와 交易의 관계에 있는데, 萃卦의 때에는 坤의 臣下가 남쪽에 있고 ≪萃卦의 下卦는 坤≫ 大坎卦는 집(家)이 된다 ≪萃卦의 3·4·5·6의 괘는 夾卦[로서 大坎의 형태]≫ [그런데 萃卦로부터] 交易하여 臨卦가 되면 ≪上卦와 下卦를 서로 바꿈≫ 북쪽 나라에서는 그 [坤의] 신하를 얻었으나 ≪臨卦의 上卦는 坤≫ [그] 坎의 집(宮)은 철거되었으니 ≪[臨卦에는] 지금 坎이 없음≫ [이것을 가리켜] "得臣无家"라고 한 것이다. ≪上爻의 爻詞이므로 上卦를 위주로 해석한 것이다.≫

鄰國之臣 新至我邦 ≪北爲我≫ 家室未成 若是者 得臣而无[40]家也 君辟之卦 本取交易

이웃 나라의 신하가 새롭게 우리나라에 왔는데, ≪[이 경우] 북쪽이 '我'가 된다.≫ 家室이 아직 완성되지 않았다. 이런 상황을 가리켜 바로 "得臣[而]無家"라고 한 것이다. [臨卦와 같은] 君辟卦는 본래 交易의 방식을 취한다.

○大得志者 本象也 ≪本大离≫

○"大得志", 즉 "크게 뜻을 얻음"이라고 한 것은 本象을 가리킨다. ≪[損卦는] 본래 大离의 형태≫

○學圃云 上之既變 艮廬遂毁 ≪上今坼[41]≫ 无[42]家之象也

泰 → 損 → 臨

40) [校閱] "无家"의 "无"가 新朝本에는 "無"로 나온다. 여기서는 奎章本을 따른다.
41) [校閱] 奎章本에는 '坼'字가 異體字로 나온다.
42) [校閱] "无家"의 "无"가 新朝本에는 "無"로 나온다. 여기서는 奎章本을 따른다.

○學圃가 말하였다. "上九爻가 변하여, [損卦의 上卦인] 艮의 오두막이 마침내 허물어지니 ≪[지붕에 해당하는 艮의] 윗부분[의 陽]이 지금 [臨卦에서 陰이 되어] 무너짐≫ 집이 없는 象에 해당된다."

【42. 풍뢰 익(風雷 益)】

震下巽上 ○第二十四卦之反 ≪否一之四≫

震은 下卦이고, 巽은 上卦이다. ○第24卦의 反卦이다. ≪否卦의 1이 4로 간다.≫

大傳曰 益 德之裕也 ≪震生而巽長≫ 益 長裕而不設 ≪巽施而艮止≫ 益以興利 ≪震起而巽利≫

「繫辭傳」에서 말하였다. "益은 德이 넉넉함이며 ≪[益卦의] 震으로 낳고, 巽으로 키움≫ …… 益은 길러서 넉넉하면서도, 人爲를 베풀지 않고 ≪巽은 '베풂'이며, [3·4·5位의] 艮은 '머무름'을 상징함≫ …… 보탬으로써 이익을 일으킨다." ≪震은 일어남이 되고, 巽은 이익이 됨≫

○朱子曰 損[43]上之陽 益下之陰

䷋ ䷩

否 → 益

○朱子가 말하였다. "[益卦는 否卦로부터 왔으니, 否卦에서] 위의 陽을 덜어서 아래의 陰에 보탠다."

○鏞案 卦自否來 下虛上實 損以益之 ≪益下民≫ 王政也 損益二卦 皆損君以益民 ≪坤爲民≫ 特以損卦 損己者在內 ≪內爲我≫ 此卦 受益者在內 故立名不同也 蜀才 干[44]寶 虞翻 荀爽之易 皆云 卦自否來

䷋ ䷩

否 → 益

○[鏞案] 益卦는 否卦로부터 왔다. [否卦에서는] 아래는 텅 비어 있고, 위로는 가득[차] 있거니와, [위에 있는 것을] 덜어서 [그 아래 텅 빈 것에] 보태니 ≪아래 있는 백성들에게 더해줌≫ [이것이] 王道로써 하는 정치인 것이다. 損卦와 益卦의 두 개의 卦는 모두 君主의 것을 덜어서 백성에게 보태는 점에 있어서는 동일한데 ≪坤은 백성이 됨≫ 다만 損卦의 경우는 자신의 것을 덜어내는 자가 內卦에 있는 반면에 ≪內卦는 我가 됨≫ 益卦의 경우는 도움을 받는 자가 內卦에 있으므로, [괘의 명칭을 부여하는] 命名의 이유가 다른 것이다. 촉재(蜀才)와 간보(干寶)와 우번(虞翻)과 순상

43) [校閱] 新朝本에는 "損"이 "益"으로 되어 있는데, 誤記이다.

44) [校閱] 新朝本이나 奎章本에 모두 "우보(于寶)"로 되어 있는데, "우(于)"는 "간(干)"의 誤記이다.

(荀爽)의 易說에서도 모두 益卦가 否卦로부터 왔다고 하였다.

益, 利有攸往, 利涉大川.

益卦는 가는 곳에 이로움이 있으며, 큰 河川을 건너는 것이 이로울 것이다.

此 益之不變者也 卦自否來 ≪一之四≫ 柔往得位 ≪陰居陰≫ 遂成巽利 ≪上今巽≫ 利有攸往也

否 → 益 恒

이것은 益卦가 변하지 않는 경우이다. 益卦는 否卦로부터 왔다. ≪[否卦의] 1이 4로 간 것이다.≫ 柔가 가서, 자신의 [합당한] 자리를 얻고[45] ≪[益卦의 제4位에서] 陰이 陰의 자리에 있음≫ 결국 巽의 이로움을 이루는 까닭에 ≪[益卦의] 上卦가 지금 [이익을 상징하는] 巽≫ "利有攸往"이라고 한 것이다.

○益者 恒之交也 ≪雷風爲風雷≫ 恒之時  大坎之川 ≪初五夾≫ 震舟旣泛 ≪震在上≫ 交之爲益 則巽風上順 ≪今上巽≫ 震舟南涉 ≪上震爲下震≫ 坎川已過 ≪踰其險≫ 坤陸旣平 ≪二四互≫ 利涉大川也

45) 물론 동시에 "陽來得位"이다.

益 恒

○益卦는 恒卦로부터 交易된 것이다. ≪雷風 [恒]卦가 風雷 [益]卦로 된 것≫ 恒卦의 때에는 큰 坎의 河川에 ≪初·2·3·4·5位의 夾卦[는 大坎卦를 형성]≫ 震의 배(舟)가 이미 떠 있었는데 ≪[恒卦에서] 震이 上卦에 있음≫ [雷風 恒卦로부터] 交易하여 [風雷] 益卦가 되면, 巽의 바람이 위에서 順風이 되어 부니 ≪[益卦의] 上卦는 지금 巽≫ 震의 배(舟)가 남쪽을 향하여 [물을] 건너는 것이다. ≪[恒卦에서] 上卦에 있던 震이 [益卦로 되면] 下卦의 震이 됨≫ 坎의 하천을 이미 지나왔고 ≪그 [강물의] 험난함을 건너감≫ 坤의 육지가 이미 평탄하니 ≪[益卦의] 2·3·4의 互卦≫ "利涉大川"이라고 한 것이다.

○渙 中孚之象 宜參看

渙 中孚

○["利涉大川"은] 渙卦와 中孚卦의 象辭를 마땅히 참조하여야 한다.

彖曰: 益, 損上益下, 民說无疆, 自上下下, 其道大光. 利有攸往, 中正, 有慶, 利涉大川, 木道乃行. 益, 動而巽, 日進无疆, 天施地生, 其益无方, 凡益之道, 與時偕行.

「彖傳」: 益卦는 위를 덜어서, 아래에 보태줌이니, 백성들의 기쁨이 끝이 없고, [임금의 존귀한 신분으로서] 위로부터 아래로 내려가니, 그 道가 크게 빛난다. "利有攸往"이라고 한 것은 [益卦의 제5位가 剛이니] 속에 올바름이 있음(中正)이며, 경사(慶事)가 있음을 가리킨 것이고, "利涉大川"이라고 한 것은 뱃길(木道)[46]을 따라 [河川으로] 나아감을 가리킨 것이다. 益卦의 德은 [활발하게] 움직이면서도 柔順함에 있으니 ≪[益卦의] 上卦는 巽≫ 태양의 進行이 끝이 없으며, [益卦를 보면] 하늘이 베풀고, 大地가 生育함에, 그 [天地가 주는] 이로움이 [비교하여 따로] 견줄 데가 없으니, 무릇 [天地가 베푸는] 益의 道는 때와 [더불어] 행해지는 것이다.

大离之喜 ≪初五夾≫ 坤乃无疆 ≪下互坤≫ 民說无疆也 ≪坤爲民≫ 以乾王之尊貴 ≪上本乾≫ 下坤民之卑賤 ≪四之一≫ 自上下下也 震之大道 ≪下今震≫ 照以离光 ≪下大离≫ 其道大光也

否 → 益

[益卦는] 큰 离의 형태이니, 기쁨을 상징하고 ≪[益卦의] 初·2·3·4·5位까지 협괘(夾卦)[는 大离의 형태]≫ [益卦의] 坤은 곧 끝없음(无疆)을 상징하니 ≪[益卦의] 下互卦가 坤≫ "民說无疆(백성들의 기쁨이 끝이 없다)"라고 한 것이다. ≪坤은 백성이 됨≫ 건왕(乾王)의 존귀한 신분으로 ≪[否卦의] 上卦가 본래 乾≫ 坤의 백성들이 사는 비천(卑賤)한 곳까지 내려가니 ≪[否卦의] 4가 1로 간 것≫ "自上下下", 즉 "위로부터 아래로 내려간 것"이라고 말한 것이다. 震의 큰 길을 ≪[益卦의] 下卦는 지금 震≫ 离의 빛으로 비추니 ≪[益卦의] 아래에 큰 离가 형성됨≫ "其道大光", 즉 "그 길이 크게 빛난다"라고 한 것이다.

○ 二五相應 ≪剛柔應≫ 是 中正也 ≪皆正位≫ 遂成离喜 中有慶也

46) 木道 : 배, 또는 뱃길을 달리 이르는 말.

益

○[益卦에서 보면] 제2位와 제5位가 상응하니 ≪[5位의] 剛과 [2位의] 柔가 서로 호응함≫ 이것은 "中正"인 것이다. ≪[제2位에 柔가 있고, 제5位에 剛이 있으니] 모두 바른 위치에 있음≫ 마침내 离의 기쁨을 이루니, "中[正]有慶", 즉 "속(中)에 [올바름이 있고] 경사가 있는 것"이다.

○木道者 震舟也 恒之震舟 ≪震在上≫ 涉坎川而南來 ≪交易之≫ 木道乃行也

否 → 益 恒

○[여기서] "木道"라고 한 것은 震의 배를 가리킨다. 恒卦에 있는 震의 배가 ≪[恒卦에서] 震이 上卦에 있음≫ 坎의 하천을 건너서, 남쪽으로 내려오니 ≪[雷風 恒卦로부터] 交易됨[으로써 風雷 益卦가 됨]≫ "木道乃行", 즉 "뱃길을 타고 이에 나아간다"라고 한 것이다.

○离日震行 以當坤體 ≪中互坤≫ 日進无疆也

益

○[益卦에서는] 离의 태양과 震의 進行을 [끝없음(無疆)을 상징하는] 坤의 형체에 배당(配當)시켰으므로 ≪[益卦의] 가운데에 互坤이 있음≫ "日進无疆", 즉 "태양의 進行이 끝이 없다"라고 한 것이다.

○蘇軾曰 天施 乾爲巽也 ≪巽施命≫ 地生 坤爲震也 ≪震反生≫

○소식(蘇軾)이 말하였다. "'天施'라고 한 것은 [卦象으로 말하자면] 乾이 巽으로 됨을 가리킨 것이요 ≪巽은 命令을 시행함을 상징함≫ '地生'이라고 한 것은 坤이 震으로 됨을 가리킨 것이다."[47] ≪震은 '反生', 즉 '되돌이켜 생겨남'을 상징함≫

○方 比也 否之時 乾坤比對 ≪相敵對≫ 損以益之 其益无方也

否 → 益

○[여기서] "方"은 "比", 즉 "견주다"의 뜻이다.[48] 否卦의 때에는 乾과 坤이 [서로] 견주어 대립하고 있었는데 ≪[否卦 내에서 乾과 坤이] 서로 對敵하고 있음≫ [否卦로부터 推移하여 益卦로 되면, 많은 것을] 덜어서 [적은 데] 보태니, [그것을 가리켜] "其益无方", 즉 "그 이로움이 견줄 데가 없다"고 한 것이다.

○益之爲卦 物出乎震 ≪下震始≫ 遂以巽齊 ≪上有巽≫ 爲离爲坤 ≪下大离≫ 順於方位 ≪如說卦方位≫ 春夏之時也 ≪自震而至坤≫ 天於萬物 損之以秋冬[49] ≪損下兌爲秋≫ 益之以春夏 ≪萬物 皆長養≫ 凡益之道 與時偕行也

---

47) 『東坡易傳』(『中國古代易學叢書』 3, 中國書店, 1992, 273면).

48) '比'에는 '무리를 지어 몰려 있음', '편벽됨', '편애함' 등의 뜻이 있다.

49) [校閱] "損之以秋冬"의 "冬"이 奎章本에는 "各"으로 되어 있는데, 誤記이다.

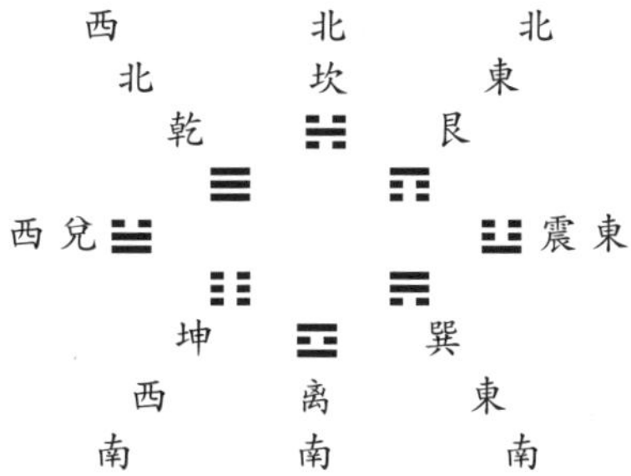

○益卦의 卦의 형태를 보면, 만물이 [동쪽인] 震에서 나옴에 ≪[益卦의] 下卦는 震인데, 시작을 상징함≫ [마침내 동남쪽인] 巽으로써 가지런히 하고 ≪[益卦의] 上卦에 巽이 있음≫ [아울러 남쪽인] 离가 되고 [서남쪽인] 坤이 됨으로써 ≪아래에 큰 离가 있음≫ 동서남북의 方位에 따르고 있으니 ≪「說卦傳」의 方位와 같음≫ [震·巽·离·坤은] 봄에서 여름에 이르는 시절(時節)에 해당한다. ≪震에서 坤까지는 봄에서 여름까지[의 기간]에 해당됨≫ 하늘은 만물에 대해, 가을과 겨울에는 쇠퇴시키고 ≪損卦의 下卦는 兌니, 가을이 됨≫ 봄과 여름에는 북돋우니 ≪[이때] 만물이 모두 자라나고, 길러짐≫ 무릇 益의 道는 "與時偕行", 즉 "때와 더불어 [알맞게] 행해지는 것"이다.

初九 : 利用爲大作, 元吉, 无[50]咎. ○象曰 : 元吉无咎, 下[51]不厚事也.

初九 : [바야흐로 봄농사의 철을 맞아] 크게 경작(耕作)하는 것이 이로

50) [校閱] 新朝本에는 "元咎"로 되어 있는데, "元"은 "无"의 誤記이다.

51) [校閱] 『周易』의 經文에는 "下不厚事也"로 되어 있으나 新朝本에는 "下"가 없다.

우니, 君主에게 吉하고, 허물이 없을 것이다. ○「象傳」: "元吉无咎"라고 한 것은 아래 사람들이 [봄농사에 전념(專念)할 뿐이지] 수고롭게 [그 君主를 위해] 봉사(奉仕)하지 않기 때문이다.

此 益之觀也 卦自否來 ≪一之四≫ 坤之土田 ≪下本坤≫ 耕以巽耒 ≪上今巽≫ 則嘉種有隕 ≪剛自天而落≫ 震穀以生 ≪說卦 震爲稼≫ 東作之象也 ≪震爲東≫ 巽則爲利 ≪近利市≫ 震以作之 ≪說卦 震爲作≫ 利用大作也 ≪下一剛 爲大≫ 初爲卦主 故言其本象

䷋ ䷩ ䷓

否 → 益 ← 觀

이것은 益卦가 觀卦로 변하는 경우이다. 益卦는 否卦로부터 왔다. ≪[否卦의] 1이 4로 감≫ [否卦에서] 坤의 들판을 ≪[否卦의] 下卦가 본래 坤≫ 巽의 쟁기로 갈면 ≪[益卦의] 上卦가 지금 巽≫ 좋은 종자가 떨어져 ≪[否卦로부터 推移하여 益卦로 되면] 剛이 하늘에서 떨어짐≫ [益卦에서] 震의 곡식이 자라나니 ≪「說卦傳」에 따르면, 震은 농사가 됨≫ 東作(봄농사)의 象이다. ≪震은 동쪽이 됨≫ 巽은 곧 '利'가 되고 ≪「說卦傳」에 따르면, 巽은 "近利市",[52] 즉 "이익을 가까이함"의 뜻이라고 함≫ 震으로 농사를 지으니 ≪「說卦傳」에 따르면, 震은 '作(足)'이 된다고 함≫ "利用大作", 즉 "크게 농사를 짓기에 이로운 것"이다. ≪[益卦의] 下卦에 있는 한 개의 剛이 '大'가 됨≫ 初九가 卦主가 되므로 그 本象을 말한 것이다.

○元吉者 君道之吉也 否之乾君 以貴下賤 ≪四之一≫ 遂成震

---

52) 「說卦傳」에 따르면, 巽은 '近利市三倍', 즉 "이익을 가까이하여, 세 배의 폭리를 남김이 됨"의 뜻이 된다. '利市'는 '이익을 얻음', '돈을 벎', '利得'의 뜻이다.

仁 ≪下今震≫ 善之長也

䷋ ䷩

否 → 益

○"元吉"은 君道의 吉이다. [否卦에 있던] 乾의 君主가 존귀한 신분으로써, 비천한 데로 내려와서 ≪[否卦의] 4가 1로 감≫ 마침내는 震의 仁을 이루니 ≪[益卦의] 下卦가 지금 震≫ ['仁(어진 것)'은] 善의 으뜸(善之長)인 것이다.[53]

○否之時 以陽居四 移乃得位 ≪四之一≫ 是 无咎也

䷋ ䷩

否 → 益

○否卦의 때에는 陽으로써 [陰의 자리인] 제4位에 머물렀는데, [益卦로] 추이하면 자신의 바른 자리를 얻게 되니 ≪[否卦의] 4가 1로 감≫ 이것이 "无咎", 즉 "허물이 없음"이 되는 까닭이다.

○事者 奉也 ≪事其上≫ 否之下民 致役乎坤 ≪說卦文≫ 坤則爲厚 下厚事也 移之爲益 ≪一之四≫ 坤體始薄 ≪初今剛≫ 下不厚事也 曷然哉 時當東作 民不可役也

䷋ ䷩

否 → 益

---

53) 「說卦方位圖」에 따르면, 震은 仁이 되고, 兌는 義가 되고, 离는 禮가 되고, 坎은 智가 된다. 즉 震·兌·离·坎은 각각 仁·義·禮·智에 짝하는 것이다.

○'事'는 '봉사(奉仕)', 즉 "받들어 섬기는 것"을 뜻한다. ≪그 윗사람을 섬기는 것을 뜻한다.≫ 否卦의 아래에 있는 백성들은 坤에서 노역(勞役)을 바쳤는데 ≪["致役乎坤"은] 「說卦傳」에 나오는 말≫ 坤은 곧 두터움이 되니, 이것은 아래가 두텁게 받드는 경우가 된다. [그런데 否卦로부터] 추이하여 益卦가 되면 ≪[否卦의] 1이 4로 감≫ 坤의 형체가 엷어지기 시작하니 ≪[益卦의] 初位가 지금 剛≫ "下不厚事", 즉 "아랫사람들이 수고롭게 받들지 않음"인 것이다. 어째서 그런가? [益卦의 下卦가 震이니] 계절이 [바야흐로] 봄농사를 짓는 때이라, 백성들이 [임금을 위해] 노역(勞役)을 할 수가 없기 때문이다.

○案 說卦傳曰 震爲作足 耕者 擧趾 有是象也

○[案] 「說卦傳」에 震은 [말(馬)의 경우] "作足(발을 자주 움직이는 것, 또는 다리를 높이 드는 것)"이 된다고 했는데, [밭을] 경작(耕作)하는 사람도 다리를 들었다 놓았다 해야 하므로 이런 象이 있는 것이다.

䷼

六二 : 或益之, ≪句≫ 十朋之龜, 弗克違. 永貞, 吉, 王用享于帝, 吉. ○象曰 或益之, 自外來也.

六二 : 만일 [위를 덜어내어 아래에] 보탤 수 있다면, ≪句≫ 十朋의 거북으로 점을 치더라도 [天命을] 어기지 못할 것이니, 長久한 事業에는 吉할 것이다. 임금이 上帝에게 제사를 지냄에 吉할 것이다. ○「象傳」: "或益之"이라고 한 것은 [陽이] 밖에서 들어오는 것을 가리킨 것이다.

此 益之中孚也

益 → 中孚

이것은 益卦가 中孚卦로 변하는 경우이다.

益之兩互 其卦 剝也 ䷖ 剝之六二 其卦 蒙也 ䷃ 蒙自觀來 剛來益下 《五之二》 非不益也 亦自臨來 臨則損下 《一之上》 或損之也 旣或損之 則或益之也 象不確定 《見乾卦》 或之者 疑之也

益→兩互作卦→ 剝 → 제2효변 → 蒙 ← 推移← 觀

益卦의 兩互卦는 剝卦가 되는데, 剝卦 六二는 그 卦가 蒙卦가 된다. 蒙卦는 觀卦로부터 왔는데, 剛이 [내려] 와서, 아래를 유익하게 하니 《[觀卦의] 5가 2로 감》 [이 경우는] 보태주는 경우가 아니라고 할 수 없다. 또한 蒙卦는 臨卦에서 나왔는데, 臨卦에서 보면 [蒙卦로 推移된다는 것은] 아래를 덜어내는 것이니 《[臨卦의] 1이 上으로 감》 "或損之", 즉 "어떤 경우는 덜어내는 것"이 된다. 이처럼 어떤 경우는 덜어내는 것이 되면, [또 다른] 어떤 경우에는 보태주는 것이 되니, 象이 [일정한 방식으로] 확정되지 않는 것이다. 《[이에 대한 설명은] 乾卦[의 九四爻][54]에 나옴》 '或……之'는 [확실치 않으므로] 의심을 표현하는 문장형식이다.

○中孚者 大离也 离則爲龜 《說卦文》 坤爲十朋 《地數十》 十

54) 乾卦九四의 '或若在淵, 無咎'의 句 중에서 '或'字를 말한다. 茶山은 註에서, "自姤來則爲進, 自夬來則爲退, 象不確定, 其爲可疑, 疑則或之"라고 함.

朋之龜也 巽命下佑 ≪上本乾≫ 弗克違也 ≪義詳損六五≫ 詞與損同者 明反易之卦 以五爲二也 ≪皆變爲中孚≫

否 → 益 → 中孚

○[益卦 六二의 之卦인] 中孚卦는 큰 離의 형태를 취하고 있다. 離는 거북을 상징하는데 ≪[離가 거북이 된다는 것은] 「說卦傳」에 나옴≫ [益卦의 下互卦인] 坤은 十朋에 해당되니 ≪地數는 10이 됨≫ "十朋之龜", 즉 "10朋의 거북"에 해당된다. [益卦의 上卦는 巽인데] 巽의 命令으로 아래를 도우니 ≪[否卦의] 上卦가 본래 [天을 상징하는] 乾[이므로, 巽의 명령은 곧 天命이 됨]≫ "弗克違", 즉 '[天命을] 어기지 못함'이 된다. ≪설명이 損卦 六五에 자세히 나옴≫ [益卦 六二의] 爻詞가 損卦 [六五의 爻詞]와 동일한 것은 反易卦는 [뒤집으면] 제5位가 제2位로 전환됨을 [분명히] 밝힌 것이다. ≪[損卦 六五는 효변하면, 中孚卦가 되고, 益卦 六二도 효변하여, 역시 中孚卦가 되므로, 損卦와 益卦는] 모두 변하여 中孚卦가 됨≫

○永貞者 周禮所云 年祝 化祝之事也 ≪春官 大祝文≫ 否移爲益 ≪四之一≫ 震主治民 ≪下坤民≫ 坤本无疆 ≪見坤卦≫ 其事永遠 ≪非一朝一夕之所能爲≫

否 → 益

○여기 "永貞"이란 『周禮』에서 말하는 '年祝'·'化祝' 등의 일을 가리킨다. ≪「春官」에 '大祝'의 직무를 설명한 부분에 나오는 말≫ 否卦가 추이하여 益卦가 되면 ≪[否卦의] 4가 1로 감≫ 震의 君主가 [그] 백성을 통치함에

≪[益卦의] 아래에 坤의 백성[이 있음]≫ [그 통치하는 영토인] 坤이 본래 그 境界가 없으니 ≪坤卦에 설명이 나옴≫ 그 事業이 길고 오래가는 것을 상징한다. ≪[永遠한 일이란] 하루 아침이나 하루 저녁에 능히 할 수 없는 일을 가리킴≫

變而中孚 則坤民丕變 咸囿离化之中 ≪與賁九三 同≫ 永貞 吉也 ≪凡永遠之事 遇是則吉≫

否 → 益 → 中孚

[그런데 益卦 六二가] 효변하여 中孚卦가 되면, 그 坤의 백성이 [王의 정치에 의해] 크게 변하여, 모두 离의 教化[의 세력 속]에 들어가니 ≪賁卦 九三과 동일한 경우≫ [이것을 가리켜] "永貞, 吉", 즉 "長久한 사업에는 길하다"라고 말한 것이다. ≪무릇 길고 오래가는 사업에 착수할 때, 이 卦를 얻으면 吉하다.≫

○卦自否來 ≪四之一≫ 震主除地 ≪下本坤≫ 奉其坤牛 ≪下互坤≫ 上祭乾天 ≪否上乾≫ 郊享之卦也

否 → 益

○益卦는 否卦에서 왔다. ≪[否卦의] 4가 1로 감≫ 震의 君主가 땅을 소제(掃除)하고 ≪[否卦의] 下卦가 본래 坤≫ 그 坤의 소(牛)를 봉헌(奉獻)하며 ≪[益卦의] 下互卦가 坤≫ 위로 乾의 하늘에 제사지내니 ≪否卦의 上卦가 乾≫ [益卦 六二는] '교외에서 제사를 올리는 것'을 상징하는 卦이다.

變而中孚 則上下齊潔 ≪下倒巽≫ 中誠孚格 ≪中大离≫ 王用享帝也 曷然哉 祭天祈年[55] 亦所以益民也

益 → 中孚

[益卦 六二가] 효변하여 中孚卦가 되면, 上下가 [巽에 따라 心身을] 齋戒하고 ≪[中孚의 上卦는 巽이며] 下卦도 거꾸로 된 巽[이므로 "上下齊潔"이라고 한 것]≫ 마음속에 정성(精誠)이 가득하여, 神을 감동시키니 ≪[中孚卦의] 가운데가 큰 离≫ "王用享帝", 즉 "임금이 上帝에게 제사를 올리는 것"이 된다. 어째서 그러한가? 하늘에 제사를 올리고, 풍년을 기원하는 것[56]은 역시 백성을 돕기 위한 것이기 때문이다.

○ 自外來者 蒙自觀來也 ≪五之二≫ 不以兩互 則不自外來 ≪卦中 無此象≫ 不可讀也 損之六五 益之上九 宜參看

益→兩互作卦→ 剝 → 제2효변 → 蒙←推移← 觀

○"自外來"라고 한 것은 蒙卦가 觀卦로부터 온 것을 가리킨 것이다. ≪[觀卦의] 5가 2로 감≫ [만일] 兩互卦를 취하지 않는다면, "自外來"의 象이 얻어지지 않으니 ≪卦에 이런 象이 없음≫ [이 구절을] 해독할 수가 없다. 損卦 六五와 益卦 上九의 경우를 마땅히 참조해야 한다.

---

55) [校閱] 新朝本에는 "祈年"으로 되어 있으나 奎章本에는 "祈季"로 되어 있다. 또 國中本에는 "析年"으로 되어 있는데 誤記이다. 新朝本을 따른다.

56) 祈年 : 풍년이 되기를 비는 것.

六三 : 益之, ≪句≫ 用凶事, 无咎. 有孚, 中行, ≪句≫ 告公用圭. ○象曰 : 益用凶事, 固有之也.

六三 : 보태어 주니, ≪句≫ 흉사(凶事)에 쓰는 것이므로, 허물이 없을 것이다. 믿음이 있으니, [使臣인] 중행씨(中行氏)가 ≪句≫ 公에게 [天子의 명령을] 告함에 규(圭)를 쓰는 것이다. ○「象傳」: 보태어서 흉사(凶事)에 쓰는 것은 [어려운 때를 대비하여] 본래부터 [저축해 두고] 있는 것[을 쓰는 것]이다.

此 益之家人也 家人自遯來 ≪四之一≫ 剛來益下 ≪初今剛≫ 是益之也 ≪損上益下 曰 益≫ 中孚之移 ≪三之二≫ 亦不損下 ≪往來 不出於內卦≫ 皆有益而無損也 故不言或

이것은 益卦가 家人卦로 변하는 경우이다. 家人卦는 遯卦에서 왔는데 ≪[遯卦의] 4가 1로 감≫ 이때, 剛이 와서 아래에 보태니 ≪初位가 지금 剛≫ 이것이 "益之"인 것이다. ≪위를 덜어서 아래에 보태는 것을 '益'이라고 한다.≫ [家人卦의 또 다른 母卦인] 中孚卦가 추이함에도 ≪[中孚卦의] 3이 2로 감≫ 역시 아래를 덜어내는 것은 아니니 ≪[剛畫과 柔畫의] 往來가 內卦[의 범위]를 벗어나지 않음≫ 모두 [어느 경우에나] 보태는 것은 있어도, 덜어내는 것은 없다. 그러므로 [六二에서는 "或 ……"이라 하였지만] 여기서는 '或'이라는 말을 하지 않는 것이다.

○ 凶事者 喪事也 遯之時 乾以艮死 ≪自乾爲姤遯≫ 移之家人 ≪四之一≫ 坎之哀痛 ≪二四互≫ 离貝以賻之 ≪今兩离≫ 用凶事也

乾 → 姤 → 遯

○[여기서] "凶事"란 喪事를 가리킨다. 遯卦의 때에, 乾이 艮에 따라 죽었으니 ≪乾卦로부터 [변하여] 姤卦로 되고, 다시 遯卦로 됨≫ [遯卦로부터] 추이하여 家人卦로 가면 ≪[遯卦의] 4가 1로 감≫ 坎의 애통함을 맞아 ≪[家人卦의] 2·3·4位의 互卦[는 坎]≫ 离의 재물(貝)로 부의금(賻儀金)을 보내니 ≪지금 두 개의 离가 생겼다.≫ [이것을 가리켜] "用凶事", 즉 "凶事에 쓴다"고 한 것이다.

卦有坎离 又凡水火 疫癘 寇盜 戈兵 ≪皆坎离之象≫ 皆爲凶事 ≪人之所死亡≫ 上之益民 此 其時也 巽命下施 ≪風火卦≫ 民所益也

乾 → 姤 → 遯

家人卦에는 坎과 离가 있는데, 또한 대체로 이것들이 상징하는 물·불·질병·도적·군대는 ≪모두 坎과 离의 象≫ 모두 凶事가 되니 ≪사람은 [그런 것들로 말미암아] 죽게 됨≫ 위에서 백성을 돕는다면, 이 때가 [바로] 그 때인 것이다. 巽의 命令이 아래에 시행됨에 ≪家人卦는 風과 火로 구성된 卦≫ 백성들에게 도움이 되는 것이다.

○ 自否以來 三不得位 ≪陰居陽≫ 今德稱位 ≪三今剛≫ 又何咎焉 ≪善補過≫ 遯之旣移 ≪四之一≫ 剛來得位 ≪本失位≫ 亦无咎也

否 → 益 → 家人 ← 遯

[益卦의 母卦인] 否卦 以來로 제3位가 [합당한] 자리를 얻지 못하였는데 ≪陰이 陽位에 있음≫ 지금 [益卦 六三이 효변하여 家人卦가 됨에] 그 德이 지위에 알맞게 되니 ≪[家人卦의] 제3位가 지금 剛≫ 또한 어찌 허물이 되겠는가! ≪잘못을 잘 고쳐 보완함≫ [또한 家人卦의 母卦인] 遯卦가 [家人卦로] 추이함에 있어서도 ≪[遯卦의] 4가 1로 감≫ 剛이 [안으로] 와서 합당한 지위를 얻었으니 ≪본래 자신의 자리를 상실하고 있었음≫ 역시 "无咎", 즉 "허물이 없는 것"이 된다.

○[57] 家人自中孚來 ≪三之二≫ 本以离孚 今又志應 ≪二五應≫ 是有孚也

益 → 家人 ← 遯　　　家人 ← 中孚

○家人卦는 [큰 离인] 中孚卦로부터 왔으니 ≪[中孚卦의] 3이 2로 감≫ [中孚卦의 때에] 본래 离의 믿음을 가지고 있었는데, 지금 [家人卦에서는] 또한 그 마음이 서로 호응하니 ≪['中'位인] 2와 5가 [陰과 陽이 되어 서로] 호응함≫ 이것이 "有孚", 즉 "신실함에 감동하여 호응함이 있는 것"이다.

○中行者 使臣也 ≪義見下≫ 遯之時 乾王在上 ≪天山卦≫ 民以艮死 ≪下二陰≫ 四以近臣 ≪位近五≫ 承受巽命 ≪上今巽≫ 降于艮邑 ≪四之一≫ 离以寬之 ≪寬慰之≫ 此 遣使賙恤之象也 自中孚來[58]

57) [校閱] 奎章本에는 "○"의 표시가 빠져 있다.

≪三之二≫ 是 中行也 ≪義見夬九五≫

益 → 家人 ← 遯

益 → 家人 ← 中孚

○“中行”이란 使臣을 뜻한다. ≪설명이 아래에 있음≫ 遯卦의 때에는 乾의 임금이 위에 있고 ≪[遯卦는] 天과 山으로 구성된 卦≫ 백성들은 艮에 의해 죽게 되었는데 ≪아래 두 개 陰이 백성≫ 제4位는 [王의 측근인] 近臣으로서 ≪그 地位가 임금의 지위인 제5位에 가까움≫ 巽의 명령을 받들고 ≪[家人卦의] 上卦가 지금 巽≫ 艮의 邑으로 내려가서 ≪[遯卦의] 4가 1로 감≫ [그 백성들을] 离로써 관대하게 구휼(救恤)하니 ≪그들을 관대하게 위로함≫ 이것은 使臣을 파견하여, 구휼하는 象이다. [또 家人卦는] 中孚卦로부터 추이한 것이니 ≪[中孚卦의] 3이 2로 감≫ 이것이 “中行”[59]에 내포된 뜻이다. ≪이에 대한 설명은 夬卦 九五를 풀이한 곳에 나옴≫

○公者 震侯也 ≪益下震≫ 今此使臣 仰受王命 ≪上本乾≫ 俯告[60] 震侯 ≪巽者 兌之俯≫ 是 告公也

否 → 益

○[여기서] “公”은 震의 제후를 가리킨다. ≪益卦의 下卦는 震≫ 지금 이 使臣(中行)이 王命을 받들고 ≪[益卦는 否卦로부터 왔는데, 否卦의] 上卦가

58) [校閱] “自中孚來”의 “來”가 奎章本과 國中本에는 “移”로 되어 있다. 뜻에는 차이가 없다.

59) 이 경우 “中行”에는 “中孚로부터 온”, 혹은 “中으로부터 나아온”이라는 의미가 내포되어 있다.

60) [校閱] “俯告震侯”의 “告”가 新朝本에는 “吉”로 되어 있는데, 誤記이다.

본래 乾≫ 아래로 震의 제후를 굽어보면서 고하니 ≪巽은 [‘언어’·‘입’을 상징하는] 兌가 아래로 굽어보고 있는 모양이다.≫ 이것이 “告公”, 즉 “公에게 [天子의 명령을] 告함”이다.

乾本爲玉 ≪遯上乾≫ 降爲离信 ≪下今离≫ 信玉爲圭 ≪執圭 以爲信≫ 告公用圭也

益 → 家人 ← 遯

乾은 본래 옥(玉)을 상징하는데 ≪遯卦의 上卦는 乾≫ [遯卦의 3剛이] 아래로 내려가 离의 신표(信標)를 형성한다. ≪[家人卦의] 下卦가 지금 离≫ 신표(信標)로 삼는 옥(玉)을 ‘규(圭)’라고 하니 ≪‘圭’를 지님으로써, 신임장으로 삼음≫ [이것이] “告公用圭”, 즉 “公에게 [天子의 命令을] 告함에 圭를 쓰는 것”에 해당된다.

○ 固有之者 乾王之富 ≪遯上乾≫ 所固有也 固有之故 能以惠民 ≪四之一≫ 上無所蓄則 雖欲巽施 ≪以益下≫ 亦不能也

益 → 家人 ← 遯

家人 ← 中孚

○“固有之”란 乾의 임금의 財富가 ≪遯卦의 上卦는 乾≫ 본래부터 [준비되어] 있었던 것임을 말하는 것이다. 본래부터 준비되어 있었기에 [위급한 시기에] 백성들을 구제할 수가 있는 것이니 ≪[遯卦의] 4가 1로 감≫ 위에서 저축한 것이 없다면 비록 巽의 시혜(施惠)를 베풀고자 해도 ≪그것으로써 아래를 도움≫ 또한 불가능한 것이다.

○案 周禮秋官 有大行人 小行人 ≪皆 所以使於侯國≫ 春秋之時 有中行氏 ≪晉之族≫ 古者 以官爲氏 中行者 使臣也

○[案] 『周禮』「秋官」에 '大行人'과 '小行人'이라는 직책이 있었고 ≪모두 제후국에 使臣으로 보내는 직책임≫ 춘추시대에는 '中行'氏가 있었는데 ≪晉나라의 일족≫ 古代에는 관직(官職)으로 그 姓氏를 삼았거니와, '中行'[氏]는 使臣[의 姓氏였던 것]이다.

○又按 周禮 典瑞之職 珍圭 以徵守 以恤凶荒 ≪珍圭 卽鎭圭≫ 鄭玄云 王 使人 徵諸侯 ≪徵所守≫ 凶荒之國 則授圭以往 致王命 如今使者 持節 ≪恤荒者 開府庫 振救之≫ 禮記曰 大夫 執圭而使 所以申信也 ≪郊特牲≫ 告公用圭 蓋指此禮也

○[又按] 『周禮』「春官」의 전서(典瑞[61])의 직책에 "진규(珍圭)는 지방 수령을 징계하여, 재난과 기근을 구원하는 것이다"고 하였는데[62] ≪'진규(珍圭)'는 곧 '진규(鎭圭)'[63]를 가리킴≫ 鄭玄이 풀이하기를 "王이 사람을 보내어 제후들을 징계함에 ≪'수령의 직분'을 깨우쳐 줌≫ 재난과 기근이 든 나라이면 '규(圭)'를 주어 보내, 王命을 전하니, 지금 使者가 부절(符節[64])을 지니고 가는 것과 같다"라고 하였다 ≪鄭玄이 말하였다. '휼황(恤荒)'이란 관청의 창고를 열어 [궁핍으로부터] 구해내는 것이다."≫ 『禮記』에 말하기를, "大夫가 '圭'를 가지고, 使臣으로 가는 것은, 거듭 당부하기 위한 것"이라고

---

61) 전서(典瑞) : 西周시대에 관리의 신분 확인을 위한 증표로서 符를 사용하였는데, 符란 信標 혹은 證票의 뜻이다. 부절(符節)을 관장하던 관리에는 春官에 속한 전서(典瑞)와 地官에 속한 장절(掌節)이 있었다.

62) 珍圭 以徵守 以恤凶荒 : 『周禮』「春官宗伯」「典瑞」에 나오는 말이다. 지재희, 이준영 역, 『주례(周禮)』, 자유문고, 2002, 247면.

63) 진규(鎭圭) : 西周에서 사용된 부절(符節)로서, 천자가 사방을 진정(鎭靜)시키기 위하여 사용한 홀을 가리킨다. 西周시대에는 진규(鎭圭)의 재료로서 옥(玉)을 사용했으나, 그 후에는 구리를 사용했고, 漢代에는 대나무와 구리를 함께 사용했다.

64) 부절(符節) : 木片 또는 竹片에 글을 쓰고, 證印을 찍은 후, 두 쪽으로 쪼개어, 서로 나눠 가졌다가, 후일에 서로 맞추어 증거로 삼는 것.

하였는데 ≪『禮記』「郊特牲」에 나옴≫ [여기서] “告公用圭”는 대개 이런 禮를 가리키는 것이다.

○又按 地官 以委積 待凶荒 宗伯 以荒禮 哀凶札 ≪大荒 大札則令邦國 移民通財 舍禁弛力[65] 薄征緩刑≫ 損上益下 莫大乎振荒 故 易詞如此

○[又按]『周禮』「地官司徒」에 따르면 [遺人이] ‘[縣都에 평소] 비축해 두었던 것’으로, 재난이나 흉년에 대처하였으며, [그]「春官宗伯」에 따르면 [大宗伯은] 황례(荒禮)에 입각하여, 기근(饑饉)과 역병(疫病)을 원호하였다. ≪[『周禮』「地官司徒」「大司徒」에서 말하였다.] “큰 흉년이 들고, 역병이 창궐하면, 전국에 명을 내려 백성들을 [적절하게] 이주시키고, 물자를 원활히 소통시키며 [山澤 등에 출입을 통제했던] 금령을 해제하고 부역(賦役)을 줄이며, 세금을 낮추고, 형벌을 완화한다.”≫ 위를 덜어서, 아래를 보탬은 기근을 구휼하는 것보다 큰 것이 없다. 그러므로 易詞도 이와 같은 것이다.

○又按 荀九家 以震爲玉 然 此爻 與鼎上九 皆以乾移 故曰圭 曰玉

○[又按] 荀九家는 震을 ‘옥(玉)’으로 보는데[66] [이것은 분명히 잘못으로서] 이 爻와 鼎卦 上九는 모두 [玉을 상징하는] 乾이 推移한 것이기 때문에, ‘圭’를 말하고, ‘玉’을 말한 것이다.

---

65) [校閱] 新朝本과 奎章本과 國中本에 모두 “舍禁弛令”으로 되어 있다. 그러나『周禮』의 原文에 “力”으로 되어 있으므로, 여기서는 “力”으로 고쳤다.

66) 茶山은 玉의 상징은 震이 아니라, 乾이라고 본다.

六四 : 中行告公從, 利用爲依遷國. ◯ 象曰 : 告公從, 以益志也.

六四 : [使臣인] 中行氏가 [천자의 命을] 公에게 告함에, [公이 그 命을] 따르리니 [天子에게] 의지하여 [제후가] 도읍을 옮김에 이로울 것이다. ◯「象傳」: "[천자의 命을] 公에게 告하면, [公이] 따르는 것(告公從)"은 도와주고자 하는 뜻이 있기 때문이다.

此 益之无妄也 无妄自中孚來 ≪四之二≫ 中孚者 中行也 ≪義見夬九五≫ 四以近臣 ≪位近五≫ 承受巽命 ≪本上巽≫ 告于震公 ≪本互震≫ 中行之告公也 震公順命 升而上遷 ≪二之四≫ 以從乾王 ≪上今乾≫ 告公從也

益 → 无妄 ← 中孚

이것은 益卦가 无妄卦로 변하는 경우이다. 无妄卦는 中孚卦로부터 왔는데 ≪[中孚卦의] 4가 2로 감≫ 中孚란 '中行' 즉 '使臣'을 가리키는 말이다. ≪이 뜻은 夬卦 九五에 나옴≫ 제4位가 측근의 신하로서 ≪지위가 [王位인] 제5位에 가까움≫ 巽의 命을 받들고 ≪본래 [中孚卦의] 上卦가 [명령을 상징하는] 巽≫ 震의 公侯에게 [그 임금의 명령을] 告하니 ≪中孚卦에 본래 [2·3·4位에] 互卦인 震이 있음≫ [이것은] 中行氏가 公에게 告하는 것이다. 震의 公侯가 그 명령을 좇아, 위로 옮겨감으로써 ≪[中孚卦의] 2가 4로 감≫ 乾의 임금을 따르니 ≪[无妄卦의] 上卦가 지금 乾≫ "告公從", 즉 "[천자의 명령을] 公에게 전함에 [公이 그 命令을] 따른다"라고 한 것이다.

○ 无妄又自遯來 ≪一之三≫ 乾王在上 ≪遯上乾≫ 可依可仰 ≪依者 衣[67]也 乾爲衣≫ 利用爲依也 艮邑遷移 ≪下艮今互艮≫ 密邇乾王 利遷國也 詩云 于京斯依 ≪大[68]雅文≫ 左傳曰 周之東遷 晉鄭焉依 ≪此 以王依侯≫ 雖事情不類 遷國之必有依 如是也

益 → 无妄 ← 遯

○ 无妄卦는 또한 遯卦로부터 왔는데 ≪[遯卦의] 1이 3으로 감≫ [遯卦에서 보면] 乾의 왕이 위에 자리하여 ≪遯卦의 上卦는 乾≫ 의지할 만 하고, 따를 만 하니 ≪여기서 '依'는 '衣'인데, 乾은 '衣'가 됨≫ "利用爲依", 즉 "의지(依支)함에 이롭다"고 한 것이다. [한편] 艮의 邑이 옮겨가서 ≪[遯卦의] 下卦인 艮이 지금 [无妄卦에서] 互卦인 艮으로 됨≫ 더욱 乾의 王에 가까워지니, "利遷國", 즉 "도읍을 천도(遷都)함에 이로운 것"이 된다. [『詩經』의 '公劉'의] 詩에 이르기를, "우경사의(于京斯依)", 즉 "[公劉께서] 京땅에 기거하시니"라고 하였고 ≪『詩經』「大雅」에 나오는 구절≫ [또] 『左傳』에 이르기를, "우리 周 왕실이 東쪽으로 천도(遷都)함에 晉나라·鄭나라에 의지했습니다"[69]라고 하였으니 ≪이는 王이 侯에게 의존하는 것≫ 비록 [益卦 六四의 易詞와 더불어] 事情은 꼭 같은 종류라고는 말할 수 없으나,

---

67) [校閱] "依者, 衣也"의 "衣"가 新朝本에는 "之"로 나오는데, 誤記이다.

68) [校閱] "大雅"의 "大"가 新朝本에는 "衣"로 나오는데, 誤記이다.

69) 我周之東遷, 晉鄭焉依 : 『左傳』 '隱公 6年'에 나오는 말. "鄭伯如周, 始朝桓公也. 王不禮焉. 周桓公言於王曰, 我周之東遷, 晉鄭焉依. 善鄭以勸來者, 猶懼不蔇, 況不禮焉?, 鄭不來矣(鄭나라 군주인 백작이 周왕실에 가서 처음으로 천자인 桓王을 뵈었다. 그때, 천자가 鄭나라 군주를 예우(禮遇)하지 않자, 周의 桓公이 천자에게 말하기를, 우리 周왕실이 東遷할 때, 晉나라와 鄭나라에 의지했습니다. 鄭나라와 친하게 지내서 찾아오도록 권해도 오히려 이르지 않을까 염려되는데, 하물며 예우(禮遇)하지 않을 수 있습니까? 예우하지 않으면, 鄭나라 군주는 앞으로 오지 않을 것입니다."(남기현 역해, 『春秋左傳』 上, 자유문고, 2003, 73~74면)

[國家의 首都를] 천도(遷都)함에 있어, 반드시 의지함이 있는 것이 이와 마찬가지이다.

○益志者 剛來益下 以成离志也 ≪今大离≫

○"益志", 즉 "뜻을 보탠다"라고 한 것은 [遯卦가 추이하면서] 剛이 안으로 들어와서, 아래를 보탬으로써, 离의 '志'를 이루기 때문이다. ≪지금 [无妄卦의 1·2·3·4位가] '큰 离'이다.≫

九五 : 有孚惠心, 勿問, 元吉, 有孚惠我德. ○象曰 : 有孚惠心, 勿問之矣, 惠我德, 大得志也.

九五 : [백성들은] 베풀려는 [君主의] 마음에 믿음을 두며, [君主는 백성들에게 시혜(施惠)를 베푸는 정책을 과감하게 시행(施行)하며, 아랫사람들에게 이럴까 저럴까 자문을 구해] 묻지 않으니, 君主에게 [크게] 吉하다. 나[백성]에게 은혜를 베푸는 [임금의] 덕에 믿음을 둘 것이다. ○「象傳」: 베풀려는 [君主의] 마음에 [백성들이] 믿음을 두니 [백성들에게 베풀 것인지 말 것인지를 따져] 물을 것도 없으며, [君主가] 나[백성]에게 은혜를 베푸는 德이니 [군주가] 크게 뜻을 얻은 것이다.

此 益之頤也 頤自觀來 ≪五之一≫ 巽本好施 ≪虞氏云≫ 五爲其心 ≪在坎位之中≫ 是 惠心也

益 → 頤 ← 觀

이것은 益卦가 頤卦로 변하는 경우이다. 頤卦는 觀卦로부터 왔는데 ≪[觀卦의] 5가 1로 감≫ 그 [觀卦의 上卦인] 巽은 본래 베풀기 좋아하는 성질을 가지고 있고 ≪우번(虞翻)의 말≫ 제5位는 그 마음이 되니 ≪['心'을 상징하는] 坎의 자리의 중앙에 있음≫ 이것이 "惠心", 즉 "베풀려는 마음"이다.

坤民仰望 ≪觀下坤≫ 二五相應 ≪觀二柔≫ 有孚惠心也 巽命俯詢 ≪兌口向下 詢≫ 慮或不果 ≪巽不果≫ 移之爲頤 ≪五之一≫ 則損上惠下 ≪五之一≫ 不復詢問 ≪巽口向下者 今亡≫ 勿問而施也 恤民之政 有感于心 ≪有孚于惠心≫ 宜斷而行之 ≪五之一≫ 苟或詢問可否 則必有沮之者矣

益 → 頤 ← 觀

坤의 백성들이 위를 우러러 보고 ≪觀卦의 下卦는 坤≫ 제2位와 제5位가 상응하니 ≪觀卦의 제2位가 柔≫ [이것을 가리켜] "有孚惠心", 즉 "베풀려는 마음에 믿음을 둔다"라고 한 것이다. [觀卦에서] 巽의 명령을 내리되, [아래를 향하여] 구부려 자문을 구하며 ≪[巽은] 兌의 입이 [뒤집혀져서] 아래로 향하여 있는 형태이니, [아래를 향하여] 자문을 구하는 것≫ [이리저리] 생각하고 미심쩍어하면서, 과감하지 못했는데 ≪巽은 '과감하지 못함'이 됨≫ [觀卦로부터] 추이하여 頤卦가 되면 ≪[觀卦의] 5가 1로 감≫ 위를 덜어서 아래에 혜택을 베풀며 ≪[觀卦의] 5가 1로 감≫ 다시 [이것저것] 묻지 않으니 ≪巽의 입이 아래로 향했던 것이 지금 사라짐≫ 묻지 않고도 [과감하게] 베푸는 것이다. 백성을 돕는 政治를 펼친다면, 마음으로 감동함이 있을 것이니 ≪베풀려는 마음에 [감동하여] 믿음을 둠≫ 마땅히 과감하게 단행하여야 하며 ≪[觀卦의] 5가 1로 감≫ 만약 [베풀 것인지 말 것인지] 可否를 따져 묻는다면, 반드시 그것을 저지하는 자가 있을 것이다.

○元吉者 君道之吉也 剛來益下 遂成震仁 善之長也

益 → 頤 ← 觀

○"元吉"은 君主의 도리에 좋은 것이다. 剛이 와서, 아래를 도와, 마침내 震의 仁을 이루니 '선한 우두머리(善之長=元)'인 것이다.

○頤爲大离 ≪上下夾≫ 坤民皆信 ≪离爲信≫ 是 有孚也

益 → 頤

○[益卦 九五의 之卦인] 頤卦는 큰 离가 되어 ≪[頤卦에서 보면] 1·2·3·4·5·6까지 협괘(夾卦)[는 大离의 형태]≫ 坤의 백성이 모두 신임하니 ≪离는 '信'이 된다.≫ 이것을 가리켜 "有孚"라고 한 것이다.

○我者 坤民也 ≪觀下坤≫ 直心曰 德 ≪字從[70]直從[71]心≫ 觀之中

70) [校閱] "從"이 奎章本에는 "以"로 되어 있다. 여기서는 新朝本을 따른다.
71) [校閱] "從"이 奎章本에는 "以"로 되어 있다. 여기서는 新朝本을 따른다.

剛也 ≪坎位之中剛≫ 剛來惠民 ≪五之一≫ 惠我德也

益 → 頤 ← 觀

○["惠我德"에서] '我'는 [아래에 있는] 坤의 백성이다. ≪觀卦의 下卦는 坤≫ '直'과 '心', 즉 '바른 마음'이 '德'인데 ≪'德'의 古字인 '悳'字를 보면, 글자 자체가 '直'字와 '心'字에 의거해 있다.≫ 觀卦 제5位의 中剛이 바로 그것이다. ≪[心을 상징하는] 坎의 자리의 '中剛'[(즉 '直')이니 '德'인 것이다.]≫ 剛이 들어와서 백성에게 혜택을 베풀고 사랑하니 ≪[觀卦의] 5가 1로 감≫ "惠我德(나에게 은혜를 베푸는 덕)"이다.

○之矣者 斷詞也 疑則問之 今旣离孚 ≪今大离≫ 勿問之矣

○"之矣"란 단정하는 [어투의] 말(斷詞)[의 用法]이다. 의심스러우면 묻을 것인데, 지금 이미 离의 [확고한] 믿음이 있으니 ≪지금 [頤卦는] 큰 离≫ "勿問之矣", 즉 "물을 것도 없다"고 말한 것이다.

○大得志者 大离也 ≪离爲志≫

益 → 頤 ← 觀

○"大得志", 즉 "[君主가] 크게 뜻을 얻은 것"은 [頤卦에] 큰 离가 있기 때문이다. ≪[頤卦는 大离의 형태인데] 离는 '志'가 됨≫

上九 : 莫益之, 或擊之, 立心勿恒, 凶. ○象曰 : 莫益之, 偏辭也, 或擊之, 自外來也.

上九 : [도와주어야 할 때에] 보태어 주지 않는지라, 혹(或) 누가 그를 공격(攻擊)해 들어올 수도 있을 것이다. 마음가짐에 항심(恒心)이 없으니, 흉할 것이다. ○「象傳」: "莫益之"라고 한 것은 [卦象의 어느] 한 쪽 측면만을 두고 하는 말(偏辭)이다. "或擊之"라고 한 것은 [그 공격하는 자가] 밖에서 [치고] 들어올 것임을 가리킨 것이다.

此 益之屯也 屯自臨來 ≪二之五≫ 移乃損下 ≪二之五≫ 莫益之也 當益之時 ≪當益下之時≫ 莫之思益 ≪不益下≫ 必有問罪者 至矣

益 → 屯 ← 臨

이것은 益卦가 屯卦로 변하는 경우이다. 屯卦는 臨卦로부터 왔는데 ≪[臨卦의] 2가 5로 감≫ [臨卦로부터] 추이하면서 [도리어] 아래를 덜어내니 ≪[臨卦의] 2가 5로 감≫ "莫益之(보태어 주는 것이 없다)"라고 한 것이다. [아래를] 도와주어야 할 시기에 ≪마땅히 '아래'에 보태어 주어야 될 시기≫ 도울 생각을 하지 않으니 ≪아래를 돕지 않음≫ 반드시 그 罪를 묻는 者가 당도할 것이다.

○屯自觀來 ≪上之一≫ 觀民省風者 ≪卽方伯之臣≫ 見有不恤其民者 ≪臨損下≫ 往而擊之 ≪上之一≫ 坎之罪惡 ≪臨移五 爲坎≫ 震以聲之

≪下今震≫ 或擊之也 象不確定 ≪自觀來 則爲益下≫ 或之者 疑之也

䷩ ䷂ ䷓　　䷂ ䷒

益 → 屯 ← 觀　　屯 ← 臨

○屯卦는 또한 觀卦로부터 왔는데 ≪[觀卦의] 上이 1로 감≫ 백성의 형편을 관찰하고, 그 풍속을 살피는 자가 ≪즉 방백(方伯)72)의 직책을 맡고 있는 신하≫ 그 백성들을 잘 돌보지 않는 수령이 있는 것을 보면 ≪臨卦의 아래로부터 [즉 백성들 것을] 덜어 냄≫ 가서 [그를] 칠 것이거니와 ≪[觀卦의] 上이 1로 감≫ [屯卦에서 보면] 坎의 罪惡을 ≪臨卦에서 제5位가 추이함에 '죄악'을 상징하는 坎이 됨≫ 震으로써 성토하니 ≪[屯卦의] 下卦가 지금 震≫ "或擊之", 즉 "혹 누가 그를 칠 수도 있다"고 말한 것이다. [이처럼] 象이 확정적이지 않으니 ≪觀卦로부터 推移한 것으로 보면, 아래에 보태어 주는 경우가 됨≫ "或……之"라고 한 것은 [상황이 확실치 않으므로] 의심한다는 뜻이다.

○坎之心志 震以立之 ≪震爲立≫ 是 立心也 本以巽施 ≪益上巽≫ 今爲坎險 ≪上今坎≫ 立心勿恒也 ≪志無常≫

䷩ ䷂ ䷓　　䷂ ䷒

益 → 屯 ← 觀　　屯 ← 臨

○[屯卦에서] 坎의 心志를 震으로써 세우니 ≪震은 세우는 것[立]이 됨≫ 이것이 "立心"이다. 본래 巽으로써 시혜(施惠)를 베풀었는데 ≪益卦의 上卦는 巽≫ 지금 坎의 험난함이 되었으니 ≪[屯卦의] 上卦는 지금 坎≫ "立心勿恒", 즉 "마음을 세움에, 恒心이 없다"라고 한 것이다. ≪뜻이 [변

72) 방백(方伯) : 周代에 한 지방의 제후들의 長인 大諸侯, 조선에서는 觀察使의 별칭.

하여] 恒常됨이 없음≫

○偏辭者 不全之詞也 莫益之一句 偏主自臨來之象 一偏之詞也

○"偏辭"란 전체를 모두 포괄하지 못한 말을 뜻한다. "莫益之"의 한 구절(一句)은 [屯卦의 辟卦인 觀卦와 臨卦중에서, 觀卦로부터 나온 象은 취하지 않고, 오직] 臨卦에서 나온 象을 중심으로 취한 것이니, 어느 한 쪽에 치우친 말이라고 할 수 있다.

○觀移爲屯 ≪上之一≫ 剛自外來也 ≪損六五 益六二 宜參看≫

益 → 屯 ← 觀

○觀卦로부터 추이하여 屯卦가 되었으니 ≪[觀卦의] 上이 1로 감≫ 剛이 밖에서부터 들어온 것(自外來)이다. ≪損卦 六五와 益卦 六二의 경우를 참조할 것≫

○案 舊本 偏辭之偏 多作徧 ≪孟喜 李鼎祚本 同≫ 虞翻曰 徧 周布也. 此 盖形誤也

○[案] 舊本에서는 '偏辭'의 '偏'字를 많은 경우 [정반대 뜻인] '徧'字로 하였는데, ≪맹희(孟喜)나 이정조(李鼎祚)의 책이 이와 같다.≫ 우번(虞翻)은 [이를 두고] '徧'이 '두루 펼쳐 미침'의 뜻이라고 하였다. 이런 해석은 아마도 그 글자의 형태가 유사하여 생긴 착오(形誤)일 것이다.

孔子曰 君子 ≪否之乾三陽≫ 安其身 ≪內卦爲我 坤爲安≫ 而後動

≪移之爲益 下震動≫ 易其心 ≪坎心之位 巽爲順≫ 而後語 ≪巽爲告≫ 定其交 ≪震巽本配匹≫ 而後求 ≪互艮以求之≫

否 → 益

孔子께서 [다음과 같이] 말씀하셨다. "君子는 ≪否卦의 [下卦인] 乾의 3陽[이 君子]≫ [먼저] 그 자신이 안정된 ≪[否卦의] 內卦는 '我'가 되며, [否卦의 上卦인] 坤은 '安'의 뜻이 됨≫ 이후에 행동하며 ≪[否卦로부터] 추이하면, 益卦로 되는데, 그 [益卦의] 下卦인 震은 '행동'이 됨≫ 그 마음을 편안하게 한 ≪[益卦에서 보면, 上卦인 4·5·6位는 본래 坎位로서] 坎心의 자리에 해당되는데, [그 上卦에 지금 巽이 있고] 巽은 '順함'의 뜻이 됨[이니, 결국 順한 마음이 됨]≫ 이후에 말하며 ≪巽은 告함이 됨≫ [먼저] 그 交際할 [합당한] 상대를 定하고 나서 ≪震과 巽은 [장남과 장녀로] 본시 배필이 됨≫ 그 이후에 [배필에게] 求愛하는 것이다." ≪互艮으로써 요구함≫

君子修此三者 故全也 ≪大离以修之≫ 危以動 ≪臨之兌 乘剛爲厲≫ 則民不與也 ≪坤三陰 相聚不分≫ 懼以[73]語 ≪坎懼而兌語≫ 則民不應也 ≪三與上 皆柔≫ 无交而求 ≪震坎 非其配≫ 則民不與也 ≪坤三陰不分≫ 莫之與則 傷之者 至矣 ≪坎傷之≫ 易曰 莫益之 或擊之 立心勿恒 凶

益 → 屯 ← 臨

73) [校閱] "懼以語"의 "以"가 奎章本에는 "而"로 되어 있는데, 誤記이다. 「繫辭下傳」의 제5章의 原文에 "懼以語"로 되어 있다.

"君子는 이 세 가지 덕목을 닦는 까닭에, 온전한 인격이 되는 것이다 ≪큰 离로써 수양함≫ [만일 君子가] 위태롭게 행동하면 ≪[屯卦의 母卦인] 臨卦의 兌는 陰으로써 剛을 올라타고 있는 형태이니, 위태로운 것이 됨≫ 백성이 더불어 동참하지 않으며 ≪坤의 세 陰이 서로 [자기들끼리] 모여서 떨어지지 않음≫ [만일 君子가] 두렵게 말하면 ≪坎은 '두려워함[懼]'의 뜻이 되고, 兌는 '말[語]'의 뜻이 됨≫ 백성이 [진심으로] 호응하지 않으며 ≪[지금 屯卦에서] 제3位와 제6位가 모두 柔≫ 교제할 [합당한] 상대가 아닌데도 불구하고, [배필을] 구하게 되면 ≪[長男인] 震과 [中男인] 坎은 그 바른 배필이 못됨≫ 백성들이 더불어 동참하지 않으니 ≪坤의 세 개의 陰이 [자기들끼리만 뭉쳐 있어] 분리되지 않음≫ [이처럼 백성들이] 함께 동참하지 않는다면, [君子를] 해칠 자가 당도할 것이다. ≪[지금 屯卦의 上卦가] 坎이니 해치는 것이 됨≫ [그러므로] 『周易』에서 '莫益之, 或擊之, 立心勿恒, 凶'이라고 한 것이다."[74]

○案 否之時 乾坤其配也 移之爲益 震巽其配也 ≪長男與長女≫ 此所謂 定其交而求也 臨之時 兌坤非其配 移之爲屯 震坎非其配 此所謂 无交而求也

否 → 益 → 屯 ← 臨

○[案] 否卦의 때에는 乾과 坤이 그 배필(配匹)이 된다. [否卦로부터] 추이하여, 益卦가 되면, 震과 巽이 그 배필이 된다. ≪[震의] 長男과 [巽의] 長女≫ 이것이 이른바 "定其交而求", 즉 "[먼저] 그 交際할 상대를 定하고 나서 [배필에게] 구애(求愛)하는 것"이다. [益卦 上九의 之卦인 屯卦의 母卦인] 臨卦의 때에도 [少女인] 兌와 [어미인] 坤은 그 배필이

74) 孔子의 引用句는 여기서 끝난다. 「繫辭下傳」의 제5장에 나온다.

될 수 없으며, [臨卦로부터] 추이하여 屯卦가 되어도, [長男인] 震과 [中男인] 坎은 그 [합당한] 배필이 될 수 없다. 이것이 이른바 "无交而求", 즉 "교제할 [합당한] 상대가 아닌데도 불구하고, [배필을] 구하는 것"이다.

43. 택천 쾌(澤天 夬)

乾下兌上 ○ 第二十五卦之正 ≪復四陽進≫

乾이 下卦이고, 兌가 上卦이다. ○ 第25卦의 正卦이다. ≪復卦로부터 네 개의 陽이 [점진적으로 축적되어] 前進한 것이다.≫

序卦傳曰 夬者 決也

「序卦傳」에서 말하였다. "夬卦는 '터지는 것', '척결하는 것'을 의미한다."

○雜卦傳曰 夬 決也 剛決柔也 君子道 長 小人道 憂也

○「雜卦傳」에서 말하였다. "夬는 척결함을 뜻하는데, 剛이 柔를 척결하니, 君子의 道는 자라나게 되고, 小人의 道에는 근심이 있다."

○鏞案 夬者 缺也 缶夬爲缺 水夬爲決 玉夬爲玦 衣夬爲袂 心夬爲快 其義 一也 卦形充滿 而唯兌口微缺 ≪說卦 兌爲決≫ 此其所以得名也

○[鏞案] '夬'는 깨트려지거나 터진 것(缺)을 뜻한다. '부(缶)'[75]字와 '쾌(夬)'字가 합쳐져서 '이지러질 결(缺)'字[76]가 되고, '水'字와 '夬'字가 합쳐져서 '터질 결(決)'[77]字가 되며, 玉에 한 부분이 터져 있는 것(夬)이 결(玦)[78]이 된다. 옷(衣)의 틔워져 있는 부분을 '소매 袂(메)'라고 하며, 마음이 탁 트인 것을 '상쾌할 快(쾌)'라고 하니, 그 뜻이 [트이거나, 터진 것을 뜻한다는 점에서] 모두 동일하다. 夬卦의 형태는 충만한 모습을 취하고 있으나, 다만 [上卦인] 兌의 입이 약간 이지러져 있으니 ≪「說卦傳」에 이르기를, 兌는 '決'의 뜻이 된다고 함≫ 이것이 이 卦가 '夬'라는 이름을 얻은 까닭이다.

以其義 則坤陰充滿 無內無外 自復以來 陽自內實 陰自外退 有若投金石 以實洿澤 而澤水自決 ≪上今兌≫ 此之謂 剛決柔也 決之不已 澤必乾涸 ≪乾卦成≫ 乾涸之乾 所以[79]假借於

75) '장군 缶(부)'字는 액체를 담는 그릇의 한 종류를 뜻함.

76) '缺'字는 그릇 따위가 깨진 것을 가리킨다.

77) 물이 [방죽이 터져] 넘쳐나는 것이 '決'字의 뜻이 된다.

78) '결(玦)'은 고리처럼 된 것인데, 한 부분이 이지러진 것이니, 玉의 한 부분을 틔워 둔 것이다. 그런데 玦은 허리 등에 차기 위해, 가공할 때 일부러 한 쪽을 틔워 둔 것이지, 자체에 흠이 있거나 깨진 玉을 말하는 것이 아니다.

79) [校閱] 新朝本에는 "所以"가 "所何"로 되어 있다. 즉, 奎章本과 國中本에는 "乾涸之乾, 所以假借於乾卦也"로 되어 있고, 新朝本에는 "乾涸之乾, 所何假借於乾卦也"라고 나온다. 後句가 앞서 나온 "此其[所以]得名也"라는 구절과 대응한다고 보아, 여기서는 後者를 따른다.

乾卦也

䷁ → ䷗ → ䷒ → ䷊ → ䷡ → ䷪ → ䷀

坤 → 復 → 臨 → 泰 → 大壯 → 夬 → 乾

그 뜻으로 본다면 [重地 坤卦에서] 坤의 陰氣가 充滿하여 안팎이 없었는데, 復卦 以來로, 陽이 안에서부터 충실해지고, 陰은 밖으로 물러나, 마치 단단한 쇠뭉치나 돌덩이들을 던져 넣어, 웅덩이를 메움으로써, 연못의 물이 저절로 넘쳐흐르는 듯한 형상이 되니 ≪[夬卦의] 上卦가 지금 兌≫ 이것을 가리켜 [「彖傳」에서] "剛決柔"이라고 한 것이다. 이처럼, 넘쳐나는 것이 그치지 않으면, 못은 반드시 말라 버릴 것인데 ≪[夬卦는 復卦 以來로 陽이 점차로 증가된 것인데, 한 단계 더 陽이 더해지게 되면] 乾卦가 성립함≫ [바로 이런 까닭에] '건조하고 메마르다'[80]는 뜻의 '乾'字의 의미는 乾卦로부터 가차(假借)된 것이다.

䷪

夬, 揚于王庭, 孚號, 有厲, 告自邑, 不利卽[81]戎. 利有攸往.

夬卦의 象은 [첩(妾)이 君主를 누르고] 王의 궁정(宮庭)에 드높이 오르는 象이니, [君主에 대한] 믿음을 갖고 [위험이 오는 것을] 부르짖으나, 위태로움이 있을 것이며, [결국 패전(敗戰)의 결과를] 자신의 고을에 告하게 될 것이니, [군사(軍師)를 출정(出征)시켜] 武器에 나아가는 것은 불리

80) 乾涸之乾의 '涸'은 '물이 마르다'의 뜻이다.
81) [校閱] 新朝本에는 "卽"字가 異體字로 나온다.

할 것이다. 가는 곳에 이로움이 있을 것이다.

此 夬之不變者也 夬者 履之交也 ≪天澤交≫ 履之爲卦 兌妾在[82] 內 ☱ 而乾階之下 ≪乾三級≫ 其地 剛鹵 ≪說卦 兌剛鹵≫ 其象 庭也 ≪義見下≫ 乾王在上 ≪履上乾≫ 王之庭也 交之爲夬 ≪交易之≫ 則自王庭而擧之 ≪上下易≫ 處之光顯之位 ≪危乃光≫ 揚于王庭也 ≪揚擧也≫ 揚者 揚兌也 ≪升兌妾≫

夬　　　履

이것은 夬卦가 변하지 않는 경우이다. [澤天] 夬卦는 [天澤] 履卦로부터 交易된 괘인데 ≪天澤 [履]卦가 交易[되어 澤天 夬卦로 됨]≫ 履卦라는 괘는 兌의 첩(妾)이 안에 자리하여, 乾의 계단 아래에 있고 ≪乾[의 3陽]은 세 개의 계단을 상징함≫ 그 땅으로 보면 '강노(剛鹵)', 즉 '굳은 소금밭'에 해당되니 ≪「說卦傳」에서, 兌는 "강노(剛鹵)", 즉 '굳은 소금밭'이라고 함≫ 그 모양이 정원(庭園)과 유사하다. ≪이 뜻은 아래에 설명됨[83]≫ [履卦에서 보면] 乾의 임금이 위에 자리하고 있으니 ≪履卦의 上卦는 乾≫ [여기가] 王이 거처하는 궁정(宮庭)인 것이다. [그런데 履卦로부터] 交易하여 夬卦가 되면 ≪[上卦와 下卦를] 교체하여 바꿈≫ 王의 宮庭에서 들어올려서 ≪上卦와 下卦를 바꿈≫ 밝게 드러난 [영달(榮達)의] 地位에 앉히니 ≪[「彖傳」에서 말한바] "危乃光", 즉 "위태로움이 이에 분명하게 드러난 것"이 됨[84]≫ "揚于王庭", 즉 "王의 宮庭에서 드높이 오른 것"이다. ≪'揚'은 '들어올려짐', 즉 천거(薦擧)됨을 뜻한다.≫ [여기서] 들어올린다(揚)고 한 것은 兌를 높이 올린 것을

82) [校閱] "在"가 奎章本에는 "왕(枉)"으로 되어 있는데, 誤記이다.
83) "漢制, 王宮之內 ……." 以下 참조할 것.
84) 아래 「彖傳」에서 "其危乃光"라고 함.

가리킨 것이다. ≪즉 兌의 첩(妾)을 들어올린 것≫

○履交爲夬 而三六猶應 ≪不失剛柔應≫ 是 有孚也 履交爲夬 而兌口猶警 ≪警 告也≫ 孚而號也 履交爲夬 而乘剛益甚 ≪始也 乘二剛≫ 是 有厲也 ≪高且危≫ 人國之危厲不安 未有甚於兌妾之乘剛上下警告 豈有旣哉

夬 履

○履卦로부터 交易되어 夬卦가 되어도 제3位와 제6位가 여전히 호응하니 ≪剛과 柔의 相應관계를 상실하지 않음≫ [이것은] 믿음을 지니고 있기 때문이다. 履卦로부터 交易되어 夬卦가 되어도 兌의 입이 여전히 [위험을] 경고하니 ≪'警'은 告함이다.≫ [이것은] "믿음을 지니고, 부르짖는 것(孚而號)"이다. 履卦로부터 交易되어 夬卦가 되면, [柔가] 剛을 올라 탄 상태가 더욱 심해지니 ≪처음[의 履卦]에는 두 개의 剛을 올라타고 있었다. [그러나 夬卦로 交易되면, 하나의 柔가 다섯 剛을 올라타고 있으므로, 위태로움이 더욱 심해진 것이다.]≫ 이것이 "有厲", 즉 "위태로움이 있다"라고 말한 까닭이다. ≪높고, 또 [게다가] 위태로움≫ 국가가 위태롭고 불안함이 兌의 妾이 剛을 [즉 군주를] 누르고 위에 [올라타고] 있음보다 더 심한 것이 없으니, 上下가 [모두] 경고함이 어찌 그칠 수가 있겠는가?

○卦自復進 ≪臨 泰 大壯 夬≫ 復之震帥 ≪初一剛≫ 率其坤衆 ≪前五陰≫ 進而向前 ≪向上去≫ 行師之象也 進而向敵 ≪陽漸長≫ 每進一步 必喪其衆 ≪陰漸亡≫ 爲臨爲泰 以至於夬 則坤衆盡亡 一陰唯殘 ≪兌一陰≫ 喪師之象也

復 → 臨 → 泰 → 大壯 → 夬

○夬卦는 復卦에서 前進한 것인데 ≪臨→泰→大壯→夬≫ 復卦에 있던 震의 장수(將帥)가 ≪[復卦의] 初位의 한 개의 剛[이 震의 장수가 됨]≫ 그 坤의 무리를 이끌고 ≪앞에 있는 다섯 개의 陰≫ 前進하여 앞으로 나아가니 ≪[卦象에서는] 위를 향해 올라감≫ 군대가 출정하는 象이다. 敵을 향해 전진함에 ≪陽이 점차 자람≫ 매번 한 걸음씩 전진할 때마다, 반드시 그 무리를 잃으니 ≪陰이 점차로 없어짐≫ 臨卦가 되고, 泰卦가 되어, 夬卦에 이르면, 坤의 무리가 모두 죽고, 한 개의 陰만 유일하게 남아 ≪[夬卦의 上卦인] 兌에 있는 한 개의 陰≫ [패하여] 군사(軍師)를 잃어버리는 象이다.

古者 師出而喪 ≪亡其衆≫ 必有訃告 ≪禮所云 訃車櫜韔≫ 兌口攸告 ≪上今兌≫ 師之訃也 本自坤邑 ≪復上坤≫[85] 告自邑也 其象如此 不利卽戎也 卽戎者 行師也

古代에는 군대가 출정(出征)하였다가, 사상자(死傷者)가 나면 ≪그 무리를 잃어버림≫ 반드시 [그 죽음을 알리는] 부고(訃告)를 하게 되어 있으니[86] ≪『禮記』「檀弓下」에 이른바, "[軍有憂則素服, 哭於庫門之外], 訃車[不載]櫜韔", 즉 "[軍이 패전하면, 素服을 입고, 고문(庫門) 밖에서 곡(哭)하니, 패전을 보고하는 수레[87]에는 전대와 활집[88]을 싣지 않는다"[89]라고 한 것이 그것이다.≫ 여기서 兌의 입으

85) [校閱] 新朝本과 國中本에는 "師之訃也, 本自坤邑, ≪復上坤≫"의 순서로 되어 있으나 奎章本에는 "師之訃也, ≪復上坤≫, 本自坤邑"의 순서로 되어 있다. 前者의 순서가 더 합리적이라고 생각되어, 여기서는 前者를 따른다.

86) 泰卦 上六에 이와 유사한 주석이 나온다. 즉, "古者, 師出而敗, 厥有訃告 ≪禮所云 訃車櫜韔≫ 此 其禮也"라고 함(『四箋』 卷2, 34가).

87) 訃車 : 나라에 패전하여 死傷者가 있음을 알리는 수레를 뜻함.

88) 櫜韔 : 전대와 활집, 고(櫜)는 戰甲을 넣는 전대이며, 창(韔)은 활집이다.

89) 『禮記』「檀弓下」에 "軍有憂則素服, 哭於庫門之外, 赴車不載櫜韔(軍이 패전하면, 素服을 입고, 庫門 밖에서 哭하니, 패전을 보고하는 수레에는 전대와 활집을 싣지 않

로 알리는 것은 ≪[夬卦의] 上卦가 지금 兌≫ [다름 아닌] 군대의 訃告이다. ≪復卦의 上卦는 坤≫ 본래 자신의 坤의 邑이니 "告自邑", 즉 '자신의 읍(邑)에 고한 것'이다. 그 象이 이와 같으므로, "不利卽戎", 즉 "[軍師를 출정(出征)시켜서] 武器에 나아감이 불리할 것"이라고 한 것이다. "즉융(卽戎)"이란 군사를 出征시킴을 뜻한다.

○利有攸往者 行者之占也 自復以來 震道無閡 以至大壯 ≪亦上震≫ 其行不息 進而爲夬 則震道旣終 兌和乃至 ≪上今兌≫ 利有攸往也

○"利有攸往"은 길을 떠나가는 사람의 占이다. 復卦 이래로 震의 길에 막힘이 없어서, 大壯卦에 이르기까지 ≪[大壯卦의] 上卦도 역시 震≫ 그 行進이 멈추지 않았는데, [더] 前進하여 夬卦가 됨에, 震의 길이 이미 종착지(終着地)에 다다르고, 兌의 和氣가 곧 도래하니 ≪[夬卦의] 上卦가 지금 兌≫ "利有攸往"이라고 말한 것이다.

○案 漢制 王宮之內 皆有鹵簿[90] 古之遺也 鹵者 以鹺水 洒塵也 兌爲剛鹵 ≪說卦文≫ 其象 王庭也

○[案] 漢나라 法制에 따르면, 王宮 안에 모두 '노부(鹵簿)'[91]가 있었

는다)"라고 하는 구절이 있다(송명호 역, 『禮記集說大全』 제1권, 높은밭, 2002, 595면).

90) [校閱] "노부(鹵簿)"의 "부(簿)"가 奎章本에는 "박(薄)"으로 되어 있는데, 誤記이다.

91) 노부(鹵簿) : 임금이 행차할 때의 의장 기구, 혹은 天子가 거동할 때의 행렬을 뜻한다. 궁중행사 때 사용한 각종 물품과 편성 인원 및 운용 방식을 일컫는 말로 사용되었다. '노(鹵)'는 천자의 警護에 쓰는 큰 방패를 가리키고, '부(簿)'는 行列의 순서를 적는 장부를 가리킨다. 이러한 노부(鹵簿)의 제도(制度)는 漢나라 때부터 정착되었다. 그러나 '노(鹵)'가 본래부터 천자의 경호(警護)에 쓰는 큰 방패를 의미했던 것은 아니다. '노(鹵)'는 『說文解字』에 따르면, 천연으로 만들어진 소금을 뜻한다고 했고, 반면에 가공한 소금을 '염(鹽)'이라고 한다고 했다. 또 「說卦傳」의 兌의 物象에 "兌, 其於地也爲剛鹵"라고 했다. 즉 굳고 센 소금을 '강로(剛鹵)'라고 하였다. 그러면, '센 소금'을 의미하던 '노(鹵)'字가 어떻게 해서, 임금이 행차할 때의 의장기구의 의미로 전의(轉義)되었을

다고 하니, 옛부터 전해져 내려온 유습(遺習)이다. '노(鹵)'[92]는 소금기가 있는 물로써 [王庭을 소제(掃除)할 때, 그 바닥의] 먼지를 말끔히 씻어 내는 것을 가리킨다.[93] 兌[☱]는 '강노(剛鹵)', 즉 '굳은 염전(鹽田)'이 되는데 ≪「說卦傳」에 나오는 말≫ 이는 [평평하고 반듯하고 깨끗한] 그 모양이 王의 정원(庭園), 즉 王庭과 비슷한데서 비롯된 것이라고 하겠다.

○泰之上六曰 勿用師 自邑告命 彼亦喪師之象也

泰 → 大畜 ← 大壯

○泰卦 上六에서, "勿用師, 自邑告命", 즉 "군대를 쓰지 말 것이니, [장군이 전쟁에서 죽었으므로] 邑에서 [전쟁의] 결과를 보고한다"라고 하였는데, 그것도 역시 [패전(敗戰)하여] 군대를 잃는 象이다.

彖曰 : 夬, 決也, 剛決柔也, 健而說, 決而和. 揚于王庭, 柔乘五剛也, 孚號有厲, 其危乃光也, 告自邑, 不利卽戎, 所尙乃窮[94]也,

---

까? 『康熙字典』에 따르면, "地不生物曰 剛鹵"라고 하였고, 『釋名』에는 "地不生曰 鹵"라고 하였다. 즉, '강로(剛鹵)'의 소금밭에는 생물이 살 수 없을 정도로 척박한 땅이었던 것이다. 이처럼, '강로(剛鹵)'에는 '柔和'와 반대되는 뜻, 즉 모든 것을 꺾어버리는 '훼절(毁折)'의 뜻이 들어 있어서, 그것이 兌의 뜻과 결합되었음이 틀림없다. 이처럼, '강로(剛鹵)'에는 '숙살(肅殺)'과 '엄려(嚴厲)'의 뜻이 수반되기 때문에, 황제(皇帝)의 강맹(剛猛)하고, 때로는 强暴한 위의(威儀)를 드러내기 위하여, '노(鹵)'의 의미가 轉用되어 사용되었던 것으로 보인다. 『漢官儀志』에 "天子出入兵衛甲盾曰鹵簿"라고 한 것도, 역시 '鹵'字를 威猛强暴의 뜻으로 풀이하고 있음을 보여준다. 그리고 茶山이 말하고 있는 것처럼, 소금기가 있는 물로써 王庭을 소제(掃除)할 때, 그 바닥의 먼지를 말끔히 씻어 내던 옛날부터의 유습과도 관련이 있을 것이다.

92) 노(鹵) : 『設文解字』에 소금은 천연으로 만들어진 것을 노(鹵)라고 했고, 가공한 것을 염(鹽)이라고 한다고 함.

93) 洒塵 : 물을 뿌려, 먼지를 씻어내는 것.

94) [校閱] 新朝本에는 "窮"의 異體字가 쓰여지고 있다.

利有攸往, 剛長乃終也.

「彖傳」: 夬는 척결함을 뜻하니, 剛이 柔를 척결함을 가리킨다. 剛健하면서도 기뻐하고, 척결하면서도 조화를 이룬다. "揚于王庭"은 柔가 다섯 개의 剛을 올라타고 있는 것을 가리킨 것이다. "孚號, 有厲"이라고 한 것은 그 위태로움이 [백일하(白日下)에] 밝게 드러난 것(其危乃光)을 가리킨 것이다. "告自邑, 不利卽戎"이라고 한 것은 [陽의 세력이] 위로 올라가면, [陰이] 곧 窮地에 처하게 되기 때문이다. "利有攸往"이라고 한 것은 剛[의 세력]이 자라나서, 이에 그 終局에 이르렀기 때문이다.

剛決柔之義 見上

"剛決柔"의 해석은 앞에서 나왔다.[95]

○決而和者 義之和也 ≪兌爲利≫ 孔子於乾卦曰 保合太[96]和 ≪夬之合 爲乾≫

○"決而和"라고 한 것은 [「文言」에 나오는] '正義를 실현함에 조화로운 것'을 가리킨다. ≪兌는 이로움이 됨≫ 孔子는 乾卦[의 「彖傳」]에서 "保合大和", 즉 "위대한 조화의 원리를 지키고, [그 원리와] 합일된다"라고 하였다. ≪夬卦가 완전히 [陽과] 결합하면, 乾卦가 된다.≫

○柔乘五剛者 明以履而交易也 履之時 柔乘二剛 ≪履下兌≫ 交之爲夬 其乘彌甚也

95) 剛決柔之義 見上: 앞에서 "以其義則, 坤陰充滿, 無內無外, 自復以來, 陽自內實, 陰自外退, 有若投金石, 以實洿澤, 而澤水自決, 此之謂, 剛決柔也"라고 한 것을 가리킨다(『四箋』 卷5, 22나).

96) [校閱] 新朝本과 國中本에는 "태화(太和)"로 되어 있으나 奎章本에는 "대화(大和)"로 되어 있다.

履　　　夬

○"柔乘五剛"이라고 한 것은 [夬卦가] 履卦로부터 交易된 것임을 [분명히] 밝힌 것이다. 履卦의 때에는 柔가 두 개의 剛을 올라타고 있었는데 ≪履卦의 下卦는 兌[인데, 1陰이 2陽을 올라타고 있음]≫ 交易하여 夬卦가 되면 그 올라타고 있는 정도가 더욱 심하다.

○危者 乘剛之厲也 ≪例見乾九三≫ 履之時 危在隱微 ≪在卦中≫ 揚而升之 ≪兌在上≫ 其危光顯也

○["其危乃光"이라고 했는데] "危"는 柔가 剛을 올라타고 있는 위태로움을 가리킨다 ≪[이런] 用例가 乾卦 九三에도 보인다.≫ 履卦의 때에는 [그런] 위험이 은미(隱微)하게 [잠복해] 있었으나 ≪卦 가운데 있음≫ [그것을 더욱] 높이 들어올림에 ≪[夬卦에서는] 兌가 上卦에 있음≫ 그 위험이 밝은 데로 드러나는 것이다.

○所尙者 陽也 陽之漸上 ≪復至夬≫ 坤衆遂亡 ≪只一陰≫ 所尙乃窮也 窮者 極也 ≪陽上極≫

復 → 臨 → 泰 → 大壯 → 夬

○"所尙", 즉 '위로 올라가는 것'은 陽을 가리킨다. 陽[의 세력]이 점차로 상승하여 ≪復卦에서 夬卦에 이르기까지 도달함≫ 坤의 무리가 결국 멸망하게 되므로 ≪단지 한 개의 陰만 남음≫ "所尙乃窮", 즉 "[陽의 세력이] 위로 올라가면, [陰이] 곧 궁지(窮地)에 처하게 된다"고 말한 것이다. '窮'

은 다함이다. ≪陽이 위로 끝까지 도달한 것이다.≫

◯ 消長之勢 以五爲終 ≪長之極≫ 剛長乃終也 進於六 則純剛不可曰 長也

◯[『周易』의 重卦에서] 소멸하거나 자라나는 기세는 제5位를 마지막(終)으로 삼는 것이니 ≪장성함의 궁극≫ "剛長乃終(剛[의 세력]이 자라나서, 이에 그 끝에 다다른 것)"이라고 한 것이다. [만일 陽의 세력이] 제6位까지 前進하면 [純]剛이 되기 때문에, "[剛]長"이라는 표현을 쓸 수가 없다.

䷛

初九 : 壯于前趾, 往, 不勝, 爲咎. ◯ 象曰 : 不勝而往, 咎也.

初九 : [말의] 앞쪽 발에는 힘이 넘치지만 [반면에 말의 뒷다리는 약해지는 까닭에, 말이 나아]가더라도 이기지 못할 것이니, 허물이 될 것이다. ◯「象傳」: 이기지도 못할 것이면서 [출정(出征)하여 나아]간다면 허물이 될 것이다.

此 夬之大過也 大過自大壯來 ≪五之一≫ 乾馬方行 震足在前 ≪雷天卦≫ 是 前趾也 移之大過 ≪一之五≫ 則剛往于前 ≪一之五≫ 以壯震足 ≪增一剛≫ 壯于前趾也 前趾旣壯 ≪五今剛≫ 後股遂弱 ≪下今巽≫ 馬力如此 ≪前强而後劣≫ 非良馬也 ≪往不勝≫

䷪ ䷛ ䷡

夬 → 大過 ← 大壯

이것은 夬卦가 大過卦로 변하는 경우이다. 大過卦는 大壯卦로부터 왔는데 ≪[大壯卦의] 5가 1로 간 것≫ 乾의 말(馬)이 바야흐로 달려나가려 할 때, 震의 발이 앞으로 향하니 ≪[大壯卦는] 雷와 天으로 구성된 卦≫ 이것을 가리켜 "전지(前趾)", 즉 '앞발'이라고 한 것이다. [그런데 大壯卦로부터] 추이하여 大過卦로 가면 ≪[大壯卦의] 1이 5로 감≫ 剛이 앞으로 나아가니 ≪[大壯卦의] 1이 5로 간 것≫ 震의 다리가 더욱 건장(健壯)한지라 ≪剛 하나를 증가시킴≫ [이것을 가리켜] "壯于前趾", 즉 "앞발에 힘이 넘친다"고 한 것이다. 앞다리가 이처럼 건장(健壯)해진 반면에 ≪[大過卦의] 제5位가 지금 剛≫ 뒷다리는 결국 약해지니 ≪[大過卦의] 下卦가 지금 巽[이니, 柔弱함을 상징함]≫ 말의 힘이 이와 같으면 ≪앞다리는 튼튼한데, 뒷다리는 허약함≫ 좋은 말이라고 할 수 없다. ≪[良馬가 아니기 때문에] 나가더라도 이기지 못하는 것이 된다.≫

○大壯之時 我得乾金 ≪內爲我≫ 金將克木 ≪上震木≫ 移之大過 則剛往助彼 ≪一之五≫ 彼爲兌金 ≪上今兌≫ 我顧爲木 ≪下今巽≫ 往不勝也 ≪剛往 故不勝≫

䷪ ䷛ ䷡

夬 → 大過 ← 大壯

○大壯卦의 때에 나(我)는 乾의 金을 얻으니 ≪內卦가 我가 됨≫ [五行의 원리로 볼 때, '金克木'이니] 金이 장차 木을 이길 것이다. ≪[大壯卦의] 上卦는 震인데 木을 상징함≫ [그런데 大壯卦로부터] 추이하여 大過卦로 가면, 剛이 나아가서, 상대를 도우니 ≪[大壯卦의] 1이 5로 감≫ 상대방은

兌의 金으로 되고 ≪[大過卦의] 上卦가 지금 兌≫ 나는 도리어 [巽의] 木이 되니 ≪[大過卦의] 下卦가 지금 巽≫ "往不勝", 즉 "가더라도 이기지 못하는 것"이다 ≪剛이 떠났기 때문에, 이기지 못하는 것이 된다.≫

○初本得位 ≪剛居一97)≫ 今乃失之 是 爲咎也 ≪陰居陽≫

夬 → 大過 ← 大壯

○[夬卦에서] 初位가 본래 [합당한] 자리를 얻고 있었는데 ≪[夬卦에서] 剛이 初位에 자리함≫ 지금 [夬卦 初九가] 효변하게 되면, 그 [합당한] 자리를 상실하니, '허물이 되는(爲咎) 것'이다. ≪[大過卦에서] 陰이 陽位인 初位에 머무름[으로써 허물이 됨]≫

○不勝而往 不量敵而輕進也

○[「象傳」에서] "不勝而往", 즉 "이기지도 못할 것이면서 [출정하여] 나아간 것"이라고 한 것은 [상대방인] 敵의 역량(力量)을 헤아리지 않고, 경솔하게 나아간 것을 가리킨 것이다.

○案 丁氏易柬曰 前趾者 因大壯之趾 ≪謂夬由大壯而進≫ 其義偶合也

○[案] 『정씨역간(丁氏易柬)』98)에 이르기를, "[夬初九에서 언급된] '前趾', 즉 '앞발'은 大壯卦에 있던 '趾'로부터 온 것이다"라고 하였는데

---

97) [校閱] "剛居一"이 新朝本에는 "剛一居"로 되어 있는데, 行의 배열상의 착오로 보인다.

98) 『정씨역간(丁氏易柬)』의 引用文은 毛奇齡의 『仲氏易』에 그대로 나온다(『仲氏易』, 上海古籍出版社, 1990, 178면). 茶山은 毛奇齡의 『仲氏易』에서 再引用한 것으로 추측된다.

≪夬卦가 大壯卦로부터 前進해서 성립된 괘임을 가리킨다.≫ 그 뜻이 우연히 맞아떨어진 것일 뿐이다.[99)]

○學圃云 大過之卦 上下四片 有馬四足之象[100)]

夬 → 大過

○學圃가 말하였다. "[夬卦 初九의 之卦인] 大過卦에는 위와 아래로 [上位와 初位에] 네 개의 조각(片)'이 있으니, [마치] 말의 네 다리의 象이 있는 것과 같다."

---

99) 十二辟卦推移로 볼 때, 夬卦가 大壯卦로부터 나아온 것도 사실이고, 大壯卦의 上卦인 震이 前趾에 해당된다는 것도 옳다. 그러나 다산에 따른다면, 夬卦 初九의 爻詞가 大壯卦로부터 유래된 것은 大壯卦로부터 바로 夬卦로 나아갔기 때문에 그러한 것이 아니라, 夬卦 初九가 爻變함으로써 성립된 大過卦가 大壯卦로부터 온 것이기 때문에, 그러한 것이다. 즉 爻變과 推移를 동시에 적용시키지 않는다면, 夬卦 初九가 大壯卦로부터 유래된 충분한 理由를 알 수 없다. 그러나 『丁氏易東』의 설은 효변설과 추이설을 충분히 알지 못한 채로, 단순히 大壯卦로부터 한 개의 陽이 증가됨으로써, 夬卦가 성립된 것이라고 본 것이기 때문에, 결과적으로는 일치할지 모르지만, 원리적으로는 충분히 이해했다고 볼 수 없으므로, '偶合', 즉 '우연한 일치'일 뿐이라고 말한 것이다. 易詞의 내용으로 말한다면, 夬卦가 단순히 大壯卦로부터 온 것이라고 해석한다면, 말(馬)의 앞다리가 健壯해지는 것은 이해할 수 있어도, 왜 뒷다리가 柔弱해져서, 나아가더라도 이기지 못하는지를 이해할 수 없게 되는 것이다.

100) [校閱] 新朝本과 國中本에는 이 "學圃云……"이 "偶合也" 다음에 細注로 처리되어 있는데, 서로 무관한 내용이니 "丁氏易東" 운운한 것의 細注로 될 이유가 없다. 따라서 여기서는 奎章本에 의거하여 본문으로 처리하였다.

九二 : 惕號, 莫夜,[101] 有戎, 勿恤. ◯象曰 : 有戎, 勿恤, 得中道也.

九二 : 두려워서 경고의 소리를 외치니, 한 밤중에 [도적이 들어와] 싸움이 벌어진다고 하더라도 근심할 것이 없다. ◯「象傳」: 싸움이 벌어진다고 하더라도 근심할 것이 없는 것은 中道를 얻었기 때문이다.

此 夬之革也 革自遯來 ≪一之上≫ 遯之時 艮城之外 ≪遯下艮≫ 乾剛疊阻 ≪上四陽≫ 居者無心 ≪下不离≫ 守者無號 ≪上不兌≫

이것은 夬卦가 革卦로 변하는 경우이다. 革卦는 遯卦에서 왔다. ≪[遯卦의] 1이 上으로 감≫ 遯卦의 때에는 艮의 城 밖에 ≪遯卦의 下卦는 艮≫ 乾의 剛이 첩첩이 쌓여 험난한데 ≪[遯卦의] 위쪽에 네 개의 陽이 있음≫ [城 안에] 거주(居住)하고 있는 사람들도 [外侵에 대해] 무심하고 ≪[遯卦의] 下卦가 [방비를 상징하는] 离가 아님≫ [城을] 수비(守備)하는 자들도 [경계하여] 외치지 않는다. ≪[遯卦의] 上卦가 [말이나 호령을 상징하는] 兌가 아니다.≫

移之爲革 ≪一之上≫ 則离心內明 ≪下今离≫ 上畏天命 ≪本乾天 巽命≫ 兌口仰啓 ≪上今兌≫ 發爲號警 ≪號 告也≫ 是 惕號也 ≪惕而号≫

101) 莫夜 : "모야(莫夜)"로 읽는다.

䷪ ䷰ ䷠

夬 → 革 ← 遯

[그런데 遯卦로부터] 추이하여 革卦가 되면 ≪[遯卦의] 1이 上으로 감≫ 离의 마음이 안에서 밝고 ≪[革卦의] 下卦가 지금 离≫ 위로는 天命을 두려워하는데 ≪[遯卦에는] 본래 乾의 天과 巽의 命이 있음≫ 兌의 입이 하늘을 우러러 여쭈어 보아 ≪[革卦의] 上卦가 지금 兌≫ 경고(警告)의 소리를 외치니 ≪'號'는 '告', 즉 '알리는 것'≫ 이것이 "척호(惕號)", 즉 "두려워서 경고의 소리를 외친다"라고 한 까닭이다. ≪두려워하면서 [위험을] 알림≫

○ 上卦位坎 ≪偶奇偶≫ 坎則爲夜 ≪坎爲月≫ 故 易例 四爲初夜 五爲中夜 上爲子夜 ≪如下卦 爲朝晝夕≫ 莫夜者 中夜也 ≪指五位≫

○ 上卦位는 坎에 해당하며 ≪[일반적으로 4・5・6位는] 偶數・奇數・偶數가 들어서는 자리[이므로 坎位가 됨]≫ 坎은 곧 밤(夜)이 되므로 ≪坎은 달이 됨≫ 易例에 제4位는 初夜가 되고, 제5位는 中夜가 되고, 上位는 子夜가 된다. ≪下卦[의 1・2・3位]가 [각각] 아침・낮・저녁이 되는 것과 같다.≫ [따라서] "모야(莫夜)"는 中夜를 가리킨다. ≪제5位를 지칭함[102]≫

革自大壯來 ≪五之二≫ 陰自外入 ≪互巽入≫ 遂成离兵 ≪下今离≫ 坎以寇之 ≪上大坎≫ 是 有戎也 陰自五來 ≪五之二≫ 莫夜有戎也 ≪中夜 有寇盜≫ 雖則然矣 我今离喜 ≪反坎恤≫ 勿之恤也 勿恤 奈何 旣能敬天 ≪惕天命≫ 又有警備 ≪號告之≫ 何恤之有 火克金也 ≪我勝彼≫

102) 大壯卦의 5가 2로 와서, 革卦가 되니, 제5位가 언급되는 것이다.

夬 → 革 ← 大壯

革卦는 大壯卦로부터 왔는데 ≪[大壯卦의] 5가 2로 감≫ 陰이 밖에서부터 들어와서 ≪2·3·4位의 互卦는 巽인데, 들어가는 것[入]을 상징함≫ 마침내 离의 병사(兵士)가 되어 ≪[革卦의] 下卦가 지금 离≫ 坎으로써 도적질을 하니 ≪革卦의 윗부분이 大坎≫ 이것을 가리켜 "有戎", 즉 "싸움이 있다"고 말한 것이다. 陰이 [中夜를 상징하는] 제5位에서 들어오니 ≪[大壯卦의] 5가 2로 감≫ [이것을 가리켜] "莫夜有戎", 즉 "한 밤중에 [도적이 들어와] 싸움이 벌어진다"라고 한 것이다. ≪中夜에 도적이 들어옴≫ 비록 상황이 그렇기는 하지만, 나에게는 지금 离의 기쁨이 있으니 ≪坎의 근심과 반대됨≫ [그것을] 근심할 것이 없는 것이다. 근심할 것이 없음은 어찌 된 일인가? 이미 하늘을 잘 공경하고 ≪天命을 두려워 함≫ 또 [도둑에 대해] 경계하고 대비함이 있으니 ≪외쳐서 [위험에 대해] 경고함≫ 어찌 근심이 있겠는가? 또한 [五行의 原理로 보더라도, 革卦에서 內卦의] 火는 [外卦인] 金(兌)을 이긴다. ≪[불은 쇠를 녹이게 되어 있으므로, 불에 해당되는] 내가 [쇠에 해당되는] 상대를 이김≫

○得中道者 离也 ≪二得位≫ 夬之五陽 其道太過 ≪本五震≫ 今乃柔之 ≪二今柔≫ 得中道也

夬 → 革

○"得中道"라고 한 것은 [革卦의 下卦에 있는] 离로서 말미암은 것이다. ≪[革卦에서] 제2位는 [그 합당한] 자리를 얻음≫ 夬卦에는 陽이 다섯이나 있어서, 그 道가 너무 지나쳤는데 ≪[夬卦는] 본래 다섯 개의 震[이 축적된

것]≫ [그런데] 지금 [夬卦 九二가 효변하여 革卦로 되면] 이에 [夬卦 九二爻가] 柔로 바뀌게 되니 ≪[革卦의] 제2位가 지금 柔≫ "得中道"가 된다.

○案 夬者 盛滿之卦也 君子之義 警戒以持滿 故 卦詞 爻詞 皆有此意

○[案] 夬卦는 성대(盛大)하고 충만함을 상징하는 卦이다. 君子의 [바르게 처신하는] 법은 성대하고 충만한 상황을 경계하는 것이니, 卦詞와 爻詞에 모두 이런 뜻이 있는 것이다.

○又按 离日 入於兌海之低 ≪兌爲澤≫ 亦莫夜之象也 然 虞氏易 以坎爲夜

夬 → 革 ← 大壯

○[又按] [革卦를 보면] 离의 태양이 兌의 바다 아래로 들어가니 ≪兌는 澤이 됨≫ [이것도] 역시 '莫夜'의 象이다. 그런데 虞氏의 易說에서는 坎을 '夜'로 보았다.[103]

○ 荀爽本 惕作錫 ≪翟玄本同≫ 鄭玄 讀莫 如字 ≪音漠 謂非一夜

103) 茶山은 「說卦傳」의 坎卦의 物象에 관한 荀九家의 說을 채록하면서, "坎爲夜"의 說이 간보(干寶)와 우번(虞翻)의 說에 속한다고 말하고 있다. 그런데 다산은 坎의 單一한 象만 가지고, '밤'이 될 수 있는 것이 아니라, 해가 지하에 들어가는 象과 결합되어야 비로소 '밤(夜)'이 될 수 있다고 말하고 있다. 다만, 下卦는 본래 离位에 해당되므로 아침, 한낮, 지녁의 삼시(三時)가 되며, 上卦는 본래 坎位이니, 밤에 해당되는 것으로 간주하여 점치는 것이라고 한다. 그러나 이는 다른 하나의 用例인 것이며, 物象이라는 측면과는 다른 것이라고 한다(唯下卦位离故爲朝晝夕三時, 上卦位坎, 故占之以夜 此別是一例 與物象不同). "坎爲夜"의 說은 比卦 九五의 주석에서도 언급되고 있다(『四箋』 卷8, 38나).

也≫ 皆謬矣

○ 荀爽의 책에서는 [‘惕號’의] ‘惕’字가 ‘錫(석)’字로 나오며 ≪적현(翟玄)의 책에서도 동일함≫ 鄭玄은 [‘莫夜’의] ‘莫’字를 글자 그대로 [‘막’으로] 읽는다. ≪즉 발음이 ‘막(漠)’이고, 하루 밤의 뜻이 아니다.≫ [以上의 학설은] 모두 오류를 범한 것이다.

九三 : 壯于頄, 有凶. 君子夬夬. 獨行遇雨, 若濡有慍, 无咎. ○ 象曰 : 君子夬夬, 終无咎也.

九三 : 광대뼈에 기세(氣勢)가 드세니, 흉한 일이 있을 것이다. 君子가 [지나치게 강직한 성품으로 말미암아] 꺾이고, 또 꺾일 것이다. 혼자 가다가 비를 만나서 [옷이 비에] 젖어 성냄이 있게 되지만, 허물이 없을 것이다. ○「象傳」: 君子가 [지나치게 강직한 성품으로 말미암아] 꺾이고, 또 꺾임을 당하겠지만, 마침내 허물이 없을 것이다.

此 夬之兌也 頄者 頰骨也 兌爲輔頰 ≪荀九家≫ 中剛其骨也 兌自大壯來 ≪三之五≫ 剛往成兌 ≪上下兌≫ 壯于頄也

夬 → 兌 ← 大壯

이것은 夬卦가 兌卦로 변하는 경우이다. 규(頄)[104]는 광대뼈(頰骨)이

104) 頄는 ‘구’ 혹은 ‘규’로 읽는다. 광대뼈, 낯, 얼굴 등을 뜻한다.

다. 兌는 광대뼈(輔頄)가 되는데 ≪荀九家의 說≫ [兌卦의] 가운데 있는 [제4·5位의] 剛이 그 뼈에 해당된다. 兌卦는 大壯卦에서 나왔는데 ≪[大壯卦의] 3이 5로 감≫ 剛이 나아가서 兌를 이루니 ≪[이제 兌卦가 되면] 上卦와 下卦가 모두 兌≫ "장우규(壯于頄)", 즉 "광대뼈에 기세(氣勢)가 드센 것"이다.

○乾體旣折 ≪兌爲折≫ 重兌乘剛 是 有凶也

夬 → 兌

○[夬卦 九三爻가 효변하여 兌卦로 되면] 乾의 형체(形體)가 이미 단절(斷絶)되어 있는 데다가 ≪兌는 '折', 즉 '꺾임'의 뜻이 됨≫ 兌가 겹쳐져서 柔가 剛을 올라타고 있는 형세(形勢)가 되니, 이것은 "有凶(凶事가 있는 것)"이 된다.

○夬者 決[105]也 缺也 乾之君子 旣缺其一 ≪六陽缺其一≫ 變而爲兌 ≪今重兌≫ 又缺其一 ≪三今折≫ 君子夬夬也 ≪重兌 故疊文≫ 君子之性 剛而果決[106] 則必逢缺折 此 其戒也

乾 → 夬 → 兌

○"夬"는 '決斷하여, 척결함(決)'이고, '결여됨(缺)'이다. [夬卦는] 乾의

105) [校閱] 新朝本과 國中本에는 "夬者, 決也"로 나오는데, 여기서는 통일적으로 "決"로 하였다.

106) [校閱] "剛而果決"의 "決"이 奎章本에는 "缺"로 되어 있는데, 誤記이다.

君子들중에서 이미 그 하나를 상실한 모습인데[107) ≪[夬卦는] 여섯 개의 陽에서 그 하나가 결손(缺損)됨≫ 효변하여 兌卦가 되면 ≪지금 重兌卦≫ 다시 그 중 하나를 또 상실하니 ≪[兌卦의] 제3位가 柔니, 지금 [乾의 형체가 다시] 단절됨≫ "君子夬夬", 즉 "君子가 꺾이고, 또 꺾인다"라고 한 것이다. ≪重兌卦인 까닭에 "夬夬"라고 [글자를 겹쳐서] 첩문(疊文)을 사용한 것이다.≫ 君子의 성품이 강직하여 너무 과감하게 결단하면, 반드시 깨트려지고 꺾이는 상황에 봉착하게 되니, 이는 그런 일에 대한 경계(警戒)이다.

○ 兌自中孚來 ≪四之上[108)≫ 二陰同行 ≪互震行≫ 于彼中路 ≪三四 爲卦中≫ 移之爲兌 則一民獨行 ≪四之上≫ 前臨兌澤 ≪上成兌≫ 而离日韜光 ≪大离 爲小离≫ 坎雨[109)滂沱 ≪上大坎≫ 獨行遇雨也 ≪如復之中行獨復≫ 乾衣旣沾 ≪沾坎雨≫ 坎志不平 ≪兌陂 亦不平≫ 若濡有慍也

夬 → 兌 ← 中孚

○[夬卦 九三의 之卦인] 兌卦는 中孚卦로부터 왔다. ≪[中孚卦의] 4가 1로 감≫ [中孚卦에서는] 두 개의 陰이 同行하여 ≪[2·3·4位의] 互震은 '行'을 뜻함≫ 그 中路를 걸어가고 있었는데 ≪3·4位는 卦의 가운데[中]가 됨≫ [그런데 中孚卦로부터] 추이하여 兌卦가 되면, 한 사람의 백성이 홀로 떠나가서 ≪[中孚卦의] 4가 上으로 감≫ 兌의 못 앞에 당도(當到)하였다. ≪[重兌卦의] 上卦가 兌를 이룸≫ [이러한 상황에서 갑자기] 离의 해(日)가 그 빛을 감추고 ≪큰 离가 작은 离로 됨[으로 말미암아, 빛이 약해짐]≫ 坎의 비가

107) 夬卦가 辟卦이니, 따로 母卦가 없거니와, 그래서 重天 乾卦를 가져와 설명하는 것이다.
108) [校閱] "四之上"이 奎章本에는 "四之一"로 되어 있는데, 잘못된 것이다.
109) [校閱] "坎雨滂沱"의 "雨"가 新朝本에는 "兩"으로 되어 있는데, 誤記이다.

퍼붓듯이 쏟아져 내리니 ≪[兌卦의] 윗부분에 [3·4·5·6位에] 大坎이 형성됨≫ "獨行遇雨", 즉 "혼자 가다가 비를 만난 것이다." ≪예컨대 復卦[의 六四]에서 "中行獨復"이라고 한 것과 같은 用例임[110]≫ [夬卦에 있던] 乾의 옷이 이미 젖어 ≪坎의 비에 젖음≫ 坎의 마음이 편치 않으므로 ≪兌는 비탈[陂]을 뜻하니, 또한 평평하지 못한 형태가 됨≫ "若濡有慍", 즉 "[옷이 비에] 젖어 성냄이 있다"고 한 것이다.

○大壯之卦 乘剛而已 ≪上二陰≫ 移之爲兌 ≪三之五≫ 則剛升而柔降 ≪五之三≫ 是 无咎也

大壯 → 兌

○[兌卦의 母卦인] 大壯卦에서는 柔가 剛을 올라타고 있는 [위태로운] 형세(形勢)일 뿐이었는데 ≪[大壯卦의] 위에 두 개의 陰이 있음≫ [大壯卦로부터] 추이하여 兌卦가 되면 ≪[大壯卦의] 3剛이 5로 감≫ 剛은 상승하고, 柔는 下降하니 ≪[大壯卦의] 5柔가 3으로 감≫ "无咎", 즉 "허물이 없음"이 된다.

○君子夬夬 雖失之於過剛 ≪夬 決也 折也≫ 无可尤也 三爲卦終 ≪下之終≫ 故謂之終也

○["君子夬夬"라고 하였으니] 君子가 꺾이고, 또 꺾이게 되면, 비록 지나치게 강경함으로 말미암아 [그 동료들을] 잃어버림은 있으나 ≪"夬"는 '決'의 뜻이 되고, 또 '折'의 뜻이 됨≫ 허물은 없는 것이다. 제3位는 下卦의 끝이므로 ≪下卦의 終≫ '終'이라고 말한 것이다.

---

110) 復卦 六四, "中行獨復" 참조.

○案 鄭玄本 頄作頯[111] ≪蜀才本 作仇 謬矣≫ 夾面也 ≪夾面者 謂 頬骨也≫ 程子曰 顴[112]骨

○[案] 鄭玄의 책에서는 '頄(구·규)'字를 '광대뼈 頯(규)'字로 표기하고 ≪蜀才의 책에서는 '원수 仇(구)'字로 되어 있는데, 이는 잘못이다.≫ '夾面'의 뜻으로 풀이하였다. ≪'협면(夾面)'이란 광대뼈[頬骨]를 말한다.≫ 程子는 ['頄(구·규)'字를] '顴骨', 즉 '광대뼈'로 풀이하였다.

○學圃云 夬之一陰 獨行在外 三之旣變 遂逢坎雨 亦其象也

夬 → 兌

○學圃가 말하였다. "夬卦에서는 陰 하나가 밖에서 홀로 가는데, 九三이 이미 爻變함에 마침내 坎의 비를 만나니, 역시 그 ["獨行遇雨"의] 象이다."

九四 : 臀无膚,[113] 其行次且,[114] 牽羊. 悔亡, 聞言, 不信. ○象曰 : 其行次且, 位不當也, 聞言不信, 聰不明也.

111) [校閱] '頯'字의 좌상부가 新朝本과 奎章本에는 '夕'으로 나온다. 뜻에는 차이가 없다.

112) [校閱] "顴骨"의 "顴"이 奎章本에는 "觀"으로 되어 있는데, 誤記이다.

113) 臀无膚 : "둔무부(臀无膚)"로 읽는다.

114) 其行次且 : "기행차저(其行次且)"로 읽는다. '且'字는 '또'를 의미할 때는 '차'로 읽지만, '머뭇거릴', '나아가지 않을'의 뜻일 때는 '저'로 읽는다.

九四 : [비쩍 마른] 볼기에 살이 [붙어] 있지 않으니, 그 행진(行進)할 적에는 주춤거리면서, [속죄(贖罪)의 뜻으로] 양을 끌고 갈 것이다. 바뀐 것이 [원래 상태로 되어] 사라질 것이다. [듣는 사람이] 말을 듣고도 믿지 않을 것이다. ○「象傳」: 그 행진(行進)할 적에 주춤거리는 것은 그 지위가 합당치 않기 때문이다. [듣는 사람이] 말을 듣고도 믿지 않는 것은 [그 듣는 사람이] 총명하지 못하기 때문이다.

此 夬之需也 需自中孚來 ≪三之上≫ 中孚者 臀也 ≪困初六≫ 左巽右巽 ≪下倒巽≫ 兩股雙對 其象 臀也 ≪巽爲股≫ 移之爲需 則乾骨旣瘠 ≪見說卦≫ 坎脊中隆[115] ≪坎爲脊≫ 左右皆剛 ≪上今坎≫ 膚肉頓陷 ≪柔爲坎[116]≫ 臀无膚也

夬 → 需 ← 中孚

夬 → 需 ← 大壯

이것은 夬卦가 需卦로 변하는 경우이다. 需卦는 中孚卦로부터 왔는데 ≪[中孚卦의] 3이 上으로 감≫ 中孚가 상징하는 것은 엉덩이이다. ≪困卦 初六의 경우를 참조≫ [中孚卦에서는 上卦인] 왼 편도 巽이고, [下卦인] 오른 편도 巽이니 ≪[中孚卦의] 下卦[인 兌]는 거꾸로 된 巽≫ [이처럼] 두 허벅다리가 한 쌍의 짝이 되어 있으니, 그 象이 엉덩이(臀)인 것이다. ≪巽은 허벅다리가 된다.≫ [그런데 中孚卦로부터] 추이하여 需卦가 되면 [需卦의 下卦인] 乾의 뼈는 여위어 있고 ≪乾이 '여윔(瘠)'을 상징한다는 것은 「說卦傳」에 나옴≫ [需卦의 上卦에] 坎의 등뼈(脊)가 가운데 불쑥 솟아 있으니 ≪坎은 '등뼈(脊)'가 됨≫ [需卦의] 위쪽과 오른쪽에 [즉 上下卦가] 모

115) [校閱] "坎脊中隆"의 "隆"이 奎章本에는 "降"으로 되어 있는데, 誤記이다.
116) [校閱] 新朝本과 奎章本에 모두 "柔爲坎"으로 되어 있으나 뜻이 잘 통하지 않는다. "柔爲陷", "柔爲膚" 또는 "柔爲肉"이 되면, 오히려 뜻이 더 잘 통할 수 있다.

두 剛骨만 남아 있고 ≪[需卦의] 上卦가 지금 坎≫ 살갗(膚肉)은 모두 부서지고, 패여 있으므로 ≪柔는 가라앉음 · 빠짐(坎=陷)이 됨[117]≫ "臀无膚", 즉 "엉덩이, 즉 둔부(臀部)에 살이 없다"라고 말한 것이다.

坎險在前 需而不進 ≪卦今需≫ 其行次且也 次且者 趑趄也 ≪行不進之貌[118]≫ 姤九三 亦言 明姤夬爲反對也

需

夬 ← 反易 → 姤

坎의 험난함을 앞에 두고, [다만] 기다릴 뿐, 나아가지 않으므로 ≪卦가 지금 [기다림의 뜻이 내포되어 있는] 需卦≫ "기행차저(其行次且)", 즉 "그 행동이 주춤거림"이라고 한 것이다. '차저(次且)'란 '주춤거림'의 뜻이다. ≪[가고자 하지만 머뭇머뭇하면서] 앞으로 나가지 못하는 모양≫ 姤卦 九三에서도 역시 ["臀无膚, 其行次且"라고] 말한 것은 姤卦와 夬卦가 反對卦가 됨을 [분명히] 밝힌 것이다.

○ 兌羊在前 ≪上本[119]兌≫ 今羊在後 ≪今互兌≫ 却行之象也 倒巽之繩 ≪兌倒巽≫ 坎以曳之 ≪見說卦≫ 是 牽羊也 古者 服其罪者 牽羊以行 ≪春秋傳 鄭伯牽羊≫ 是[120]詞所指 盖指此禮也 牽羊則 羊

117) 原文에 따라 '柔爲坎'을 해석하였으나, 그 뜻이 분명하지 않다. '柔爲坎'이 아니라, "柔爲陷"이나 "柔爲膚" 또는 "柔爲肉"이 되어야 보다 취지에 적합한 것으로 보인다.

118) [校閱] "貌"가 奎章本에는 "皃"로 되어 있다. "貌"와 "皃"는 同字이다.

119) [校閱] 新朝本과 國中本에는 "上本兌"로 되어 있으나 奎章本에는 "上今兌"로 되어 있다. 夬卦 九四가 爻變하기 以前의 상태를 가리킨 것이므로, 여기서는 前者를 따른다.

120) [校閱] 新朝本과 國中本에는 "易詞所指"로 되어 있고, 奎章本에는 "是詞所指"로 되어 있다. 의미는 어느 경우나 통한다. 여기서는, 後者를 따른다.

必却行 ≪朱子曰 牽羊者 當其前 則不進 縱之使前而隨其後則行≫ 亦其行赵趄也

夬 → 需

○[夬卦에서] 兌의 羊이 앞에 있었는데 ≪[夬卦의] 上卦가 본래 兌≫ 지금 [需卦에서는] 羊이 뒤에 있으니 ≪지금 [需卦의 2·3·4位는] 互兌≫ [羊이] 뒷걸음질치는 모습이다. 뒤집어진 巽의 밧줄을 가지고 ≪[需卦의 下互卦인] 兌는 뒤집어진 巽[으로서 밧줄을 상징함]≫ 坎으로써 그 羊을 끌어당기고 있으므로 ≪[坎이 '끌다(曳)'의 뜻이라는 것은] 「說卦傳」에 나옴≫ "牽羊", 즉 "羊을 끌고 간다"고 한 것이다. 古代에는 자신의 죄를 승복하는 경우, 양을 끌고 가는 풍속이 있었는데 ≪『春秋左氏傳』에 "鄭나라 임금(伯)이 …… 양을 끌고 가서 [楚나라의 임금을 맞이하였다]"라고 함[121]≫ 이 易詞가 의미하는 것도 대개 이런 예법(禮法)이다. 양을 [앞에서] 끌면 양은 반드시 뒷걸음질치게 마련이니 ≪朱子가 말하였다. "羊을 끄는 사람이 앞에 있으면, [羊이] 앞으로 나아가지 않는데, 양을 놓아서, 앞서 가게 하고서, 그 뒤를 따라가면서 몰면 쉽게 갈 수가 있다."[122]≫ 또한 그 나아감이 멈칫멈칫한 것(赵趄)이다.

需自大壯 ≪四之五≫ 大壯兼兌 ≪兼畫三≫ 羊其物也 ≪大壯爻詞 皆言羊≫

121) 『左傳』의 '宣公 12年'에 楚나라 군주가 鄭나라를 포위하여, 세 달 만에 鄭나라를 함락시켰는데, 그때에 鄭나라 군주인 백작이 웃옷을 벗고, 羊을 끌고 가서, 楚王을 맞이하면서, 용서를 빌고 화해를 청한 사건을 가리킨다. 이것을 "肉袒牽羊(저고리를 벗어 알몸이 되고, 羊을 끌다)"이라고 하는데, 이는 복종하여 臣僕이 된다는 의미로 사용되고 있다(文璇奎 譯, 『春秋左氏傳』 中, 명문당, 1987, 11~12면).

122) 朱子의 『周易本義』의 夬卦 九四의 주석에 나온다. 다만, 끝의 "則行"이 "則可以行矣"로 되어 있다(『周易集註』, 명문당, 1976, 242면).

䷪ ䷄ ䷡

夬 → 需 ← 大壯

需卦는 大壯卦로부터 왔는데 ≪[大壯卦의] 4가 5로 감≫ 大壯卦는 겸획(兼畫)한 兌의 형태이고 ≪획을 겹쳐 삼획괘(三畫卦)로 만듦≫ 羊은 그 兌의 物象이 된다. ≪大壯卦의 爻詞[의 物象]에서는 모두 '羊'을 언급하였다.[123]≫

○泰之三陽 更進一步 以成大壯 ≪爲四陽≫ 移之爲需 ≪四之五≫ 三陽如舊 ≪如泰時≫ 其悔者 亡也

䷊ ䷡ ䷄

泰 → 大壯 → 需

○[大壯卦의 前 단계인] 泰卦의 세 개의 陽이 한 걸음 더 나아가 大壯卦를 이루는데 ≪네 개의 陽이 됨≫ [大壯卦로부터] 추이하여 需卦가 되면 ≪[大壯卦의] 4가 5로 감≫ 세 개의 陽이 [있는 것이] 以前의 [泰卦의] 경우와 마찬가지로 되니 ≪泰卦의 때와 같음≫ 그 변화(其悔)가 사라진 것이다.

○大兌之言 ≪需自大壯來≫ 坎以聞之 ≪坎爲耳≫ 是 聞言也 於坎之位 ≪四五六≫ 又成坎卦 ≪坎又坎≫ 聞不信也 ≪坎聞而坎疑≫

䷪ ䷄ ䷡

夬 → 需 ← 大壯

○큰 兌의 말을 ≪需卦는 大壯卦로부터 추이하여 나옴≫ 坎으로써 들으니

---

123) 大壯卦의 初九와 九二의 爻辭에서는 명시적으로 羊이 언급되지 않는다.

≪坎은 '귀(耳)'가 됨≫ 이것이 [바로] "聞言", 즉 "말을 듣는 것'이다. 坎의 자리에 ≪4·5·6位는 坎位≫ 다시 또 坎卦를 이루니 ≪坎[의 聞言]이 있는데 또 다시 坎[의 疑心]이 있음≫ [이것을 가리켜] "聞不信", 즉 "듣고도 믿지 않는다"라고 말한 것이다. ≪[두 개의 坎이 있으니] 坎으로써 [말을] 듣고, 다시 또 坎으로써 의심하는 것≫

○位不當者 本象也 ≪陽居四≫ 本不得位故 其占如此

夬

○"位不當"이라고 한 것은 [夬卦의] 本象에 해당된다. ≪陽이 제4位에 머무름≫ 본래 [夬卦의 本象에 있어서도 이렇게 합당한] 자리를 얻지 못했으니, 그 占이 이와 같다.

○於坎之位 ≪四五六≫ 又成坎卦 ≪坎又坎≫ 是爲耳痛 ≪坎耳而坎病≫ 聽不明也 ≪說卦云 坎爲耳痛≫ 下乾爲君 所謂 靈修之不聽也

夬 → 需

○坎의 자리에 ≪4·5·6位[는 坎位]≫ 다시 坎卦가 성립하니 ≪坎位에 다시 坎이 있음≫ 이것은 귀병(耳痛)이 되고 ≪坎은 귀를 뜻하며, 또 坎은 病을 뜻함≫ 따라서 "聽不明", 즉 "총명하지 못함"이 된다. ≪「說卦傳」에 이르기를, 坎은 '耳痛'이 된다고 함≫ [需卦의 下卦인] 乾은 君主가 되니, 이른바 "靈修之不聽(靈修, 즉 君主가 총명하지 못한 것)"이라고 한 것이 그것이다.

○案 鄭玄本 次作趑 ≪說文同≫ 倉卒也 馬融曰 却行不前也 ≪一作跌≫ 且 一作趄 ≪馬氏云 且語助也≫ 李鼎祚註 作趑趄

○[案] 鄭玄의 책에서는 '次(차)'字를 '머뭇거릴 趑(자)'字로 적고 ≪『說文』에서도 동일함≫ '갑자기(倉卒)'의 뜻으로 풀이하였다. 馬融은 말하기를, "뒤로 물러나고, 나아가지 않는 것"이라고 하였다. ≪한 판본에는 '跌'字라고 되어 있다.≫ '且'字는 한 판본에는 '뒤뚝거릴 趄(저)'라고 되어 있는데 ≪馬融이 말하기를, '且'字가 [뜻이 없는] 어조사라고 함≫ 이정조(李鼎祚)의 註에서는 [머뭇거린다는 뜻의] '자저(趑趄)'로 되어 있다.

䷪

九五 : 莧陸夬夬. 中行, 无咎. ○象曰 : 中行无咎, 中未光也.

九五 : 현륙(莧陸)[의 풀]처럼 [약(弱)한 까닭에] 부러지고, [또] 부러질 것이다. 使臣(中行氏)으로 가면,[124] 허물이 없을 것이다. ○「象傳」: 使臣(中行氏)으로 가면, 허물은 없겠으나, 아직 안으로부터 빛나는 것은 아니다.

此 夬之大壯也 朱子曰 莧陸 今馬齒莧 ≪程子曰 脆而易折≫ 朱震曰 莧 蕢 澤草[125]也 商[126]陸 亦澤草[127]也 ≪朱子曰 章陸 一名 商[128]陸≫

---

124) 茶山에 따르면, '中行无咎'의 해석으로 "中行氏, 즉 使臣으로 가면, 허물이 없을 것이다"라는 해석 以外에, "가운데 길(中路)로 가면, 허물이 없을 것이다"라는 해석도 또한 가능하다. 혹은 두 뜻을 하나로 합쳐서, "中行氏인 使臣의 자격으로 갈 때, 가운데 길(中路)을 [택해] 간다면, 허물이 없을 것이다"라는 제3의 해석도 가능하다고 하겠다.

125) [校閱] 新朝本과 國中本에는 "草"로 되어 있으나 奎章本에는 "艸"로 되어 있다. "艸"는 "草"의 本字이다.

126) [校閱] "商陸"의 "상(商)"이 奎章本에는 "적(啇)"으로 나오는데, 誤記이다.

127) [校閱] 新朝本과 國中本에는 "草"로 되어 있으나 奎章本에는 "艸"로 되어 있다.

胡炳文曰 三月 莧始生 ≪夬者 三月卦≫

夬 → 大壯

이것은 夬卦가 大壯卦로 변하는 경우이다. 朱子가 말하였다. “현륙(莧陸)이라는 풀은 지금 ‘마치현(馬齒莧)’[129]이라 부르는 것과 같은 종류이다.” ≪程子가 말하였다. “[현륙(莧陸)이라는 풀은] 약(弱)해서, 잘 부러진다.”≫ 朱震이 말하였다. “‘현(莧)’은 붉은 비름이니, 못가에 나는 풀을 가리킨다. ‘륙(陸)’은 ‘상륙(商陸)’[130]을 가리키는데, 역시 못에 나는 풀[의 한 종류]이다.” ≪朱子가 말하였다. “장륙(章陸)을 一名 ‘상륙(商陸)’이라고도 한다.”≫ 胡炳文이 말하였다. “3月에 현륙(莧陸)이 비로소 난다.” ≪夬卦는 3月卦이다.≫

“艸”는 “草”의 本字이다.

128) [校閱] “商陸”의 “상(商)”이 奎章本에는 “적(啇)”으로 나오는데, 誤記이다.

129) 마치현(馬齒莧) : 쇠비름, 쇠비름과(Portulacaceae)에 속하는 식물. 일년생 초본식물로 높이 30cm 정도로 자란다. 전체에 털은 없으나 육질이고 뿌리는 백색이며 줄기는 적갈색으로써 많은 가지가 비스듬히 옆으로 퍼진다. 잎은 마주 또는 어긋나지만 돌려나기처럼 되며 가장자리는 밋밋하다. 꽃은 6월부터 가을까지 계속 피며 황색이고 가지 끝에 달린다. 열매는 타원형이고, 중앙부가 옆으로 갈라져서 많은 종자가 나온다. 종자는 찌그러진 원형이며 검은빛이 돌고 가장자리가 약간 토돌토돌하다. 잎은 푸르고 줄기는 붉으며 꽃은 노란색이고 뿌리는 희며 씨는 검기 때문에 오행초(五行草)라고도 한다. 또 마치채(馬齒菜), 산산채(酸酸菜), 장명채(長命菜), 돼지풀, 도둑풀, 말비름 등으로도 불리운다.

130) 상륙(商陸) : 자리공, 자리공과(Phytolaccaceae)에 속하는 식물, 당륙, 다미, 장류, 자리갱이, 장녹 등으로도 불리운다. 다년생 초본식물로 높이 1m 정도로 자란다. 뿌리는 우엉과 비슷하며 아래 방향으로 가늘게 신장한다. 줄기는 육질이고 녹색이며 1m 이상 자란다. 잎은 어긋나고 피침형 또는 넓은 피침형으로써 양끝이 좁으며 가장자리가 밋밋하고 잎자루가 있다. 꽃은 6~7월 원줄기와 가지 끝에 잎과 마주나며, 꽃받침조각은 5개로써 난형이며 끝이 둥글고 꽃잎은 없다. 수술은 8개, 꽃밥은 5개로써 연한 홍색이나 자방은 8개로써 돌려나고 1개씩의 암술대가 밖으로 젖혀진다. 열매 이삭은 곧추서며, 8개의 분과로 서로 인접하여 바퀴모양으로 나열되어 있다. 열매는 자주색의 즙액이 들어 있으며, 종자는 흑색이고 1개이다

○五之變 爲震 ≪上今震131)≫ 震則爲草 ≪爲蕃鮮≫ 時當三月 ≪夬之時≫ 生於兌澤 ≪上本兌≫ 其象 莧陸也 大壯者 兼兌也 ≪兼畫三≫ 一卦之內 旣函兩兌 ≪今二陰≫ 亦夬夬也 ≪一兌 爲一夬≫ 莧陸易折 ≪程子云≫ 兌澤決折 ≪說卦文≫ 故其象如此

䷪ ䷡

夬 → 大壯

○[夬卦의] 九五爻가 변하면 震이 되고 ≪[大壯卦의] 上卦가 지금 震≫ 震은 곧 풀(草)이 된다. ≪[震은] 풀이 무성한 것이 됨≫ 時節로는 3月을 맞아 ≪[3월은] 夬卦의 때≫ [그 풀이] 兌의 못에서 자라니 ≪[夬卦의] 上卦가 본래 兌≫ 그 象이 '현륙(莧陸)'인 것이다. [夬卦 九五의 之卦인] 大壯卦는 兼兌의 형태이다. ≪[大壯卦의] 획을 둘 씩 겹쳐, 삼획괘(三畫卦)로 만듦[으로써 兌卦의 형태가 됨]≫ 한 卦 안에 두 개의 兌를 포함하고 있으니 ≪지금 [大壯卦에서] 陰이 두 개 있다. [그래서 3·4·5位에도 互兌가 있다.]≫ [이것도] 역시 "夬夬"라고 [첩문(疊文)을] 쓴 까닭이 된다. ≪하나의 兌가 하나의 夬가 된다.≫ "현륙(莧陸)"은 '잘 끊어지는 것'이고 ≪[앞서 보았듯이] 程子가 그렇게 말함≫ 兌의 못(澤)은 [잘] 터지고 갈라지는 것이니 ≪[兌가 '決'과 '折'의 뜻이 된다는 것은] 「說卦傳」의 글[에서 그렇게 말함]≫ 그 象이 이처럼 [끊어지고, 또 끊어지는 '夬夬'의 象이] 되는 것이다.

○中行者 中孚也 中孚之移 卽成无妄 ≪四之二≫ 无妄之交 乃爲大壯 ≪天雷爲雷天≫ ䷘ 无妄之時 賢者卑降 ≪互震爲下震≫ 交而大壯 則賢者高升 ≪下震爲上震≫ 中行 无咎也 中行者 中路也

---

131) [校閱] 新朝本과 國中本에는 "上今震"으로 되어 있으나, 奎章本에는 "今上震"으로 되어 있다.

○[夬卦 九五의 易詞에서] "中行"이라는 말은 中孚卦에서 유래한 것이다. 中孚卦가 추이하면 곧 无妄卦를 이루고 ≪[中孚卦의] 4가 2로 감≫ 그 无妄卦로부터 交易하면 곧 [夬卦九五의 之卦인] 大壯卦가 된다. ≪天雷 [无妄卦]가 雷天 [大壯]卦로 됨≫ 无妄卦의 때에는 현자(賢者)가 비천(卑賤)한 곳으로 내려와 있었으나 ≪[中孚卦에서는] 互卦인 震이었으나 [无妄卦에서는] 下卦의 震이 됨≫ [无妄卦로부터] 交易하여 大壯卦가 되면, 현자(賢者)가 높은 곳으로 올라가니 ≪[无妄卦에서는] 下卦의 震이었으나, [大壯卦가 되면] 上卦의 震으로 됨≫ [이것을 가리켜] "中行, 无咎", 즉 "中路로 가면, 허물이 없을 것"이라고 한 것이다. "中行"이란 '中路', 즉 '[市街地의] 가운데[로 나 있는 큰] 길'을 가리킨다.

中孚小過 皆有艮震 ≪中孚以兩互≫ 而其聚在中 故謂之中行 ≪艮震 皆道路≫ 復之六四 ≪小過爲中行≫ 益之兩爻 ≪中孚爲中行≫ 卽其驗也 中行者 使臣也 ≪義見益六三≫ 筮而遇是則 奉使者 升揚也

中孚卦와 小過卦에는 모두 [道路를 상징하는] 艮과 震이 있고 ≪中孚卦는 그 兩互卦로써 따진 것≫ 그 [艮과 震의] 道路가 가운데로 모여 있으니, 그것을 [가리켜] "中行"이라고 하는 것이다 ≪艮과 震은 모두 道路가 됨≫ 復卦의 六四와 ≪[復卦 六四에서] 小過가 "中行"이 됨≫ 益卦의 [六三과 六四의] 두 爻가 ≪[益卦의 六三과 六四에서] 中孚卦가 "中行"이 됨≫ 곧 그 증거이다. '中行'은 [또한] 使臣이다 ≪[이] 뜻은 益卦 六三에서 설명하였

다.≫ 점을 쳐서 이 경우를 얻으면, 使臣의 命을 받들고 가는 자는 승진(昇進)해서 [높은 자리에] 오르게 될 것이다.

○雖則无咎 离光今滅 ≪中孚 本大离≫ 中未光也

中孚 → 无妄 ← 交易 → 大壯 ← 夬

○비록 "无咎"라고는 해도 [无妄卦가 交易하여 大壯卦가 되면] 离의 光明이 지금 사라지니 ≪中孚卦는 본래 큰 离의 형태≫ "中未光", 즉 "아직 속으로 빛나는 것은 아닌 것"이다.

○案 虞氏易 莧陸 讀作莞睦 ≪以和悅 爲解≫ 蜀才本 陸作睦 ≪從虞氏≫ 荀爽曰 陸亦草名 ≪鄭玄云 商[132]陸≫ 說文曰 莧 山羊 ≪吳澄從≫ 總之 莧之爲草 葉小而根深 ≪朱氏云≫ 有此卦之象

○[案] 우번(虞翻)의 易에서는 '현륙(莧陸)'을 '완목(莞睦)'이라고 하였으며 ≪['현륙(莧陸)'을] '和合하고 기뻐함'의 뜻으로 해석함≫ 촉재(蜀才)의 책에서는 '陸'字를 '睦'字로 썼는데 ≪虞翻의 說을 따른 것≫ 순상(荀爽)은 '陸'도 역시 풀이름이 된다고 하였다. ≪정현(鄭玄)이 말하기를, '商陸'이라고 하였다.≫『說文』에서 말하기를, "현(莧)은 山羊을 가리킨다"고 하였다. ≪오징(吳澄)이 이 說을 따름≫ [이처럼 여러 설이 있으나] 종합해 본다면 [비름의 一種인] '현(莧)'이라는 풀은 잎이 작고 뿌리가 깊은 것이니[133] ≪朱震의 말≫ 이 [夬]卦와 같은 象이 있는 것이다.

---

132) [校閱] "商陸"의 "상(商)"이 奎章本에는 "적(啇)"으로 나오는데, 誤記이다.

133) '葉小而根深'에서 적은 잎(葉小)은 上位에 있는 한 개의 陰을 가리키며, 깊은 뿌리(根深)는 그 一陰 밑에 있는 다섯 개의 陽을 가리키는 것이다.

上六 : 无號, 終有凶. ◯ 象曰 : 无號之凶, 終不可長也.

上六 : [위험이 닥쳤는데도] 소리쳐 외치지 않으니, 마침내 [나라가 망하는 등의] 흉한 일이 있을 것이다. ◯「象傳」 "无號之凶"(소리쳐 외치지 않으니 흉함이 있을 것)이라고 한 것은 마침내 [더 이상] 오래 갈 수 없다는 것을 말한 것이다.

此 夬之乾也 夬之本 復也 ≪一陽生≫ 自復以來 坤國日蹙 ≪陰日消≫ 以至於夬 則片土僅存 ≪上一陰≫ 危厲不安 ≪乘五剛≫ 特以臨泰以來 兌口警號 ≪臨至夬 皆有兌言≫ 以存其國 ≪一陰存≫ 上之既變 ≪上今乾≫ 兌口遂塞 此 自滿自盈 不復警號也 坤國遂亡 ≪六陰亡≫ 終有凶也

復 → 臨 → 泰……→夬 → 乾

이것은 夬卦가 乾卦로 변하는 경우이다. 夬卦의 근본은 復卦인데 ≪[復卦에서] 陽 하나가 처음 생김≫ 復卦 以來로 坤의 나라가 날로 위축되어 ≪陰이 날로 소멸됨≫ 夬卦에 이르면 한 조각의 땅만이 겨우 남아 있으니 ≪[夬卦의] 上位에 한 개의 陰≫ 위태롭고 불안한 모습이다. ≪[柔가] 다섯 개의 剛을 올라타고 있음≫ 특히 臨卦와 泰卦 이래로 兌의 입으로 경고함으로써 ≪臨卦에서 夬卦에 이르기까지 모두 兌의 말이 있음≫ 그 나라를 존속시켰는데 ≪夬卦에서 陰 하나가 남음≫ 이 [夬卦의] 上六이 효변함에 ≪上卦가 지금 乾≫ 兌의 입이 마침내 막혀버리니, 이는 자만하고 스스로 넘쳐서, 다시 경고하지 않는 것이다. 이리하여 坤의 나라가 결국 망하게 되니 ≪여섯 개의 陰이 사라짐≫ [이것을 가리켜] "終有凶"이라고 한 것이다.

○終者 卦終也 坤陰旣消 ≪自復臨≫ 以至於夬 則終不可長也 ≪陰不長≫

復 → 臨 → 泰……→夬 → 乾

○[여기서] "終"은 卦의 終位를 가리킨 것이다. 坤卦의 陰이 이미 소진(消盡)됨에 ≪[夬卦는] 復·臨卦로부터 전개됨≫ 夬卦에까지 도달하면 "終不可長", 즉 "[마침내] 끝에 이르러, [더 이상] 자랄 수 없는 것"이 된다. ≪陰이 더 자라지 못함≫

44. 천풍 구(天風 姤)

巽下乾上 ○第二十五卦之反 ≪乾一陰生≫

乾 → 姤

正卦　反卦

夬←反易→姤

巽이 下卦이고, 乾이 上卦이다. ○第25卦의 反卦이다. ≪乾卦로부터 한 개의 陰이 생성된 것이다.≫

序卦傳曰 姤者 遇也

「序卦傳」에서 말하였다. "姤는 만남이다."

○雜卦傳曰 姤 遇也 柔遇剛也

○「雜卦傳」에서 말하였다. "姤는 만남인데, 柔가 剛을 만남이다."

○鏞案 姤者 女后也 ≪字從[134]后≫ 震爲人主 ≪乾天之長子≫ 巽者 女后也 ≪震之配≫

○[鏞案] '姤'는 [글자 그대로] '女后', 즉 왕비를 뜻한다. ≪글자가 '后' 字를 따르고 있다.≫ 震은 임금이 되고 ≪[震은] 乾의 天의 長子≫ 巽은 그 왕비이다. ≪震의 배필≫

復一陽之始生 而坤國有主 ≪首出庶物而萬國咸寧≫ 姤一陰之始生 而乾君有后 ≪震之配≫ 姤者 復之配也 故 古來詁訓 曰遇 曰逅 曰遘 曰媾 非無謂也 又 遇者 旣別而重逢也

坤 → 復　　乾 → 姤　　復 ⇔ 姤

復卦에서 陽 하나가 처음 생겨서, 坤의 나라에 주인이 있게 되며 ≪["首出庶物而萬國咸寧"이라고 하였으니] "만물에 으뜸이 나옴에, 만국이 모두 평안하다"≫ 姤卦에서 陰 하나가 처음 생겨나, 乾의 君主가 왕후를 맞으니 ≪震

134) [校閱] "從"이 奎章本에는 "以"로 되어 있다. 여기서는 新朝本을 따른다.

의 배필≫ 결국 姤卦는 復卦의 짝(配)인 것이다. 그러므로 [이 '姤'를 두고] 옛 적부터 훈고에 '만날 遇(우)'라고 하고, '만날 逅(후)'라고 하고, '만날 遘(구)'라고 하고, '혼인할 媾(구)'라고 한 것도 [아무런] 근거도 없이 일컫는 말은 아니다. 또한 [여기서] '만남'이라는 것은 '먼저 이별하였다가 다시 만나는 것'이다.

自復以來 陰被陽驅 ≪陰在前≫ 不敢回顧 今反在內 與衆陽 相對 此之謂 柔遇剛也

復 → 臨 → 泰→大壯 →……乾 → 姤

復卦 이래로 陰이 陽에게 밀려나 ≪陰이 앞에, 즉 위에 놓여 있음≫ 감히 되돌아보지도 못하였는데, 지금은 그 陰이 다시 안으로 되돌아가 여러 陽과 서로 대면하니, 이것을 두고 「彖傳」과 「雜卦傳」에서 "柔遇剛", 즉 "柔가 剛을 만난다"고 한 것이다.

○ 鄭玄本 姤作遘 ≪馮椅[135]云 王洙易改 今文爲姤≫ 石經亦作遘 ≪唯雜卦之文 作遘≫ 明 晉王本 作媾 ≪馮云 婚媾也≫ 邂逅之逅 亦姤字之轉注也

○ 鄭玄의 책에는 '姤'字가 '만날 遘(구)'字로 되어 있고[136] ≪풍의(馮椅)[137]가 말하기를, "왕수(王洙)[138]가 바꾸어서 현재 글들에는 '姤'字로 되어 있다"고

135) [校閱] 新朝本과 奎章本과 國中本에 모두 "풍기(馮掎)"로 되어 있으나 "풍의(馮椅)"가 옳다.

136) 『경전석문(經典釋文)』에 "姤, 薛云 古文作遘, 鄭同", 즉 "구(姤)는 설우(薛虞)가 '古文에서는 만나다는 뜻의 '遘'(구)로 썼다'고 말하였고, 정현(鄭玄)도 이와 같이 말하였다"라고 하였으니, '姤'(구)와 '遘'(구)는 옛날에 통용되었다(『고형의 주역』, 예문서원, 1995, 359면).

137) 풍의(馮椅) : 생몰년 미상, 南宋의 경학자, 字는 기지(奇之), 號는 후재(厚齋). 주희(朱

함≫ [唐나라] 石經에도 역시 '만날 遘(구)'字로 되어 있으며 ≪다만 그 「雜卦傳」의 글에 '만날 遘(구)'字로 나온다.≫ 明代의 晉王本에는 '媾'라고 되어 있다. ≪풍의(馮椅)도 ['姤'字에] '婚媾'의 뜻이 있다고 함≫ '邂逅'라고 할 때의 '逅'字도 역시 '姤'字의 '轉注'[字]이다.

姤, 女壯, 勿用取女.

姤는 여자가 장성함이니, [그] 여자를 취하지 말아야 한다.

此 姤之不變者也 震在乾上 爲大壯 ≪震長男≫ 巽在乾下 爲女壯 ≪巽長女≫ 女壯者 長女之謂也

이것은 姤卦가 변하지 않는 경우이다. 震이 乾의 위에 있으면 '大壯'이 되고 ≪震의 長男≫ 巽이 乾의 아래에 있으면 '女壯'이 되니 ≪巽의 長女≫ '女壯'이란 '나이 많은 여자(長女)'를 일컫는 것이다.

又 反易之法 夬倒爲姤 ≪夬之顚≫ 夬之時 兌女妙少 ≪夬上兌≫ 顚之爲姤 則忽爲巽女 ≪下今巽≫ 女之壯也 ≪少者長≫ 陽進至四 始許爲壯 ≪謂大壯≫ 陰之甫始 已戒爲壯 抑陰之義也

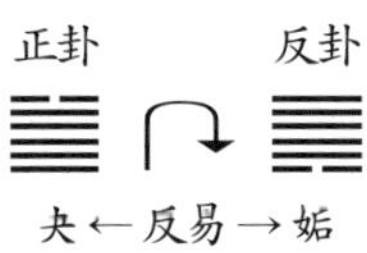

熹)에게 수학하였으며, 易學에 정밀하였다. 저술로는 『厚齋易學』(52권)·『周易輯說明解』 등의 있다.

138) 왕수(王洙): 11세기 北宋의 학자, 『杜工部集』(20권), 『宋史質』의 저자.

한편 反易의 방법을 적용시키면, 夬卦를 뒤집어서 姤卦가 된다. ≪[姤卦는] 夬卦가 전도된 것≫ 夬卦의 때에는 兌의 여자가 젊은 처녀였는데 ≪夬卦의 上卦인 兌≫ [夬卦를] 뒤집어서 姤卦가 되면, 갑자기 巽의 長女가 되니 ≪[姤卦의] 下卦가 지금 巽≫ 여자가 장성(壯盛)한 것이 된다. ≪젊은 자가 장년으로 됨≫ 陽은 제4位에 도달해야 비로소 壯盛함을 허용하는 데 반해서 ≪[陽이 제4位에까지 이르면] 大壯이라고 일컬음≫ 陰의 경우는 이제 비로소[139] 시작하였는데, 이미 그 壯盛할 것을 경계하니, [이것은] 陰을 억제(抑制)하려는 뜻이다.

○乾之初剛 是 本復一陽之震男也 ≪卽天根≫ 姤女初來 震男遂亡 ≪天根亡≫ 妻隕其夫也 ≪震巽 本其配≫ 故曰 勿用取女

復 → 臨 → …… → 乾 → 姤

○乾卦의 初位의 剛은 본래 復卦에 있던 1陽의 震의 남자이다. ≪즉 [復卦의 한 陽은] 天根에 해당됨≫ [그런데 12辟卦의 推移에 따라서] 姤卦의 여자가 비로소 당도(當到)함에, 震의 남자가 마침내 사라지니 ≪天根이 없어짐≫ [이것은] 아내가 그 지아비를 죽이는 것(妻隕其夫)에 해당된다. ≪震과 巽이 본래 그 배필임≫ 그러므로 "勿用取女", 즉 "[그] 여자를 취하지 말라"고 하였던 것이다.

彖曰 : 姤, 遇也, 柔遇剛也. 勿用取女, 不可與長也. 天地相遇, 品物咸章也, 剛遇中正, 天下大行也, 姤之時義, 大矣哉.

「彖傳」: 姤는 만남이니, 柔가 剛을 만나는 것이다. "勿用取女"라고

139) 甫 : 비로소.

한 것은 [양측이 대립하므로 그 여자와] 더불어 오래갈 수 없기 때문이다. 天地가 서로 만나니, 온갖 물건이 함께 빛나고, 剛이 中正의 地位를 만나서, [天命이] 天下에 크게 행해짐이니, 姤卦의 때(時)의 意義는 큰 것이다!

陰長則陽消 女長則男消 ≪六震次第亡≫ 勢不兩立 不可與長也

陰이 장성하면 陽이 소멸하고, 여자가 장성하면 남자는 쇠퇴하여 ≪여섯 개 震이 차례로 없어짐≫ 그 세력이 양립하지 못하니, "不可與長", 즉 "[그 여자와] 더불어 함께 자랄 수 없는 것"이다.

○天地者 陰陽也 品物者 卦畫也 黑白雜而[140]後 物采[141]成章 ≪章 文也≫ 乾之時 純陽而已 今陰陽相遇 品物咸章也

○"天地"란 陰陽을 가리키며, "品物"이란 卦畫을 가리킨다. [陰의 색깔은 흑색이며, 陽의 색깔은 백색인데] 黑色과 白色이 섞인 이후에, 사물의 문채(文彩)가 빛나는 것이다. ≪章은 무늬를 가리킨다.≫ 乾卦의 때에는 순수(純粹)하게 陽밖에 없었는데, 지금 [姤卦에서는] 陰과 陽이 서로 만나니, "品物咸章", 즉 "온갖 물건이 함께 빛난다"라고 한 것이다.

○中正者 二五皆剛也 大行者 風行天下也 巽爲命令 ≪口向下≫ 其所行者 天命也

○"中正"은 [姤卦에서] 제2位와 제5位가 모두 剛인 것을 가리킨다. "大行"이란 바람이 천하를 휩쓸고 지나감을 가리킨다. 巽은 命令의 뜻이 되니 ≪[巽은 兌가 뒤집어진 형태이니] 입이 아래로 향한 것≫ 그 행해지는 것

140) [校閱] 新朝本과 國中本에는 "而後"로 되어 있으나 奎章本에는 "以後"로 되어 있다.
141) [校閱] "物采成章"의 "채(采)"가 新朝本에는 "변(釆)"으로 되어 있는데, "변(釆)"은 "채(采)"의 誤記이다. "변(釆)"은 "변(辨)"의 本字이다.

은 '天命'이다.

初六 : 繫于金柅, 貞吉. 有攸往, 見凶. 羸豕, 孚蹢躅. ◯ 象曰 : 繫于金柅, 柔道牽也.

初六 : [말(馬)을] 쇠(金)로 만든 고동목(金柅)[142]에 묶어 놓았으니, 일을 맡아 처리함에 吉할 것이다. 갈 곳이 있으면, 흉한 꼴을 볼 것이다. [祭物로 사용될] 여윈 돼지가 [神明에] 감응되니, [다리가 두려워서 떨리고, 여위고 약하여] 멈칫멈칫 거릴 것이다. ◯「象傳」: [말(馬)을] 쇠로 만든 고동목에 묶어야 하니, 밧줄(柔道)을 써서 [그 말을] 끌고 갈 것이다.

此 姤之乾也 柅 止車木也 巽木在下 《初一陰》 上支乾車 其象柅也 本以乾變 《一陰生於乾》 乾則爲金 《說卦文》 是 金柅也 一陰纔生 五陽將遯 《姤而遯》 遂以巽繩 言縶乾馬 《古以馬駕車》 繫于金柅也 初爲卦主 故言其本象

姤 → 乾　　　　姤 → 遯

이것은 姤卦가 乾卦로 변하는 경우이다. '니(柅)'는 '[수레바퀴의 회전을 멈추게 하는 장치로서] 수레를 정지(停止)시키는 나무'를 가리킨다.

142) 니(柅)는 수레바퀴의 회전을 멈추게 하는 장치로서, '고동목'이라고도 한다.

巽의 나무가 아래에서 ≪[姤卦의] 初位에 1陰이 있음≫ 위로 乾의 수레를 지탱하고 있으니, 그 象이 '柅(고동목)'인 것이다. [그런데 姤卦의 下卦인 巽은] 본래 乾이[었던 것이] 변한 것이고 ≪陰 하나가 乾卦에서 생김≫ 乾은 곧 金이 되니 ≪「說卦傳」의 글≫ [이것이 곧] '금니(金柅)', 즉 '쇠로 된 고동목'이다. 陰 하나가 [이제] 겨우 생겼는데, 다섯 개의 陽이 장차 도망가려고 하니 ≪姤卦로부터 遯卦가 됨≫ [도망치지 못하도록] 드디어 巽의 밧줄로써, [그] 乾의 말을 [수레에] 묶으라고 말하니 ≪古代에는 말에 수레를 묶어 탈 것으로 삼았음≫ [이것을 가리켜] "繫于金柅", 즉 "쇠로 된 고동목에 묶은 것"이다. 初六이 卦主가 되는 까닭에, 그 本象을 말한 것이다.

○上乾下巽 仰順天命 ≪巽爲命≫ 上下有應 ≪初四應≫ 幹事吉也

○[姤卦에서] 上卦는 乾이고, 下卦는 巽이니, 天命을 우러러 順從하고 ≪巽은 命이 됨≫ 上下로 호응함이 있으니 ≪初位와 제4位가 호응≫ 일을 주간(主幹)함에 吉한 것이다.

○有攸往者 姤之巽股 更進一步 ≪加一陰≫ 其卦 遯也 遯則 下艮 ≪天山卦≫ 艮則爲尸 ≪見師卦≫ 有攸往則 見凶也 何以見之 巽則爲眼 ≪說卦文≫

姤 → 遯

○"有攸往(갈 곳이 있음)"이란 姤卦의 巽의 허벅다리가 다시 한 걸음 내딛어 ≪陰 하나를 보탬≫ 그 卦가 遯卦가 되는 것을 가리킨 것이다. 遯卦에서는 下卦가 곧 艮이 되고 ≪[遯卦는] 天과 山으로 된 卦≫ 艮은 곧 시체(屍體)가 되니 ≪師卦에 그 용례가 보인다.≫ "有攸往, 見凶", 즉 "갈 곳이 있으면,

凶함을 볼 것"이라고 한 것이다. 무엇으로써, [그것을] 보는 것인가? [다름 아닌 눈으로써 보는 것이니] 巽은 곧 눈이 된다. ≪「說卦傳」의 글≫

○ 姤之交易 卽是小畜 ䷈ ≪風天今天風≫ 小畜之時 坎豕多骨 ≪上巽在坎位≫ 其象 羸豕也 ≪坎本一剛 巽兩剛≫ 巽股進退 ≪說卦文≫ 又戰乎乾 ≪風與天≫ 其象 蹢躅也 ≪股戰 不能行≫

小畜 姤

○ 姤卦의 交易卦는 곧 小畜卦인데[143] ≪風天 [小畜]이 지금 天風 [姤卦]로 됨≫ 小畜卦의 때에는 坎의 돼지가 뼈가 많으니 ≪[小畜卦의] 上卦인 巽은 [돼지를 상징하는] 坎의 자리에 있음≫ 그 象이 여윈 돼지가 된다. ≪坎에는 본래 한 개의 剛이 있는데, 巽에는 두 개의 剛이 있다. [그래서 '뼈가 많은 것'이 된다.]≫ 巽의 다리가 [앞으로] 나아갔다 [뒤로] 물러가고 ≪[巽이 '股'를 뜻하고, '進退'를 뜻함은] 모두 「說卦傳」에 나오는 글≫ 또한 乾에서 전율(戰慄)하니 ≪姤卦는 風과 天으로 구성된 괘≫ 그 象이 "蹢躅(머뭇거림)"이 된다. ≪다리가 두려워서 떨리니, 걸을 수가 없는 것이다.≫

小畜之時 上下相應 ≪初四應≫ 交之爲姤 其應如故 ≪初四應≫ 孚蹢躅也 曷云哉 巽之潔齊 ≪說卦文≫ 上承乾宗 ≪易例 乾爲宗≫ 祭祀之卦也

小畜 姤

143) 姤卦가 辟卦이니 이렇게 交易을 취하는 것이다.

小畜卦의 때에는 上下가 서로 感應하였는데 ≪初位와 제4位가 感應≫ [小畜卦로부터] 交易하여 姤卦가 되어도, 그 호응함이 以前과 같으니 ≪初位와 제4位가 호응≫ [이것을 가리켜] "孚蹢躅", 즉 "[祭物로 사용될] 여윈 돼지가 [神明에] 感應되니, [전율(戰慄)하여] 멈칫멈칫 거릴 것"이라고 한 것이다. 어째서 그러한가? [姤卦에서] 巽의 淨潔하고, 삼가는 몸가짐으로써 ≪「說卦傳」의 글≫ 위로 乾의 宗廟를 받드니 ≪易例에 따르면, 乾은 宗이 됨≫ [姤卦는] 祭祀를 의미하는 卦이다.

牲貴肥腯 不用瘯瘰 ≪見左傳 隨人季梁之言≫ 然 离誠既明 ≪小畜之互离≫ 巽齊克潔 ≪下今巽≫ 雖羸豕 蹢躅 ≪瘠敗 不能行≫ 亦可以孚格神明 如其不然 雖三牲博碩 九鼎豐滿 神亦不顧矣 此 筮牲之占詞也

[제사를 위한] 희생물(犧牲物)로는 온전하고도 살찐 것(肥腯)[144]을 귀하게 여기고, 피부병(瘯蠡)에 걸린 것[145]은 쓰지 않는다.[146] ≪『左傳』 [桓公 6

144) 비돈(肥腯): 희생(犧牲)이 피부병에 걸리지 않았으며, 살찌고 완전한 것을 뜻한다. '비돈(肥腯)'은 『左傳』의 '桓公 6年'에 隨의 계량(季梁)과 隨의 제후의 대화에 나오는 말로서, '비돈(肥腯)'의 유래는 다음과 같다. 楚나라 武王이 隨나라를 침략한 뒤, 楚나라 군대의 세력을 짐짓 약한 것처럼 위장하여 놓고, 隨와 和平을 교섭하였다. 이때, 隨의 少師가 화평교섭에 나섰다가 귀국하여 楚軍의 세력이 약하므로, 추격하자고 隨의 제후에게 제안하였는데, 隨의 계량(季梁)이 楚軍을 추적할 것을 반대하면서, 백성이 굶주리는데도, 군주는 자기 욕심만 채우고, 祝史는 거짓말을 늘어놓으며 제사를 지내는 상황에서 과연 楚軍을 추격하는 것이 옳은지 모르겠다고 말한다. 그러자, 隨의 제후는 내 제사상에 바치는 희생은 모두 완전하고도 "肥腯"한데, 어찌 그런 말을 하느냐고 힐책하자, 계량(季梁)은 제후에게 다음과 같이 대답한다. 즉, 옛날의 聖王은 희생을 제사상에 올리고, "博碩肥腯"이라고 神에게 告했다. 그런데 "博碩肥腯"의 '박(博)'은 백성의 힘이 널리 퍼져 있음을 뜻하고, '석(碩)'은 희생으로 올린 것을 뜻하며, '비(肥)'는 피부병에 걸리지 않았음을 뜻하며, '돈(腯)'은 완전하고 살이 쪘음을 뜻한다. 요컨대 백성들의 생활이 피폐한 상황에서, 君主의 생활만 윤택하면 안 된다는 뜻으로서, 楚軍을 공격하기보다는 차라리 民生을 살피는 것이 좋겠다는 뜻으로 계량(季梁)이 隨의 제후에게 간언(諫言)한 것인데, 이 말을 들은 隨의 君主는 두려워하여, 政事에 힘쓴 까닭에, 楚나라는 감히 치지 못했다(남기현 역, 『春秋左傳』 上, 자유문고, 2003, 118~121면).

145) 瘯蠡: 피부병에 걸려 앓음. '족이(瘯蠡)'는 피부병.

年][147]에 나오는데, 隨나라[148] 사람 계량(季梁)의 말≫ 그런데 离의 정성이 이미 밝고 ≪小畜卦의 上互卦인 离≫ 巽으로써 재계(齋戒)함도 매우 淨潔하니 ≪[姤卦의] 下卦가 지금 巽≫ 비록 여윈 돼지가 머뭇머뭇하더라도 ≪돼지가 여위고 약하여, 잘 걷지를 못함≫ 또한 지극한 정성이 神明에까지 이르게 되는 것이다. 만일 그처럼 정성이 없다면, 비록 세 가지 희생(三牲)[149]이 盛大하고, 九鼎[150]이 가득하더라도, 神도 또한 돌아보지 않을 것이다. 이는 희생물(犧牲物)에 대해 점친 글이다.

○柔道者 巽也 巽則爲繩 ≪說卦文≫ 其所牽者 乾馬也

○"柔道"란 巽을 가리킨 것이다. 巽은 곧 '밧줄(繩)'이 되는데 ≪「說卦傳」의 글≫ 그 줄에 끌려가는 것은 乾의 말(馬)이다.

○案 柅 舊本 或作檷[151] ≪倉頡篇≫ 或作鑈 ≪子夏傳 ○云絡絲籆[152]子≫ 或作抳 ≪王肅本≫ 或作尼 ≪蜀才本≫ 或曰 金柅木名 ≪實 如梨而黃 故名≫ 唯漢儒 訓柅 爲止車木 ≪本義從≫ 乾爲大車 ≪諸家易≫ 然柅以止車 非以繫車 其所繫者 乾馬也

○[案] '柅'字를 舊本에서는 '즙(檝)'字로 적기도 하고 ≪『창힐편(倉頡篇)』[153]에 나옴≫ 혹은 '니(鑈)[154]'字로 적기도 하였다. ≪『子夏傳』에 나옴.

146) 牲貴肥腯, 不用瘯蠡 : 原文을 축약해서 쓴 글이다.

147) 『春秋左氏傳』의 '桓公 6年'에 나온다.

148) 隨 : 隨나라의 君主의 姓은 희(姬)였고, 현 호북성(湖北省) 수현(隨縣)의 남부 지역에 위치하고 있었다.

149) 三牲 : ① 희생으로 쓰는 세 가지 동물, 즉 소, 양, 돼지, ② 夏殷周에서 쓰던 희생의 총칭, 夏나라에서는 검정색, 殷나라에서는 흰색, 周나라에서는 붉은색의 희생을 썼다.

150) 九鼎 : 夏의 禹王이 九州에서 구리를 거둬들여, 주조한 솥, 夏殷周代에 걸쳐 임금의 보물로 保全됨.

151) [校閱] 新朝本과 奎章本과 國中本에 모두 "檷"이 "柌"으로 나온다. 그러나 "柌"는 사전에 나오지 않는다.

152) "확"으로 읽는다.

153) 『창힐편(倉頡篇)』 : 진나라시대의 이사(李斯)가 문자통일을 진시황에게 上書하고, 小篆

○'실을 감는 얼레[絡絲籆子]'를 말함≫ 혹은 '니(抳)'字로 적기도 하고 ≪王肅의 책≫ 혹은 '니(尼)'字로 적기도 하였다 ≪蜀才의 책≫ 혹은 '金柅'가 나무의 이름이라고 하기도 하였는데 ≪그 열매가 배와 같고 황색이라, 이렇게 이름을 붙인 것≫ 오직 漢儒들만 '니(柅)'字를 "止車木"이라고 해석하였다. ≪朱子의 『[周易]本義』에서도 이 설을 따름≫ 乾은 큰 수레(大車)가 되기는 하지만 ≪諸家의 易說≫ 그러나 '니(柅)'는 수레를 멈추는 것이지, 수레를 묶는 것이 아니다. 따라서 그 묶인 것은 乾의 말이다.155)

○又按 大畜六五 ≪卽小畜≫ 亦以巽 爲豶豕 盖以坎位中剛 ≪巽在上≫ 便有豕象 以少一陽 故謂之豶豕 ≪巽下絶≫ 以多一陽 故謂之羸豕也 ≪巽二陽≫ 小畜大畜 本有六畜之義 故兩卦爻詞 多用馬牛羊豕之等 此卦羸豕 明亦小畜之物也

大畜 → 小畜　　　姤←交易→小畜

○[又按] 大畜卦 六五에서도 ≪즉 [大畜卦 六五는] 小畜卦≫ 역시 巽을 거세한 돼지로 간주하였다. 坎位는 중획(中畫)이 강획(剛畫)이라 ≪小畜에서 巽이 위에 자리≫ 곧 돼지의 象이 있는데, 그것에서 陽 하나가 적은 것

으로 문자를 통일하고 『倉頡篇』을 편찬했다. 『倉頡篇』은 최초의 漢字字典으로서, 모두 3,300字가 수록되어 있으며, 古字가 많이 포함되어 있다. 창힐은 중국의 黃帝시대에 한자를 만들었다고 전해지는 전설적 인물로서, 창힐이 한자를 만들었다는 설은 상당히 오랫동안 신빙성 있는 주장으로 받아들여졌다. 예를 들어, 『呂氏春秋』나 『韓非子』, 그리고 『淮南子』 등에 "창힐이 문자를 만들었다"고 하였고, 『荀子』에도 '글자 만들기를 즐겨한 사람은 많았지만 오직 창힐의 것만 전해지고 있다'라 하였으며, 이사(李斯)는 『倉頡篇』에서 "창힐은 글자를 만들어 후세 사람들을 가르치게 하였다"라고 하였다. 그러나 문자가 이처럼 어느 한 사람의 손에 의해서 만들어졌다고는 할 수 없다.

154) '檷(니, 이)'字와 同字이다.

155) '繫于金柅'는, 수레를 묶는 것이 아니고, 말을 '柅'에 묶는 것임을 밝힌 것.

으로써 거세한 돼지를 삼고 ≪巽은 아래가 단절≫ 陽이 하나가 많은 것으로써 여윈 돼지를 삼은 것이다. ≪巽은 두 개의 陽≫ 小畜·大畜卦는 본래 六畜의 뜻을 가지고 있다. 따라서 이 두卦의 爻詞에 馬·牛·羊·豕 등을 많이 언급하고 있으니, 이 姤卦의 "羸豕(여윈 돼지)"도 또한 小畜의 物象임이 분명하다.

九二: 包有魚, 无咎, 不利賓. ○象曰: 包有魚, 義不及賓也.

九二: 꾸러미(包)에 생선이 있으니, [손님이 이미 물러나 그 자리를 이미 떠났으니, 손님과 더불어 생선을 먹지 않더라도 주인에게는] 허물이 없거니와, [그 자리를 이미 물러나 생선을 먹을 수 없게 된] 손님에게는 이롭지 않을 것이다. ○「象傳」: 꾸러미(包)에 생선이 있으나, 義理가 손님에게까지는 미치지 않는다.

此 姤之遯也 下巽 魚也 ≪虞氏云≫ 二之旣變 遂成大巽 ≪兼畫三≫ 大巽之茅 ≪乾巽合爲茅≫ 包此巽魚 ≪大巽包互巽≫ 包有魚也

姤 → 遯

이것은 姤卦가 遯卦로 변하는 경우이다. [姤卦의] 下卦인 巽은 물고기(魚)를 상징한다. ≪[巽이 물고기를 뜻한다는 것은] 우번(虞翻)의 말≫ [夬卦의] 九二爻가 이미 변하여, 마침내 큰 巽의 형태를 형성하니 ≪[遯卦의] 획을 둘 씩 겸하여 삼획괘(三畫卦)로 만듦[으로써 大巽의 형태가 됨]≫ 큰 巽의 띠풀로써 ≪乾과 巽이 결합하여 띠풀[茅]이 됨≫ 이 巽의 물고기를 감싸고 있는 모습이므로 ≪[遯卦에서] 큰 巽이 2·3·4의 互巽을 감싸고 있음≫ [이것을 가리켜] "包有魚", 즉 "꾸러미에 물고기가 있다"라고 한 것이다.

巽既爲草[156] 亦巽爲繩 ≪說卦文≫ 以繩結草[157] 其象 苞苴也 ≪虞氏云≫ 士虞禮 以茅爲苴

巽은 이미 풀을 상징하거니와, 또한 巽은 새끼줄(繩)이 된다. ≪「說卦傳」에 [巽은] '繩直'이 된다고 함≫ 그 새끼줄을 사용하여 풀을 엮으니, 그 象이 선물꾸러미[158]가 된다. ≪虞翻의 말≫ 『儀禮』「士虞禮」에 따르면, 띠풀을 밑에 까는 것(苴)으로 삼는다고 한다.[159]

○遯者 大壯之反易也 ≪倒反之≫ 大壯之卦 以陰乘剛 ≪上二陰≫ 反之爲遯 柔乃卑降 ≪下二陰≫ 是 无咎也

○[姤卦 九二의 之卦인] 遯卦는 大壯卦와 反易의 관계에 있다. ≪거꾸로 뒤집은 것≫ 大壯이라는 卦는 陰으로써 剛을 올라타고 있는 형상인데 ≪[大壯卦의] 上卦에 두 개의 陰이 있음≫ [大壯卦를] 뒤집어서 遯卦가 되

---

156) [校閱] 新朝本에는 "草"로 되어 있으나 奎章本과 國中本에는 "艸"로 되어 있다. "艸"는 "草"의 本字이다.

157) [校閱] 新朝本에는 "草"로 되어 있으나 奎章本과 國中本에는 "艸"로 되어 있다. "艸"는 "草"의 本字이다.

158) 포저(苞苴): 선물(膳物)을 뜻함. 선물을 보낼 때, 짚으로 싸는 것을 포(苞)라고 하고, 밑에 까는 것을 저(苴)라고 한다.

159) 『儀禮』「士虞禮」에 "士虞禮. 特豕饋食, …….. 苴刌茅長五寸, 束之"라고 함.

면, 柔가 이에 낮은 곳으로 내려가니 ≪아래에 두 개의 陰이 있음≫ "无咎", 즉 "허물이 없는 것"이 된다.

○姤者 遇也 乾賓在上 ≪坐西北≫ 巽主在下 ≪坐東南≫ 賓主相遇 ≪柔遇剛≫ 有此包魚 宜其食矣 遯以大壯 反之 ≪反倒之≫ 大兌之口 今焉向內 ≪口向下≫ 偕其乾賓 ≪乾在外≫ 不與共餐 ≪兌口不向外≫ 不利賓也 兌則爲利 ≪義之和≫ 今兌旣倒 ≪口向內≫ 不利賓也 然而 无咎者 卦今爲遯 ≪姤之遯≫ 賓旣遯矣 魚雖獨食 又誰咎焉 ≪需觀 皆以乾巽 爲賓主≫

姤 → 遯 ←反易→ 大壯

○'姤'는 만남(遇)을 뜻한다. [姤卦에서는] 乾의 손님이 위(上卦)에 있고 ≪[손님은] 서북쪽에 앉음≫ 巽의 주인이 아래(下卦)에 있어서 ≪[主人은] 동남쪽에 앉음≫ 손님과 주인이 서로 만날 때에 ≪柔가 剛을 만남≫ 이 물고기 꾸러미(包魚)가 있으니, [이처럼 손님과 주인이 마주 앉아 있는 상황에서] 그것을 먹는 것이 당연하다. 遯卦는 大壯卦를 뒤집은 것인데 ≪거꾸로 뒤집음≫ [大壯卦는 大兌로서, 큰 입을 상징하는데] 그 큰 兌의 입이 지금 [遯卦에서는] 안 쪽을 향하고 있어서 ≪입이 아래로 향하고 있음≫ [결과적으로] 그 乾의 손님을 등지고 있는 셈이 되므로 ≪[遯卦에서] 乾이 바깥쪽에 있음≫ [乾의 손님과] 더불어 함께 [음식을] 먹지 않으니 ≪兌의 입이 밖을 향하여 있지 않음≫ [이러한 상황을 가리켜] "不利賓", 즉 "손님에게는 이롭지 않음"이라고 한 것이다. 그런데 "[주인에게는] 허물이 없다(无咎)"라고 한 것은 姤卦가 지금 遯卦가 됨에 ≪姤卦가 遯卦로 감≫ 그 손님이 이미 물러났기 때문이다. [상황이 이럴진대] 물고기를 비록 혼자 먹는다고

하더라도 누가 [그] 허물을 탓하겠는가? ≪需卦와 觀卦에서, 모두 乾과 巽을 각각 손님과 주인으로 간주한 用例가 있음≫

○ 兌則爲義 ≪西之德≫ 今兌既倒 ≪口向內≫ 義不及賓也

○ 兌는 곧 義가 되고 ≪[兌는] 西方의 德≫ 지금 그 兌가 뒤집어져 있으므로 ≪입이 안쪽으로 향함≫ "義不及賓", 즉 "義理가 손님에게는 미치지 않음"이라고 한 것이다.

○案 荀爽本 包作胞 ≪晉王本 作庖≫ 謬矣

○[案] 荀爽의 책에서는 '포(包)'字가 '포(胞)'字로 되어 있는데 ≪晉王本에는 '포(庖)'字로 되어 있음≫ 잘못된 것이다.

䷅

九三 : 臀无膚, 其行次且, 厲, 无大咎. ○ 象曰 : 其行次且, 行未牽也.

九三 : [말의] 볼기에 살이 없으며, 그 [말의] 다니는 것이 멈칫멈칫하니, 위태로우나, 큰 허물은 없을 것이다. ○「象傳」: "그 [말의] 다니는 것이 멈칫멈칫한 것(其行次且)"은 [그 말이] 나아갈 때 끌어주지 못하기 때문이다.

此 姤之訟也 訟自中孚來 ≪四之一≫ 中孚者 臀也 ≪困初六≫ 下巽上巽 ≪下倒巽≫ 兩股雙對 其象 臀也 ≪巽爲股≫ 移之爲訟[160)] 則

坎脊中隆 ≪下今坎≫ 乾骨外瘠 ≪見說卦≫ 左右皆剛 膚肉頓陷 ≪乾坎 皆剛卦≫ 臀无膚也 馬旣在外 ≪乾在上≫ 其勢向內 ≪欲自外而入≫ 而坎險在前 需而不進 ≪倒看之≫ 其行次且也

䷫ → ䷅ ← ䷼

姤 → 訟 ← 中孚

이것은 姤卦가 訟卦로 변하는 경우이다. 訟卦는 中孚卦로부터 왔는데 ≪[中孚卦의] 4가 1로 감≫ 中孚가 상징하는 것은 둔부(臀部), 즉 엉덩이이다. ≪困卦 初六을 참조할 것≫ [中孚卦는] 아래에 巽이 있고, [또] 위에도 巽이 있으니 ≪[中孚卦의] 下卦는 [兌니] 뒤집힌 巽≫ 두 다리가 짝이 되어 마주서 있으니, 그 象이 볼기짝이 된다. ≪巽은 다리[股]가 된다.≫

[그런데 中孚卦로부터] 추이하여 訟卦가 되면, [아래로는] 坎의 등뼈가 가운데 솟아 있고 ≪[訟卦의] 下卦가 지금 坎≫ [위로는] 乾의 뼈가 밖으로 [불거져서] 여위어 있으니 ≪[乾이 뼈(骨)와 파리함(瘠)을 상징한다는 것은] 「說卦傳」에 나옴≫ 왼쪽과 오른쪽으로 모두 굳센 뼈(剛骨)만 드러나고, 살갗은 움푹 패어져 있는 형상이므로 ≪乾과 坎은 모두 剛이 중심이 되는 卦≫ "臀无膚", 즉 "엉덩이에 살이 없는 것"이라고 한 것이다. 말이 이미 밖으로 나갔으나 ≪[訟卦에서] 乾의 말[馬]이 上卦에 있음≫ 그 기세(氣勢)는 [도리어] 안으로 향하고 있는데 ≪[말(馬)이] 밖에서 안으로 들어오려고 함≫ 坎의 험난함이 앞에 있으므로, 단지 기다릴 뿐, 앞으로 나가지 못하고 있으니 ≪[訟卦와 需卦는 서로 反易의 관계에 있으니, 訟卦는 需卦의] 卦象을 [뒤집어서] 거꾸로 본 것≫ [이러한 상황을 가리켜] "其行次且", 즉 "그 [말(馬)의] 行進이 멈칫멈칫하다"라고 한 것이다.

---

160) [校閱] 奎章本에는 "移之爲訟"으로 되어 있으나 新朝本과 國中本에는 "移之爲巽"으로 되어 있다. 夬卦 九三은 '夬之訟', 즉 '夬卦가 訟卦로 가는 경우에 해당된다. 또 訟卦는 中孚卦로부터 온 것이므로, "移之爲訟"이 되어야 옳다. 巽卦는 姤卦 九三과 관계가 없으므로, 後者의 "移之爲巽"을 "移之爲訟"으로 바로 잡는다.

夬之九四 將往 而次且也 ≪彼 馬首向外≫ 姤之九三 將來 而次且也 ≪此 馬首向內≫

夬卦 九四의 경우는 장차 밖으로 나가려고, 머뭇머뭇하는 것인 데 반해서 ≪이 경우는 말의 머리[161]가 밖으로 向하고 있음≫ 姤卦 九三의 경우는 장차 안으로 들어오려고 머뭇머뭇하는 것이다. ≪이 경우는 말의 머리가 안으로 向하고 있음≫

○中孚之時 兌乃乘剛 ≪風澤卦≫ 其象 厲也 ≪例見乾九三≫ 移之爲訟 陰猶據三 ≪兌一陰不移≫ 非无咎也 剛升爲乾 ≪一之四≫ 无大咎也

姤 → 訟 ← 中孚

○中孚卦의 때에는 兌가 剛을 타고 있으니 ≪[中孚卦는] 風과 澤으로 구성된 卦≫ 그 象이 위태로운 모습이다. ≪이런 用例는 乾卦 九三에도 나옴≫ [그런데 中孚卦로부터] 추이하여 訟卦가 되어도, 陰이 여전히 제3位에 머무르고 있으니 ≪兌의 陰 하나가 이동하지 않음≫ 허물이 없는 것은 아니지만 [中孚卦의 初位에 있던] 剛이 상승하여 乾이 되었으므로 ≪[中孚卦의] 1이 4로 감≫ "无大咎", 즉 "큰 허물은 없는 것"이라고 말한 것이다.

○行未牽者 坎在後也 雖有巽繩 ≪今互巽≫ 前無坎曳 何以牽之

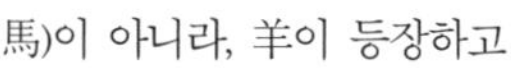

161) 夬卦 九四의 경우는, 말(馬)이 아니라, 羊이 등장하고 있다. 다산이 착각을 일으켰든지 아니면, 의미상 羊이 아니라 말(馬)로 대체된다고 하더라도 큰 문제가 없으므로, '말 머리(馬首)'라고 표현한 것이 아닌가 추측된다.

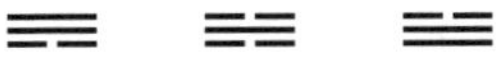

姤 → 訟 ← 中孚

○“行未牽”, 즉 “나아감에 끌어주지 못하는 것”은 坎이 뒤에 있기 때문이다. 비록 巽의 밧줄이 있다고 하더라도 ≪지금 [訟卦에서 3·4·5位에] 互卦의 巽이 있음≫ 앞에서 坎으로써 이끌어주는 것이 없으니, 어떻게 견인(牽引)할 수 있겠는가?

○推移之外 三易之義 亦所致意 故辟卦 多取交易 序卦 主於反易 ≪如屯蒙≫ 唯頤 大過 等八卦 ≪乾 坤 坎 離 及中孚 小過≫ 爲變易也

乾 ⇔ 坤　坎 ⇔ 離　頤 ⇔ 大過　中孚 ⇔ 小過

○推移法 以外에도, 三易의 뜻에도 또한 注意를 기울여야 할 것이다. 그러므로 辟卦는 종종 交易의 방식을 취하며, 「序卦傳」은 反易의 논리를 중심으로 [괘를 배열]한 것이다. ≪예컨대 屯卦와 蒙卦가 反易의 관계에 있는 것과 같다.≫ 다만 [反易이 성립되지 않는] 頤·大過 등 여덟 개의 卦[의 경우]는 ≪乾·坤·坎·離 및 [頤·大過] 中孚·小過卦[의 여덟 괘]≫ 變易이 적용된다.

反易之義 屢見易詞 師之九二曰 王三錫命 比之九五曰 王用三驅 此 明師比爲反易也 ≪九二倒則爲九五≫ 損之六五 益之六二 皆言十朋之龜 此 明損益爲反易也 ≪六五倒則爲六二≫ 夬之九四 姤之九三 皆言臀无膚 此 明夬姤[162]爲反易也 ≪九四倒則爲九三≫

凡反易之卦 顚倒求象 皆當如是 此 其示例者也

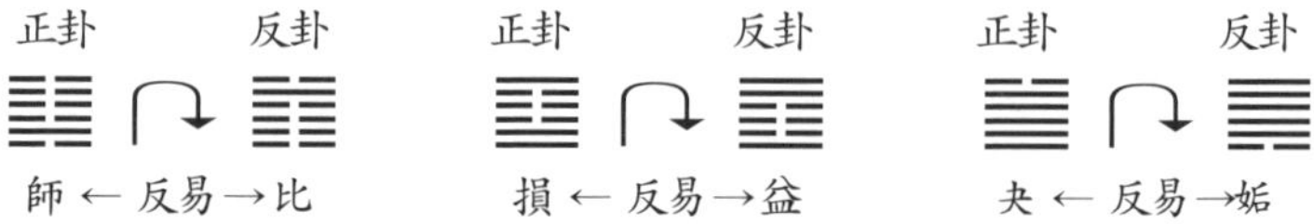

反易의 뜻은 자주 易詞에 나타나는데, 師卦 九二에 "왕삼석명(王三錫命)"이라고 한 것과 比卦 九五에 "왕용삼구(王用三驅)"라고 한 것은 師卦와 比卦가 서로 反易의 관계임을 [분명히] 밝힌 것이다. ≪九二를 뒤집으면, 곧 九五가 됨≫ 損卦 六五와 益卦 六二에서 모두 "십붕지귀(十朋之龜)"라고 하였는데, 이것은 損卦와 益卦가 反易의 관계에 있음을 [분명히] 밝힌 것이다. ≪六五를 뒤집으면, 곧 六二가 됨≫ 夬卦 九四와 姤卦 九三에서 모두 "둔무부(臀无膚)"라고 하였는데, 이것은 姤卦와 夬卦가 [서로] 反易의 관계에 있음을 [분명히] 밝힌 것이다. ≪九四를 뒤집으면, 곧 九三이 됨≫ 대개 反易卦의 경우는 뒤집어서 象을 求함을 모두 마땅히 이와 같이 해야 하니, 이런 구절들은 그 用例를 보여주고 있다.

九四 : 包无魚, 起凶. ◯ 象曰 无魚之凶, 遠民也.

九四 : [왕택(王澤)이 고갈(枯渴)되어] 꾸러미에 [백성들에게 줄] 물고기가 없으니, [일(事)을] 일으키면, 흉할 것이다. ◯「象傳」: [王澤이

162) [校閱] 新朝本과 國中本에는 "夬姤"로 되어 있으나 奎章本에는 "姤夬"로 되어 있다. 단순한 배열상의 문제일 뿐, 내용적으로는 아무런 차이가 없다. 다만, 卦序로 볼 때, 夬가 먼저 나오고, 姤가 나중에 나오므로, 前者를 따르기로 한다.

고갈(枯渴)되어, 꾸러미에] 물고기가 없어 흉하니, 백성들을 멀리하게 될 것이다.

此 姤之巽也 巽自遯來 ≪二之四≫ 遯者 大巽也 大巽之時 包則有魚 ≪見九二≫ 移之爲巽 ≪二之四≫ 則巽魚之外 ≪下巽魚≫ 亦有巽包 ≪上巽包≫ 有魚而有包也 然而无魚者 苞大魚小 方可包魚 ≪茅爲苞≫ 今 兩巽相敵 ≪無大小≫ 何以包魚 大包有魚 ≪以大巽 而包互巽≫ 小包无魚也

姤 → 巽 ← 遯

이것은 姤卦가 巽卦로 변하는 경우이다. 巽卦는 遯卦에서 왔는데 ≪[遯卦의] 2가 4로 감≫ 遯卦는 큰 巽의 형태이다. 큰 巽의 卦인 [遯卦의] 때에는 꾸러미에 곧 물고기가 있었는데 ≪[앞서 夬卦의] 九二에서 설명이 나왔음≫ [遯卦로부터] 推移하여, 巽卦로 되면 ≪[遯卦의] 2가 4로 감≫ 巽의 물고기 이외에도 ≪[巽卦의] 下卦에 있는 巽이 물고기≫ 또한 巽의 꾸러미가 있으니 ≪[巽卦의] 上卦에 있는 巽이 꾸러미≫ 물고기도 있고, 꾸러미(包)도 있는 것이다. 그런데도 불구하고, 지금 "물고기가 없다(无魚)"라고 한 것은 꾸러미가 크고 물고기는 작으면, 비로소 물고기를 감쌀 수 있겠지만 ≪띠[茅]로 꾸러미[苞]를 만듦≫ 지금 [重巽卦에서는] 두 개의 巽이 서로 대등(對等)하니 ≪[두 개의 巽 사이에] 크고 작은 차이가 없음≫ 어떻게 물고기를 쌀 수 있겠는가? [그러므로] 큰 꾸러미(大包)에는 물고기가 있는 반면에 ≪큰 巽으로써 互卦의 巽을 감쌈≫ 작은 꾸러미(小包)에는 물고기가 없는 것이다.

◯ 巽則爲伏 ≪雜卦文≫ 爲隱爲潛 ≪見乾卦≫ 與震起 而相反 ≪見

雜卦≫ 不可起也

○巽은 곧 엎드림[伏]이 되고 ≪「雜卦傳」의 글≫ 숨음[隱]이 되고, 잠김[潛]이 되니 ≪[巽이 '潛'의 뜻이 되는 用例는] 乾卦에 나옴≫ 震의 '起'의 뜻과는 상반되기 때문에 ≪「雜卦傳」에 나옴≫ 일으킬 수가 없는 것이다.163)

○下一陰 民也 爻之未變 乾王近民 ≪五剛接一陰≫ 四之既變 离以別之 ≪上互离≫ 坎以阻之 ≪初四夾≫ 君民之間 ≪一二爲民位≫ 敻然遼絶 是 遠民也 遠民則不察民情 故王澤竭而致無魚之凶

姤 → 巽 ← 遯

○[姤卦의] 맨 아래 있는 陰 하나가 백성이다. [姤卦의] 爻가 아직 변하지 않았을 때는 乾의 君王이 백성들과 가까웠는데 ≪다섯 개의 剛이 陰 하나를 접함≫ [姤卦의] 九四爻가 이미 변함에, 离로 말미암아 백성들과 갈라지고 ≪[巽卦의] 上互卦가 离≫ 坎으로써 백성들을 멀리함에 ≪[巽卦의] 1·2·3·4의 夾卦[가 大坎의 형태]≫ 임금과 백성들의 사이가 ≪1·2位는 民位가 된다.≫ 아득히 멀어져 끊기니, 이러한 상황을 가리켜 "遠民", 즉 "백성들을 멀리함"이라고 한 것이다. 백성들과 떨어져 있으면, 백성들의 사정(事情)을 살피지 못하게 되니, 君王의 은택(恩澤)이 메말라 물고기가 없는 흉함을 초래하게 된 것이다.

○案 洪範云 用靜吉 用作凶 此云 起凶 亦斯義也

163) 이는 '起凶'에 대한 설명이다. 즉 姤卦 九四는 姤之巽인데, 巽에는 '起'의 뜻이 없으므로, 일으킬 수 없는데, 일으킨다면, 흉할 수밖에 없으므로, '起凶'이라고 하였다는 설명이 내포되어 있다.

○[案]『尙書』「洪範」에 이르기를, “가만히 있으면 吉하고, 일을 벌리면 凶하다”라고 하였는데, 여기서 말하는 “起凶(일을 벌리면 흉하다)”도 역시 이런 뜻이다.[164)]

䷫

九五 : 以杞包瓜, 含章, 有隕自天. ○象曰 : 九五含章, 中正也, 有隕自天, 志不舍命也.

九五 : 갯버들로 오이를 둘러싸듯이, 밝게 빛나는 德을 [안으로] 품고 있으니, 하늘에서 [복(福)이] 내려올 것이다. ○「象傳」: 九五에서 “含章”(밝은 德을 안으로 품음)이라고 한 것은 中正[의 德을 품고 있음]을 가리킨 것이다. 하늘에서 [복(福)이] 내려오는 것은 [한결같은] 의지(志)로써 天命을 [기다리며] 버리지 않았기 때문이다.

此 姤之鼎也 鼎自遯來 《五之二》 遯者 大巽也 《兼畫三》 巽爲柔木 其性撓屈 《巽爲撓[165)]》 巽者 杞也 遯下爲艮 《天山卦》 艮者瓜也 《說卦文》 遯之未移 已有包瓜之象 《以大巽 而包小瓜》 移之爲鼎 《五之二》 則剛來爲巽 《下今巽》 遂以柔木 包此艮瓜 《下本艮》 以杞包瓜也 詩云 南有樛木 葛藟纍之 后妃之逮下也 姤爲女后之卦故 取象如是也 詩云 南有喬木 甘瓠纍之 賓主之相燕也 姤

164) “起凶”이『尙書』「洪範」의 “用作凶”과 비슷한 뜻이라는 말이다.

165) [校閱] “巽爲撓”의 “撓”가 新朝本에는 “橈”로 되어 있다. 여기서는 奎章本과 國中本을 따른다.

爲賓主之卦故 取象如是也

䷫ ䷱ ䷠
姤 → 鼎 ← 遯

이것은 姤卦가 鼎卦로 변하는 경우이다. 鼎卦는 遯卦에서 왔는데 ≪[遯卦의] 5가 2로 감≫ 遯卦는 큰 巽에 해당된다. ≪겸획(兼畫)하여 삼획괘(三畫卦)로 만듦≫ 巽은 부드러운 나무(柔木)인데, 잘 휘어지는 성질을 지니고 있으니 ≪巽은 '구부러짐[撓]'의 뜻이 됨≫ 巽은 곧 갯버들(杞)[166]이 된다. 遯卦의 下卦는 艮인데 ≪[遯卦는] 天과 山으로 구성된 卦≫ 艮은 '오이(瓜)'를 상징한다. ≪「說卦傳」의 글≫ 遯卦로부터 아직 推移하지 않았을 때에도 [遯卦에는] 이미 이처럼 "包瓜之象", 즉 "오이를 둘러싸는 象"이 있었던 것이다. ≪큰 巽으로써 작은 참외를 둘러쌈≫ [그런데 遯卦로부터] 추이하여 鼎卦가 되면 ≪[遯卦의] 5가 2로 간 것≫ 剛이 [안으로] 와서 巽이 되니 ≪[鼎卦의] 下卦가 지금 巽≫ 마침내 부드러운 나무(柔木)로써 이 艮의 참외(瓜)를 감싸니 ≪[遯卦의] 下卦가 본래 艮≫ "以杞包瓜", 즉 "갯버들(杞)로 참외를 둘러싸는 것"이 된다. 『詩經』「周男」「교목(樛木)」에 이르기를, "남유교목(南有樛木), 갈류류지(葛藟纍之)", 즉 "남산 가지 늘어진 나무에 칡덩굴이 얽혀 있네"라고 하였으니, [이것은] 후비(后妃)의 德이 아래에까지 미치는 것을 가리킨 것이다. 姤卦는 왕후(女后)를 상징하는 卦인 까닭에, 그 象을 취함이 이와 같다. 『詩經』[의 「남유가어(南有嘉魚)」]에 이르기를, "남유교목(南有喬木), 감호류지(甘瓠纍之)", 즉 "남녘 가지 처진 나무엔 달콤한 표주박 덩굴이 매달려 있네"라고 하였으니, [이것은] 손님과 주인이 서로 잔치하는 것을 가리킨 것이다. 姤卦는 손님과 주인을 상징하는 卦인 까닭에, 그 象을 취함이 이와 같다.

---

166) 杞 : 나무 이름, 구기자나무, 냇버들, 갯버들, 고리버들.

○鼎又自大壯來 ≪上之一≫ 大壯之時 震華旉蕃 ≪見說卦≫ 榮發太[167]過 移之爲鼎 ≪一之上[168]≫ 則巽德卑讓 ≪上之一≫ 离章燦然 ≪上今离≫ 而兌口之上 ≪三五兌≫ 一剛扃合 ≪上今剛≫ 是 含章也 ≪坤六三宜看≫

姤 → 鼎 ← 大壯

○鼎卦는 또한 大壯卦로부터 왔는데 ≪[大壯卦의] 上[의 柔]가 1로 감≫ 大壯卦의 때에는 震의 꽃이 활짝 피어 ≪「說卦傳」에 나옴≫ 그 영화로움이 [겉으로] 나타남이 지나치거니와, [大壯卦로부터] 推移하여, 鼎卦가 되면 ≪[大壯卦의] 1[의 剛]이 上으로 감≫ 巽의 德으로 낮추고 사양하며 ≪[大壯卦의] 上[의 柔]가 1로 감≫ 离의 문채(文彩)가 찬연히 빛나고 ≪[鼎卦의] 上卦가 지금 离≫ 兌의 입의 위에 ≪[鼎卦의] 3·4·5位가 兌≫ 한 개의 剛이 [그 위에 있어서] 빗장을 걸어 잠그고 있으니 ≪[鼎卦의] 上位가 지금 剛≫ [이것을 가리켜] "含章", 즉 "빛나는 德을 머금고 있음"이라고 한 것이다. ≪坤卦 六三의 경우를 마땅히 참조해 볼 것≫

○有隕自天者 福也 鼎自遯移 ≪五之二[169]≫ 乾之木果 旣以离爛 ≪上今离≫ 風乃隕物 ≪下今巽≫ 剛自天墜 ≪五之二≫ 有隕自天也 ≪五六爲天位≫ 君子之義 唯天命是俟[170]也

167) [校閱] "榮發太過"의 "太"가 新朝本에는 "大"로 되어 있다. 여기서는 奎章本을 따른다.

168) [校閱] 奎章本과 國中本에는 "一之上"으로 되어 있으나, 新朝本에는 "上之一"로 되어 있다. 前者가 더 적합하다.

169) [校閱] 奎章本에는 "二"가 "一"로 되어 있는데, 誤記이다.

170) [校閱] "唯天命是俟"의 "사(俟)"가 奎章本에는 "후(侯)"로 되어 있는데, 誤記이다.

姤 → 鼎 ← 遯

○"有隕自天", 즉 "하늘로부터 떨어지는 것이 있다"라고 했는데, [하늘로부터 떨어지는 것이란 다름 아닌] 福을 말하는 것이다. 鼎卦는 遯卦로부터 推移하였으니 ≪[遯卦의] 5가 2로 감≫ [鼎卦에서] 乾의 과실(木果)이 이미 [익을 대로 익어서] 离의 난숙(爛熟)함이 있었는데 ≪[鼎卦의] 上卦가 지금 离≫ 바람이 불면 곧 사물을 떨어뜨리거니와 ≪[鼎卦의] 下卦가 지금 巽≫ 剛이 하늘로부터 떨어지니 ≪[遯卦의] 5가 2로 감≫ "有隕自天", 즉 "하늘에서 떨어지는 것이 있는 것"이 된다. ≪제5 · 6位는 天位가 된다.≫ 君子의 義理는 오직 天命을 기다림에 있을 따름이다.

○中正者 上离虛中也 ≪卦形正≫

鼎

○"中正"은 [鼎卦의] 上卦의 离가 가운데 비어 있음을 가리킨 말이다. ≪[离는] 卦形이 반듯함≫

○上乾下巽 本天命也 ≪巽爲命≫ 离志旣明 巽命無改 ≪下猶巽≫ 志不舍命也

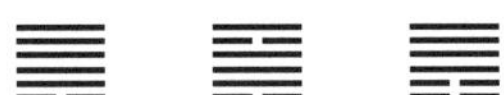

姤 → 鼎 ← 遯

○[遯卦는] 上卦가 乾이고, 아래에 [下互卦가] 巽이니, 본래부터 天

命을 뜻하였다. ≪巽은 命이 됨≫ [그런데 遯卦로부터 鼎卦로 推移하게 되면] 离의 뜻(志)이 이미 밝고, 巽의 命에 바뀜이 없으니 ≪[遯卦에서도 下互卦가 巽이었는데, 推移하여 鼎卦로 되어도] 下卦는 여전히 巽≫ "志不舍命", 즉 "마음에 天命을 저버리지 않음"인 것이다.

○學圃云 坤姤 女后之卦也 故皆云 含章171) ≪妻道也≫

○學圃가 말하였다. "坤卦와 姤卦는 女后의 卦인 까닭에, [坤卦와 姤卦에서] 모두 '含章'이라고 한 것이다." ≪["含章"은] 지어미의 도리이다.≫

上九 : 姤其角, 吝, 无咎. ○象曰 : 姤其角, 上窮, 吝也.

上九 : 그 뿔에 [다시] 부딪히니, [잘못을 고침에] 인색함은 있으나, 허물은 없을 것이다. ○「象傳」: 그 뿔에 [다시] 부딪히니, 위로 갈 때까지 갔는데도, [잘못을 고치지 않으니] 인색하다.

此 姤之大過也 上之變爲兌 ≪上今兌≫ 兌則爲羊 ≪說卦文≫ 上銳者 其角也 ≪物上小 曰銳≫ 卦位在首 ≪上爲首≫ 乾亦爲首 ≪上本乾≫ 角所在也

夬 ←反易→ 姤 → 大過

171) [校閱] 奎章本과 國中本에는 "含章"으로 되어 있으나, 新朝本에는 "含章也"로 되어 있다.

이것은 姤卦가 大過卦로 변하는 경우이다. [姤卦의] 上九爻가 변하여 兌가 되고 ≪[大過卦의] 上卦가 지금 兌≫ 兌는 곧 羊이 되는데 ≪「說卦傳」의 글≫ [大過卦의 가장] 上部에 뾰족하게 [솟아 있는] 부분이 그 [羊의] 뿔에 해당된다. ≪사물에 윗부분에 [삐죽 솟아 있는] 작은 것을 '예(銳)'라고 한다.≫ [夬卦 上九의] 卦位도 머리(首)에 해당하고 ≪上位는 머리[首]가 됨≫ 乾도 역시 머리가 되니 ≪[姤卦의] 上卦가 본래 乾≫ [머리는] 뿔이 달린 곳이다.

卦以夬反 ≪夬之倒≫ 夬之羊角 ≪夬上兌≫ 今乃復遇 姤其角也

姤←反易→夬

姤卦는 夬卦로부터 反易된 것인데 ≪[姤卦는] 夬卦를 뒤집은 것≫ 夬卦에 있던 羊의 뿔을 ≪夬卦의 上卦인 兌를 말함≫ 지금 [大過卦로 되면서] 다시 만나니, "姤其角", 즉 "그 뿔을 [다시] 부딪힌 것"이 된다.

○夬之時 柔乘五剛 反之爲姤則 順以載之 ≪上五陽≫ 今也 一陰之乘剛 如舊 ≪如夬時≫ 其占 吝也 ≪不改過≫

○夬卦의 때에는 柔가 다섯 개의 剛을 올라타고 있었는데, [夬卦가] 反易하여 姤卦가 되면, [柔가] 順從하며, [陽을] 위에 싣는다. ≪[夬卦의 1陰의] 위에 다섯 개의 陽이 있음≫ [그런데] 지금 [姤卦가 爻變하여, 大過卦가 되면] 하나의 陰이 [또 剛을] 올라타고 있는 것이 以前과 마찬가지이니 ≪夬卦의 때와 같음≫ 그 占이 [허물을 고침에 인색한] 吝의 占이 되는 것이다. ≪잘못을 고치지 않음≫

○大過自大壯來 ≪五之一≫ 雷之乘乾 ≪左傳文≫ 位亦不當 ≪柔

居五≫ 移之大過則 陽升陰降 ≪五之一≫ 巽以順之 ≪下今巽≫ 是 无咎也

姤 → 大過 ← 大壯

○[夬卦 上九의 之卦인] 大過卦는 大壯卦로부터 왔는데 ≪[大壯卦의] 5가 1로 감≫ [大壯卦에서는] 雷가 乾을 올라타고 있으니[172] ≪『左傳』에 나온다.[173]≫ 그 地位가 역시 적당(適當)하지 않았다. ≪[大壯卦에서] 柔가 [陽位인] 제5位에 자리함≫ [그런데 大壯卦로부터] 추이하여 大過卦로 가면, 陽은 상승하고, 陰이 하강하여 ≪[大壯卦의] 5가 1로 감≫ 巽으로써 순종하니 ≪[大過卦의] 下卦가 지금 巽≫ "无咎", 즉 "허물이 없는 것"이 된다.

○ 上窮者 位極也 位之旣極 過猶不改 此 吝道也 ≪如 復上六之迷復≫

○"上窮"이란 자리가 극한(極限)에까지 다다른 것이다. 자리(位)가 이렇게 極에 이르렀는데도, 그 지나침을 여전히 고치지 않으니, 이는 [잘못을 고침에] 인색한 道이다. ≪예컨대 復卦 上六의 "迷復"의 경우와 같다.[174]≫

---

172) 앞서 損卦 六四에서도, "大壯之卦, 以雷乘乾 ≪左傳文≫"이라는 말이 나왔다.

173) 『左傳』(昭公 32年)에, "在易卦, 雷乘乾曰大壯䷡, 天之道也(『周易』 卦에 있거늘, 雷가 乾을 타는 것을 大壯이라 한다)"라고 함(남기현 역, 『春秋左傳』 下, 자유문고, 2003, 285~286면).

174) 復卦 上六의 爻辭에 '迷復, 凶'이라고 함.

周易四箋 戊辰本 卷之十五

45. 택지 췌(澤地 萃)

坤下兌上 ○第二十六卦之正 ≪觀上之四 小過三之五≫

坤이 下卦이고, 兌가 上卦이다. ○第26卦의 正卦이다. ≪觀卦의 上이 4로 가고, 小過卦의 3이 5로 간다.≫

序卦傳曰 萃者 聚也

「序卦傳」에서 말하였다. "萃는 모임이다."

○鏞案 萃 聚 諧聲也 卦自觀小過來 再經移易 四相往來 ≪法見表≫ 而二陽相聚 終不相離 此 萃之所以名也 小過之時 坤陰之間 兩剛梗之 不得相聚 三之旣升 ≪三之五≫ 下乃成聚 ≪坤三陰≫ 亦其所以名萃也

觀 → 萃 ← 小過

○[鏞案] 萃(cuì)와 聚(jù)字는 해성(諧聲)의 字이다. 萃卦는 觀卦와 小過卦로부터 왔는데, [이렇게] 두 번의 추이를 거치면서, 네 개의 획이 서로 왕래하였지만 ≪推移法에 관해서는 괄례표(括例表)를 참조할 것≫ 두 개의 陽이 [서로] 모여서 끝내 서로 떨어지지 않으니, 이것이 '萃'라고 [卦名을] 命名한 까닭이다. 小過卦의 때에는 坤의 陰들 사이에 두 개의 剛이 가로막고 있어, [陰들이] 서로 모이지 못하였으나, 3이 이미 상승하면서 ≪3이 5로 감≫ [萃卦로 됨에] 下卦가 비로소 모이니 ≪坤의 세 개의 陰≫ 이 또한 괘를 萃라고 命名한 까닭이 된다.

又 萃者 盜之聚[1]也 艸[2]中有卒 其文爲萃 ≪字 從[3]艸從[4]卒≫ 故周書曰 萃淵藪 亦以盛[5]聚爲萃也 小過者 大盜也 ≪大坎盜≫ 萑葦

---

1) [校閱] "盜之聚也"의 "聚"가 奎章本에는 "萃"로 되어 있다. 여기서는 新朝本과 國中本을 따른다.

2) [校閱] 奎章本에는 "草"로 되어 있으나 新朝本과 國中本에는 "艸"로 되어 있다. "艸"는 "草"의 本字이다.

3) [校閱] "從"이 奎章本에는 "以"로 되어 있다. 여기서는 新朝本을 따른다.

4) [校閱] "從"이 奎章本에는 "以"로 되어 있다. 여기서는 新朝本을 따른다.

蒼筤 上下蓊蔚 ≪下倒震≫ 而險毒相聚 以亂坤民 ≪四陰坤≫ 此所謂 萑蒲之盜也 移之爲萃 ≪三之五≫ 驅之出境 ≪出坤外≫ 而猶復悍然相聚 ≪二陽 不相離≫ 依然爲盜 ≪仍大坎≫ 非萃而何 大象傳曰 除戎器 戒不虞 盖此義也

觀 → 萃 ← 小過

또한 萃는 도적들이 모여 있는 것을 뜻한다. '수풀(艸)' 속에 무리(卒)가 [숨어] 있으면, 그 글자가 '萃(췌)'字가 되니 ≪'萃'字는 '艸'와 '卒'字에 의거하고 있음≫ 그러므로 『尙書』「周書」「武成」에서 말하기를, "萃淵藪", 즉 "못의 덤불 속에 모였다"라고 하였으니, [이] 역시 무성(茂盛)하게 모인 것을 '萃'라고 한 것이다. [坎은 도적이므로, 큰 坎인] 小過는 큰 도적을 상징한다. ≪큰 坎은 도적을 상징함≫ [小過卦의 上卦는 震이며, 下卦인 艮은 뒤집힌 震이니] 억새풀(萑葦)과 푸른 대나무(蒼筤)가 위아래로 우거져서 울창한데 ≪[小過卦의] 下卦는 거꾸로 된 震≫ 험난하고 무성하게 우거져[6] 서로 모여서,[7] 坤의 백성을 어지럽히니 ≪[위아래 각각 두 개씩 있는] 네 개의 陰이 [백성을 상징하는] 坤≫ 이것이 이른바 '추포(萑蒲)의 도적떼(盜)'이다. [그런데 小過卦로부터] 推移하여 萃卦로 되면 ≪[小過卦의] 3이 5로 감≫ [그 도적들을] 국경 밖으로 몰아내지만 ≪坤의 밖으로 축출≫ [그 도적들이] 여전히 다시 거세게 서로 모여 ≪陽 두 개는 서로 떨어지지 않음≫ 옛날과 마찬가지로 도적질을 일삼으니 ≪[小過卦의 때와 마찬가지로] 거듭 큰 坎을 형성함≫ 이것이 '萃', 즉 '모인 것'이 아니고 무엇이겠는가? 「大象傳」

5) [校閱] "亦以盛聚"의 "聚"가 奎章本과 國中本에는 "盜"로 되어 있다.
6) 毒: 사람을 음란하게 만드는 풀이 무성하게 우거진다는 뜻.
7) 小過卦의 下互卦는 巽이니, 邪를 뜻하고, 上互卦는 兌니, 戎器를 뜻하고, 또 小過卦는 大坎의 형상이니, 險과 毒을 뜻하고, 小過卦의 下卦는 艮이니, 殺을 뜻한다.

에서, "除戎器, 戒不虞", 즉 "兵器를 [잘] 소제(掃除)하여, 예기치 못한 일(不虞)에 대비한다"라고 한 것도 대개 이런 취지인 것이다.

此卦六爻 皆言無咎 盖以天下之惡 未有甚於大盜 而苟能改之 ≪六爻 皆變改之象≫ 亦無咎之人也 此 聖人 所以廣開遷善之路 使其自新也

이 [萃卦의] 여섯 爻에서 모두 "無咎"라고 한 것은 대저 큰 도적보다 더 심한 惡이 天下에 없지만, 진실로 개과천선(改過遷善)할 수만 있다면 ≪여섯 爻의 '无咎'는 모두 변하여 고치는 象≫ 또한 허물이 없는 사람(無咎之人)이 될 것이기 때문이다. [따라서 이렇게] 여기 [여섯 효에서] 모두 ['無咎'를 말한 것은] 聖人께서 개과천선(改過遷善)의 길을 넓게 열어 놓아, [그런 惡한 자들이라도] 스스로 새롭게 되도록 한 까닭이다.

䷬

萃, 亨, 王假有廟,[8] 利見大人, 亨, 利貞, 用大牲, 吉, 利有攸往.

萃는 형통함이니, 임금이 종묘(宗廟)에 [제사를 지내러] 이르렀으니, 大人을 만나 봄에 이롭고, 형통하며, 일을 맡아 처리함에 이로울 것이다. [제사에] 큰 희생(犧牲)을 쓰니, 吉할 것이며, 가는 곳에 이로움이 있을 것이다.

此 萃之不變者也 自小過移 ≪三之五≫ 剛往得位 ≪陽得五≫ 二五

8) 王假有廟 : "왕격유묘(王假有廟)"로 읽는다.

遂應 《小過則不應》 其占 亨也

觀 → 萃 ← 小過

이것은 萃卦가 변하지 않는 경우이다. 萃卦는 小過卦로부터 推移한 것인데 《[小過卦의] 3이 5로 감》 剛이 나아가서, [자신의 바른] 자리를 얻고 《陽이 제5位를 차지》 [上下卦의 가운데 자리인] 제2位와 제5位가 [陰과 陽으로] 마침내 서로 호응하게 되니 《小過卦인 때는 [모두 陰이라] 호응하지 않았다.》 그 占이 형통한 것이다.

○ 萃亨者 萃卦之本德也 《正卦象》 亨利貞者 兩互爲漸之占例也 《互卦象》 再言亨 非衍文也 《說見下》

萃 →兩互作卦→ 漸 ← 否

○[彖辭의 앞 부분에서] "萃亨"이라고 한 것은 萃卦의 본래의 성격을 말한 것이며 《[萃卦의 下坤과 上兌의] 正卦의 象》 [彖辭의 뒷 부분에서] "亨利貞"이라고 한 것은 [萃卦의] 兩互卦로써 漸卦를 도출한 경우의 占卦의 用例이다. 《互卦의 象》 따라서 거듭 "亨"이라 한 것은 [결코] 衍文이 아니다. 《이 설명은 아래 나온다.》

○ 萃之兩互 其卦爲漸 ䷴ 漸自否來 《三之四》 艮廟之上 《否互艮》 乾爲先王 《以艮終》 移之爲漸則 王之長子 《乾之第一畫》 立於艮廟之門 《四之三》 巽以潔齊 《上今巽》 殺坤大牲 《下本坤》 坎敬旣直 离誠乃恪[9] 《漸兩互》 王假有廟也

萃→兩互作卦→ 漸 ← 否

○萃卦로부터 兩互卦를 만들면 그 卦가 漸卦가 된다. 漸卦는 否卦로부터 왔는데 ≪[否卦의] 3이 4로 감≫ [否卦에서] 艮의 종묘(宗廟)의 위에 ≪否卦의 [2·3·4位의] 互艮≫ 乾이 있으니 先王, 즉 '돌아가신 왕'이 된다. ≪艮으로써 [先王이] 돌아가신 것을 상징함≫ [그런데 否卦로부터] 추이하여 漸卦가 되면, [돌아가신] 先王의 맏아들(長子)이 ≪[否卦의 上卦인] 乾의 첫 번째 획≫ 艮의 종묘(宗廟)의 門에 서서 ≪[否卦의] 4가 3으로 감≫ 巽으로써 [몸을] 정결(淨潔)히 재계(齋戒)하고 ≪[漸卦의] 上卦가 지금 ['潔齊'를 상징하는] 巽≫ [제사에 쓸] 坤의 큰 희생을 잡는데 ≪[否卦의] 下卦가 본래 坤≫ 坎의 공경(恭敬)함이 이미 곧고, 离의 성의(誠意)가 이에 경건하니 ≪漸卦의 兩互卦에 따른 德≫ "왕격유묘(王假有廟)", 즉 "임금이 종묘(宗廟)에 [제사를 지내러] 이르는 것"이다.

○否之時 ≪仍取兩互象≫ 乾君在上 坤臣在下 ≪天地否≫ 時運否塞 上下不通 ≪不交泰≫ 移之爲漸則 臣就其君 ≪三之四≫ 相見乎离 ≪漸互离≫ 利見大人也 遂得巽命 ≪上今巽≫ 以居其位 ≪柔居四≫ 得爵之卦也

萃→兩互作卦→ 漸 ← 否

○[漸卦의 母卦인] 否卦의 때에는 ≪역시 兩互卦의 象을 취한 것≫ 乾의 君王이 위에 있고, 坤의 臣下가 아래에 있으니 ≪天과 地로 구성된 否卦≫

9) [校閱] 新朝本에는 "离誠乃恪"으로 되어 있으나 奎章本과 國中本에는 "각(恪)"이 "격(格)"으로 되어 있다.

時運이 비색(否塞)하여, 上下가 [서로] 소통하지 못한다. ≪[上下가] 交易되어, 泰卦를 이루지 못함≫ [그런데 否卦로부터] 推移하여 漸卦가 되면, 臣下가 그 君主에게로 나아가 ≪[否卦의] 3이 4로 간 것≫ 离에서 서로 만나게 되므로 ≪漸卦의 [3·4·5位가] 互离≫ "利見大人", 즉 "大人을 만나봄에 이롭다"라고 한 것이다. [그런데 그 臣下가] 마침내 巽의 命을 받아 ≪[漸卦의] 上卦가 지금 巽≫ 그 자신의 [바른] 자리에 머무르니 ≪[漸卦에서] 柔가 [자신에게 합당한] 제4位에 머무름≫ 작위(爵位)를 얻는 卦에 해당한다.

○否移爲漸 ≪三之四≫ 剛柔皆得 ≪三四 皆得位≫ 嘉會以合 ≪上互离≫ 其占 亨也 其位旣正 ≪三與四≫ 坎德貞固 ≪下互坎≫ 利幹事也 ≪利於正≫

○否卦로부터 추이하여 漸卦가 되면 ≪[否卦의] 3이 4로 간 것≫ 剛과 柔가 모두 바른 자리를 얻어 ≪[漸卦의] 3位와 4位가 모두 [자신의 바른] 자리를 얻은 것≫ 예의에 맞게 모여 화합하니 ≪[漸卦의] 上互卦가 离≫ 그 占이 형통한 것이다. 그 자리가 이미 바르고 ≪제3位와 제4位≫ 坎의 德이 곧고 굳으니 ≪漸卦의 下互卦가 坎≫ 사업(貞=事)을 맡아 주간(主幹)함에 이로운 것이다. ≪바른 일(貞=正)을 함에 이롭다.≫

○否之坤牛 ≪本下坤≫ 今受王射 ≪天子親射牲≫ 用大牲也

○否卦에 있던 坤의 소가 ≪[否卦의] 下卦가 본래 坤≫ 지금 임금의 화살을 맞았으니 ≪天子가 친히 희생(犧牲)에 화살을 쏨≫ "用大牲", 즉 "큰 희생을 쓰는 것"이다.

○柔往得位 ≪三之四≫ 天命乃順 ≪上今巽≫ 利有攸往也 ≪巽爲利≫

○柔가 나아가서, 자신의 바른 자리를 얻고 ≪[否卦의] 3이 4로 감≫ 이

에 天命에 순응하니 ≪[漸卦의] 上卦가 지금 [命을 상징하는] 巽≫ "利有攸往", 즉 "가는 곳에 이로움이 있는 것"이다. ≪巽은 이로움이 된다.≫

◯案 王假有廟 神人之萃合也 ≪程子曰 萃合人心之道 莫過於宗廟≫ 利見大人 君臣之萃合也 卦德本萃故 兩互之占 如此

◯[案] "왕격유묘(王假有廟)"[10]라고 한 것은 鬼神과 人間이 모여서 합일되는 것을 가리킨 것이며 ≪程子가 말하였다. "사람의 마음을 모아서 합일시키는 방법으로 종묘(宗廟)보다 더 나은 것이 없다."≫ "利見大人"은 임금과 신하가 모여서 合一되는 것을 가리킨 것이다. [이처럼] 卦의 성질(德)이 본래 '萃'[모이는 것]에 있으므로, 兩互作卦한 경우의 占도 이와 같다.

◯又按 萃亨之亨 舊本 或無此字 ≪馬融 鄭玄 陸績[11] 虞翻本≫ 唯王弼 王肅本 有之 ≪今之諸本 皆有之≫ 程子曰 羨文 ≪朱子 亦曰 衍文≫

◯[又按] '萃亨'의 '亨'字가 舊本에서는 혹 [이 글자가] 없는 경우도 있는데 ≪마융(馬融)과 정현(鄭玄)과 육적(陸績)과 우번(虞翻)의 책≫ 오직 왕필(王弼)과 왕숙(王肅)의 책에는 있다. ≪현재 여러 판본에는 모두 이 '亨'字가 있다.≫ [따라서] 程子도 이것이 '연문(羨文)', 즉 '잘못 들어간 글자'라고 하였다. ≪朱子도 역시 '연문(衍文)'이라고 함≫

◯學稼云 不以兩互則 王假有廟 利見大人 不可解也

萃 → 兩互作卦 → 漸 ← 否

---

10) 王假有廟의 '假'는 '격'으로 읽는다.

11) [校閱] 奎章本과 國中本에는 "육적(陸績)"으로 되어 있으나 新朝本에는 "육속(陸續)"으로 되어 있다. 육속(陸續)은 육적(陸績)의 祖父로 알려져 있다.

○學稼가 말하였다. "兩互作卦를 하지 않는다면 '王假有廟, 利見大人'의 구절을 해석할 수 없다."

彖曰 : 萃, 聚也, 順以說, 剛中而應故, 聚也. 王假有廟, 致孝亨也.[12] 利見大人, 亨, 聚以正也, 用大牲, 吉, 利有攸往, 順天命也, 觀其所聚, 而天地萬物之情, 可見矣. ≪孝亨之亨 讀作享13)≫

「彖傳」: 萃는 모이는 것이니, 순응함으로써 기뻐하며 [九五의] 剛이 가운데 있으면서 [아래 六二의 陰과] 호응하기 때문에 모이는 것이 된다. "王假有廟"라고 한 것은 효성스러운 제사를 드림이고, "利見大人, 亨"은 正道로써 모이기 때문이고, "用大牲吉, 利有攸往"은 天命에 순응하기 때문이다. [따라서] 그 모이는 것을[14] 본다면, 天地萬物의 實情을 파악할 수 있을 것이다. ≪'孝亨'의 '亨'은 '향(享)'으로 읽어야 한다.≫

下順上悅 其志相應 ≪二五應≫ 萃之道也

萃 → 兩互作卦 → 漸 ← 否

[萃卦를 보면] 下卦는 [巽으로] 순종함이고 上卦는 기쁨인데 ≪悅=說≫ 그 마음이 서로 호응하니 ≪[萃卦의] 2와 5가 호응≫ [이것이] 만날 때 [지켜야 될] 道이다.

○致 猶獻也 漸自否來 坤順之養 ≪否下坤≫ 以子獻父 ≪否上乾≫ 致孝享也 ≪艮手以奉之≫

12) 致孝亨也 : "치고향야(致孝亨也)"로 읽는다.
13) [校閱] 奎章本에는 "讀作享"의 "享"이 "亨"으로 되어 있는데, 誤記이다.
14) 즉 종묘(宗廟)에서 사람과 귀신이 모임, 조정에서 신하와 임금이 모이는 것 등.

○'致'는 '바친다(獻)'는 뜻과 같다. [萃卦에서 兩互作卦한] 漸卦는 否卦로부터 온 것인데, [그 否卦를 보면] 坤의 순종함으로써 봉양(奉養)하여 ≪否卦의 下卦는 坤≫ 자식으로서 아버지에게 [그 봉양을] 바치니 ≪否卦의 上卦는 乾[인데 아버지를 상징함]≫ "致孝享", 즉 "효성스러운 제사를 올린다"라고 한 것이다. ≪艮의 손으로써 奉養함≫

○漸自否來 剛柔往來 並得其正 ≪柔四而剛三≫ 聚以正也

○[萃卦에서 兩互作卦한] 漸卦는 否卦로부터 왔는데 [否卦로부터 推移하면서] 剛과 柔가 오고 가서, 모두 그 바름을 얻었으니 ≪[漸卦에서] 柔가 제4位에, 剛이 제3位에 있음≫ "聚以正", 즉 "正道로서 모인 것"이다.

○漸自否來 本以乾天 ≪否上乾≫ 巽命今順 ≪上今巽≫ 順天命也

萃→兩互作卦→ 漸 ← 否

○漸卦는 否卦로부터 왔다. [否卦에서] 본래 乾의 하늘로부터 내려진 ≪否卦의 上卦는 乾≫ 巽의 命을 지금 순종하니 ≪[漸卦의] 上卦가 지금 巽≫ "順天命", 즉 "天命에 따른다"고 한 것이다.

○天地者 乾坤也 ≪否乾坤≫ 萬物者 卦畫也 卦德旣萃 則剛柔往來之情 無往而非萃也

○"天地"란 乾과 坤을 가리키며 ≪否卦의 乾과 坤≫ "萬物"이란 괘획(卦畫)을 가리킨다. 卦의 성격(德)이 이미 모임(萃)에 있으므로, 剛과 柔가 왕래하는 상황에서 나아가서 모이지 않음이 없는 것이다.

○學圃云 不以兩互 則卦無乾父 無所致孝也 亦無乾巽 未有天命也

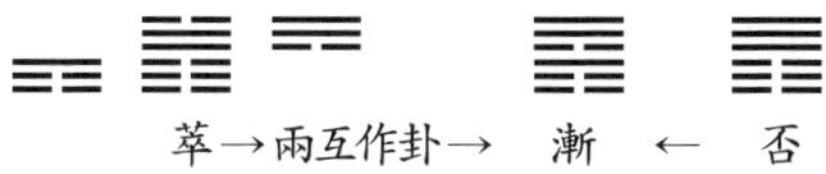

○學圃가 말하였다. "兩互卦를 취하지 않는다면, [萃]卦 [그 자체]에 乾의 아버지가 없으므로, 효도를 드릴 데가 없으며, 또한 乾과 巽이 없으므로 天命도 없는 것이다."

初六 : 有孚, 不終, 乃亂乃萃, 若號, ≪句≫ 一握爲笑, 勿恤, 往, 无咎. ○ 象曰 : 乃亂乃萃, 其志亂也.

初六 : 믿음이 있으나, 끝까지 [그 믿음을] 지니지 못하는지라, 이에 혼란을 틈타, 이에 [도적이] 떼지어 나타날 것이다. 만약 [위험을] 소리쳐 외친다면 [누군가 도우러 와서, 그 사람과 함께] 손을 하나로 맞잡고 웃게 될 것이니, 걱정할 것이 없으며, 가더라도 허물이 없을 것이다. ○ 「象傳」: "이에 혼란을 틈타, 이에 [도적이] 떼지어 나타나는 것(乃亂乃萃)"은 그 [백성들의] 뜻(志)이 어지럽기 때문이다.

此 萃之隨也 隨自否來 ≪上之一≫ 否之時 乾王在上 坤民在下 ≪天地 否≫ 六位皆應 ≪剛柔應≫ 上嚴下順 是 有孚也 移之爲隨 則終畫不應 ≪上與[15]三≫ 有孚 不終也

䷬ ䷐ ䷋

萃 → 隨 ← 否

이것은 萃卦가 隨卦로 변하는 경우이다. 隨卦는 否卦로부터 왔는데 ≪[否卦의] 上이 1로 감≫ 否卦의 때에는 乾의 왕이 위에 있고, 坤의 백성들이 아래에 있어서 ≪天地 否卦≫ [否卦의] 여섯 자리가 모두 서로 호응하며 ≪剛과 柔가 호응≫ 위로는 [乾으로] 엄하고 아래로는 [坤으로] 유순하니, 이것을 가리켜 "有孚", 즉 "믿음이 있다"고 한 것이다. [그런데 否卦로부터] 推移하여 隨卦로 되면, 마지막 획들이 서로 호응하지 않으므로 ≪[隨卦의] 上位와 제3位[가 모두 陰]≫ "有孚, 不終", 즉 "믿음이 있기는 있으나, 끝까지 [그 믿음을] 지니지 못한다"라고 한 것이다.

○否之時 陰陽不亂 ≪各相聚≫ 孚旣不終 王國大亂 ≪陰陽雜≫ 萃爲坎盜 ≪三六夾≫ 乃亂乃萃也 王者之御萬民 當終始孚格 苟其德之不終 民亦相聚而爲盜也

䷬ ䷐ ䷋

萃 → 隨 ← 否

○[隨卦의 母卦인] 否卦의 때에는 陰과 陽이 혼란스럽지 않았는데 ≪[陰과 陽이] 각각 서로 모여 있음≫ [否卦로부터 추이하여 隨卦로 가면] 그 믿음이 이미 끝까지 가지 못하니, 王國에 큰 혼란이 일어나고 ≪陰과 陽이 뒤섞임≫ [백성들이] 모여서 坎의 도적떼가 되니 ≪[隨卦의] 3·4·5·6의 협괘(夾卦)[는 大坎의 형태]≫ [이러한 상황을 가리켜] "乃亂乃萃", 즉 "이에 혼란을 틈타, [도둑의] 무리가 이에 나타난다"라고 한 것이다. 임금이 萬

15) [校閱] "上與三"의 "與"가 奎章本에는 "与"로 되어 있다. "与"는 "與"의 俗字이다.

民을 다스림에 마땅히 처음부터 끝까지 믿음으로써 바로잡아야 하며, 만약 그런 [治者의] 德이 끝까지 지속되지 않는다면, 백성들도 역시 서로 모여서 도적이 되는 것이다.

○ 號者 警告也 坎盜在中 ≪三六夾≫ 兌口號天 ≪上本乾≫ 其象號也 ≪如夬之惕號≫ 小過以來 失此震帥 ≪本上震≫ 今震復還 ≪下今震≫ 喜可知也 ≪下大离≫ 遂接艮手 ≪二四互≫ 是 一握也 兌悅震聲 ≪下今震≫ 發於离面 ≪下大离≫ 歡然相見 ≪离相見≫ 一握爲笑也 寇亂之際 苟能號告 以望救 ≪若號 則來救≫ 必有救我者 至矣 ≪如 信陵君之還魏≫ 握手相笑 豈有旣哉

小過 → 萃 → 隨 ← 否

○ '號'란 '놀라서 [위급한 상황을] 알리는 것'을 뜻한다. 坎의 도적이 中間에 나타남에 ≪[萃卦의] 3 · 4 · 5 · 6位의 협괘(夾卦)[는 大坎의 형태]≫ 兌의 입으로 하늘에 [그 위험을] 부르짖으니 ≪[否卦의] 上卦가 본래 乾≫ 그 象이 부르짖는 모습(號)이다. ≪夬卦에서 '惕號'[근심하여 부르짖는다]라고 한 경우와 같다.≫ [萃卦의 母卦인] 小過卦 以來로 이 震의 장수(將帥)를 상실하였다가 ≪[小過卦의] 上卦가 본래 震≫ 지금 [萃卦 初六이 爻變하여 隨卦가 되면] 그 震이 다시 돌아오니 ≪[隨卦의] 下卦가 지금 震≫ 그 기쁨을 가히 알 만하다. ≪[隨卦의] 下部에 [기쁨을 상징하는] 큰 离가 있음≫ 이에 艮의 손을 맞잡으니 ≪[隨卦의] 2 · 3 · 4位의 互卦≫ 이것이 "一握", 즉 "[손을] 하나로 [맞]잡은 것"이다. 兌의 기쁨과 震의 소리가 ≪[隨卦의] 下卦가 지금 震≫ 离의 얼굴에 나타나며 ≪隨卦의 下部에 큰 离가 있음≫ 기쁘게 서로 만나니 ≪离는 서로 보는 것을 뜻함≫ [이것을 가리켜] "一握爲笑", 즉

"손을 하나로 맞잡고 웃는다"라고 한 것이다. 도적으로 혼란한 시기에, 만약 호소하여 구원을 요청할 수만 있다면 ≪만약 소리질러 구원을 요청하면, 와서 구원해준다.≫ 반드시 나를 구해주러 오는 사람이 있을 것이다. ≪예컨대 신릉군(信陵君)이 위(魏)나라로 돌아온 경우와 같은 事例[16]≫ [이럴 때] 악수(握手)하며 서로 웃는 것이 어찌 다함이 있겠는가!

○恤者 坎心之憂也 ≪坎爲血≫ 救我者 旣至 ≪上之一≫ 雖有坎

---

16) 신릉군(信陵君, ?~B.C.244) : 戰國時代 末期, 魏 昭王의 아들, 이름은 無忌, 齊의 孟嘗君, 趙의 平原君, 楚의 春申君과 함께 戰國四君의 한 사람으로 꼽히는데, 四君子란 말은 여기서 유래되었다. 信陵君의 누이가 平原君에게 시집을 갔기 때문에, 趙나라 혜문왕(惠文王)의 아우였던 平原君과는 처남 매부지간이었다. 魏無忌는 信陵君에 冊封되고나서, 누구를 막론하고 禮를 갖추어 대한 까닭에, 食客이 3천 명에 달하였다. 그는 이문(夷門)을 지키는 후영(侯瀛)이란 늙은 문지기를 스승처럼 위했고, 백정인 주해(朱亥)를 귀한 손님처럼 받아들였다. 안희왕 20년에 趙나라 군사를 長平에서 크게 깨뜨린 秦나라는 다시 군사를 몰아 趙나라 수도 한단(邯鄲)을 포위했다. 趙는 먼저 신릉군과 사돈관계를 맺고 있는 魏에게 원군을 청하였다. 이에 魏王은 장군 진비(晋鄙)를 시켜 군사 10만을 이끌고 趙를 지원하라 했으나, 秦나라에서는 위협하는 바람에 안희왕은 겁이 나서, 진비(晋鄙)로 하여금 국경선을 넘지 못하도록 했다. 마침내 신릉군은 백여 대의 수레에 손들을 태우고, 秦나라 군대와 싸워 죽을 결심을 하게 된다. 가는 도중 夷門을 지나며 후영을 만나 가게 된 동기와 죽을 결심을 말했다. 그러나 후생은 담담한 표정으로 신릉군을 따라갈 수 없다고 말하였다. 이런 후영의 태도가 아무래도 마음에 걸린 신릉군은 얼마를 가다가 되돌아와 후영에게 물었다. "내가 그를 그토록 성의껏 대했는데 죽으러 가는 마당에 이렇게 보낼 수가 있는가? 내게 무슨 잘못이라도 있단 말인가?" 그러자, 후영은 무모한 죽음은 어리석은 일밖에 될 것이 없다면서 조용한 곳으로 가 그에게 조나라를 구할 수 있는 꾀를 일러 주었다. 그것은 兵符를 훔쳐 趙나라를 구하는 일이었다. 진비(晋鄙)의 군대를 손에 넣은 신릉군은 팔만의 군대로 秦나라 군대를 쳐서 크게 승리를 거두었다. 신릉군이 兵符를 훔쳐 王命이라 속이고, 군사를 지휘한 것을 알게 된 魏王이 화를 내는 바람에, 신릉군은 魏나라로 돌아오지 못하고, 趙나라에서 10년을 머물렀다. 나중에, 신릉군이 趙나라에 있다는 것을 알게 된 秦나라가 魏를 침략해 오자. 다급해진 魏의 안희왕은 신릉군에게 어서 돌아와 달라고 애원을 했다. 신릉군은 무심했던 안희왕이 이제서야 자신을 필요로 하는 것에 화가 났으나, 결국은 새로 사귄 모공(毛公)과 설공(薛公)의 권유로 魏나라로 돌아와서, 魏·楚·燕·韓·趙의 5국 연합군을 이끌고, 秦나라를 크게 이기고, B.C.247년 함곡관(函谷關)까지 쳐들어가 그 위세를 천하에 떨치고 돌아오게 된다(사마천의 『史記』「列傳」卷17「魏公子列傳」에 관련된 내용이 나온다).

憂 ≪上大坎≫ 又何恤焉

小過 → 萃 → 隨 ← 否

○"恤"은 坎의 마음의 근심을 가리킨다. ≪坎은 血이 된다.≫ 나를 구해 줄 자가 이미 도달하였으니 ≪[否卦의] 上이 1로 감≫ 비록 坎의 근심이 있다고 하더라도 ≪上部에 큰 坎이 있음≫ 또한 어찌 걱정될 것이 있겠는가?

○往无咎者 一之上也 本不得位 ≪否初柔≫ 今乃得位 ≪陰居六≫ 往无咎也

萃 → 隨 ← 否

○"往, 无咎"라고 한 것은 [否卦의] 1이 上으로 간 것을 가리킨다. [否卦의 初位의 陰은] 본래 [바른] 자리를 얻지 못했는데 ≪[初位는 본래 陽이 있어야 할 자리인데] 否卦의 初位는 柔≫ 지금 [推移하여 隨卦로 되면] 곧 [바른] 자리를 얻으니 ≪[隨卦에서] 陰이 上位에 있음≫ [이것을 가리켜] "往, 无咎", 즉 "나아가면, 허물이 없다"라고 말한 것이다.

○坎則爲亂 ≪反离治≫ 其志亂也

○坎이 곧 '亂'이 되니 ≪离의 '治'와 반대됨≫ "其志亂(그 뜻을 둠이 혼란함)"인 것이다.

○案 傅氏本 握作渥 ≪鄭氏云 讀如夫[17]三爲屋之屋≫ 聲誤也

17) [校閱] "讀如夫"의 "夫"가 新朝本에서는 "夬"로 되어 있으나 誤記이다.

○[案] 부씨(傅氏)의 책에서는 '쥘 握(악)'字가 '渥(악)'字로 되어 있는데 ≪鄭玄이 말하였다. "[古代의 田制에 따르면] '세 개의 夫[18]가 [합쳐져서] 옥(屋)[19]이 된다'고 하였으니,[20] ['握(악)'字를 그 경우의] '屋(옥)'字와 같은 뜻으로 읽어야 한다."≫ 이것은 발음의 유사성으로 말미암아 생긴 착오이다.

○學圃云 號 笑 叶韻

○學圃가 말하였다. "'號(호)'字와 '笑(소)'字는 협운(叶韻)의 관계에 있다."

六二 : 引吉, 无咎, 孚, 乃利用禴. ○象曰 : 引吉, 无咎, 中未變也.

六二 : [위태롭게 陽을 올라타고 있는 陰을] 끌어당겨 [내리니] 吉하며, 허물이 없을 것이다. [정성(精誠)스러운] 믿음만 있다면 [이에 神明도 감동하리니] 이에 간소한 제사를 지내도 이로울 것이다. ○「象傳」: "引吉无咎"는 마음(中)[속에 있는 정성(精誠)]이 아직 변치 않았기 때문이다.

此 萃之困也

---

18) 夫는 백묘(百畝)의 밭을 뜻한다. 周代에는 남자 나이 20세가 되면, 나라에서 밭 백묘(百畝)를 주었기 때문에 이르는 말.

19) 周代에 세 집을 한 조(組)로 해서, 공조(貢租)를 바치게 하는 연대조합으로 삼았는데, 세 집의 밭을 합쳐서 된 한 조(組)를 옥(屋)이라고 하였음. 즉 옥(屋)은 세 집의 밭으로서 삼천(三千) 보(步)의 땅에 해당됨.

20) 『易學緒言』「鄭康成易注論」의 「第二論改字」에 "萃初六握當讀爲夫三爲屋之屋"이라고 함(『易學緒言』 卷1, 16가).

萃 → 困

이것은 萃卦가 困卦로 변하는 경우이다.

萃之兩互 其卦漸也 漸二之動 其卦巽也 巽自中孚來 ≪三之一≫ 柔之在上 ≪兌一陰≫ 引而降之 ≪三之一≫ 是 引吉也 ≪引兌 宜參看≫ 兌德乘剛 ≪中孚之下兌≫ 今以巽伏 ≪三之一≫ 剛乃得位 ≪三今剛≫ 是 无咎也

萃 → 兩互作卦 → 漸 → 2효변 → 巽 ← 推移 ← 中孚

萃卦의 兩互卦는 그 卦가 漸卦인데, 漸卦의 六二爻가 爻變하면, 그 卦가 巽卦가 된다. 巽卦는 中孚卦로부터 왔는데 ≪[中孚卦의] 3이 1로 감≫ [中孚卦에서] 柔가 [下卦의 제일] 위에 있었는데 ≪[中孚卦의 下卦인] 兌에 있는 한 개의 陰을 가리킴≫ 끌어서 아래로 내리니 ≪[中孚卦의] 3이 1로 간 것≫ 이것을 가리켜 "引吉", 즉 "[위태롭게 陽을 올라타고 있는 陰을] 끌어 [내려서] 吉하다"라고 한 것이다. ≪[兌卦 上六에서] "引兌"[21][라고 한 用例]를 마땅히 참고해야 한다.≫ 兌의 성격은 陰이 [위태롭게] 陽을 올라타고 있는 것인데 ≪中孚卦의 下卦는 兌≫ 지금 [巽卦가 되면] 巽으로써 엎드리고 ≪[中孚卦의] 3이 1로 감[22]≫ 剛이 이에 [합당한] 자리를 얻었으니 ≪[巽卦의] 제3位가 지금 剛≫ "无咎", 즉 '허물이 없는 것'이다.

---

21) 兌卦 上六에서 '引兌', 즉 "끌어내려 즐거워함"이라고 하였다. 茶山은 兌卦 上六에서는 萃卦 六二의 경우를 참조해 보아야 한다고 하였다.

22) 萃卦의 兩互卦인 漸卦로부터 爻變하여, 巽卦가 되었고, 또 巽卦는 中孚卦로부터 온 것이다. 巽卦는 中孚卦의 3이 1로 감으로써 형성된다.

○漸之未變 王假有廟 祭祀之卦也 ≪見彖詞≫ 用大牲吉 殺牛之象也 ≪見彖詞≫

革 → 兩互作卦 → 漸

○漸卦가 아직 爻變하지 않았을 때, "王假有廟"라고 한 것은 祭祀를 상징하는 卦[의 象]에 해당되며 ≪[앞서] 彖詞에서 나옴≫ 또 "用大牲吉"이라고 한 것은 [제사에 쓰려고] 소를 잡는 卦象에 해당된다. ≪역시 앞서 彖詞에서 나옴≫

不意 漸二之動 其卦爲巽 ☴ 巽者 草也 ≪九家易≫ 蘋蘩蘊藻雜然具[23]列 下卦上卦 唯菜是饌 ≪上下巽≫ 斯何故也 巽之潔齊 ≪說卦文≫ 离乃虛中 ≪三五互≫ 誠之旣孚 物薄何咎 利用禴也 禴者 瀹也 瀹菜以祭也 ≪義見下≫ 重巽之草 坎以瀹之 ≪大坎水≫ 其象 禴也 升九二 亦然

革 →兩互作卦→漸 → 2효변→巽

[그런데] 뜻하지 않게, 漸卦 六二의 변동으로 말미암아, 그 卦가 重巽卦가 되는데, 巽은 풀(草)을 상징한다. ≪巽이 풀을 상징한다는 것은 荀九家의 易[註에 나오는 說]≫ [이렇게 重巽卦가 되면] 들판이나 물가에 나는 여러 가지 나물들이 잡다하게 갖추어 펼쳐져 있으니, [重巽卦의] 下卦와 上卦에 [차려낸 것이] 오로지 나물밖에 없다. ≪[重巽卦의] 上卦와 下卦

23) [校閱] "雜然具列"의 "具"가 奎章本에는 "其"로 나오는데, 誤記이다. 이후 升卦 九二의 注에서는 奎章本에서도 "雜然具列"로 나온다.

가 모두 巽≫ 이것은 무슨 까닭인가? [重巽卦의 上卦와 下卦인] 巽은 정결(淨潔)하게 재계(齋戒)함을 상징하고 ≪「說卦傳」의 글≫ [重巽卦의 上互卦인] 离는 곧 겸허하게 마음을 비움을 가리킨다. ≪3·4·5位의 互卦≫ 정성이 이처럼 이미 믿음으로 가득하다면, [神明이 감응하리니] 祭物이 빈약한들 무슨 허물이 되겠는가! [그래서] "利用禴", 즉 "간소한 제사를 지냄에 이롭다"라고 한 것이다. '약(禴)'은 '데친다'는 뜻의 '약(瀹)'의 뜻으로서, 이는 나물을 삶아 제사를 올리는 것을 가리킨다. ≪이 뜻은 아래에 나타남≫ [巽卦를 보면] 重巽의 풀을 坎으로써 삶아 데치니 ≪[1·2·3·4位의] 큰 坎의 물≫ 그것은 禴 제사의 象인 것이다. 升卦 九二의 경우도 역시 그러하다.

○中者 离誠之虛中也 ≪漸中孚之离≫ 變而爲巽 其孚未改 ≪巽亦有互离≫ 中未變也 ≪孚乃禴≫

○[「象傳」에서] "中"이라고 한 것은 离의 정성(精誠)으로 마음을 비운 것을 가리킨다. ≪漸卦와 中孚卦의 离를 말함≫ [爻變이나 推移의 과정을 거쳐서] 변하여 巽卦가 되어도, 그 믿음이 아직 변치 않았으니 ≪巽卦에도 역시 ['孚'를 상징하는] 互离가 있음≫ [그것은] "中未變", 즉 "마음이 아직 변치 않은 것"이다. ≪[이처럼 믿음의 마음이 변치 않았으므로] 믿음으로써 禴 제사를 지내는 것이다.≫

○案 禴者 礿也 ≪王制疏≫ 酌損之義也 ≪龠 勺 皆量器之名≫ 舊本禴 或作蘥 ≪劉瓛本≫ 蘥與瀹通 ≪薄熟也≫ 瀹菜之祭也 王制 春祭

曰 礿 周禮 以禴夏享 ≪宗伯文≫ 盖以春夏 時物鮮薄 務從約略也 ≪互見損旣濟≫ 王弼[24] 以禴 爲春祭

○[案] ['봄제사'나 '여름제사'라는 뜻을 가지는] '禴(약)'은 [여기서는] 봄제사인 '礿(약)'을 가리키는데 ≪『禮記』「王制」편의 疏에 이렇게 말함≫ '참작하여 간소하게 함(酌損)'의 뜻이다. ≪['禴'字와 '礿'字의 오른쪽에 있는] '龠(약)'과 '勺(작)'은 모두 '용량을 재는 그릇(量器)'의 이름이다.≫ 舊本에서는 '봄 제사 禴(약)'字를 혹 '불사를 爚(약)'字로 쓴 것도 있는데 ≪유환(劉瓛)의 책≫ '불사를 爚(약)'字와 '데칠 瀹(약)'字는 서로 통용하는 글자이니 ≪가볍게 익히는 것≫ 나물을 삶아 올리는 제사를 가리킨다. 『禮記』「王制」에서는, 봄제사(春祭)를 '礿(약)'이라고 하였고, 『周禮』에서는 "여름 약(禴)제사를 …… 올린다"라고 하였는데 ≪「春官宗伯」「大宗伯」의 글[25]≫ 요컨대 대개 봄과 여름에는 [제 철의] 산물(産物)이 드물고 적으니, 모름지기 간소한 것을 따라야 하는 것이다. ≪[이런 간소한 제사의 취지는] 損卦와 旣濟卦에 모두 보인다.≫ 왕필(王弼)은 '禴'을 봄제사를 가리키는 것으로 보았다.[26]

---

24) [校閱] "王弼"의 "필(弼)"이 新朝本에는 "强"으로 되어 있으나 誤記이다.

25) 以禴夏享:『周禮』「春官宗伯」「大宗伯」에 나오는 말이다. 즉, "大宗伯之職, …… 以祠春享先王, 以禴夏享先王, 以嘗秋享先王, 以烝冬享先王(大宗伯의 직분은 …… 봄제사인 祀로써, 돌아가신 先王들을 접대하고, 여름제사인 禴으로써, 돌아가신 先王들을 접대하고, 가을제사인 嘗으로써, 돌아가신 先工들을 접대하고, 겨울제사인 蒸으로써, 돌아가신 先王들을 접대한다)"라고 하였다(池載熙, 李俊寧 譯,『周禮』, 자유문고, 2002, 224면).

26) 茶山은 '禴'을 일단 봄제사(礿)로 보면서도, 그것이 봄제사인지 여름제사인지 엄밀하게 따지지는 않음 셈이다.

六三 : 萃如嗟如, 无攸利. 往, 无咎, 小吝. ◯ 象曰 : 往无咎, 上巽也.

六三 : 모여서 탄식만 하고 있으니, 이로운 바가 없다. [小人이 위로] 가면 [陰이 陰의 자리에 있으니] 허물은 없겠지만, 소인(小人)에게는 [존귀한 자리를 내주기 싫어하는] 인색함이 있다. ◯「象傳」: "往无咎"([小人이 위로] 가면 허물이 없다)라고 한 것은 [小人이] 위로 가면서, [小人이 자신의 자리를 君子에게] 양보(讓步)하였기 때문이다.

此 萃之咸也 咸自否來 ≪上之三≫ 否之時 三剛相聚 ≪上本乾≫ 移之爲咸 而三剛不散 ≪三四五≫ 萃成大坎 ≪二六夾≫ 一似觀移之爲萃 ≪上之四≫ 此 萃如也

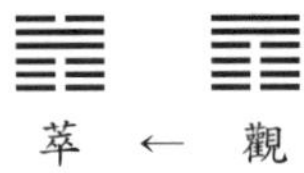

이것은 萃卦가 咸卦로 변하는 경우이다. 咸卦는 否卦로부터 왔는데 ≪[否卦의] 上이 3으로 감≫ 否卦의 때에는 세 개의 剛이 서로 모여 있었는데 ≪[否卦의] 上卦가 본래 乾≫ [否卦로부터] 推移하여 咸卦가 되어도, [그] 세 개의 剛이 흩어지지 않고 ≪[咸卦의] 3·4·5位≫ 모여서 큰 坎의 형태를 이루고 있는 것이 ≪2·3·4·5·6의 夾卦[는 大坎의 형태]≫ 마치 觀卦가 추이하여서 萃卦가 된 것과 같으니 ≪[觀卦의] 上이 4로 감≫ 이것을 가리켜 "萃如"라고 한 것이다.

◯ 坎憂彌大 ≪二六夾≫ 兌口齎咨 ≪上今兌≫ 此 嗟如也 ≪離 節 宜

參看≫ 雖有兌巽 亦又何利

萃 → 咸

○[萃卦 六三이 효변하여 咸卦로 가면] 坎의 근심이 더욱 커지고 ≪[萃卦에서 3·4·5·6의 大坎卦였으나] 2·3·4·5·6까지 협괘(夾卦)[가 되어 大坎卦의 형태가 더욱 커짐]≫ 兌의 입으로 탄식하니 ≪[咸卦의] 上卦가 지금 兌≫ "嗟如"라고 말한 것이다. ≪離卦[27]와 節卦[28]의 경우를 참고해 보아야 한다.≫ 비록 ['이로움'을 상징하는] 兌와 巽이 있다고 한들 또한 어찌 이로우리요?

○往无咎者 三之上也 ≪否之移≫ 本不得位 ≪否三柔≫ 今乃得位 ≪陰居六≫ 往无咎也 ≪善補過≫

萃 → 咸 ← 否

○"往无咎", 즉 "가면, 허물이 없다"라고 한 것은 [否卦의] 3이 上으로 간 것을 가리킨다. ≪否卦로부터 추이한 것≫ 본래 바른 자리를 얻지 못하고 있었는데 ≪否卦의 제3位는 柔≫ 지금 [추이하여 咸卦로 가서] 바른 자리를 얻으니 ≪[咸卦에서] 陰이 [陰의 자리인] 上位에 머무름≫ [이것을 가리켜] "往无咎"라고 한 것이다. ≪과실을 잘 보완함≫

---

27) 離卦 六五 : 出涕沱若, 戚嗟若, 吉(콧물이 흐르는 것이 눈물이 흐르는 듯하여서, 슬퍼하고 탄식하는 듯하니, 길하리라).

28) 節卦 六三 : 不節約. 則嗟若, 无咎(절제하지 않음이라, 곧 탄식함이니, 허물이 없을 것이다).

○小者 陰也 柔進居上 ≪三之上≫ 雖得其位 ≪陰居六≫ 所居之尊 猶不知改 ≪三六 皆上位≫ 是 小吝也 ≪不改過≫

萃 → 咸 ← 否

○"小吝"의 '小'는 '陰'을 지칭하는 말이다. [否卦로부터 추이하여 咸卦로 가면] 柔가 나아가서, 上位에 머무르니 ≪[否卦의] 3이 上으로 감≫ 비록 [자신에게 합당한] 자리를 얻었으나 ≪[咸卦에서] 陰이 [陰의 자리인] 上位에 머무름≫ 머무르는 곳이 [어울리지 않게도] 존귀한 것은 여전히 바꿀 줄을 모르니 ≪제3位와 上位는 모두 [陰에 맞지 않는] 높은 자리임≫ 이것이 "小吝", 즉 "小人은 [허물을 고침에] 인색함"이다. ≪[인색하게도] 잘못을 고치지 않음≫

○巽者 讓也 否之一陰 讓其位於上剛 ≪三之上≫ 往居陰位 ≪柔居六≫ 是 上巽也 ≪升而巽≫ 互巽不改 ≪上互今下互≫ 故謂之巽也

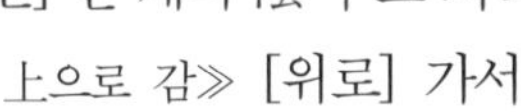

萃 → 咸 ← 否

○[「象傳」에서 "上巽也"라고 하였을 때] '巽'은 양보한다는 의미이다. 否卦의 [제3位에 있던] 한 개의 陰이 그 자리를 上位에 있던 剛에게 양보하고 ≪[否卦의] 3이 上으로 감≫ [위로] 가서 陰의 자리에 머무르니 ≪柔가 上位에 머무름≫ 이것을 가리켜 '上巽', 즉 "위로 가면서, 양보한다"라고 한 것이다. ≪上升하고, [겸손하게] 양보함≫ [否卦로부터 추이하여 咸卦가 되어도] 互卦인 巽은 바뀌지 않고 [그대로] 있으니 ≪[否卦에서는] 上互卦가 巽이었는데, 지금 [咸卦에서는] 下互卦[가 巽]≫ 그러므로 '巽'이라고

한 것이다.

○ 男學稼云 讓則讓矣 讓而之上 所以吝也 故曰 上巽

○아들 學稼가 말하였다. "양보한 것은 양보한 것이지만, 양보하여 더 높이 위로 간 것이니, [그것이] 인색함(吝)이 되는 까닭이다. 따라서 '上巽', 즉 '위로 가면서, 양보하였다'라고 말한 것이다."

九四 : 大吉, 无咎. ○ 象曰 : 大吉无咎, 位不當也.

九四 : 大人이 [자신의 합당한 지위를 회복하여] 吉하니[29], [잘못을 고쳐] 허물이 없을 것이다. ○「象傳」: "大吉无咎"라고 한 것은 [大人이 以前에 있었던 그] 지위가 [원래 大人에게] 합당하지 않음을 말한 것이다."

此 萃之比也 比自復來 ≪一之五≫ 復之時 坤民雖聚 ≪上五陰≫ 震主在下 ≪地雷卦≫ 移之爲比 則正君位 而當五 ≪一之五≫ 馭坤衆 以歸順 ≪坎爲歸≫ 此 萃合之極功也 洪範曰 會其有極 歸其有極 此之謂也 故其占大吉

萃 → 比 ← 復

29) (다른 가능한 해석) 크게 길하니

이것은 萃卦가 比卦로 변하는 경우이다. 比卦는 復卦로부터 왔는데 ≪[復卦의] 1이 5로 감≫ 復卦의 때에는 坤의 백성이 비록 모여 있기는 하나 ≪[復卦의] 上部의 다섯 陰[이 백성을 상징함]≫ 震의 君主가 [君主의 지위에 걸맞지 않게] 아래에 머무르고 있다. ≪[復卦는] 地와 雷로 된 卦≫ 그런데 [復卦로부터] 추이하여 比卦가 되면 君主의 地位를 바로 잡아, 제5位의 자리를 맡아 ≪[復卦의] 1이 5로 감≫ 坤의 민중(民衆)을 통제(統制)하여 귀순(歸順)시키니 ≪坎은 '歸', 즉 '돌아옴'의 뜻이 됨≫ 이것은 모아서 和合시키는 지극한 功德이다. 『尙書』「洪範」에 이르기를, "會其有極, 歸其有極(법도를 지키는 사람을 모으면, 법도를 지키는 사람들이 귀순해 올 것이다)"이라 하였는데, 바로 이런 상황을 이르는 말이다. 그러므로 그 占이 "大吉(군주가 길함, 또는 크게 길함)"한 것이다.

○ 自觀而移 ≪上之四≫ 猶不得位 ≪陽居陰≫ 今德稱位 ≪四今柔≫ 是 无咎也

觀 → 萃 → 比 ← 復

○觀卦로부터 [萃卦로] 추이함에 ≪[觀卦의] 上이 4로 감≫ 오히려 [적합한] 자리를 얻지 못했는데 ≪陽이 陰의 자리[인 제4位]에 위치≫ 지금 [萃卦 九四가 효변하여 比卦로 되면 그] 德이 [그] 지위에 맞으니 ≪[比卦의] 제4位가 지금 柔≫ 이것이 "无咎", 즉 '허물이 없음'이 되는 까닭이다.

○ 位不當者 本象也 ≪陽居四≫

○"位不當"이라고 한 것은 [萃卦의] 本象에 따른 것이다. ≪陽이 [陰의 자리인] 제4位에 머무름≫

○ 程子曰 上比君 下比民 ≪朱子說 亦云≫ 卦今爲比 正有此義

≪水土 本[30]相密比故 澤地萃 以水地比 爲大吉≫

䷬ ䷇

萃→ 4효변→ 比

○程子가 말하였다. "[萃卦 九四에서] 위로는 군주와 가깝고, 아래로 백성들과 가깝다." ≪朱子의 설명에서도 역시 이렇게 말함≫ 萃卦가 지금 [九四爻가 변하여] 比卦가 되니, 정말로 [程子가 말한] 이런 뜻이 있다. ≪물과 흙은 본래 서로 밀접하게 따른다. 그러므로 못[☱]과 땅[☷]으로 이루어진 萃卦에서는 물[☵]과 흙[☷]의 밀착(密着)함으로써 大吉[의 占卦]로 삼는 것이다.≫

䷬

九五 : 萃有位, 无咎, 匪孚. 元永貞, 悔亡. ○象曰 : 萃有位, 志未光也.

九五 : [백성이] 모여들고 [君主는 통치자로서의] 地位가 있으니, [君主가 백성을 통솔함에] 허물은 없겠으나 [君主와 백성 사이에 서로] 호응(呼應)이 없을 것이다. 오랜 時日이 걸리는 일을 시작하니, 그 바뀐 것이 없어질 것이다. ○「象傳」: "[백성들이] 모여들고 [君主는] 地位가 있음(萃有位)"이나 [그] 뜻을 [널리] 빛내지는 못한다.

此 萃之豫也 豫自復來 ≪ 之四≫ 復之時 坤民雖萃 ≪上五[31]陰≫

---

30) [校閱] "水土本相密比"의 "本"이 奎章本에는 없다. "本"이 없어도 의미는 통하지만, 있는 것이 더 좋다.

31) [校閱] "上五陰"의 "五"가 奎章本에는 "互"로 되어 있는데, 誤記이다.

震主無位 ≪在下位≫ 移之爲豫 則震主在上 ≪上今震≫ 坤民歸順 ≪互坎歸≫ 萃有位也

萃 → 豫 ← 復

이것은 萃卦가 豫卦로 변하는 경우이다. 豫卦는 復卦로부터 왔는데 ≪[復卦의] 1이 4로 감≫ 復卦의 때에는 坤의 백성이 비록 모여 있으나 ≪[復卦의] 위의 다섯 개의 陰≫ 震의 군주에게는 [적합한] 자리가 없다. ≪[復卦에서 震의 君主는] 下位에 머무름≫ [그런데 復卦로부터] 추이하여 豫卦가 되면, 震의 군주가 위에 자리하여 ≪[豫卦의] 上卦가 지금 震≫ 坤의 백성이 귀순(歸順)하니 ≪[豫卦의 3·4·5位의] 互坎은 '歸'의 뜻이 됨≫ [이것을 가리켜] "萃有位", 즉 "[백성들이] 모임에 [君主의] 地位가 있다"라고 한 것이다.

○ 豫自剝來 ≪上之四≫ 迷而得道 ≪艮爲震≫ 是 无咎也

萃 → 豫 ← 剝

○ 豫卦는 [또한] 剝卦로부터 왔다. ≪[剝卦의] 上이 4로 감≫ 혼미하였다가 길을 찾으니 ≪[剝卦에서는 昏迷를 상징하는] 艮이었으나 [豫卦에서는 큰 길을 상징하는] 震으로 됨≫ "无咎", 즉 "허물이 없다"라고 한 것이다.

○ 自小過移 ≪三之五≫ 二五相應 ≪萃五剛≫ 謂旣孚矣 五之旣變 坤民不應 ≪二五 今皆柔≫ 乃匪孚也

小過 → 萃 → 豫

○[萃卦는] 小過卦로부터 推移한 것인데 ≪[小過卦의] 3이 5로 감≫ [萃卦에서는] 제2位와 제5位가 서로 호응하니 ≪萃卦의 제5位는 剛≫ 이미 믿음이 있다고 하겠으나, [萃卦의] 九五가 이미 효변하여 [豫卦로 되면] 坤의 백성이 [더 이상] 호응하지 않으니 ≪[豫卦에서는] 제2位와 제5位가 지금 모두 柔≫ 곧 "匪孚", 즉 "[君主와 백성 사이에 서로] 호응이 없다"라고 한 것이다.

○永貞者 永遠之事也 ≪周禮 大祝 求永貞≫ 坎固艱貞[32] ≪今大坎≫ 坤德无疆 ≪無限節≫ 其事 永也 元者 始也 豫自復來 旣以震始 ≪復下震≫ 移之爲豫 ≪一之四≫ 又重始之 ≪上今震≫ 元永貞也 ≪比[33]之彖 宜參看≫ 卦德爲豫 ≪備預[34]也≫ 始事之義也

萃 → 豫 ← 復

○"永貞"이란 오랜 시일이 걸리는 일을 뜻한다. ≪『周禮』에 "大祝求永貞", 즉 "大祝이 장기간의 사업이 [잘되도록] 기원한다"라고 하였다.[35]≫ [萃卦에

32) [校閱] 新朝本과 奎章本과 國中本에 모두 "坎固雖貞"이라고 나온다. 그러나 의미가 잘 통하지 않으므로, "坎固艱貞"으로 고친다.

33) [校閱] "比之彖"의 "比"가 新朝本에는 "此"로 나오는데, 誤記이다.

34) [校閱] 新朝本과 國中本에는 "備預也"로 되어 있으나 奎章本에는 "備豫也"로 되어 있다. 이느 경우니 뜻은 같다.

35) 『周禮』「春官宗伯」「大祝」에 나오는 말이다. 즉, "大祝, 掌六祝之辭, 以事鬼神示, 祈福祥 求永貞(大祝은 六祝의 辭를 관장하여, 人鬼와 天神과 地祇를 섬겨, 복록과 상서로움을 기원하고, 永貞함을 구한다)"라고 함(池載熙, 李俊寧 解譯, 『周禮』, 자유문고, 2002, 293면).

는 大坎의 형태가 있으니] 坎은 힘들고 어려운 일을 뜻하는데 ≪[母卦인 小過卦도 大坎의 형태이었고] 지금 [萃卦에도] 큰 坎의 형태가 있음≫ [萃卦의 下卦인] 坤의 德이 끝이 없으니 ≪한계가 없음≫ 그 사업이 오랜 時日이 걸리는 일이다. '元'은 시작 [혹은] 처음을 뜻한다. [萃卦 九五의 之卦인] 豫卦는 復卦로부터 왔으니, 이미 [復卦에서] 震으로써 [일을] 시작하였는데 ≪復卦의 下卦는 震≫ [復卦로부터] 추이하여 豫卦가 되어도 ≪[復卦의] 1이 4로 감≫ [또] 다시 거듭 시작하니 ≪[豫卦의] 上卦가 지금 震≫ "元永貞", 즉 "오랜 時日이 걸리는 일을 시작함"인 것이다. ≪比卦의 卦辭를 참조할 것≫ [豫卦의] 卦德이 예비(豫備)함이 되니 ≪['豫'字의 의미는 미리] 준비하고 예비한다는 뜻≫ 일을 시작하는 뜻이다.

○小過 上震也 移失其常 ≪萃無震≫ 今震如舊 其悔者 亡也 ≪變者 亡≫

小過→推移→萃→제5효변→豫

○[萃卦의 母卦인] 小過卦에서 上卦는 震이다. [萃卦로] 추이하여 그 옛 모습(常)을 상실하였는데 ≪萃卦에는 震이 없음≫ 지금 [萃卦 九五가 효변하여] 震이 以前과 같이 회복되니, 그 바뀐 것이 사라진 것이다. ≪변했던 것이 [다시] 없어진 것이다.≫

○中剛今滅 ≪五爲上之中≫ 雖有坎志 ≪猶互坎≫ 志未光也

萃→ 제5효변→ 豫

○[萃九五가 효변하여 豫卦로 되면] 가운데 [제5位에] 있는 剛이 지금 소멸하였으니 ≪제5位는 上卦의 中[에 해당됨]≫ 비록 坎의 뜻이 있다고 하더라도 ≪[豫卦에는] 여전히 [4·5·6位에] 互坎이 있음≫ "志未光(뜻이 [널리] 빛나지는 않음)"인 것이다.

上六 : 齎咨涕洟, 无咎. ○ 象曰 : 齎咨涕洟, 未安上也.

上六 : [신하가 그 임금을 잃으니, 애통한 마음에] 탄식을 하고, 콧물을 흘리겠으나, [마침내 다시 군주를 모시게 될 것이니] 허물이 없을 것이다. ○「象傳」: 탄식을 하고, 콧물을 흘리는 것(齎咨涕洟)은 [위태로운 상황을 맞아] 위가 불안(不安)하기 때문이다.

此 萃之否也

萃 → 否

이것은 萃卦가 否卦로 변하는 경우이다.

小過之時 ≪萃自小過來≫ 震主在上 ≪雷山卦≫ 四陰其臣也 移之爲萃 ≪三之五≫ 則震主遂亡 ≪卦無震≫ 坤臣守國 ≪下今坤≫ 哀痛如何 ≪坎心病≫ 大坎之憂 ≪小過坎≫ 發於兌口 其象 咨嗟也 ≪離[36]節

36) [校閱] "離節同"의 "離"가 新朝本과 奎章本과 國中本에 모두 "离"로 나오지만, 여

同≫ 大艮之鼻 ≪觀大艮≫ 坎水沾洒 ≪上大坎≫ 其象 涕洟也 ≪皆鼻液≫ 上爲卦主 故言其本象

小過 → 萃 ← 觀

[萃卦의 母卦인] 小過卦의 때에는 ≪萃卦는 小過卦로부터 왔음≫ 震의 君主가 위에 있고 ≪[小過卦는] 雷와 山으로 된 卦≫ [위와 아래에 있는] 네 개의 陰은 그 臣下이다. [그런데 小過卦로부터] 추이하여 萃卦가 되면 ≪[小過卦의] 3이 5로 감≫ 震의 君主가 마침내 죽고 ≪[萃]卦에는 震이 없음≫ 坤의 臣下만이 나라를 지키고 있으니 ≪[萃卦의] 下卦가 지금 坤≫ [그] 애통함이 어떠하겠는가! ≪坎은 마음의 病이 됨≫ 큰 坎의 근심이 ≪小過卦는 [큰] 坎의 형태≫ 兌의 입에서 [터져] 나오니, 그 象이 '한탄함(咨嗟)'[의 모습]이다. ≪[坎과 兌에 의거하여 '탄식함'으로 본 것이] 離卦와 節卦의 경우와 동일함≫ 큰 艮의 코에 ≪[萃卦의 母卦인] 觀卦는 大艮[의 형태]≫ 坎의 물이 줄줄 흐르니 ≪[萃卦의] 상부에 큰 坎이 있음≫ 그 象이 '체이(涕洟)', 즉 '콧물 흘리는 모습'이다. ≪'涕洟'는 [일반적으로 눈물과 콧물로 나누어 보는데, 그런 것이 아니라] 모두 '콧물'임≫ 上六이 卦主가 되는 까닭에, 그 本象을 말한 것이다.

○其變爲否 乃无咎也 曷然哉 自觀而移 兌以乘剛 ≪最在上≫ 今兌旣滅 善補過也 乾則爲君 ≪上今乾≫ 乃得主也 臣失其君 齎咨 涕洟 必忠臣也 忠臣守國 ≪坤爲國≫ 終必得君 又何咎焉 離六五 宜參看 ≪彼亦得乾君≫

기서는 重卦의 離를 가리키므로, "離"로 고쳤다.

觀 → 萃→ 제6효변→ 否

○그 [萃卦의 上六爻가] 변함이 否卦가 되니, 곧 "无咎"라고 한 것이다. 어째서 그러한가? 觀卦로부터 추이하여, [萃卦가 되면] 兌로써 [陰이] 剛을 올라타고 있었는데 ≪[陰이] 제일 위에 있음≫ 지금 [上六爻가 변하여, 否卦로 되면] 그 兌가 이미 소멸되니, 과오를 잘 보완함이 된다. 乾은 곧 군주가 되니 ≪[否卦의] 上卦가 지금 乾≫ [萃卦의 上六爻가 변함에] 마침내 [臣下가] 군주를 얻은 것이 된다. 신하가 그 임금을 잃음에 탄식하고 콧물을 흘리니, [이런 사람은] 반드시 충신일 것이다. 충신이 나라를 지키고 ≪坤은 나라가 됨≫ 마침내 반드시 군주를 모시게 되니, 또 무슨 허물이 있겠는가? 離卦 六五의 경우를 참조해 보아야 할 것이다. ≪그 역시 乾의 主君을 얻는 사례에 해당된다.[37]≫

○未安上者 本象也 乘剛之厲 何以安之 ≪厲 危也≫

觀 → 萃 → 否

○"未安上"이란 '本象', 즉 本卦의 象을 가리키는 말이다. [萃卦에서는 陰이] 陽을 올라타고 있어, 위태하니 어찌 편안하겠는가? ≪厲는 위태

37) 離卦 九五의 爻辭에 "得乾君"이 직접적으로 언급되어 있는 것은 아니다. 오히려, "出涕, 沱若, 戚嗟若(콧물이 흐르는 것이 눈물이 흐르는 듯하여서, 슬퍼하고 탄식하는 듯하다)"이라고 하였고, 「象傳」에서는 "離王公(임금과 제후로부터 헤어진 것)"이 언급되고 있다. 그러나 다산은 그러한 불운(不運)을 과거의 일로 돌리고, 결국에는 乾의 君主를 만나서 대길(大吉)한 것으로 풀이하고 있다. 즉, "五之旣變, 諸象都滅, 遂以离目, 得見乾君, 涕淚旣收, 嗟嘆不興, 大吉之占也(五爻가 이미 변함에 모든 象이 함께 소멸하니, 마침내 离의 눈으로 乾의 君主를 만나보니, 콧물과 눈물은 이미 거두어 들였고, 탄식은 [더 이상] 일어나지 않으니, 크게 길한 점이다)"라고 말하고 있다.

로움을 뜻한다.≫

○案 齎 與資通 故字書 謂之歎聲 虞氏本 作齎資涕洟 ≪李鼎祚本同≫ 仲翔云 齎持資財 以作賻 其義 非也

○[案] 여기 '재(齎)'字는 '資'字와 통하는 까닭에, 字書에서 '齎'字를 '탄식하는 소리'라고 한 것이다. 우번(虞翻)의 책에서는 ['齎咨涕洟'가] '齎[資]涕洟'38)로 되어 있는데 ≪이정조(李鼎祚)의 책도 동일함≫ 우번은 ['齎咨'를 '齎[資]'로 보아] '齎'字의 뜻을 '資金과 財物을 가지고 가는 것'이라고 말함으로써, '부조(賻)'의 뜻으로 풀이하였으나, 그 해석은 잘못된 것이다.

【46. 지풍 승(地風 升)】

巽下坤上 ○第二十六卦之反 ≪臨一之三 小過四之二≫

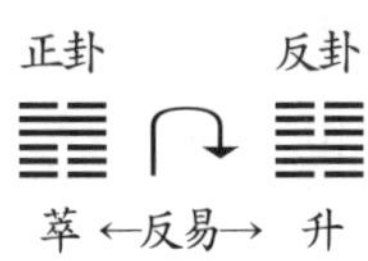

巽이 下卦이고, 坤이 上卦이다. ○第26卦의 反卦이다. ≪臨卦의 1이 3

38) 즉 우번은 '齎[資]涕洟', 즉 "資金을 가지고 가서 哭泣함"의 뜻으로 풀이한 것이다.

으로 가고, 小過卦의 4가 2로 간다.≫

雜卦傳曰 萃聚而升不來也 ≪爻詞 不言降≫

「雜卦傳」에서 말하였다. "萃卦는 모이는 것이며, 升卦는 [내려] 오지 않는 것이다." ≪[升卦의] 爻詞에서는 下降하는 경우를 말하지 않음≫

○ 吳澄曰 萃 以觀之四往上 爲主 ≪三陰 聚於下≫ 升 以臨之三來初 爲主 ≪三陰 升於上≫ 升上爲往 降下爲來 不來 謂升而不降也

觀 → 萃　　臨 → 升

○ 오징(吳澄)이 말하였다. "萃卦는 觀卦의 4가 上으로 간 것을 위주로 본 것이고 ≪陰 세 개가 아래에 모임≫ 升卦는 臨卦의 3이 初로 온 것을 위주로 본 것인데 ≪陰 세 개가 위에 모임≫ 상승하는 것이 '往'이 되고, 하강하는 것은 '來'가 되니, [「雜卦傳」의] '不來'란 상승하고, 하강하지 않는 것을 가리킨다."

○ 鏞案 卦自臨來 二陽旣長 理應爲泰 ≪宜三陽≫ 果然 一剛又來 以居三位 ≪三今剛≫ 是 眞三陽之爲泰乎 反顧其後 斯乃初一剛之升者也 ≪一之三≫ 此之謂 升也

臨 → 升 ← 小過

○[鏞案] 升卦는 臨卦로부터 왔다. [臨卦에서] 두 개의 陽이 이미 성

장(成長)하니, 이치로 볼 때, 응당 [다음으로] 泰卦가 되게 되어 있다. ≪마땅히 세 개의 陽이 될 차례임≫ [升卦를 보면] 과연 한 개의 剛이 또 와서 제3位에 머무르니 ≪升卦의 제3位가 지금 剛≫ "이것이 진정으로 세 개의 陽이 泰卦로 된 것인가?" 하면서, 그 뒤를 되돌아보니, 이것은 바로 初位의 剛 하나가 상승한 것이라 ≪初가 3으로 간 것≫ 이것을 두고 "升"이라고 한 것이다.

又 自小過來 ≪四之二≫ 大坎之堂 ≪兼畫坎≫ 坤臣未合 ≪四陰分≫ 半在堂上 半在堂下 ≪不成坤≫ 移之爲升 則一陰遽升 ≪二之四≫ 坤朋畢躋 ≪上今坤≫ 此之謂 升也 又 凡升堂之禮 讓而後 乃升也 卦以巽讓 ≪下今巽≫ 所由升也 萃合之卦 非一 而獨以名萃者 澤與地 密附也 升上之卦 非一 而獨以名升者 地中生木 其勢必升也

升 ← 小過

또한 [升卦는] 小過卦로부터 왔는데 ≪4가 2로 감≫ 큰 坎의 집에 ≪[小過卦를] 兼畫하면 坎의 형태≫ 坤의 신하들이 합치지 못하고 ≪네 개의 陰이 나뉘어 있음≫ 반(半)은 당(堂) 위에 올라 있는 반면에, [나머지] 반(半)은 당(堂) 아래에 있다. ≪[네 개의 陰畫이 반반씩 나뉘어져 있어] 坤을 이루지 못함≫ 그런데 [小過卦로부터] 추이하여 升卦로 되면, 한 개의 陰이 서둘러 상승하여 ≪[小過卦의] 2가 4로 감≫ 坤의 동료가 모두 [堂에] 오르니 ≪[升卦의] 上卦가 지금 坤≫ 이것을 두고 '升'이라고 한 것이다. 또한, 堂에 오르는 禮는 사양한 뒤라야 비로소 오르는 법이다. 升卦에는 巽의 사양(辭讓)함의 뜻이 있으니 ≪[升卦의] 下卦가 지금 [사양함을 상징하는] 巽≫

[이것이 升卦의 명칭이] '升'이 되는 이유이다.[39] [『周易』의 64卦 중에서] 모여서 결합함을 상징하는 卦가 하나가 아니로되, 유독 '萃'[卦]라고 이름한 것은 못[☱]과 땅[☷]이 [서로] 밀접하게 붙어 있기 때문이며, 위로 상승하는 卦가 하나가 아니지만, 특별히 [이 卦를 '위로 오른다'는 뜻의] 升卦로 命名한 것은 땅[☷]에서 나무[☴]가 자람에 그 기세(氣勢)가 반드시 위로 상승하기 때문이다.

䷭

升, 元亨, 用見大人, 勿恤, 南征, 吉.

升은 군주(元)가 형통함이다. 大人을 만나보게 될 것이며, 걱정할 것이 없을 것이다. 남방을 정벌하면 吉할 것이다.

此 升之不變者也 小過之時 震位雖尊 ≪震在上≫ 君不下民 ≪不以貴下賤≫ 上下無應 ≪二五 不相應≫

䷒ ䷭ ䷽

臨 → 升 ← 小過

이것은 升卦가 변하지 않는 경우이다. [升卦의 母卦인] 小過卦의 때에는 震의 지위가 비록 존귀하나 ≪震이 上卦에 있음≫ 군주[의 신분으]로써 아래로 백성들을 보살피지 않아 ≪[震의 君主가] 귀한 신분으로써 천한 자

---

39) ①臨卦의 1이 3으로 上升하였기 때문에, ②中孚卦의 2가 四로 상승, '坤臣·坤朋이 畢[躋]'하였기 때문에, ③사양함이 있으니 이 卦가 '升'이 되는 것이다.

들에게 [자신을] 낮추지 않음≫ 上下가 호응함이 없다. ≪2와 5가 [모두 陰이라] 서로 호응하지 않음≫

移之爲升則 君以巽降 ≪四之二≫ 民德歸順 ≪上今坤≫ 其志乃應 ≪二今剛≫ 君道之亨也 本有震仁 ≪小過時≫ 善之長也 詩云 湯降不遲 聖敬日躋 此之謂也

䷒ ䷭ ䷽

臨 → 升 ← 小過

그런데 [小過卦로부터] 추이하여 升卦로 되면, 君主가 巽으로써 하강하고 ≪4가 2로 감≫ 백성들의 마음도 돌아와 순종하니 ≪[升卦의] 上卦가 지금 坤≫ 그 뜻이 이에 서로 맞아 ≪[升卦의] 제2位가 지금 剛≫ 군주의 길이 형통한 것이다.[40] 본래 震의 仁이 있었으니 ≪小過卦의 때[에 上卦에 震이 있음]≫ "善之長", 즉 "훌륭한 君長"이라고 한 것이다. 『詩經』「商頌」「長發」에서 이르기를, "탕강부지(湯降不遲), 성경일제(聖敬日躋)",[41] 즉 "湯 임금님이 아래로 낮추심을 더디게 하지 않으시니, [백성들도 그런] 聖人에 대한 공경심(恭敬心)이 날로 높아지도다"[42]라고 하였으니, 이를 두고 말함이다.

○升之兩互 是成歸妹 ䷵ 歸妹之卦 本自泰來 ≪三之四≫ 臣自外來 ≪四之三≫ 就其乾君 ≪乾在內≫ 相見乎离 ≪二四互≫ 用見大人

40) '元亨'을 '君道之亨'이라 풀이한 것. 즉 '元'을 '君主'로 본 것이다.

41) 湯降不遲, 聖敬日躋 : 謙卦의 「彖傳」, 臨卦의 주석에서도 이 詩句가 인용되고 있다.

42) '湯降不遲 聖敬日躋'에 대한 가능한 다른 해석 '湯 임금님이 아래로 낮추심을 더디게 하지 않으시고, [하늘을] 지성스럽게 공경함은 날로 높이셨네.'(김학주 역주, 『詩經』, 명문당, 1984, 541면)

也 見不得位 ≪三四 皆失位≫ 不可謂之利見 ≪云用見≫ 然而 勿恤 ≪不須憂≫ 得巽命也 ≪下顚巽≫ 自外而視兌 爲巽也 ≪歸妹之下兌≫ 卦雖有坎 ≪上互坎≫ 不須恤也 ≪坎爲憂≫

升→兩互作卦→ 歸妹 ←推移←泰

○升卦로부터 兩互卦를 만들면, 이것은 곧 歸妹卦를 이룬다. 歸妹卦는 본래 泰卦로부터 왔다. ≪[泰卦의] 3이 4로 감≫ 신하가 밖에서 [안으로] 들어와서 ≪[泰卦의] 4가 3으로 감≫ 그 乾의 君主에게 나아가 ≪乾이 안에 자리하고 있음≫ 离에서 서로 만나니 ≪[歸妹卦의] 2·3·4位의 互卦≫ [이것을 가리켜] "用見大人", 즉 "대인을 만난다"라고 한 것이다. 이처럼 君主를 친견(親見)하기는 하지만, 地位를 얻지는 못하니 ≪[泰卦로부터 推移하여 歸妹卦가 되면] 제3·4位가 모두 [자신의 합당한] 자리를 상실함≫ [大人을] "만나봄에 이롭다(利見)"라고 할 수는 없다. ≪[그래서 "利見"이라고 하지 않고] "用見"이라고 함≫ 그러나 걱정할 것이 없는 것은 ≪[문제가 있지만] 근심할 필요가 없음≫ 巽의 命을 얻었기 때문이다. ≪[歸妹卦의] 下卦가 뒤집어진 巽≫ 이렇게 밖에서 兌를 보면 巽이 되니 ≪歸妹卦의 下卦는 兌≫ 卦에 비록 [근심을 상징하는] 坎이 있으나 ≪上互卦가 坎≫ 걱정할 필요가 없는 것이다 ≪坎은 '憂', 즉 '근심'이 된다.≫

○歸妹征凶 北征之凶也 ≪見本卦≫ 北征旣凶 南征之吉也 重卦之位 上坎下离 ≪義見表≫ 下卦 南也

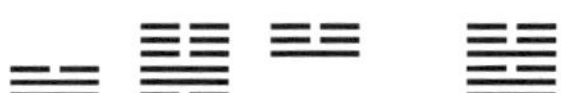

升→兩互作卦→歸妹

○歸妹卦에서 "征凶"이라고 한 것은 북쪽으로 정벌(征伐)하는 것이 흉함을 가리킨다. ≪설명은 [歸妹卦의] 本卦에 나옴≫ [이처럼 卦象에서 보아] 북쪽으로 쳐들어가는 것이 흉하다면 [그 반대인] 남쪽으로 쳐들어가는 것은 [당연히] 吉한 것이다. 重卦의 자리에서, 上卦는 坎이고 下卦는 离이니 ≪이 뜻은 [「易例比釋」의] 표에 나옴≫ 下卦가 남쪽이 된다.

卦自泰來 北國之衆 ≪泰上坤≫ 征此南鄰[43] ≪四之三≫ 獲其震帥 ≪三之四 爲震≫ 遂爲艮尸 ≪自外視爲艮≫ 載之坤輿 ≪上本坤≫ 輿尸之象也 非南征吉乎

歸妹卦는 泰卦에서 왔다. 북쪽 나라의 군중이 ≪泰卦의 上卦는 坤≫ 이 남쪽의 이웃나라를 정벌하여 ≪[泰卦의] 4가 3으로 감≫ 그 震의 장수(將帥)를 포획함에 ≪3이 4로 [잡혀] 가서 震이 됨≫ 마침내 艮의 시신(屍身)이 되고 ≪[震은] 밖에서 보면 艮이 됨≫ [그 시체를] 坤의 수레에 실으니 ≪[泰卦의] 上卦가 본래 坤≫ [이것은] "輿尸"의 象이니, [어찌] "南征吉"의 점괘가 아니겠는가?

○案 春秋傳 晉侯[44] 伐楚之筮 ≪成十六年≫ 其卦遇復曰 南國蹙[45] ≪离位 失一陰≫ 亦以下卦 爲南也

43) [校閱] "南鄰"의 "鄰"이 奎章本에는 "[illegible]"으로 되어 있다.
44) [校閱] "侯"가 奎章本에는 "候"로 되어 있다.
45) [校閱] "蹙"이 奎章本에는 蹴이라 나온다.

復 豫

○[案] 『春秋左氏傳』에 보면, 晉나라 군주가 楚나라를 정벌하고자 점을 쳐서[46] ≪成公 16年[47]≫ 그 卦로 復卦를 얻었는데, [그 점괘에]"南國蹙", 즉 "남쪽 나라[48]가 축소된다"라고 하였으니 ≪离의 자리가 [땅을 상징하는] 陰 하나를 상실≫ 역시 下卦를 남쪽으로 본 것이다.

彖曰 : 柔以時升, 巽而順, 剛中而應. 是以大亨, 用見大人, 勿恤, 有慶也, 南征吉, 志行也.

「彖傳」: 柔가 때에 따라 상승함에 공손하게 순종하며, 剛이 가운데 있으면서 호응함이 있으니, 이 때문에 군주가 형통한 것이다. "用見大人勿恤"은 경사가 있음이며, "南征吉"은 뜻한 바를 행함이다.

柔以時升 二之四也 ≪小過移≫ 我剛民應 ≪坤中柔≫ 君之亨也

臨 → 升 ← 小過

"柔以時升", 즉 "柔가 때에 맞게 상승함"이란 [小過卦에서 陰인] 2가 4로 간 것이다. ≪小過卦로부터 옮겨간 것≫ 나는 강건하고, 백성들은 [그에] 호응하니 ≪[升卦의 上卦인] 坤의 中이 柔[에 대하여 剛이 호응함]≫ 군주의 형통함이다.

---

46) 「춘추관점보주(春秋官占補註)」의 '진후언릉지서(晉侯鄢陵之筮)'(成十六年)를 참조할 것.

47) 成公 16年은 周簡王 11年, B.C.575年에 해당된다. 成公 16年에 晉나라 군주인 후작이 楚나라 군주인 자작 및 鄭나라 군사인 백작과 언릉(鄢陵)에서 싸워 楚나라 군주인 자작과 鄭나라 군사가 대패했다(文璇奎 譯, 『春秋左氏傳』 中, 명문당, 1987, 162면).

48) 여기서 '南國'이라고 한 것은 楚나라를 가리킨다.

○見君得命 ≪下倒巽≫ 是 有慶也 坎志震行 ≪歸妹之上震≫ 是 志行也

升→兩互作卦→歸妹 ← 泰

○군주를 친견(親見)하고, 命을 받으니 ≪[巽은 命을 상징하는데] 歸妹卦의 下卦가 거꾸로 된 巽≫ "有慶", 즉 "경사가 있는 것"이다. 坎의 志에 震의 行이 있으니 ≪歸妹卦의 上卦는 震≫ "志行", 즉 "뜻한 바를 행함"인 것이다.

初六 : 允升, 大吉. ○象曰 : 允升, 大吉, 上合志也.

初六 : [君主의] 신임(信任)을 얻어 진정으로[49] 승진(升進)하니 크게 吉할 것이다. ○「象傳」: "允升大吉"이라고 한 것은 위로 [君主와 더불어 그] 뜻이 합치(合致)됨을 말한 것이다.

此 升之泰也 臨移爲升 ≪一之三≫ 一陽雖升 ≪升于三≫ 移此升彼 ≪一之三≫ 其本無陽 ≪巽下絶≫ 非眞升也 變而爲泰 ≪下今乾≫ 泰自臨升 ≪加一陽≫ 乃允升也 曷然哉 其根旣固 ≪不拔根≫ 其足乃躋 ≪震爲足≫ 於是乎 允升也 升在离位 ≪一二三≫ 离則爲信 ≪允 信也≫

49) '允'(윤)字는 갑골문에도 등장하는 글자로서, 본래 머리를 앞으로 숙인 모습을 象形한 글자였다. 여기에서 '공손함', '진실됨' 등의 의미를 함축하게 되었고, 이로부터 '진실로', '정말로', '진정으로' 등을 의미하게 되었다.

信乎其升位也 其占大吉

臨 → 升 → 泰　　臨 → 泰

이것은 升卦가 泰卦로 변하는 경우이다. 臨卦가 추이하여 升卦로 되는 경우 ≪[臨卦의] 1이 3으로 감≫ [初位의] 陽 하나가 비록 상승하였으나 ≪제3位로 상승≫ 이것을 옮겨서 저것을 올린 것이어서 ≪[臨卦의] 1이 3으로 감≫ 그 根底에 陽이 없으니 ≪巽은 아래가 陰으로 단절되어 있음≫ [아래가 비어 있는 셈이라] 진정한 상승은 아니다. [그런데 升卦 初六이] 효변하게 되면, 泰卦가 되는데 ≪[泰卦의] 下卦가 지금 乾≫ 泰卦는 臨卦로부터 상승한 것으로서 ≪[臨卦에] 陽 하나가 추가[된 것이 泰卦]≫ [이것이야말로] 곧 "允升", 즉 "진정한 상승"인 것이다. 어째서 그러한가? 그 뿌리가 [陽으로서] 이미 견고함에 ≪뿌리뽑지 못함≫ 그 다리가 곧 [그것을 밟고] 올라서니 ≪震은 다리가 됨≫ 이에 "允升", 즉 "진정으로 상승한 것"이다. 상승하여, 离의 자리에 있고 ≪[下卦의 자리인] 1·2·3은 [본래] 离位≫ 离는 곧 信(믿음)이 되니 ≪允은 信이 됨≫ [임금이] 그 승진한 지위를 신임하는 것이다. 그래서 그 占이 크게 좋음(大吉)의 占卦가 된다.

○本以坎志 ≪本大坎≫ 今與四應 ≪初今剛≫ 上合志也

小過 → 升 → 泰

○본래 坎의 의지(志)로써 하였는데 ≪[小過卦는] 본래 큰 坎의 형태≫ [지금 泰卦에서는] 제4位와 호응하니 ≪[升卦 初六이 효변해서 된 泰卦의] 初位가 지금 剛≫ "上合志(위로 뜻이 합치됨)"이다.

九二 : 孚, 乃利用禴, 无咎. ◯ 象曰 : 九二之孚, 有喜也.

九二 : [돈독(敦篤)한] 믿음이 있으면, 이에 간소한 제사를 올릴지라도 이로울 것이며, 허물이 없을 것이다. ◯「象傳」: 九二에서 믿음(孚)이 있어야 한다고 말한 것은 [제사를 지낼 적에] 즐거운 마음이 있어야 함을 가리킨다.

此 升之謙也 升之兩互 是成歸妹 ䷵ 王射坤牛 ≪三之四≫ 宜用大牲 ≪如 萃之六二≫

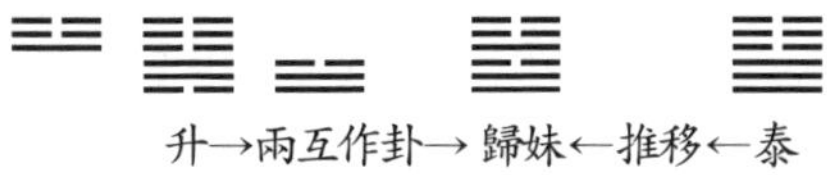

이것은 升卦가 謙卦로 변하는 경우이다. 升卦로부터 兩互卦를 만들면, 이것은 곧 歸妹卦가 된다. [그런데 歸妹卦는 泰卦로부터 추이된 것으로서] 임금이 坤의 소를 [화살로] 쏘았으니 ≪[泰卦의] 3이 4로 간 것≫ 마땅히 [제사를 위해서는] 큰 희생(大牲)을 쓰는 것이 옳다. ≪萃卦 六二의 경우와 같다.≫

不意 二爻之動 又變爲震 ䷲ 震者 草也 ≪九家易≫ 蘋蘩薀[50]藻 雜然具列 下卦上卦 唯菜是饌 ≪上下震≫ 斯何故也 本以离誠 ≪歸妹 本互离≫ 今又虛中 ≪震大离≫ 誠之旣孚 物薄何咎 利用禴也 荐雷之草 坎以瀹之 ≪互坎水≫ 其象 禴也 萃六二 亦然

50) [校閱] "薀"이 新朝本에는 "蘊"으로 되어 있는데, 誤記이다.

升 → 兩互作卦 → 歸妹→ 제2효변 →震

[그런데] 뜻밖에도 [歸妹卦의] 九二爻가 움직여서, [또] 다시 변하여, 震卦가 되었는데, 震은 [곧] 풀을 상징한다. ≪震이 풀을 상징한다는 것은 순구가(荀九家)의 易說에 따름≫ [震卦에는] 여러 가지 나물들[51]이 뒤섞여 함께 펼쳐져 있으니, 下卦와 上卦가 모두 나물로서 이에 차려진 것이다. ≪[重卦의 震卦는] 上卦와 下卦가 모두 震≫ 이는 무슨 까닭인가? 본래 离의 정성이 있었는데다가 ≪歸妹卦에는 본래 [3・4・5位에] 互离가 있음≫ 지금 [歸妹卦 九二爻가 변하여] 다시 그 [가운데] 마음(中)까지 비웠으니 ≪震卦에는 [1・2・3・4位에] 큰 离가 있음≫ 그 정성스러움에 이미 [神明이] 감동하니, 그 祭物이 간소하더라도 무슨 허물이 되겠는가! [그래서] "利用禴", 즉 "간소한 제사를 올릴지라도 이로울 것"이라고 한 것이다. 거듭된 震의 나물을 坎으로써 씻어내니 ≪[震卦의 3・4・5位에] 互坎의 물≫ 그 象이 [나물 중심의 간소한] 약(禴)제사가 된다. [앞서] 萃卦 六二[의 경우]도 역시 그러하다.

○震自臨來 ≪二之四≫ 兌德乘剛 ≪歸妹亦下兌≫ 今陽旣升 ≪二之四≫ 是 无咎也

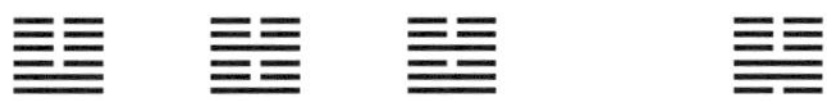

臨 → 震 ← 歸妹←兩互作卦←升

○震卦는 臨卦로부터 왔는데 ≪[臨卦의] 2가 4로 감≫ [臨卦의 下卦는

51) 蘋蘩薀藻 : 『左傳』(隱公 3年)에 나오는 말이다. 즉, "苟有明信, 澗溪沼沚之毛, 蘋蘩薀藻之菜, …… 可薦于鬼神, 可羞於王公(진실로 진정한 신의가 있다면야, 산골짜기에 흐르는 냇물이나, 못가에 난 물풀, 물 위에 뜬 풀, 백쑥, 뭉텡이로 된 마름…… 등이라도 선조의 제사상 차림에 올릴 수가 있고, 또 천자나 군주에게도 드릴 수가 있는 것이다)"이라고 함(文璇奎 譯著, 『春秋左氏傳』 上, 명문당, 1987, 52면).

兌로서] 兌의 성질은 [柔가] 剛을 올라타고 있는 것이니, 위태롭다. ≪歸妹卦도 역시 下卦는 兌≫ 지금 陽이 이미 상승하였으니 ≪[臨卦의] 2가 4로 감≫ 이것이 "无咎", 즉 "허물이 없음"이 되는 까닭이다.

◯ 兩剛相見 ≪一與四≫ 中成离乎 ≪下大离≫ 是 有喜也 ≪离爲喜≫

◯[兩互作卦한 歸妹卦의 之卦인 震卦에서] 두 剛이 서로 만나는데 ≪初位와 제4位≫ 가운데 离의 믿음이 성립하니 ≪[震卦의] 下卦가 큰 离≫ 이것이 "有喜", 즉 "즐거움이 있는 것"이 된다. ≪离는 '喜', 즉 기쁨이 된다.≫

◯ 學稼云 萃之困 升之謙 皆殺牛之卦 ≪坤牛 受一矢≫

◯ 學稼가 말하였다. "[萃卦 六二처럼] 萃卦가 困卦로 효변하는 경우와 [升卦 九二처럼] 升卦가 謙卦로 효변하는 경우가 모두 [일단 제사의 희생으로 쓸] 소를 잡는 卦이다. ≪坤의 소가 화살 하나를 맞음≫

漸 歸妹 亦然 ≪亦坤牛 受矢≫ 而別取巽震之象 故 特下乃字

[또 그 萃卦를 兩互作卦한] 漸卦와 [困卦를 兩互作卦한] 歸妹卦도 역시 그러하다. ≪역시 坤의 소가 화살을 맞음≫ 그런데 [萃卦 六二, 즉 '萃之困'와 升卦九二, 즉 '升之謙'에서] 별도로 [나물을 상징하는] 巽과 震의 象을 취하게 되니, 특별히 ["孚乃利用禴"의 句에서 "孚"字의] 아래에 ['오히려', '단지'라는 뜻의] '乃'字가 나오는 것이다."

九三 : 升虛邑. ○ 象曰 : 升虛邑, 無所疑也.

九三 : [사람이 살지 않는] 텅 빈 읍으로 올라감이다. ○「象傳」: [사람이 살지 않는] 텅 빈 읍으로 [거침없이] 올라감은 의심할 바가 없기 때문이다.

此 升之師也 臨之時 坤邑虛曠 ≪上四陰≫ 本無居人 ≪三亦柔≫ 臨之初剛 升爲震主 ≪一之三≫ 以取坤土 ≪上三陰≫ 升虛邑也 詩云 升彼虛矣 以望楚矣 當此占也 三爲卦主 故言其本象

臨 → 升 → 師

이것은 升卦가 師卦로 변하는 경우이다. [升卦의 母卦인] 臨卦의 때에는 坤의 邑이 딩 비어 ≪위의 네 개의 陰≫ 본래 거주하는 사람이 없었는데 ≪[臨卦의] 제3位도 역시 ['빈 곳'을 상징하는] 柔≫ 臨卦의 初位의 剛이 상승하여 [升卦 3·4·5位에] 震의 主人이 되어 ≪[臨卦의] 1이 3으로 감≫ 坤의 토지를 취하게 되니 ≪[升卦의] 위의 세 개의 陰≫ [이것을 가리켜] "升虛邑", 즉 "텅 빈 읍으로 올라감"이라고 한 것이다. 『詩經』에 이르기를, "升彼虛矣, 以望楚矣", 즉 "저 텅 빈 언덕에 올라 초구(楚丘)를 바라보네"라고 하였으니,[52] 바로 이 [升卦 九三의] 占에 해당한다. 九三이 卦主가 되는 까닭에 그 本象을 말하였다.

○變而爲坎 ≪下今坎≫ 坎則有疑 ≪坎中梗≫ 臨之克升 以無此疑也 ≪臨下兌≫

臨 → 升 → 師

○[升卦 九三爻가] 변하여서는 坎이 되며 ≪[師卦의] 下卦가 지금 坎≫ 坎은 곧 의심함의 뜻이 되지만 ≪坎은 가운데가 가로막혀 있는 형태≫ [지금 "升虛邑"의 경우는 효변을 취하지 않고, 本象을 취한 경우로서] 臨卦로부터 능히 상승할 수 있는 것은 이런 의심이 없기 때문이다. ≪臨卦의 下卦는 ['화합 · 기쁨'을 상징하는] 兌≫

六四 : 王用亨于岐山,[53] 吉, 无咎. ○象曰 : 王用亨于岐山, 順

52) "升彼虛矣, 以望楚矣" : 『詩經』의 「國風」 「鄘風」 「定之方中」에 나온다. 金學主 역, 『新完譯 詩經』, 명문당, 2002, 138면.

53) 王用亨于岐山 : "왕용향우기산(王用亨于岐山)"으로 읽는다.

事也. ≪亨 讀作享≫

六四 : 王이 기산(岐山)에서 [하늘에] 제사를 지냄이니, 길할 것이며 허물이 없을 것이다. ◯「象傳」: 王이 기산(岐山)에서 [하늘에] 제사를 지내는 것은 [天命에] 순응(順應)하고 섬기기 위해서이다. ≪[여기서] '亨'은 '향(享)'으로 읽는다.≫

此 升之恒也 劉熙 釋名曰 物兩爲岐 ≪字 從[54]支 分也≫ 山出兩支曰 岐山也 ≪如 路二達之爲岐≫ 卦自小過來 ≪四之二≫ 小過之卦 本取倒象 ≪無反對≫ 正艮倒艮 ≪上倒艮≫ 山出兩支 ≪艮爲山≫ 岐山之象也

小過 → 升 → 恒

이것은 升卦가 恒卦로 변하는 경우이다. 유희(劉熙)[55]의 『석명(釋名)』[56]에 이르기를, "어떤 것이 둘로 나뉜 것이 '岐(기)'字의 뜻이 된다"고 하였거니와 ≪'岐(기)'字가 ['가지', 혹은 '가르다'는 뜻의] '支'에 의거하고 있으며, [이 '岐'字는] '나뉨(分)'의 뜻이다.≫ 산이 두 갈래로 뻗은 것을 '기산(岐山)'이라고 한다. ≪예컨대 길이 두 갈래인 경우 '갈림길 岐(기)'字가 되는 것과 같다.≫ 升卦는 小過卦로부터 왔다. ≪[小過卦의] 4가 2로 감≫ 小過라는 卦는 본래 뒤집어진 상을 취하니 ≪反對卦가 없는 경우, 이렇게 倒象을 취함≫ [小過卦에는 이처럼] 正艮과 倒艮이 [함께] 있고 ≪[小過卦의] 上卦[인 震卦]를 뒤집어 보면 艮이 됨≫ 山이

---

54) [校閱] 奎章本에는 "從"이 "从"으로 되어 있으나 뜻은 같다.

55) 劉熙 : 後漢의 학자.

56) 『釋名』(8권, 27편)은 後漢시대 기원후 100년경에 저작된 유희(劉熙)의 저서로서, 聲訓을 통해 의미를 해석하고, 어원을 탐구한 일종의 辭書이다. 분류는 『爾雅』의 例를 따랐다. 주석본으로는 淸, 畢沅의 『釋名疏證』, 王先謙의 『釋名疏證補』, 成蓉鏡의 『釋名補證』, 오익인(吳翊寅)의 『釋名疏證校議』 등이 있다. 현대에 와서는 中華書局에서 출판된 『釋名』(北京, 1985)을 참조할 수 있다.

두 갈래(兩支)로 뻗어 있으니 ≪艮은 山이 됨≫ 岐山의 象인 것이다.

移之爲升 ≪四之二≫ 震王親齊 ≪震降而爲巽≫ 將以祭也 變而爲恒 ≪四今剛≫ 恒自泰來 ≪一之四≫ 王乃登山 ≪乾王 升于四≫ 躬薦坤牲 ≪牛受矢≫ 王用享于岐山也

小過 → 升 → 恒 ← 泰

[小過卦로부터] 추이하여 升卦가 되면 ≪[小過卦의] 4가 2로 감≫ 震의 王이 친히 삼가 齋戒하여 ≪[왕을 상징하는] 震이 하강하여 [재계(齋戒)를 상징하는] 巽이 되었다.≫ 제사를 장차 지내고자 한다. [升卦 六四가] 효변하면 恒卦가 되며 ≪[恒卦의] 제4位가 지금 剛≫ 恒卦는 泰卦에서 나왔는데 ≪[泰卦의] 1이 4로 감≫ [그 推移의 과정을 살펴보면] 王이 이에 山에 올라 ≪乾의 임금[王]이 제4位로 상승≫ 몸소 坤의 희생을 바치니 ≪[泰卦에서 恒卦로 추이하게 되면] 소가 화살을 맞음≫ [이것을 가리켜] "왕용향우기산(王用享于岐山)", 즉 "王이 기산(岐山)에서 제사를 지냄"이라고 한 것이다

○ 柴望之祭 ≪祭于山≫ 以事天也 巽以順之 ≪下今巽≫ 用享乾天 ≪今互乾≫ 是 順事也 隨上六 宜參看

○ 시망(柴望)[57]의 제사는 ≪山에서 제사를 지내는 것≫ 하늘을 섬기기 위한 것이다. 巽으로써 天命에 순응하며 ≪[恒卦의] 下卦가 지금 巽≫ 乾의 하늘에 제사지내니 ≪[恒卦 2·3·4位가] 지금 互卦인 乾≫ 이것을 [가리켜] "順事", 즉 "순종하여 섬김"이라고 한 것이다. ["王用享于西山"이라고 한]

57) 시망(柴望): 섶나무를 때어 하늘에 지내는 제사를 '시(柴)'라고 하고, 王侯가 영토안의 산천을 멀리 바라보면서, 올리는 제사를 '望'이라고 함.

隨卦 上六의 경우를 마땅히 참고해 보아야 한다.

六五 : 貞吉, 升階. ◯ 象曰 : 貞吉升階, 大得志也.

六五 : [바르게] 일을 처리하면 길할 것이다. [주인이 사양하고 계단을 오르지 않으니, 손님이 먼저] 계단을 오르게 될 것이다. ◯「象傳」: "[바르게] 일을 처리하면 길하고, 계단을 오르게 된다(貞吉升階)"라고 한 것은 크게 뜻을 얻음을 가리킨다.

此 升之井也 井自泰來 ≪一之五≫ 剛升于五 遂以坎貞 ≪上今坎≫ 正事吉也 ≪貞 正也≫

升 → 井 ← 泰

이것은 升卦가 井卦로 변하는 경우이다. [升卦 六五의 之卦인] 井卦는 泰卦로부터 왔는데 ≪[泰卦의] 1이 5로 감≫ [泰卦의 初位에 있는] 剛이 제5位로 상승함으로써, 마침내 坎의 곧음을 이루니 ≪[井卦의] 上卦가 지금 坎≫ 바른 일(正事=貞)이라야 吉한 것이다. ≪[여기서] '貞'은 '正'의 뜻이다.[58]≫

◯ 泰之時 乾階三級 ≪義見下≫ 未有升者 移之爲井 則乾賓歷

58) 여기서 '貞'을 '事'로 보아도 아무 문제가 없는데, 굳이 '正'으로 보아 그 해석의 사례를 제시하고 있는 것이겠다.

階 ≪一之五≫ 升于坎堂 ≪下大坎≫ 巽主在下 ≪巽主人≫ 讓而不升 ≪一陰降≫ 升階之象也

升 → 井 ← 泰

○[井卦의 母卦인] 泰卦의 때에는 乾의 섬돌에 세 계단이 있으나 ≪이에 대한 풀이는 아래에 나옴≫ [아무도] 오르는 자가 없었다. [그런데 泰卦로부터] 추이하여 井卦가 되면, 乾의 손님이 그 계단을 지나 ≪[泰卦의] 1이 5로 감≫ 坎의 집(堂) 위로 오르는 반면에 ≪[井卦의] 아래 [1·2·3·4位에] 큰 坎이 있음≫ 巽의 주인은 [일단] 아래에 있으면서 ≪巽은 主人을 상징함≫ 사양하고 오르지 않으니 ≪[泰卦로부터 井卦로 推移하게 되면, 泰卦의 제5位에 있는 柔가 初位로 감으로써] 한 개의 陰이 하강≫ [이것은 손님이] "升階(계단을 오름)"의 象이다.

○大者 陽也 泰之初剛 往得坎志 ≪上今坎≫ 大得志也

井 ← 泰

○[升六五의 「象傳」에서 "大得志"라고 하였는데] "大"는 陽을 가리킨다. 泰卦의 初位에 있는 剛이 [위로] 나아가서, 坎의 뜻(志)을 얻으니 ≪[井卦의] 上卦가 지금 坎≫ [이것을 가리켜] "大得志"라고 한 것이다.

○案 張衡 思玄賦 以乾爲階 ≪見遯卦≫ 古者 階必三等 故乾三陽爲階也 震東兌西 ≪兩互象≫ 巽以[59]讓之 离以成禮 ≪三五互≫ 升階之象也

升 → 井

○[案] 장형(張衡)의 「사현부(思玄賦)」에서도 乾을 '섬돌 혹은 계단'으로 보았거니와 ≪遯卦를 참조할 것[60]≫ 古代에 섬돌은 반드시 세 계단으로 된 까닭에, 乾의 세 개의 陽이 계단이 되는 것이다. 震은 [주인이 오르는 계단이 있는] 동쪽이 되고, 兌는 [손님이 오르는 계단이 있는] 서쪽이 되는데 ≪[震과 兌는 升卦의] 兩互卦의 象≫ 巽으로써 사양하고, 离로써 禮를 이루니 ≪[井卦의] 3·4·5位의 互卦≫ [이 또한 계단을 오르는] "升階"의 象이다.

上六: 冥升, 利于不息之貞. ○象曰: 冥升在上, 消不富也.

上六: [小人이] 어두운 곳으로 올라가니, [小人은 어두운 곳에서 몰래 이익을 늘려 가겠지만, 君子는 이윤(利潤)을] 증식(增殖)시키지 않는 사업(事業)을 하는 것이 이로울 것이다. ○「象傳」: [小人이] 어두운 곳으로 올라가서 위에 있으니, [君子는 차라리 자신의 이윤(利潤)을] 소멸(消滅)시킬지언정 [스스로] 부(富)를 축적하지는 않는다.

---

59) [校閱] "以"가 新朝本에는 "而"로 되어 있다. 여기서는 奎章本과 國中本을 따른다.

60) 다산은 「說卦傳」의 주석에서 "張衡 思玄賦云 蹈玉階之嶢崢 亦以遯之有乾階也 ≪思玄賦 妙合易象≫ 古制 階有三級 乾之三畫 有是象也(張衡의 「思玄賦」에 "玉 계단 밟아 드높은 정상에 오르리라!"고 하였는데, 역시 遯卦에 乾의 '계단'이 있음에 따른 것이다. ≪「思玄賦」는 易象과 묘하게 부합한다.≫ 또한 古制에 따르면 계단은 세 층의 디딤돌로 되어 있었는데, 乾의 세 개 획(畫)이 이런 象이다)"라고 함(『四箋』 卷8, 34나).

此 升之蠱也 蠱自泰來 《一之上》 艮之一剛 《上今艮》 起於最卑之地 《初位卑》 升於至高之位 《一之上》 遂成艮冥 《義見豫上六》 是 冥升也 上爲天位 《三才位》 天亦冥也

䷭ ䷑ ䷊
升 → 蠱 ← 泰

이것은 升卦가 蠱卦로 변하는 경우이다. 蠱卦는 泰卦로부터 왔는데 《[泰卦의] 1이 上으로 간 것》 [蠱卦의 上卦인] 艮의 剛은 《[蠱卦의] 上卦가 지금 艮》 제일 낮은 곳에 있는 땅으로부터 일어나서 《初位는 [제일] 낮은 자리》 가장 높은 자리에까지 올라가 《[泰卦의] 1이 上으로 감》 마침내 艮의 冥(어두움)을 이루니 《[이] 뜻은 豫卦 上六에 나옴》 이것을 [가리켜] "冥升", 즉 "어두운 곳으로 올라간다"라고 한 것이다. 上位는 하늘의 자리인데 《[天·地·人] 三才의 자리 [중에서 天位]》 하늘도 역시 '冥(어두운 곳)'에 해당된다.

○不息者 消也 泰之時 君子富實[61] 《下三陽》 小民貧虛 《上坤民》 移之爲蠱則 乾消一剛 《一之上》 以利坤民 《得一陽》 遂有坎貞 《初四夾》 以幹其蠱 不息之貞也 巽亦爲利 《下今巽》 利于不息也 息者 殖也

䷭ ䷑ ䷊
升 → 蠱 ← 泰

61) [校閱] 新朝本과 國中本에는 "君子富實"이라고 되어 있으나 奎章本에는 "君子富貴"라고 되어 있다. 바로 뒷 구절에 "小民貧虛"라고 나오므로, "貧虛"에 대한 對句로는 "富實"이 더 적합한 것으로 보인다. 따라서 前者를 따른다.

○“不息”이란 [결국] ‘감소시키는 것’이다. [升卦 上六의 之卦는 蠱卦인데, 蠱卦의 母卦인] 泰卦의 때에는 君子가 부유(富裕)하고, 건실(健實)한 처지에 있는 데 반해서 ≪아래 세 개의 陽≫ 백성들은 빈곤(貧困)하고, 궁핍(窮乏)한 상황에 처해 있었다. ≪[泰卦의] 上卦는 坤인데, 백성을 상징함≫ [그런데 泰卦로부터] 추이하여 蠱卦로 되면, [泰卦의 下卦인] 乾으로부터 한 개의 剛을 덜어내어 ≪[泰卦의] 1이 上으로 감≫ 坤의 백성들을 이롭게 하니 ≪[坤이] 陽 하나를 얻음≫ 마침내 坎의 곧음(貞)이 있게 됨으로써 ≪[蠱卦의] 初位에서 제4位까지 협괘(夾卦)[가 大坎의 형태]≫ [君子는 富實하고, 小民은 貧虛한] 그 부패한 상태를 잘 다스리니, [이것을 가리켜] “不息之貞”, 즉 “[君子가 이윤(利潤)을] 증식(增殖)시키지 않는 사업(事業)”이라고 한 것이다. 巽은 또한 이로움이 되니 ≪[蠱卦의] 下卦가 지금 巽≫ “利于不息”, 즉 “[君子가 이윤(利潤)을 증식(增殖)시켜서, 더] 불리지 않음에 이롭다”라고 한 것이다. [여기서] ‘息’은 ‘번성함·불림·자라남’을 뜻한다.

○消者 陽消也 息之反也 陽消於巽 ≪一陽消≫ 至艮而終 ≪二陽消≫ 下巽而上艮 ≪山風卦≫ 消不富也 ≪乾爲富≫

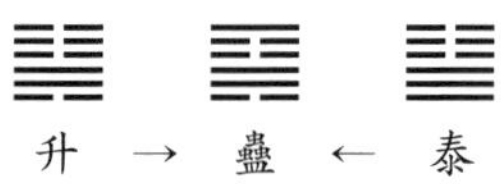

○[升卦 上六의 「象傳」의] ‘消’는 陽이 소멸하는 것을 가리키는데, ‘息’과 반대되는 뜻이다. 陽은 巽에서 감소[되기 시작]하고 ≪한 개의 陽이 감소됨≫ 艮에 이르러 종결되는데 ≪두 개의 陽이 소멸됨≫ [이 蠱卦는] 下卦가 巽이고, 上卦가 艮으로 구성되어 있으니 ≪蠱卦는 山과 風으로 된 卦≫ [이것을 가리켜] “消不富”, 즉 “[君子는 차라리 자신의 이윤(利潤)을] 소멸(消滅)시킬지언정 [스스로] 부(富)를 축적하지는 않는다”이라고 한 것이다. ≪乾은 富가 된다.≫

○案 君子之義 不與民而爭利也 故臧文仲 有不仁者三 廢六關 其一也 妾織蒲[62] 其二也 ≪文二年≫ 孟獻子曰 畜馬乘 不察於鷄[63]豚 ≪見禮記≫ 皆此義也 小人冥升 ≪艮小人≫ 猶欲殖利 則害及坤民 ≪上本坤≫ 故戒之如此

升 → 蠱 ← 泰

○[案] 君子의 [올바른] 도리는 백성들과 더불어 이익을 다투지 않는데 있다. 그러므로 장문중(臧文仲)[64]에게 착하지 않은 점이 세 가지 있는

---

62) [校閱] "妾織蒲"의 "蒲"가 奎章本에는 "布"로 되어 있다.

63) [校閱] "鷄豚"의 "鷄"가 奎章本에는 "雞"로 되어 있다. 뜻에는 차이가 없다.

64) 장문중(藏文仲) : 春秋時代 노나라의 대부인 장손진(臧孫辰)을 가리킨다. 공자보다 약 1세기 앞선 인물로 魯나라 사람들에게 훌륭한 정치가로서 존경받고 있던 인물이다. 그러나 孔子는 魯나라의 이러한 世評과는 반대로『論語』「공야장(公冶長)」과 「위령공(衛靈公)」에서 장문중(藏文仲)을 혹독하게 비판하고 있다. 즉, 「公冶長」에 "子曰, 臧文仲居蔡, 山節藻梲, 何如其知也", 즉 "孔子께서 말씀하시기를, '장문중이 卜占用 거북을 보관하는 집을 짓되, 기둥머리(斗栱)에다 山 그림을 그리고 동자기둥에다 마름풀을 그려 단청(丹靑)을 하였으니, 어찌 지혜롭다 하리오?' 하셨다"라는 말이 보인다. '蔡'는 占을 치는데 쓰는 거대한 거북의 배딱지를 가리키는데, 채(蔡)는 나라 대사의 길흉을 판단하는데 쓰는 것으로 오직 왕실에서만 쓸 수 있는 것인데도 불구하고, 일개 大夫인 장문중이 이 蔡를 집에 걸어두고 살았다는 것은 곧 월권을 의미한다. '산절조절(山節藻梲)'이라는 말은 '居蔡'와 함께 군주의 궁실 이상에만 허락되는 것이었다. 그런데 일개 대부가 자기의 거실을 '산절조절'했다는 것은 공자로서는 참기 어려운 월권이었을 것이다. 이는 장문중이 백성을 위한 의로운 일에는 힘쓰지 않고 자기 분수에 넘치게 장문중의 지극히 사치스러운 삶을 살았던 사람임에 틀림없다는 것이다. 또『論語』「衛靈公」에 "子曰, 臧文仲其竊位者與? 知柳下惠之賢, 而不與立也", 즉 "孔子께서 말씀하시기를, 장문중(臧文仲)은 벼슬자리를 훔친 사람이라고나 할까. 유하혜(柳下惠)가 현명함을 알면서도 [그를 천거하여] 함께 조정에 서지 아니하였다"라고 말한 구절이 있다. 그러나 장문중에 대한 역사기록은 공자의 말대로 부정적이지 않다. 희공 21(B.C.639)년 여름에 노나라에 크게 가뭄이 들었다. 희공은 절름발이 무당 때문에 하늘이 비를 내리지 않는다고 굳게 믿었기 때문에, 무당을 불에 태워 희생으로 삼고자 하였다. 이때 장문중은 이를 저지하면서 다음과 같이 말하였다. "이런 짓은 결코 가뭄에 대비하는 방책이 될 수가 없습니다. 먼저 내성과 외곽성을 수리하시고, 음식을 질소하게 줄이며, 모든 쓰임새를 검약케 하옵소서. 그리고 농사일에 사람들이 전념케 하며 그들이 맡은 바 직

데,[65] 여섯 관문을 없애버린 것이 그 첫 번째이고,[66] 그 집안 여자들에게 [왕골로 된] 자리(蒲)를 짜게 한 것이 그 두 번째였다.[67] ≪『春秋左傳』 '文公 2年'條에 나옴[68]≫ 맹헌자(孟獻子)[69]가 말하기를, "수레끄는 말을 기르는 자는 닭이나 돼지는 살피지 아니한다"라고 하였는데 ≪『禮記』「大學」에 나옴[70]≫ 모두 이런 취지이다. 小人이 어두운 곳으로 올라가서 ≪艮의 小人≫ 여전히 이익을 늘리고자 한다면, 그 해(害)가 坤의 백성들에게까지 미치게 되므로 ≪[泰卦의] 上卦가 본래 坤≫ 이처럼 경계한 것이다.

분에 충실토록 권하옵소서. 그리고 서로 골고루 나누어 먹도록 권고하옵소서. 이런 일들이야말로 가뭄에 대비하여 힘쓸 일들일 뿐이외다. 무당이 뭔 나쁜 짓을 했으며, 도대체 그를 죽여 무엇을 하겠다는 것입니까? 하늘이 그를 죽이려 했다면, 애당초 그를 이 세상에 낳게 하지 않았을 것이옵니다. 그가 만약 가뭄을 들게 할 수 있는 권능이 있다고 한다면, 그를 불태우면 가뭄은 더욱 더 심해질 것이옵니다." 희공이 이 말을 듣고 따랐다. 이 해에 흉년이 들기는 했지만 인명피해는 없었다. 이러한 예로 볼 때, 장문중은 춘추시대에 합리주의적 틀 속에 있는 훌륭한 정치가였음에는 부인할 여지가 없다.

65) "장문중(臧文仲)에게 어질지 못한 것이 세 가지가 있다(臧文仲 有不仁者, 三)"라고 말하고, 실제로는 두 가지만 언급하고 있다. 언급되지 않은 한 가지는 展禽(柳下惠)의 지위를 떨어트린 것이 그것이다.

66) 廢六關 : 여섯 관문을 없애서, 그로 말미암아 나쁜 사람들이 자유롭게 출입하게 되었다는 뜻.

67) 妾織蒲 : 여자들에게 자리를 짜게 함으로써 庶民들과 이익을 다투게 되었다는 뜻.

68) 『春秋左傳』 '文公 2年'條를 보면 다산의 인용구와 다소 차이가 있다. 즉 原文은 다음과 같다. 『春秋左傳』 '文公 2年', "仲尼曰, 臧文仲, 其不仁者三, 不知者三, 下展禽, 廢六關, 妾織蒲, 三不仁也, 作虛器, 縱逆祀, 祀爰居, 三不知也(仲尼가 말하기를, 臧文仲은 그 어질지 못한 것이 세 가지이고, 그 지혜롭지 못한 것이 세 가지이다. 展禽(柳下惠)의 지위를 떨어트리고, 여섯 관문을 없애버리고, 그 집안 여자들에게 [왕골로 된] 자리(蒲)를 짜게 한 것이 세 가지 어질지 못한 것이요, 쓸데없는 그릇을 만들고 순리에 거스르는 제사를 지내고, [海鳥의 한 종류인] 爰居에게 제사를 지내게 한 것이 세 가지 지혜롭지 못한 것이다)."(남기현 역해, 『春秋左傳』 上, 자유문고, 2003) 즉, 茶山의 인용구는 『左傳』의 原文을 축약한 것인데, "臧文仲, 有不仁者, 三, 廢六關, 其一也, 妾織蒲, 其二也" 중에서 "其一也"와 "其二也"는 실제로는 없는 文句를 삽입한 것이다. 또 原文과 비교해 보면, "廢六關"과 "妾織蒲"는 첫 번째와 두 번째가 아니라, 각각 두 번째와 세 번째가 되어야 한다(남기현 역해, 같은 책, 461~462면).

69) 孟獻子 : 노나라의 대부 중손멸(仲孫蔑).

70) "孟獻子曰 畜馬乘 不察於鷄豚 伐氷之家 不畜牛羊 百乘之家 不畜聚斂之臣 與其有聚 斂之臣 寧有盜臣 此謂國不以利爲利 以義爲利也."

○又案[71] 月令 消息注曰 陽生爲息 陰死爲消 ≪又 吾所生者 曰子息 故 出錢生子 亦曰 息≫ 消者 衰滅也 息[72]者 生長也

○[又案]『禮記』「月令」의 '消息'에 대한 주석에서 "陽生爲息, 陰死爲消", 즉 "陽이 생겨나는 것이 '息'이 되고, 陰이 소멸하는 것이 '消'가 된다"고 하였다.[73] ≪또 내가 낳은 아이를 '子息'이라고 하는 것처럼, 돈을 출자(出資)하여 이자(利子)를 불리는 것도 역시 '息'이라고 하는 것이다.≫ [요컨대] '消'는 쇠멸(衰滅)을 뜻하고, '息'이란 生長을 뜻한다.

○又按 天之爲冥 以上覆也 艮之爲冥 以上剛也 冥者 冪[74]也 物有冪[75] 則內暗 故昏亦謂之冥 ≪見豫卦≫

○[又按] 하늘이 어두운 곳(冥)이 되는 까닭은 [하늘도 장막(冥)처럼] 위에서 덮고 있기 때문이며, 艮이 어두운 곳(冥)이 되는 것은 그 [제일] 위에 있는 剛 때문이다. '冥'은 [곧 '밥상 등을 가려 덮는 보자기'를 뜻하는] 멱(冪)이니, [만일] 어떤 사물에 멱(冪)을 덮으면, 內部가 어둡게 되는 까닭에, '혼미함(昏)'도 역시 '冥'이라고 하는 것이다. ≪이런 사례는 豫卦에 나온다.[76]≫

---

71) [校閱] 新朝本과 國中本에는 "案"으로 되어 있으나 奎章本에는 "按"으로 되어 있다.

72) [校閱] "息者, 生長也"의 "息"이 新朝本에는 "消"로 나오는데, 誤記이다.

73) 陽生爲息 陰死爲消 :『禮記』「月令」 중에서 어느 구절에 관련된 주석인지, 또 어떤 注疏에 나오는 누구의 註釋에 해당되는지 확실히 알 수 없다. 그리고『禮記』「月令」의 原文에 '消息'이라는 말이 나오는 것은 아니다. 다만 淸代의 孫希旦은『禮記集解』에서「月令」의 "是月也, 日長至, 陰陽爭, 死生分"의 구절을 풀이하면서 다음과 같이 말하고 있는데, 그 취지는 같다고 말할 수 있다. 즉, "死生分者, 天以陽氣生物, 以陰氣殺物, 陽謝陰興, 自夏至始, 此萬物死生之所由分也"라고 함(淸 孫希旦 撰,『禮記集解』上, 中華書局, 1998, 453면).

74) [校閱] "冪"이 新朝本과 奎章本과 國中本에 모두 "幂"으로 나온다('冖' 아래 '++'가 있고 없는 차이가 있다). 여기서는 "冪"으로 대체한다.

75) [校閱] 新朝本에는 "冪"으로 되어 있으나 奎章本과 國中本에는 "幂"으로 되어 있다("冪"과 "幂"은 '冖' 아래 '++'가 있고 없는 차이가 있다). 여기서는 "幂"은 모두 "冪"으로 통일하기로 한다

76) 豫卦 上六의 "冥豫"에 대하여 茶山은 "艮則爲冪, ≪上一剛≫ 冥者, 冪也(艮은 곧 '장막 · 덮개(冪)'가 되는데 ≪豫卦의 上部에 있는 한 개의 剛이 덮개의 역할을 함≫

【47. 택수 곤(澤水 困)】

坎下兌上 ○第二十七卦之正 ≪否二之上≫

正卦　　反卦

否 → 推移 → 困

困 ← 反易 → 井

坎이 下卦이고, 兌가 上卦이다. ○第27卦의 正卦이다. ≪否卦의 2가 上으로 간다.≫

雜卦傳曰 井通而 困相遇也

「雜卦傳」에서 말하였다. "井卦의 뜻은 통함이고, 困卦의 뜻은 서로 만남이다."

○大傳曰 困 德之辨也 ≪分析之≫ 困 窮[77]而通 ≪坎爲通≫ 困 以寡怨 ≪我處險 而令人悅≫

○「大傳」에서 말하였다. "困卦는 德의 分辨이며 ≪그 德을 分析함≫ …… 困卦는 곤궁하되 형통하며 ≪[困卦의 下卦인] 坎은 通함의 뜻이 됨≫ …… 곤궁함으로써 원한을 적게 한다." ≪[困卦의 卦象을 보면] 나는 험난한 데 처하여 있지만, 남을 기쁘게 해주는 것이다.≫

'명(冥)'이 바로 이 '멱(冪)'을 가리킨다"라고 함(『四箋』 卷3, 7나).

77) [校閱] "窮而通"의 "窮"이 新朝本에는 "竆"으로 나오는데, "窮"과 同字이다.

○程子曰 困者 憊乏之義 水在澤下 枯涸無水之象

○程子가 말하였다. "困이란 고달프고 궁핍(窮乏)하다는 뜻이니, …… 물이 못 아래에 있으니 [못이] 메말라 물이 없는 象이다."[78]

○鏞案 卦自否來 否塞之時 三陽外遯 雖失其路 亦浩然而逝矣 移之爲困 則執一人 而下之 ≪上之二≫ 兩陰圍之 ≪初與三≫ 遣一陰 而升之 ≪二之上≫ 兩人被圍 ≪四五 在陰中≫ 於是 乾之三剛 都被羣小人之圍掩 此 天下之困境也 困之爲字 象木在囗中 ≪古文 圍作囗≫ 乾之三剛 本皆震木也 ≪六震積≫ 以陰圍木 ≪乾三陽≫ 其象 非困乎 陰德本方 ≪古文 方作□≫ 亦□象也 ≪古文 圓圍曰○ 方圍曰□也≫

復 → 臨 →…… 乾 → 姤 → 遯 → 否 → 困

○[鏞案] 井卦는 否卦로부터 왔다. [否卦의] 否塞한 시절에 세 개의 陽이 밖으로 물러갈 적에, 비록 그 길을 잃을지라도 또한 거침없이 떠나갔다. [그런데 否卦로부터] 추이하여 困卦가 되면, [물러간 세 사람 중에서] 한 사람을 잡아서 아래로 끌고 오니 ≪[否卦의] 上이 2로 감≫ 두 개의 陰이 [끌려온 그를] 둘러싸고 ≪初와 3이 둘러 쌈≫ 陰 하나를 위로 올려 보냄에 ≪[否卦의] 2가 上으로 감≫ [나머지] 두 사람도 둘러 쌓이는데 ≪4·5位의 陽이 [위아래의] 陰 속에 있음≫ 이에 [결국] 乾의 세 개의 剛이 모두 여러 小人들에게 포위를 당하게 되니, 이는 천하의 [둘도 없는] 곤경이다. '困'이라는 글자는 '木'이 '囗' 속에 있는 형상이다. ≪古文에 '둘레 圍(위)'字는 '囗'字로 적었다.≫ [여기 否卦의 上卦에 남아 있는 重天] 乾卦의 세

78) 程伊川의 『易傳』의 문장을 축약 및 변형시킨 문장이다. 原文은 다음과 같다. "困者, 憊乏之義, 爲卦 兌上而坎下, 水居澤上, 則澤中有水也, 乃在澤下, 枯涸無水之象."(성백효 역주, 『周易傳義』 下, 전통문화연구회, 1999, 259면)

개의 剛은 본래 모두 震의 '木'에 해당된다. ≪[重天 乾卦는] 여섯 개의 震이 축적된 것≫ [그 否卦에서 困卦로 추이하게 되면] 陰으로 그 나무를 둘러싸니 ≪乾의 세 개의 陽[이 지금 모두 陰에 에워 쌓임]≫ 이 卦象이 困이 아니고 무엇이겠는가? 陰의 성격은 본래 '모가 난 것(方)'이니 ≪古文에 '方'은 '囗'으로 적는다.≫ 또한 '囗'의 象이다. ≪古文에 둥근 테두리를 '○'로 적고, 모난 테두리를 '囗'로 적었다.≫

井則時運本泰 ≪自泰來≫ 無此象也

[困卦와 反易관계인] 井卦의 경우는 [卦의] 時運이 본래 태평하니 ≪[井卦는 태평함을 상징하는] 泰卦로부터 [추이되어] 온 것≫ 이런 象이 없는 것이다.

困, 亨, ≪句≫ 貞大人吉, ≪四字句≫ 无咎, 有言不信.

困은 형통하고, ≪句≫ [오직] 곧고 바른 大人[에 관한 일]이라야 [점을 쳐서] 吉할 것이고, ≪["貞大人吉"의] 네 字가 한 구절≫ 허물이 없으리니, [군자가 옳은] 말을 하더라도 [사람들이] 믿지 않을 것이다.

此 困之不變者也 險而能說 离志巽順 ≪兩互象≫ 身雖困 而道

亨也 ≪亨 通也≫

이것은 困卦가 변하지 않는 경우이다. [困卦에는 坎의] 험난함이 있으나 [兌로써] 능히 기뻐할 수 있고, 离의 의지와 巽의 순종함이 있으니 ≪[困卦의] 兩互卦의 象≫ 몸은 비록 곤궁(困窮)하더라도, [그] 道는 형통할 것이다. ≪‘亨’은 ‘通’이다.≫

○乾之大人 降而爲坎 ≪上之二≫ 正而能固 ≪坎之德≫ 若論幹事之占 唯大人吉

○[困卦는 否卦로부터 왔는데, 否卦의 上卦인] 乾의 大人이 내려와서 坎이 되니 ≪上이 2로 감≫ 바르면서도 능히 곧을 수 있으니 ≪[‘正(貞)·固’는] 坎의 德≫ 만약 일을 맡아 처리하는 것(幹事=貞)에 대한 占으로 풀이해 본다면, 오직 [바르고 곧은] 大人[의 일]이라야 吉한 것이다.

○ 自姤而否 內失其剛 ≪下三陰≫ 否塞之時 剛自外反 ≪上之二≫ 是 无咎也

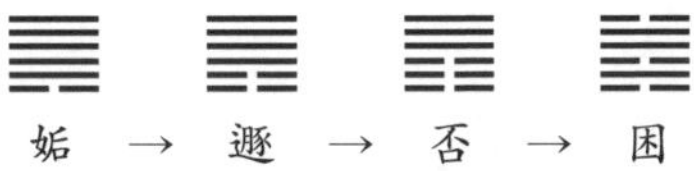

○姤卦로부터 否卦로 [12辟卦의 推移의 과정이 진행]되면서, 안으로 그 剛을 [점차로] 상실하다가 ≪[否卦의] 아래에 세 개의 陰이 있음≫ 비색(否塞)한 시절(時節)을 맞아 [困卦로 되면서] 剛이 밖에서 되돌아오니 ≪[否卦의] 上이 2로 감≫ 이것이 “无咎”라고 한 까닭이다.

○天地否矣 乾之君子 雖有兌言 ≪上今兌≫ 坤之衆人 徒懷坎疑 ≪下今坎≫ 有言不信也 記曰 溥博如天 淵泉如淵 言而民莫不信 此 君子之順境也 今 澤上無水 民孰信之

姤 → 遯 → 否 → 困

○온 세상이 막혀 소통되지 않음에, 乾의 君子가 비록 兌의 말을 하지만 ≪[困卦의] 上卦가 지금 兌≫ 坤의 대중이 다만 坎의 의심을 품으니 ≪[困卦의] 下卦가 지금 坎≫ [이것을 가리켜] "有言不信", 즉 "[군자가 옳은] 말을 하더라도 [대중들이] 믿지 않을 것"이라고 한 것이다. 『禮記』「中庸」편에 "溥博如天, 淵泉如淵, …… 言而民莫不信", 즉 "넓음은 하늘과 같고, 깊은 근원은 연못과 같으니, …… 말을 함에 백성들이 믿지 않음이 없다"라고 하였는데,79) 이는 君子의 순조로운 상황(順境)을 가리킨다. [그러나] 지금 [困卦는] 못에 물이 없는 형편이니, 어떤 백성이 그 말을 믿겠는가?

○案 虞翻云 卦自否來 荀爽云 此本否卦 陽降爲險 陰升爲悅 推移之有師承 如此 ≪于鬯曰 乾降居二 坤上爲六 以揜剛也≫ 胡炳文云 剛柔 自乾坤往來 於二與上

否 → 困

79) 『禮記』「中庸」篇(第31章)에 나오는 말로서 축약한 문장이다. 原文은 다음과 같다. "溥博如天, 淵泉如淵. 見而民莫不敬, 言而民莫不信, 行而民莫不說(넓고 광대하기는 하늘과 같고, 깊은 深淵은 못과 같으니, 나타남에 백성이 공경하지 않는 이가 없고, 말함에 백성들이 믿지 않음이 없으며, 행함에 백성들이 기뻐하지 않는 이가 없다)."(성백효 역주, 『大學』·『中庸集註』, 전통문화연구회, 1991, 111면)

○[案] 우번(虞翻)이 말하기를, "困卦는 否卦로부터 왔다"고 하였다. 순상(荀爽)도 말하기를, "[困]卦는 본래 否卦에 근거하는데, 陽이 하강하여 [坎의] 험난함이 되고, 陰이 상승하여 [兌의] 기쁨이 된다"라고 하였다. 推移의 [계승의 맥(脈)에] 師承이 있음이 이와 같다. ≪우엄(于弇)[80]이 말하였다. "乾에서 하강하여, 제2位에 자리하고, 坤에서 상승하여 제6位가 되니, 剛을 둘러쌈이다."≫ 호병문(胡炳文, 雲峰 胡氏)도 말하기를, "剛과 柔가 乾과 坤에서 제2位와 上位로 왕래하였다"고 하였다.

彖曰 : 困, 剛揜也, 險以說,[81] 困而不失其所亨, 其唯君子乎! 貞大人吉, 以剛中也. 有言不信, 尙口乃窮也.

「彖傳」: 困卦는 剛이 [陰에] 둘러 쌓여 가려진 것이다. [그 卦象을 보면] 험난하면서도 기뻐함이니, [이렇듯] 곤경에 처해서도 그 형통한 바를 잃지 않음은 오로지 君子에게만 가능한 것이다. "貞大人吉([오직] 곧고 바른 大人[에 관한 일]이라야 [점을 쳐서] 吉함)"이라고 한 것은 剛이 가운데 있기 때문이다. "有言不信([군자가 옳은] 말을 하더라도 [대중들이] 믿지 않을 것)"이라고 한 것은 입[으로 하는 말씀]을 숭상(崇尙)하다가, 오히려 곤궁(困窮)[한 처지]에 빠진 것을 가리킨 것이다.

揜者 遮也 覆也 又襲取也 ≪毛甡曰 閉取曰 揜≫ 又 圍而捕之 曰揜也 ≪禮曰 諸侯[82]不揜羣≫ 以陰圍陽 ≪義見上≫ 被其揜襲 此之謂剛揜也

'엄(揜)'은 막는 것(遮)이고, 덮어 싸는 것(覆)이며, 또한 '[불의(不意)에]

---

80) 우엄(于弇) : 宋나라 사람으로 『易義』라는 저술이 있으나, 현재는 전해지지 않는다.

81) [校閱] "險以說"의 "以"가 奎章本에는 "而"로 되어 있는데, 誤記이다.

82) [校閱] 新朝本과 奎章本과 國中本에 모두 "天子"라고 되어 있으나, 『禮記』의 원문에는 "天子"가 "諸侯"로 되어 있다. 따라서 『禮記』의 原文에 따라 "天子"를 "諸侯"로 고쳤다.

덮쳐서 뺏는 것(襲取)'이다. ≪모신(毛甡)[83]이 말하였다. "닫아 놓고 취하는 것을 '엄(揜)'이라고 한다."≫ 또한 '에워싸서 사로잡는 것'을 '엄(揜)'이라고 한다. ≪『禮記』「王制」편에 이르기를, "諸侯는 떼지어 있는 짐승을 에워싸 덮치지 않는다"라고 함[84]≫ 陰으로써 陽을 에워쌈에 ≪뜻이 위에서 나옴≫ 그것에 엄습(揜襲)당하니, 이것을 "剛揜", 즉 "剛이 엄습당함"이라고 한 것이다.

○坎則爲通 ≪上下坎≫ 离又嘉會 ≪二四互≫ 不失其所亨也

否 → 困

○坎은 곧 '(亨)通함'의 뜻이 되고 ≪[困卦에는] 위와 아래로 [모두] 坎이 있음≫ 离는 또 '嘉會(기쁘게 모임)'의 뜻이 되니 ≪[困卦의] 2·3·4位의 互卦≫ "不失其所亨", 즉 "[곤경에 처해서도] 그 형통한 바를 잃지 않음"인 것이다.

○剛中者 坎也 尙口者 兌口在上也 當此之時 宜一聽天命 ≪三五巽≫ 不可以口舌爭也 苟不能然 其窮 益甚矣

○"剛中"은 [困卦의] 下卦인 坎을 가리킨다. "尙口"는 兌의 입이 위에 있는 것을 가리킨다. 이런 [꽉 막힌] 시기를 맞아, 마땅히 한결같이 天命[의 말씀]을 경청(敬聽)해야 할 것이며 ≪3·4·5位의 巽[이 天命]≫ 말로써 [구구하게] 다투어서는 안 될 것이다. 만일 그렇게 [묵묵히 천명을 따르지] 않으면, 그 곤궁(困窮)함이 더욱 심해질 것이다.

---

83) 모신(毛甡): 淸初의 漢學派의 선구자였던 모기령(毛奇齡)을 가리키는데, 모기령(毛奇齡)은 一名 甡(신)으로도 불린다.

84) 諸侯不揜羣: 『禮記』「王制」篇에 나오는 말. "天子不合圍, 諸侯不掩羣(사냥할 때, 천자는 짐승을 사방에서 둘러싸서, 잡지 않으며, 제후는 짐승의 떼를 덮치지 않는다)." (이상옥 역, 『禮記』上, 명문당, 2003, 407~408면)

○朱子曰 坎剛 爲兌柔所揜

○朱子가 말하였다. "[困卦는 아래의] 坎의 강건함이 [위의] 兌의 유약함에 의해 가려진 것이다."

初六 : 臀困于株木, 入于幽谷, 三歲不覿.[85] ○象曰 : 入于幽谷, 幽不明也.

初六 : 엉덩이가 나무등걸에 곤경을 당하며, 깊은 골짜기로 들어갔으니, 3年 동안 보지 못할 것이다. ○「象傳」: 깊은 골짜기로 들어갔으니, [골짜기가 너무] 깊어서 어두운 것이다.

此 困之兌也 兌自中孚來 ≪四之上≫ 中孚者 臀也 下巽上巽 ≪下倒巽≫ 兩股雙對 其象 臀也 ≪巽爲股≫

困 → 兌 ← 中孚

이것은 困卦가 兌卦로 변하는 경우이다. 兌卦는 中孚卦로부터 왔는데 ≪[中孚卦의] 4가 上으로 감≫ 中孚는 엉덩이의 형상이다. [中孚卦는] 아래도 巽이고, 위도 巽이라 ≪[中孚卦의 下卦는 澤인데] 下卦는 거꾸로 된 巽≫ 두 허벅다리가 짝지어 맞대고 있으니, 그 象이 볼기짝(臀)인 것이다. ≪[「說卦傳」에 보면] 巽은 허벅다리가 된다.≫

85) [校閱] "三歲不覿"의 "覿"이 奎章本에는 "觀"으로 되어 있는데, 誤記이다.

兌自大壯 ≪五之三≫ 乾則爲馬 ≪下本乾≫ 是 馬臀也 移之爲兌則震木之剛 擊此馬臀 ≪大壯三之五≫ 臀困于株木也 蓋此本象 困自否來 乾馬坤膚 宛有臀形 移之爲困 剛來擊膚 ≪上之二≫ 故 其占如此 ≪夬姤 宜參看≫

䷋ ䷮ ䷹ ䷡

否 → 困 → 兌 ← 大壯

[또 困卦 初六의 之卦인] 兌卦는 大壯卦로부터 왔는데 ≪[大壯卦의] 5가 3으로 감≫ 乾은 곧 말(馬)이 되니 ≪[大壯卦의] 下卦가 본래 乾≫ 이는 곧 말의 엉덩이(馬臀)이다. [그런데 大壯卦로부터] 추이하여 兌卦가 되면, [大壯卦의 上卦에 있던] 震의 나무의 剛이 이 말의 엉덩이를 치니 ≪大壯卦의 3이 5로 간 것≫ [이러한 상황을 가리켜] “臀困于株木(엉덩이가 나무 등걸에 곤경을 당하는 것)”이라고 한 것이다. 대저 이 [卦의] 本象인 곤란함(困)의 象은 否卦에서 由來된 것인데, [否卦에는] 乾의 말과 坤의 피부가 있으니, [그것은] 완연(宛然)히 엉덩이의 형상(臀形)이다. [그런데 否卦로부터] 추이하여 困卦가 되면, 剛이 와서 [그] 살갗을 때리게 되므로 ≪[否卦의] 上이 2로 간 것≫ 그 占이 이와 같다. ≪夬卦[86]와 姤卦[87][에서 공통으로 “臀无膚”라고 한 爻詞]를 마땅히 참고해서 볼 것≫

○否移爲困 ≪上之二≫ 則艮山之下 ≪否互艮≫ 坎水流通 ≪困下坎≫ 其象 谷也 ≪山間水道 曰谷≫ 變而爲兌 ≪下今兌≫ 乃幽谷也 ≪履歸妹 以兌爲幽≫

---

86) 夬卦 九四의 爻詞에 ‘臀无膚’라고 함.
87) 姤卦 九三의 爻詞에 ‘臀无膚’라고 함.

否 → 困 → 兌

○否卦로부터 추이하여 困卦가 되면 ≪上이 2로 감≫ 艮의 산 아래에 ≪否卦의 互卦는 艮≫ 坎의 물이 흘러 통하니 ≪困卦의 下卦는 坎≫ 그 象이 계곡(谷)이 된다. ≪산과 산 사이로 물이 흐르는 길을 '谷'이라고 한다.≫ [그런데 困卦 初六爻가] 변하게 되면, [重澤] 兌卦가 되니 ≪[重澤 兌卦의] 下卦가 지금 兌≫ 곧 "幽谷", 즉 '어두운 계곡'이다. ≪['幽人'이 언급되는] 履卦와 歸妹卦에서도 兌를 '幽'로 하였다.≫

兌自中孚 ≪上之四≫ 剛自外來 ≪上之四≫ 隱此幽谷 ≪三五巽≫ 入于幽谷也 卦本有巽 ≪中孚本上巽≫ 所以入也 ≪今互巽≫ 馬旣困矣 不堪驅策 入於幽谷 君子 當否塞之時 走入深山 有此象也

困 → 兌 ← 中孚

兌卦가 中孚卦로부터 추이함에 ≪[中孚卦의] 4가 上으로 감≫ 剛이 밖에서 들어와 ≪上이 4로 옴≫ 이 어두운 계곡에 숨으니 ≪[兌卦의] 3·4·5의 巽≫ [이것을 가리켜] "入于幽谷"이라고 한 것이다. [中孚]卦에 본래 巽이 있으니 ≪中孚卦의 上卦는 본래 巽≫ 그것이 '들어감'이 되는 까닭이 된다. ≪지금 [兌卦에서는] 互卦의 巽≫ 말이 이미 피곤하여, 그 몰아대는 채찍질을 감당하지 못하고 깊은 골짜기로 [도망쳐] 들어가게 되는데, 君子가 비색(否塞)한 시절을 맞아, 심산유곡(深山幽谷)으로 달아나서, 들어가 숨는 것에도 이와 같은 象이 있다.

○雖有离目 ≪二四五≫ 不見乾馬 ≪上今兌≫

○비록 离의 눈이 있으나 ≪[困卦의] 2·3·4의 互卦≫ 乾의 말을 보지 못한다. ≪[困卦의] 上卦가 지금 兌≫

據說卦方位 自离以往 須歷三宮 ≪离坤兌≫ 始遇乾馬 ≪一宮爲一歲≫ 三歲不覿也 豐上六亦然

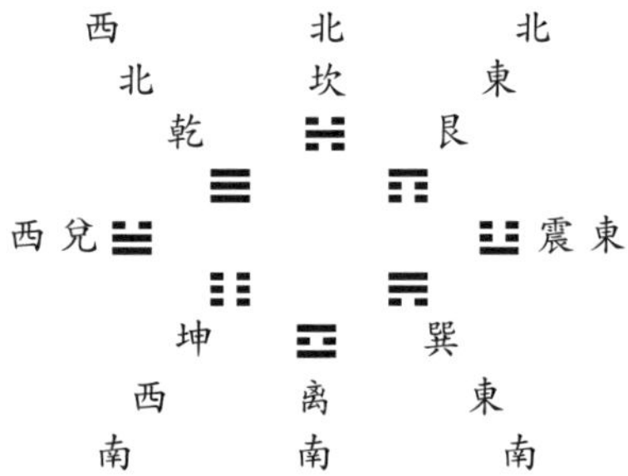

「說卦傳」의 方位에 의거해 본다면, 离에서 출발하여 모름지기 세 개의 宮을 거쳐야만 ≪离→坤→兌≫ 비로소 乾의 말(馬)을 만나리니 ≪한 개의 宮이 일년에 해당됨≫ [이것을 가리켜] "三歲不覿",[88] 즉 "[그 어두운 계곡으로 들어간 말(馬)을] 3年이 지나도록 만나보지 못한다"라고 한 것이다. 豐卦 上六[의 爻詞에서 "三歲不覿"이라고 한 경우]도 역시 이러하다.

○中孚之時 离日[89]大明 ≪本大离≫ 移之爲兌則 离日[90]掩翳 ≪离

88) 覿 : 鄭玄의 『儀禮』의 주석에 따르면, '覿'은 公事로 만나는 것이 아니라, 私的으로 만나는 것이다(吳江原 譯註, 『儀禮』 卷3, 청계, 2000, 826면).

89) [校閱] 新朝本과 國中本에는 "日"로 되어 있으나 奎章本에는 "目"으로 되어 있다. 어느 경우나 틀린 것은 아니지만, 그 뜻이 다르다. 여기서는 前者가 문맥에 더 합당한

今小≫ 入於幽昧 ≪兌爲西≫ 幽不明也 ≪鄭玄云 兌爲暗昧 日[91]所入也≫

困 → 兌 ← 中孚

○[困卦 初六의 之卦는 兌卦인데, 兌卦의 母卦인] 中孚卦인 때는 離의 해가 크게 밝았는데 ≪[中孚卦는] 본래 큰 離의 형태≫ 추이하여 兌卦가 되면, 離의 해가 가려진 채로 ≪離가 지금 [兌卦에서] 작아짐≫ 어두운 곳으로 들어가니 ≪兌는 서쪽이 됨≫ "幽不明(어두워서 밝지 못함)"이라고 한 것이다. ≪鄭玄이 말하였다. "兌가 어두움이 되는 것은 [그 방위가] 해가 들어가는 곳이기 때문이다."≫

○案 字書 木入地曰 根 ≪字從[92]艮≫ 出地曰 株 ≪古作𣎳≫ 巽木入地 ≪巽 入也≫ 其象爲根 ≪支[93]小者 向下≫ 震木出地 ≪震 出也≫ 其象 株也 ≪支[94]小者 向上[95]≫

○[案] 字書에 나무가 땅 속으로 들어간 것을 '根'이라 하는 반면에 ≪'根'字는 '艮'字에 의거함[96]≫ 땅 밖으로 나온 것을 '株'라고 하였다. ≪古文에서는 𣎳로 적었다.≫ [그런데] 巽의 나무는 [땅속에] 들어가 있으니 ≪巽은 들어감이 됨≫ 그 象이 '根'이 되고 ≪갈라져 작은 것이 아래를 향하고 있음≫ 震의 나무는 땅 밖에 나와 있으니 ≪震은 나옴이 됨≫ 그 象이 '株'가 된다. ≪갈라져 작은 것이 위를 향하고 있음≫

것으로 보고, 前者를 따른다.

90) [校閱] 위의 경우와 같다.

91) [校閱] 위의 경우와 같다.

92) [校閱] 奎章本에는 "從"이 '从'으로 되어 있는데, "從"과 同字이다.

93) [校閱] 新朝本에는 "지(支)"가 "복(攴)"으로 보이는데, 誤記이다.

94) [校閱] 新朝本에는 "지(支)"가 "복(攴)"으로 보이는데, 誤記이다.

95) [校閱] 奎章本에는 "向上"의 "上"이 빠져 있는데, 誤記이다.

96) 茶山의 '今補'에 艮이 '根'이라 함.

○陸德明本 木作朮 形誤也

○陸德明의 책에는 ['困于株木'의] '木'이 '차조 朮(출)'字로 나오는데, [그것은 곧] '形誤', 즉 '형태의 유사성으로 말미암은 착오'이다.

○學稼云 六木谷覿 叶韻 二與食祀 叶韻

○學稼가 말하였다. "[困卦의] 初六에서 '木(mù)'字와 '谷(gǔ)'字와 '覿(dú)'字가 [서로] 협운(叶韻)의 관계에 있다. [또 困卦의] 九二에서 '食(shí, sì)'字와 '祀(sì)'字도 [역시] 협운(叶韻)의 관계에 있다."

䷬

九二 : 困于酒食, 朱紱方來, 利用亨[97]祀, 征凶, 无咎. ○ 象曰 : 困于酒食, 中有慶也.

九二 : 술과 음식에 [지쳐서] 고달프기는 하겠지만, 주홍색 폐슬(朱紱)[의 관복(官服)]이 곧 올 것이다. 제사를 지내면, 이로울 것이다. [남쪽을] 정벌하면 흉하거니와, 허물은 없을 것이다. ○「象傳」: 술과 음식에 [지쳐서] 고달프기는 하지만, 그 [곤궁한] 가운데서도 경사(慶事)가 있을 것이다.

此 困之萃也 否移爲困 《上之二》 則坎酒旣旨 《下今坎》 兌食有饛 《上今兌》 酒食之會也 遂以坎勞 剛乃困憊 《乾今折》 困于酒

---

97) [校閱] "利用亨祀"의 "형(亨)"이 奎章本에는 "향(享)"으로 나온다. "향(享)"으로 해도 뜻은 통하지만, 『周易』의 원문에는 "형(亨)"으로 나온다.

食也 ≪孔子曰 不爲酒困 何有於我≫ 二爲卦主 ≪上之二≫ 故 言其本象

否 → 困 → 萃

이것은 困卦가 萃卦로 변하는 경우이다. 否卦로부터 추이하여 困卦가 되면 ≪[否卦의] 上이 2로 감≫ 坎의 술에 이미 향기로운 맛이 나고 ≪[困卦의] 下卦가 지금 坎≫ 兌의 음식이 수북히 담겨 있으니 ≪[困卦의] 上卦가 지금 兌≫ 술과 음식을 즐기는 모임이다. [그런데] 마침내 坎의 노고로써, 剛이 이에 고달프게 되니 ≪[否卦에서는 乾이 연결되어 있었으나] 乾이 지금 [困卦에서는] 단절됨≫ [이러한 상황을 가리켜] "困于酒食", 즉 "술과 음식에 [지쳐서] 고달프다"라고 한 것이다.[98] ≪[『論語』「자한(子罕)」篇에서] 孔子가 말하기를, "곤란할 정도로 술을 먹어서는 안 되겠지만, 그런 일이 어찌 내게 없다고 말할 수 있으리요!"라고 하였다.[99]≫ 九二가 [困卦의] 卦主가 되므로 ≪[否卦의] 上이

---

98) 茶山은 『論語』「子罕」篇의 "子曰, 出則事公卿, 入則事父母, 喪事不敢不勉, 不爲酒困, 何有於我哉"의 구절 중 "不爲酒困"이라는 句에 대해 해석하면서, "補曰, 困者, 被其所擠也, 易曰, 困于酒食"이라고 주석하고 있다(『論語古今註』 卷四, 20면).

99) 不爲酒困 何有於我 : 『論語』「子罕」篇에 나오는 구절이다. 즉, "子曰, 出則事公卿, 入則事父母, 喪事不敢不勉, 不爲酒困, 何有於我哉(나가서는 公卿을 섬기고, 들어와서는 父兄을 섬기며, 喪事를 감히 힘쓰지 않음이 없으며, 飮酒에 困함을 당하지 않는 것, 어느 것이 나에게 있겠는가?)"라는 구절에 나온다. 다산은 『論語古今註』에서 이 구절에 대한 황간(皇侃)과 형병(邢昺)의 설을 소개하면서, 두 사람의 註釋을 모두 비판하고 있다. 먼저 황간(皇侃)은 "侃曰, 言何能行此三事, 故云, 何有於我哉"라고 하였는데, 이 해석에 따르면, 내가 어찌 이러한 일들을 할 수 있는 능력이 있다고 하겠느냐는 의미로 해석된다. 반면에 형병(邢昺)은 "邢曰, 他人無是行, 於我, 我獨有之故曰, 何有於我哉"라고 하였는데, 이것은 다른 사람에게는 그런 능력이 없지만, 유독 나에게만 그런 능력이 있으므로, "何有於我哉"라고 하였다는 것이다. 다산에 따르면, 황간(皇侃)은 공자를 지나치게 겸손한 것으로 묘사한 반면에, 형병(邢昺)은 지나치게 오만한 것으로 서술하고 있다. 두 견해는 모두 극단적인 해석으로 치우치고 있다는 점에서 잘못을 범하고 있다("駁曰, 皆非也, 如侃之說, 則太謙也, 如昺之說, 則太傲也"). 다산은 이 구절의 의미를 "補曰, 言我粗能爲此, 何足有無於我哉"라고 해석하고 있다. 즉, 다산은 "何有於我哉"를 "何足有無於我哉"의 뜻으로 풀고 있는데, 그 의미는 "나에게는 대체적으로 이런 일들을 할 능력이 있으니, 어찌 나에게 그런 일들이 없다고 하겠는가?"의 뜻이 된

2로 감≫ 그 本象을 말한 것이다.

○紱[100]者 韍也 ≪字相通≫ 所以蔽膝 裳之下飾也 ≪詩所云 赤芾在股≫ 否之坤裳 ≪否下坤≫ 有美在中 ≪剛在中≫ 裳之飾[101]也 遂燦离文 ≪下互离≫ 以蔽巽股 ≪上互巽≫ 其象 韍也 乾之大赤 ≪否上乾≫ 雜以坤黃 ≪上之二≫ 其韍朱也 ≪黃赤色 曰朱≫ 剛自外來 ≪上之二≫ 朱紱方來也 否塞之時 得此命服 ≪見玉藻≫ 亦可喜也

否 → 困 → 萃

○'인끈 紱(불)'字는 '폐슬 韍(불)'字와 뜻이 같다. ≪['紱'字와 '韍'字는] 서로 통용된다.≫ '폐슬'이라는 것은 [앞치마 같은 것인데] 下衣(裳)를 아래로 늘어뜨려 꾸미는 것이다. ≪『詩經』「小雅」「采菽」에서 "적불재고(赤芾在股)", 즉 "붉은 슬갑이 다리까지 내려오고"라고 말한 것이 그것이다.[102]≫ 否卦의 [下卦에 있는] 坤의 치마를 보면 ≪否卦의 下卦는 坤≫ 아름다운 무늬가 그 가운데 있음이니 ≪[困卦의 下卦는 坎이니] 剛이 가운데 있음≫ 치마를 장식(裝飾)한 것이다. [그 결과로] 마침내 离의 문양(文樣)이 찬란하게 빛나고 ≪[困卦의] 下互卦가 离≫ 巽의 다리를 덮으니 ≪[困卦의] 上互卦가 巽≫ 그 象이 폐슬(韍)이다. 乾의 매우 붉은 色에 ≪否卦의 上卦는 乾≫ 坤의 황색을 섞으니 ≪[否卦

다(『論語古今註』 卷四, 20면).

100) [校閱] 新朝本에는 "紱"으로 보이는데, 단순히 영인 과정에 흐릿하게 된 것으로 보인다. 奎章本과 國中本에는 '紱'로 나온다.

101) [校閱] "裳之飾也"의 "식(飾)"이 奎章本에는 "희(餙)"로 나오는데, 誤記이다.

102) 赤芾在股 : 『詩經』「小雅」「魚藻之什」「采菽」에 나온다. 즉, "赤芾在股, 邪幅在下(붉은 슬갑은 다리에 있고, 邪幅은 그 아래에 있다)"라는 詩句의 한 부분이다. 이 詩는 제후가 슬갑을 입고서 천자를 뵈올 적에 공경하고 조심하여 행동함으로써, 天子로부터 福祿을 받는 것을 묘사한 詩라고 한다(成百曉 譯註, 『詩經集傳』 下, 전통문화연구회, 1999, 161~162면).

의] 上이 2로 감≫ 그 폐슬이 주홍색(朱色)이 된다. ≪'黃赤色', 즉 '노란 색과 붉은 색이 섞인 색'을 주홍[朱]색이라고 한다.≫ 剛이 밖에서 들어오니 ≪[否卦의] 上이 2로 감≫ [이것을 가리켜] "朱紱方來", 즉 "주홍색 폐슬이 바야흐로 올 것"이라고 한 것이다. 비색(否塞)한 시절에 이처럼 [관복(官服)에 해당되는] 命服을 얻었으니 ≪『禮記』「玉藻」에 나옴≫ 역시 기뻐할 일이다.

○巽潔离誠 ≪兩互象≫ 祭祀之卦也 剛自外來 ≪上之二≫ 以射坤牲 ≪下本坤≫ 利用享祀也

否 → 困 → 萃

○[困卦에는] 巽의 정결함과 离의 정성이 있으니 ≪[困卦의] 兩互卦[인 巽과 离]의 象≫ 제사를 상징하는 卦이다. 剛이 밖에서부터 들어와 ≪[否卦의] 上이 2로 감≫ 坤의 희생을 활로 쏘니 ≪[否卦의] 下卦가 본래 [소를 상징하는] 坤≫ [이것을 가리켜] "利用[享]祀", 즉 "제사를 지냄에 이롭다"라고 말한 것이다.

○征凶者 南征之凶也 王自北來 ≪上位坎≫ 征此南國 ≪上之二≫ 遂被圍揜 ≪二陰圍一陽≫ 逢此困厄 南征之凶也 ≪下位离≫ 上六征吉 文相照也

否 → 困

○"征凶"은 남쪽을 정벌하는 것이 흉함을 가리킨다. 임금(王)이 북쪽에서 와서 ≪上位는 [북쪽을 상징하는] 坎≫ 이 남쪽 나라를 정벌하러 갔는데

《[否卦의] 上이 2로 감》 마침내 포위를 당하여 《두 개의 陰이 陽 하나를 포위》 이처럼 곤란한 불행을 만나게 되니, [이것은 다름 아닌] 남쪽으로 정벌(征伐)을 가서 생긴 흉함이다. 《下位는 [남쪽을 상징하는] 离》 [困卦의 九二의 "征凶"은 困卦의] 上六의 "征吉"과 글이 서로 대비된다.

○否塞之時 剛自外反 《上之二》 是 无咎也 占與彖同者 二爲卦主也 《彖[103]亦云 无咎》

䷋ → ䷮

否 → 困

○[서로 막혀 소통이 되지 않는] 비색(否塞)한 시절에 剛이 밖에서 되돌아오니 《[否卦의] 上이 2로 감》 [이것이] "无咎", 즉 "허물이 없음"이 되는 까닭이다. [困卦 九二의] 占이 彖詞와 더불어 동일한 것은 九二가 卦主가 되기 때문이다. 《彖辭에서도 역시 "无咎"라고 하였다.》

○否消之時 剛來得中 《上之二》 中有慶也 《互离喜》

䷋ → ䷮

否 → 困

○막히고 소멸하는 때에 剛이 들어와서, 가운데 자리를 얻으니 《[否卦의] 上이 2로 감》 "中有慶", 즉 "가운데 경사(慶事)가 있음"이다. 《[困卦의] 互离는 기쁨을 상징[하니, 慶事가 있음을 가리킨다.]》

○案 鄭玄本 紱作韍 與芾通 卽蔽膝也 《禮作韠》 左傳所云 黻

103) [校閱] "彖亦云"의 "彖"이 新朝本에는 "象"으로 되어 있는데, 誤記이다.

珽也 ≪杜云 韍 韋韠≫ 說文曰 天子赤紱 諸侯[104]朱紱 緫之 爲朝祭之服 裳下之飾也 ≪玉藻云 一命緼韍 再命赤韍≫

○[案] 鄭玄의 책에서는 '인끈 紱(불)'이 '폐슬 韍(불)'로 되어 있는데, [이는] '우거질 芾(불)'字와 통하니, 곧 '폐슬(蔽膝)'을 뜻한다. ≪『禮記』에서는 '폐슬 韠(필)'字로 되어 있다.≫ 『左傳』에서 말한 바, '韍 · 珽(불 · 정)'이 그것이다. ≪두예(杜預)는 '수 韍(불)'이 가죽으로 된 폐슬[韋韠]을 뜻한다고 하였다.≫ 『說文』에서 말하기를, "天子는 붉은 색 폐슬을 착용(着用)하고, 諸侯는 朱紱을 착용한다"고 하였다. 요컨대 '紱(불)'이란 조회(朝會)나 제례(祭禮)의 예복(禮服)으로 쓰이는 치마의 [위에 착용하여] 아래로 늘어트려 꾸미는 것을 가리킨다. ≪[『禮記』「玉藻」에서 이르기를, "一命의 벼슬은 주홍빛 폐슬을 착용하고, 再命의 벼슬은 붉은 폐슬을 착용한다"라고 하였다.[105]≫

○又按 困之爲卦 以之筮獄 則凶 ≪義見上≫ 以之筮仕 則吉 ≪朱紱來≫ 不可以卦名爲困 而槩云不吉也

○[又按] 困卦는 옥사(獄事)에 대해 점치면 흉함이 되지만 ≪이런 [감금되는] 뜻은 위에서 나왔음≫ [이것으로] 벼슬에 오르는 일에 대해 점친다면 곧 吉함이 되니 ≪'朱紱[方]來'의 경우≫ 卦의 명칭이 困이라고 해서, 일률적으로 불길하다고 할 수는 없다.

---

104) [校閱] "諸侯"의 "侯"가 奎章本에는 "候"로 되어 있는데, 誤記이다.

105) 周代의 관등(官等)은 一命에서 九命까지 있는데, 一命은 대략 諸侯의 上士를 말하고, 再命은 대개 大夫를 말하며, 三命은 대개 卿을 말한다(이상옥 역, 『禮記』 中, 명문당, 2003, 830면).

六三 : 困于石, 據于蒺藜, 入于其宮, 不見其妻, 凶. ○ 象曰 : 據于蒺藜, 乘剛也, 入于其宮, 不見其妻, 不祥也.

六三 : 돌에 [걸려] 곤경(困境)을 당하며, 질려(蒺藜)[106][의 가시덤불]에 의지할 것이다. [또] 그 집에 들어가더라도 아내를 보지 못할 것이니, 흉할 것이다. ○ 「象傳」 : "據于蒺藜"라고 한 것은 [柔가] 剛을 올라타고 있기 때문이다. "入于其宮, 不見其妻"라고 한 것은 상서롭지 못한 일이 있을 것임을 말한 것이다.

此 困之大過也 大過自遯來 ≪二之上≫ 下艮山也 ≪天山卦≫ 又自大壯來 ≪五之一≫ 上震 草也 ≪雷天卦≫ 移之大過 ≪法見表≫ 通卦爲坎 ≪上下夾≫ 山而險則石也 ≪坎爲險≫ 草而險則蒺藜也 ≪草有刺≫ 遯之上剛 ≪最上畫≫ 入于險石之中 ≪上之二≫ 困于石也 ≪石圍之≫ 大壯所履 ≪上一陰≫ 立于險草之上 ≪一之五≫ 據于蒺藜也

이것은 困卦가 大過卦로 변하는 경우이다. 大過卦는 遯卦로부터 왔는데 ≪[遯卦의] 2가 上으로 간 것≫ 그 [遯卦의] 下卦인 艮은 山을 상징한다. ≪遯卦는 天과 山으로 구성된 卦≫ 또 大壯卦에서 나왔는데 ≪[大壯卦의] 5가 1로 감≫ 그 上卦인 震이 풀(草)이다. ≪[大壯卦는] 雷와 天으로 구성된

106) 질려(蒺藜) : 질(蒺)은 납가새로서, 바닷가나 모래땅에 나는 풀의 한 종류이다. 질려(蒺藜)는 납가새과에 속하는 일년초인데, 열매는 단단하고, 세모 또는 네모로 억센 가시가 있으며, 뿌리와 열매는 약재로 쓴다.

卦≫ [그런데 大壯卦로부터] 추이하여 大過卦가 되면 ≪이 방식은 괄례표(括例表)에 나옴≫ [大過]괘의 전체적인 형태가 [험한 것을 상징하는] 坎이 되는데 ≪[大過卦의] 위와 아래를 연결한 협괘(夾卦)[는 大坎의 형태가 됨]≫ 산에 있는 험한 것은 암석(巖石)이고 ≪坎은 험한 것이 됨≫ 풀[草]로서 험한 것은 질려(蒺藜)[의 가시덤불]이다. ≪풀에 가시[刺]가 있음≫ 遯卦의 上位의 剛이 ≪[遯卦의] 제일 위의 획≫ [大過卦로 推移하게 되면] 험난한 암석의 속으로 들어가니 ≪上이 2로 감≫ "困于石(돌에 [걸려] 困境을 당하는 것)"이 된다. ≪암석이 그것을 둘러쌈≫ 大壯卦가 밟고 있던 것이 ≪[大壯卦의] 上位의 1陰≫ [大過卦에서] 험한 풀 위에 서니 ≪[大壯卦의] 1이 5로 감[으로써 大過卦가 됨]≫ "據于蒺藜", 즉 "질려(蒺藜)[의 가시덤불]에 의지한다"라고 말한 것이다.

○爻之未變 困則困矣 坎宮之內 ≪下本坎≫ 爰有离妻 ≪二四互≫ 入則相見 ≪巽入而离見≫ 亦可喜也 爻之旣變 坎乃爲巽 ≪下今巽≫ 入于其宮也 ≪巽爲入≫ 离妻已亡 ≪互离滅≫ 不見其妻也

○[困卦의] 六三爻가 변하지 않았을 경우에도 곤경(困境)은 곤경이지만, 坎의 집(宮) 안에 ≪[困卦의] 下卦가 본래 [집을 상징하는] 坎≫ 곧 离의 妻가 있어서 ≪2·3·4位의 互卦≫ [집에] 들어가면 서로 볼 수가 있었으니 ≪上互巽의 入이고, 离의 見≫ 또한 즐거워할 수가 있었다. 그런데 [六三]爻가 이미 변하게 되면, 坎이 이에 巽이 되어 ≪[大過卦의] 下卦가 지금 巽≫ 그 집에 들어감에도 불구하고 ≪巽은 들어감이 됨≫ 离의 아내가 이미 사라지니 ≪[大過卦에서는] 互卦의 离가 없어짐≫ 그 처를 보지 못하는 것이다.

○乘剛者 兌也 ≪上一陰≫ 大壯之時 亦乘剛也 ≪本大兌≫

困→ 제3효변→ 大過 ←推移←大壯

○[「象傳」에서] "乘剛"이라고 한 것은 兌를 지칭한다. ≪上位에 있는 한 개의 陰이 [陽들을] 올라타고 있음≫ [大過卦의 때에도 그렇지만, 그 母卦인] 大壯卦의 때에도 역시 "乘剛(剛을 올라타고 있음)"이다. ≪[大壯卦는] 본래 큰 兌의 형태≫

○不祥者 凶也 ≪釋爻詞凶字≫

○[「象傳」에서] "불상(不祥)"이라고 한 것은 [곧] '凶함'을 뜻한다. ≪[「象傳」의] "不祥"은 爻詞의 '凶'字를 풀이한 것이다.≫

○案 虞仲翔曰 三在艮山下 故困于石 ≪謂卦自否來≫ 然 豫六二亦以坎爲石 ≪剛在土中 爲坎石≫ 說卦云 艮爲小石

否 → 困

○[案] 우중상(虞仲翔)이 이르기를, "[困卦의] 六三은 艮의 山 아래에 있다. 그러므로 '困于石'이 된다"라고 하였다. ≪[우번(虞翻)의 말은] '[困]卦가 否卦로부터 왔다'는 것을 말한 것임≫ 그러나 豫卦 六二에서도 역시 坎을 石으로 보았다. ≪剛이 흙[坤] 안에 있으니, 坎이 石이 되는 것이다.≫ 「說卦傳」에서 말하기를, "艮은 小石이 된다"고 하였다.

○又按 荀九家 坎爲蒺藜 非矣 坎本非草

否 → 困 → 大過

遯 → 大過 ← 大壯

○[又按] 荀九家는 坎을 질려(蒺藜)로 보았는데, 잘못이다. 坎은 본래 풀(草)이 아니다.

○學稼云 兌則爲銳 ≪上頭小≫ 石角 蒺刺之所以傷人也 孔子曰 非所困而困焉 ≪二陰圍四陽≫ 名必辱 ≪巽爲屈≫ 非所據而據焉 ≪兌乘剛≫ 身必危 ≪上位 高且厲≫ 旣辱且危 ≪巽且兌≫ 死期將至 ≪坎近艮≫ 妻其可得而見耶

困 → 三爻變→ 大過

○學稼가 말하였다. "兌는 곧 날카로움[銳]의 뜻이 되니 ≪[兌의 모양(☱)을 보면] 위 꼭대기가 작은 형태≫ 돌조각(石角)[107]·질려(蒺藜) [즉, 납가새]의 가시가 사람을 다치게 하는 까닭은 바로 [그 예리(銳利)함] 때문이다. 孔子께서 [「繫辭下傳」에서] 말씀하시기를, '곤란에 빠질 일이 아닌데도, 곤란에 빠지니 ≪[大過卦는 겨우] 두 개의 陰이 네 개의 陽을 둘러싸고 있음≫ 이름이 반드시 욕될 것이며 ≪巽은 '屈', 즉 '굴욕(屈辱)'의 뜻이 됨≫ 의지할 바가 아닌데도, 의지하니 ≪兌는 [柔가] 剛을 올라타고 있음[이니, 위태로운 모양]≫ 몸이 반드시 위태로울 것이다. ≪上位는 높고도 위태로움≫ 이렇듯 욕되고 게다가 위태로우니 ≪[大過卦에는 굴욕을 상징하는] 巽과 [위태로움을 상징하는] 兌가 있음≫ 죽을 기한(期限)이 곧 닥치리니 ≪[大過卦는 大坎의 형태인데] 坎은 [說卦方位에서 보면, 죽음을 상징하는] 艮의 근처(近處)에 [가까이] 있음≫ 그 아내를 [어찌]

107) 石角: 돌의 뾰족한 모서리.

볼 수가 있으리오!'라고 하셨다."

○案[108] 困之六三 以陰居陽 本非其位故 其變象如此也 爻詞物象 雖用變體[109] 若其所以然之理 則又必由本卦之德 ≪困卦 本有坎≫及本位之當否 此 又讀易之大要也

困 → 三爻變 →大過

○[案] 困卦 六三은 陰으로써 陽의 자리에 있으니, 본래 [자신에게 합당한] 자리가 아닌 까닭에, 그 變象[인 大過卦의 경우]도 이와 같다. [困卦 六三의] 爻詞의 物象이 비록 변체(變體)[인 大過卦]를 적용한 것이기는 하나, 만약 그 所以然의 理로써 본다면, 또한 반드시 本卦의 德과 ≪困卦에 본래 坎이 있음≫ 본래 자리[本位]의 성질에 근거하는 것이니, 이는 또한『周易』을 읽고 이해하는데 가장 중요한 요점이다.[110]

春秋傳 崔杼 欲娶棠姜 ≪襄二十五年≫ 筮之遇困之大過 陳文子曰 夫從風 ≪坎變巽≫ 風隕妻 ≪离亦滅≫ 不可娶也 困于石 往不濟也 ≪坎爲川≫ 據于蒺藜 所恃傷也 ≪离爲信≫ 入于其宮 不見其妻 凶 無所歸也 ≪坎爲歸≫

---

108) [校閱] "案"이 新朝本에는 "家"로 되어 있는데, 誤記이다.
109) [校閱] 新朝本에는 "體"가 "禮"로 되어 있는데, 誤記이다.
110) 다산은 讀易要旨 18則 중에서 제5則에 해당되는 '播性'의 원칙을 통해 이 점을 명확히 하고 있다. 즉 '파성(播性)'이란 '本卦'의 성질이 '之卦'에 뿌려진다는 의미로서, 爻변을 통해 本卦가 之卦로 변동한다고 해서, 本卦의 성격(性氣)을 버리고, 之卦[인 變卦]의 物象만을 오로지 적용(專用)한다면, 크게 어긋나게 될 것이라는 주장이다(卦變爲爻, 則其物象·事情, 與本卦, 大異也. 然, 其性氣, 皆主本卦; 若舍本卦之性氣, 而專用'之卦'之物象, 則大悖也). 播性의 원칙은 留動의 원칙과 더불어,『周易四箋』「丁卯本」에 이르러 확고하게 확립된 원칙으로서,「丙寅本」에서는 언급이 미비하다.

『春秋左傳』에 최저(崔杼)가 당강(棠姜)[111]을 얻고자 ≪襄公 25年條≫ 그 일에 대해 점을 쳐서, 困卦가 大過卦로 변해 가는 경우를 얻었는데, 陳文子가 이를 풀이하여 말하기를, “지아비(夫)는 바람(風)을 따라가 버리고 ≪[困卦 六三이 효변하여 大過卦로 되면, 中男의 지아비를 상징하는] 坎이 [바람을 상징하는] 巽으로 변함≫ 바람은 그 아내(妻)를 떨어뜨리는 형국이니 ≪[中女의 妻를 상징하는] 离도 역시 사라짐≫ 장가들어서는 안 됩니다. [困卦 六三의 爻辭에서] ‘困于石’이라고 한 것은 나아가더라도 [물을] 건너지 못함을 가리키고 ≪坎은 내의 뜻이 됨≫ ‘據于蒺藜’라고 한 것은 믿는 것에 다치게 됨을 가리키며 ≪离는 믿음의 뜻이 됨≫ ‘入于其宮, 不見其妻, 凶’이라고 한 것은 돌아갈 데마저 없는 상황을 가리킨 것입니다”라고 하였다. ≪坎은 돌아감의 뜻이 됨≫

○義詳官占注

○[이에 대한] 해석은 「春秋官占補註」에 자세히 나온다.[112]

䷜

九四 : 來徐徐, 困于金車. 吝, 有終. ○象曰 : 來徐徐, 志在下也, 雖不當位, 有與也.

---

111) 당강(棠姜) : 齊나라 당읍(棠邑)을 맡아 다스리던 관리였던 당공(棠公)의 처(妻)인 강씨(姜氏)를 가리킨다. 齊나라 당읍(棠邑)을 맡아 다스리던 당공(棠公)이 죽었는데, 崔武子(崔杼)가 문상(問喪)을 갔다가 당공(棠公)의 妻인 姜氏를 보고, 그녀를 아름답다고 여겼다. 그래서 마침 상처(喪妻)하고 홀아비로 있던 최저(崔杼)는 그녀를 재취로 맞이하려고 했다(「春秋官占補註」의 “崔杼取姜之筮”를 참조할 것).

112) 「春秋官占補註」의 ‘崔杼取姜之筮’(襄公 25年)를 참조할 것(『四箋』 卷7, 24나~25가).

九四 : [시국(時局)이 어수선할 때는] 천천히, 천천히 [기미(幾微)를 살펴 가면서 돌아]와야 할 것이다. [그렇지만] 금(金)으로 장식한 호화로운 수레 때문에, 곤란한 일을 겪을 수도 있을 것이다. [잘못을 고침에] 인색하나, [유종(有終)의 미(美)를 거두어] 끝을 잘 마무리하게 될 것이다. ○「象傳」: [돌아]올 때, 천천히 천천히 오지만, 뜻하는 바가 아래[에 있는 화려한 금수레(金車)]에 있다. 비록 합당한 자리는 아니지만, [더불어] 함께 하는 사람이 있을 것이다.

此 困之坎也 坎自觀來 ≪上之二≫ 君子在外 ≪上二陽≫ 巽以隱之 ≪觀上巽≫ 移之爲坎 則剛自外來也 ≪上之二≫ 上坎下坎 疑而未信 ≪中有梗≫ 其來徐徐也 ≪兩坎 故疊文≫ 君子 當否觀之時 雖坤國內虛 不可遽進 當徐徐 以察機也 程子曰 其來 遲疑

否 → 困 → 習坎 ← 觀

이것은 困卦가 坎卦로 변하는 경우이다. 坎卦는 觀卦로부터 왔는데 ≪[觀卦의] 上이 2로 감≫ [그 觀卦를 보면] 君子가 밖에 있고 ≪[觀卦의] 위의 두 개의 陽[이 君子]≫ 巽으로써 은거(隱居)하고 있다. ≪觀卦의 上卦는 巽≫ [그런데 觀卦로부터] 추이하여 坎卦로 되면, 剛이 밖에서 [안으로] 들어오는데 ≪[觀卦의] 上이 2로 감≫ 上卦도 [의심을 상징하는] 坎이 되고, 下卦도 坎이 되어, 의심하기만 하고, 믿지 않으니 ≪[坎에는] 가운데 가로막힌 것이 있음≫ 그 "천천히, 천천히 오는 것(來徐徐)"이 된다. ≪두 개의 坎이 있으므로, "徐徐"라고 [글자를 겹쳐 써서] 첩문(疊文)을 사용한 것≫ 君子는 [小人의 세력이 왕성해지는] 否卦와 觀卦의 때를 맞아, 비록 坤의 나라가 안이 텅 비어 있다고 해도, 황급하게 움직여서는 안 되며, 마땅히 천천히, 천천히 그 기미를 살피면서 [돌아와야] 하는 것이다. 程子는 [이와 연관하여] 말하기를, "그 [들어]옴이 더디고, 미심쩍어 한다"라고 하였다.

○坎自臨來 ≪一之五≫ 本以兌金 ≪臨下兌≫ 今爲坎輪 ≪下今坎≫ 其象 金車也 上下兩剛 ≪二與五≫ 都被圍拚 ≪在陰中≫ 困于金車也 否塞之時 君子 戀車服之榮 還入坤國 ≪上之二≫ 未有不被小人之圍拚 此 其戒也

否 → 困 → 習坎 ← 臨

○[困卦 九四의 지괘(之卦)인] 坎卦는 臨卦로부터 왔는데 ≪[臨卦의] 1이 5로 감≫ [臨卦의 下卦는] 본래 兌의 쇠(金)였는데 ≪臨卦의 下卦는 兌≫ 지금 [추이하여 坎卦로 되면] 坎의 수레바퀴(輪)가 되니[113] ≪[習坎卦의] 下卦가 지금 坎≫ 그 象이 '금거(金車)'인 것이다. [坎卦의] 위와 아래에 있는 두 개의 剛이 ≪제2位와 제5位≫ 모두 [陰에 의해] 둘러 쌓여 있으니 ≪陰의 가운데 있음≫ [이것을 가리켜] "困于金車"라고 한 것이다. 경색되고 막힌 상황을 맞이하여, 君子가 수레와 예복(禮服)의 영화로움에 연연(戀戀)해서, 坤의 나라로 되돌아오게 되면 ≪[否卦의] 上이 2로 감≫ 소인배들에게 둘러싸여 이용되지 않은 경우가 없다. 이 ["困于金車"라는] 爻辭는 그런 일에 대한 경계이다.

○坎在离位 ≪一二三≫ 據匪其正 ≪皆失位≫ 爻之旣變 下坎不改 ≪今亦坎≫ 其占 吝也 ≪不改過≫ 上坎得位 ≪四五六≫ 乃有終也 ≪善其終≫

---

113) 坎輪 : 「說卦傳」에 '弓輪'이라 함.

䷮ ䷜ ䷓

困 → 習坎 ← 觀

○[困卦에서] 坎이 离位에 있으니 ≪1·2·3位[는 奇·偶·奇數로 离位에 해당됨]≫ 그 거처(居處)가 바르지 못하였는데 ≪모두 자신의 합당한 자리를 상실함≫ [困卦 九四의] 爻가 이미 변하여 [習坎卦가 되어도] 下卦의 坎은 변하지 않으니 ≪[困卦의 下卦가 坎이었는데] 지금 [習坎卦에서도] 역시 坎≫ 그 占이 인색함이 된다. ≪잘못을 고치지 않음≫ [그러나 習坎卦의] 上卦에 있는 坎은 자신의 [합당한] 자리를 얻었으니 ≪4·5·6位[는 偶·奇·偶數의 자리로서, 坎位에 해당됨≫ 이에 "有終", 즉 "유종(有終)의 미(美)를 거둔 것"이다. ≪그 끝을 잘 마무리함≫

○剛自觀來 ≪上之二≫ 志在金車 ≪下坎車≫ 志在下也

○剛이 觀卦에서 안으로 들어오니 ≪[觀卦의] 上이 2로 감≫ 뜻이 "금수레(金車)", 즉 부귀영화(富貴榮華)에 있으므로 ≪[習坎卦의] 下卦인 坎의 수레[車]≫ "志在下", 즉 "뜻이 아래에 있다"라고 한 것이다.

○[114] 剛來居二 位不當也 ≪上之二≫ 然而有與者 外坎得位也 ≪剛居五≫

䷮ ䷜ ䷓

困 → 習坎 ← 觀

○[觀卦로부터 推移하여 習坎卦로 되면] 剛이 들어와서 [陰位인] 제2位에 머무르니, 자리가 합당치 않다. ≪[觀卦의] 上이 2로 감≫ 그렇지만, [더

114) [校閱] "○"의 표시가 奎章本에는 빠져 있다.

붙어] 함께 하는 사람이 있는 것(有與者)은 外卦의 坎이 자신의 [바른] 자리를 얻었기 때문이다. ≪剛이 [바르게] 제5位에 머무름≫

○案 飮食車服 生民之所大欲也 故諸爻之遇困阨 常由此事 聖人之戒也 漢書 輿服志云 秦制 有金根車 本商輅也

○[案] [기름진] 음식과 [좋은] 수레와 의복은 백성들이 크게 욕심내는 물건이다. 그러므로 [『周易』의] 여러 爻에 곤경을 당하는 사례로 나오는 경우는 항상 이런 일들에서 말미암는 것이니, 聖人이 그를 경계하신 것이다. 『後漢書』「여복지(輿服志)」에 따르면, "秦나라 제도(制度)에 금근거(金根車)[115]라는 것이 있는데, [그것은] 본래 商나라의 로(輅)라는 수레(商輅)[116]에 근거한 것"이라고 하였다.

○ 又按 困之九四 本不當位 故變而爲坎 亦取不當位之象 ≪上之二≫ 此 易例也

困 → 習坎 ← 觀　　　　習坎 ← 臨

○[又按] 困卦의 九四는 본래 바른 자리가 아니다. 그러므로 효변하여 習坎卦가 되어도 [當位의 象이 있음에도] 또한 不當位의 象을 취한 것이니 ≪[觀卦의] 上이 二로 간 것≫ 이는 易例이다.

---

115) 금근거(金根車) : 금으로 장식한 호화로운 수레로서, 여섯 필의 말이 끌고 다섯 가지 계절색에 따라 보조수레인 부거(副車)도 두었다. 그 색깔은 봄에는 파랑, 여름에는 빨강, 늦여름은 노랑, 가을에는 흰색, 겨울에는 검정색을 썼다.

116) 商輅 : 『論語』「衛靈公」篇에 정치란 어떻게 해야 하는가라는 안연(顔淵)의 질문에 대해서 孔子는 夏代의 曆과 殷代의 輅, 周代의 면(冕)을 사용하라고 말한 바 있다. 여기서 언급된 "殷之輅(은나라의 큰 수레)"가 바로 상로(商輅)이다. 그 주석에 "商輅, 木輅也. 輅者, 大車之名. 古者以木爲車而已, 至商而有輅之名, 蓋始異其制也. 周人飾以金玉, 則過侈而易敗, 不若商輅之樸素渾堅而等威已辨, 爲質而得其中也"라고 하였다.

○舊本 徐作荼 ≪子夏傳 及翟玄本≫ 或作余 ≪王肅本≫

○舊本에는 ‘來徐徐’의 ‘천천할 徐(서)’字가 ‘씀바귀 荼(도)’字로 되어 있는데 ≪『子夏易傳』과 적현(翟玄)의 책≫ 혹은 ‘나 余(여)’字로 적혀 있는 경우도 있다. ≪王肅의 책≫

○學圃云 二多譽 三多凶 四多懼 ≪來徐徐≫ 五多功 ≪徐有說≫ 於此卦 可驗也

○학포(學圃)가 말하였다. “[「繫辭傳」에서] 제2位는 명예로움이 많고, 제3位는 흉함이 많고, 제4位는 두려움이 많으며 ≪[그래서 困卦 九四에서는] ‘來徐徐’, 즉 “천천히, 천천히 돌아온다”라고 함≫ 제5位는 功이 많음을 ≪[困卦 九五에서] ‘서유탈(徐有說)’, 즉 “천천히 벗어남이 있다”라고 함≫ 이 卦에서 입증할 수 있다.”

䷮

九五 : 劓刖, 困于赤紱, 乃徐有說,[117] 利用祭祀. ○象曰 : 劓刖, 志未得也, 乃徐有說, 以中直也, 利用祭祀, 受福也.

九五 : 코와 발꿈치를 잘리는 형벌에 처해지니, 붉은 폐슬 때문에 곤경을 당하지만, 서서히 거기에서 벗어날 수 있을 것이다. 제사(祭祀)를 지내면 이로울 것이다. ○「象傳」 : 코와 발꿈치를 잘리는 형벌에 처해짐은 뜻을 얻지 못했기 때문이요, 서서히 거기에서 벗어날 수 있었던 것은 마음(中)이 정직하기 때문이며, 제사(祭祀)를 지내면 이로운 것은 [제사(祭祀)

117) “乃徐有說”의 ‘說’은 ‘탈’로 읽는다.

를 지내면] 복(福)을 받기 때문이다.

此 困之解也 解自小過來 ≪三之二≫ 艮則爲鼻 ≪小過 艮在下≫ 解又自臨來 ≪一之四≫ 震其足也 ≪臨互震≫ 移之爲解 則兩剛分劈 ≪臨小過 皆本二陽≫ 离兵乃割 ≪二四离≫ 艮鼻旣截 ≪艮今亡≫ 震趾亦斷 ≪震足 斷其指≫ 是 劓刖也 曷然哉 坎之法律 ≪下今坎≫ 震以生之 ≪雷水卦≫ 肉形雖慘 所以生之也 困今爲解 ≪本赦宥之卦≫ 故其占如此

困 → 解 ← 小過　　解 ← 臨

이것은 困卦가 解卦로 변하는 경우이다. 解卦는 小過卦로부터 왔는데 ≪[小過卦의] 3이 2로 감≫ 艮은 곧 코가 된다. ≪小過卦에서 艮이 아래에 있음≫ 解卦는 또한 臨卦로부터 왔는데 ≪[臨卦의] 1이 4로 감≫ 震은 그 발이 된다. ≪臨卦에는 [2·3·4位의] 互震이 있음≫ [그런데 臨卦로부터] 추이하여 解卦로 되면, 그 두 개의 剛이 나뉘어 쪼개지니 ≪臨卦와 小過卦에는 모두 본래 두 개의 陽이 [붙어] 있음≫ 离의 병기(兵器)로 이에 자르면 ≪解卦 2·3·4位의 离≫ 艮의 코가 이윽고 잘려 나가고 ≪艮이 지금 [解卦에서] 없어짐≫ 震의 발(趾)도 역시 절단되니 ≪震의 다리에서 그 발가락이 잘려짐≫ [이것을 가리켜] "의월(劓刖)", 즉 "코와 발꿈치를 잘리는 형벌에 처해진다"라고 한 것이다. 어째서 이렇게 [죽지는 않고 모진 형벌만을 받게] 되는 것인가? 坎의 법률을 적용하지만 ≪[解卦의] 下卦가 지금 坎≫ 震으로써 [그를] 살리니 ≪[解卦는] 雷와 水로 구성된 卦≫ [육체(肉體)에 가하는] 체형(體刑)이 비록 참혹하기는 하지만, 살아날 수는 있는 까닭이다. 困卦가 지금 解卦가 되니 ≪[解卦는] 본래 사면(赦免)과 용서(容恕)를 상징하는 卦≫ 그러므로 그 占이 이와 같다.

○小過之卦 坤裳有飾 ≪陽在四陰中≫ 以蔽巽股 ≪本互巽≫ 其象韍也 ≪見九二≫ 坎則爲赤 ≪說卦文≫ 其韍 赤也 巽繩牢結 ≪本互巽≫ 群陰拚剛 ≪卦大坎≫ 困于赤紱也 ≪紱 韍也≫ 移之爲解 ≪三之二≫ 則巽結遂解 ≪今無繩≫ 坎險得脫 ≪坎在後≫ 乃徐有說也 ≪說音脫≫ 解自臨來 ≪一之四≫ 兌以脫之 ≪臨下兌≫ 乃震生也 ≪本敉宥之卦≫ 赤紱[118]三百 曹人之所譏也 詩云 彼其之子 不稱其服 困九五之謂也

困 → 解 ← 小過　　　解 ← 臨

○[解卦의 母卦인] 小過卦에는 坤의 치마에 수식(修飾)이 있는데 ≪陽이 네 개의 陰 가운데 있음≫ [그 치마로써] 巽의 다리를 가리니 ≪본래 [小過卦의 2·3·4位가] 互卦인 巽≫ 그 象이 폐슬(韍)이 된다. ≪앞서 九二를 설명한 부분에 나온다.≫ 坎은 곧 붉은 색이니 ≪「說卦傳」의 글≫ 그 폐슬(韍)이 붉은 것이다. 巽의 밧줄로 둘러싸서 묶여 있고 ≪본래 [小過卦의] 下互卦는 巽≫ 여러 陰이 陽을 둘러싸 압박하고 있으니 ≪小過卦는 [곤경·험난함을 상징하는] 큰 坎의 형태≫ [이러한 상황을 가리켜] "困于赤紱"이라고 한 것이다. ≪'인끈 紱(불)'字는 '폐슬 韍(불)'字와 뜻이 같다.≫ [그런데 小過卦로부터] 추이하여 解卦로 되면 ≪[小過卦의] 3이 2로 감≫ 巽의 결박이 마침내 풀리고 ≪지금 [解卦에는 巽의] 밧줄이 없음≫ 坎의 험난함에서 벗어나게 되니 ≪坎이 뒤에 있음≫ [이러한 상황을 가리켜] "내서유탈(乃徐有說)", 즉 "서서히 거기에서 벗어나게 될 것"이라고 한 것이다. ≪'說'字의 발음은 '탈'이다.≫ 解卦는 臨卦로부

118) [校閱] 赤紱의 "紱"이 新朝本과 國中本에는 "芾"로 되어 있다.

터 왔는데 ≪[臨卦의] 1이 4로 감≫ [이 경우에도 역시] 兌에 따라 벗어나면 ≪臨卦의 下卦는 兌≫ 이에 [곧] 震의 생명을 얻게 된다. ≪[解卦는] 본래 사면을 상징하는 卦≫ 붉은 폐슬(赤紱)이 [즉 大夫행세를 하는 사람이] 삼백이나 됨은 曹나라 사람들에게 조롱의 대상이었으니, 『詩經』「曹風」「후인(候人)」에서, "彼其之子 不稱其服", "저 분네들, 그 옷과 어울리지 않네"라고 한 것도 [바로] 困卦 九五와 같은 상황을 일컫는 것이다.

○小過之時 上下齊潔 ≪上倒巽≫ 移之爲解 ≪三之二≫ 則离誠乃孚 ≪今互离≫ 坤牛受射 ≪臨之移≫ 利用祭祀也 困之本象 利於祭祀 ≪見九二≫

否 → 困 → 解 ← 小過　　　解 ← 臨

○[困卦 九五의 之卦는 解卦인데, 解卦의 母卦인] 小過卦의 때에는 上下가 정결(淨潔)하게 齋戒하더니 ≪[小過卦의] 上互卦[인 兌]는 뒤집어진 巽[이며, 下互卦도 巽]≫ [小過卦로부터] 추이하여 解卦가 되면 ≪[小過卦의] 3이 2로 감≫ 离의 정성이 이에 지극하고 ≪지금 [解卦의 2·3·4位가] 互离≫ 坤의 소가 화살을 맞으니 ≪臨卦로부터 推移하여 解卦로 감≫ [이런 상황을 가리켜] "利用祭祀", 즉 "제사를 지내면 이롭다"라고 한 것이다. 困卦의 本象도 [거기에 정결함과 성실함을 상징하는 巽과 离의 互卦가 있으므로] 제사(祭祀)에 이로운 것이 된다. ≪설명은 앞서 九二에서 나왔다.≫

○解有兩坎 ≪上互坎≫ 皆未得位 ≪二與四≫ 志未得也 處匪其正 所以刑也

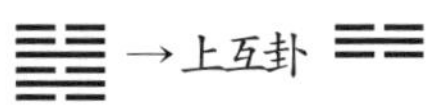

解

○[困卦 九五의 之卦인] 解卦에는 두 개의 坎이 있는데 ≪[解卦의] 上互卦가 坎≫ 모두 [자신에게 합당한] 자리를 얻지 못했으니 ≪[解卦의] 제2位와 제4位가 陽≫ "志未得", 즉 "뜻을 얻지 못했다"라고 한 것이다. 이렇게 그 거처(居處)한 곳이 바르지 못하니 형벌을 받게 되는 것이다.

○中直者 下坎也 雖以罪我 ≪坎爲法≫ 我心正直 ≪坎中剛≫ 所以脫也

○"中直(마음이 정직함)"이라고 한 것은 [解卦의] 下卦인 坎에 따른 말이다. 비록 나에게 罪를 물으려고 해도 ≪坎은 法이 됨≫ 내 마음이 정직하니 ≪坎은 가운데 剛이 있는 형태≫ [그런 곤경에서] 벗어날 수 있는 것이다.

○福者 有隕自上也 剛自上隕 ≪三爲下之上≫ 因以爲离 ≪下互离≫ 是 受福也 ≪离爲福≫ 本有巽命 ≪小過之下互≫ 福所降也 孔子曰 我祭必受福

困 → 解 ← 小過　　　解 ← 臨

○"福"은 위에서 [하늘로부터] 내리는 것이다. [小過卦로부터 解卦로 推移하게 되면] 剛이 위에서 떨어지니 ≪제3位는 下卦의 上位가 됨≫ 그로 말미암아 [解卦에는 福을 상징하는] 离가 형성되니 ≪[解卦의] 下互卦가 离≫ 이것이 "受福", 즉 "福을 받는 것"이 된다. ≪离는 '福'이 됨≫ 본래 巽의 天命을 받았으니 ≪小過卦의 下互卦[는 巽]≫ 福이 내리는 것이다. 孔子께서 [『禮記』「禮器」에서] 말씀하시기를, "나는…… 祭祀를 지내면 반드시 福을 받았다"라고 하였다.[119)]

---

119) 『禮記』「禮器」篇에 "是故君子之行禮也, 不可不愼也, 衆之紀也. 紀散而衆亂. 孔子

○案 舊本 劓刖 作臲卼 ≪荀爽 王肅 陸績本≫ 京房本 刖作劊 ≪說文云 斷也≫ 鄭玄云 劓刖 當作倪仉 ≪不可解≫

○[案] 舊本에는 '의월(劓刖)'이 '얼올(臲卼)'로 나오며 ≪荀爽과 王肅과 陸績의 책≫ 京房의 책에는 '벨 刖(월)'字가 '끊을 劊(회)'字라 나온다. ≪『說文』에 이르기를, ['劊(회)'의 뜻은] '끊음'[斷]이라고 함≫ 鄭玄이 말하기를, '의월(劓刖)'을 마땅히 '예올(倪仉)'로 써야 한다고 하였다. ≪[茶山의 견해로는] 이 경우 해독이 불가능하다.≫

○學稼云 兌脫离福 皆困之本象也 故 其占如此

○學稼가 말하였다. "兌의 '脫'과 离의 '福'의 뜻은 모두 困卦의 本象에 속한다. 그러므로 그 占이 이와 같다."

䷮

上六: 困于葛藟,[120] 于臲卼,[121] 曰, 動悔, 有悔, 征吉. ○象曰: 困于葛藟, 未當也, 動悔, 有悔, 吉行也.

上六: [칡과 등나무로 덮인] 덩굴에 곤경을 당하고, 험준한 산길의 위태로움으로 [말미암아] 곤경(困境)에 처해서, 말하기를, "움직여서 [곤경에 처하게 되는] 변화가 생긴 것이니, [변했던 것을] 다시 [회복시켜 원래대로] 변하게 하려면,[122] 정벌에 나서는 것이 吉할 것"이라고 하였다.

曰, 我戰則克, 祭則受福"라고 함.

120) "곤우갈류(困于葛藟)"로 읽는다.

121) "우얼올(于臲卼)"로 읽는다.

122) '悔有悔'란 단순히 '거듭 변한다'는 것이 아니라, 변하고, 그리고 그 변한 것을 또 변

○「象傳」: "곤우갈류(困于葛藟)"라고 한 것은 [그 地位가] 합당하지 않음을 가리킨다. "動悔有悔"라고 한 것은 [정벌에 나서는 것이] 吉한 행위(行爲)임을 가리킨다.

此 困之訟也 訟自遯來 ≪二之三≫ 大巽之草 ≪兼畫三≫ 其長如繩 ≪巽之象≫ 施于艮山 ≪遯下艮≫ 其象 葛藟也 移之爲訟 ≪三之二≫ 則草蔓交亂 ≪坎爲亂≫ 兩陰圍剛 ≪下今坎≫ 困于葛藟也

䷮ ䷅ ䷠

困 → 訟 ← 遯

이것은 困卦가 訟卦로 변하는 경우이다. 訟卦는 遯卦로부터 왔으니 ≪[遯卦의] 2가 3으로 감≫ [遯卦에 있는] 큰 巽의 풀은 ≪[遯卦를] 겸획(兼畫)하여 삼획괘(三畫卦)[로 만들면 巽이 됨]≫ 그 길이가 밧줄처럼 길어서 ≪[밧줄(繩)은] 巽의 物象≫ 艮의 山에 펼쳐져 있으니 ≪遯卦의 下卦는 艮≫ 그 象이 "갈류(葛藟)", 즉 "칡덩굴과 등나무덩굴"의 모습이다. [그런데 遯卦로부터] 推移하여 訟卦가 되면 ≪[遯卦의] 3이 2로 감≫ 그 풀 덩굴이 뒤얽히며 ≪坎은 어지러움[亂]이 됨≫ 두 陰이 [한 개의] 剛을 둘러싸니 ≪[訟卦의] 下卦가 지금 坎≫ [이러한 모습을 가리켜] "곤우갈류(困于葛藟)", 즉 "[칡과 등나무의] 덩굴에 곤경을 당한다"라고 한 것이다.

○鼿㝎者 山路之危險也 ≪義見下≫ 遯之時 艮山高峻 ≪巽爲高≫ 徑路不通 ≪艮爲徑≫ 其象 鼿㝎也 移之爲訟 則嵒石交險 ≪坎爲險≫ 兩陰圍剛 ≪下今坎[123]≫ 困于鼿㝎也

화시켜, 결국 원래대로 돌아간 것을 의미한다.

123) [校閱] 新朝本에는 "坎"이 "离"로 되어 있는데, 誤記이다.

困 → 訟 ← 遯

○‘얼올(臲卼)’은 산길이 위태롭고 험난함을 가리킨다. ≪이 뜻은 아래에 나온다.≫ [訟卦의 母卦인] 遯卦의 때에 艮의 山이 높고, 험준하여 ≪[「說卦傳」에 따르면] 巽은 높음이 됨≫ 좁은 샛길 조차도 통하지 않으니 ≪艮은 좁은 길이 됨≫ 그 象이 [험난한 산길] 즉 ‘얼올(臲卼)’이 된다. [그런데 遯卦로부터] 推移하여 訟卦가 되면, 암석(嵒石)이 뒤얽혀 험난한데 ≪坎은 험난함이 됨≫ 두 陰이 한 개의 陽을 둘러싸고 있으니 ≪[訟卦의] 下卦가 지금 坎≫ [이것은] “곤우얼올(困于臲卼)”, 즉 “험준한 산길의 위태로움으로 [말미암아] 곤경(困境)에 처함”이 된다.

○乾變爲兌 ≪否爲困≫ 兌變爲乾 ≪困之訟≫ 動所悔 而又悔也 ≪上今乾≫ 有悔者 又悔也 ≪有 又 古字通≫

否 → 困 → 訟 ← 遯

○乾이 변하여 兌가 되었다가 ≪否卦가 추이하여 困卦로 된 경우 [上卦는 乾에서 兌로 변함]≫ [다시] 兌가 변하여 乾이 되니 ≪[困卦 上六이 효변함으로써] 困卦가 訟卦로 가는 경우 [上卦는 兌에서 다시 乾으로 변함]≫ 움직여서 변했던 것이 다시 [원래대로] 변하는 것이다. ≪[訟卦의] 上卦가 지금 [원래대로] 乾≫ 여기서 “有悔”는 “又悔”와 뜻이 같다. ≪‘有’字와 ‘又’字는 古字에서 [서로] 통용되었다.≫

○征吉者 本象也 南方之國 ≪下位离≫ 征彼北鄰 ≪二之上≫ 遂圍

二剛 《三六夾》 兌以折之 《上今兌》 執其乾君 送于南邦 《上之二》 北征之吉也 上爲卦主 故言其本象 九二征凶 文相照也

䷋ ䷮ ䷅ ䷠

否 → 困 → 訟 ← 遯

○"征吉(정벌에 나서는 것이 길함)"은 本象에 해당된다. [否卦에서 困卦로 추이하게 되면] 남쪽에 있는 나라가 《下卦의 자리는 [본래] 离位》 저 북쪽의 이웃나라를 정벌하러 가서 《[否卦의] 2가 上으로 감》 마침내 두 개의 剛을 포위하는데 《[困卦의] 3·4·5·6位의 夾卦[는 大坎의 형태인데, 두 개의 陽이 두 개의 陰에 의해 둘러싸여 있음]》 兌로써 상대를 꺾고 《困卦의 上卦가 지금 ['毁[折](꺾음)'을 상징하는] 兌》 그 乾의 君主를 잡아서, 남쪽 지역으로 보내니 《[否卦의] 上이 2로 감》 [이것은] 북쪽으로 정벌하러 갔을 경우의 吉함이다. [困卦의] 上六이 卦主가 되는 까닭에, 그 本象을 말한 것이다. [困卦 上六의 "征吉"은] 九二의 "征凶"의 경우와 [비교해 보면] 문장이 서로 대조된다.

○訟自遯來 《三之二[124]》 剛來居二 《下今坎》 未當位也

○訟卦는 遯卦로부터 왔는데 《[遯卦의] 3이 2로 감》 剛이 [안으로] 들어와, 제2位에 머무르니 《[訟卦의] 下卦가 지금 坎》 아직 합당한 자리가 아닌 것이다.

○吉行者 征吉也 悔而又悔 則北有君也 《上今乾》 旣誅其暴 又立新君 《乾又新》 存亡繼絶 古之義也 北征之行 《二之上》 非吉行乎

---

124) [校閱] 奎章本과 國中本에 모두 "三之一"로 되어 있으나, 新朝本에는 "三之二"로 되어 있다. 後者가 옳다.

否 → 困 → 訟 ← 遯

○[「小象傳」에서] "吉行(길한 행동)"이라고 한 것은 "征吉(정벌하러 가면 길함)"의 뜻이다. ["悔而又悔", 즉] 변하고, 또 다시 변하게 되면, [처음과 동일하게] 북쪽에 임금이 있게 된다 ≪[訟卦의] 上卦가 지금 乾≫ [이 과정에서] 이미 그 폭군을 베어 죽이고, 다시 새로운 임금을 세우니 ≪乾이 또 다시 새롭게 됨≫ [이처럼] 망한 것을 [다시 일으켜] 세우고, 끊어진 것을 [다시] 계승(繼承)하는 것은 古代의 [훌륭한] 도리였다. [상황이 이럴진대] 북쪽으로 정벌하러 가는 것이 ≪[否卦의] 2가 上으로 간 것을 가리킴≫ 어찌 吉한 행동이 아니겠는가!

○案 臲卼 高險貌 或作劓點 ≪說文然≫ 或作劓杌 ≪薛仁貴之本≫ 通作嵲屼 ≪山高貌≫ 許愼云 臲卼 不安也 總之 爲艮山𡾋峗之象 ≪或曰 臲卼者 門臬之名 艮亦爲門也 臬 橛也≫

○[案] '얼올(臲卼)'은 높고 험난한 모습인데, 혹은 '예얼(劓點)'이라 하기도 하고 ≪『說文』에서 그러함≫ 혹은 '예올(劓杌)'이라 하기도 하는데[125] ≪설인귀(薛仁貴)의 책[126]≫ 일반적으로는 '얼올(嵲屼)'이라고 한다. ≪山이 높

125) 徐芹庭, 『兩漢十六家易注闡微』, 五洲出版社, 中華民國 64年, 107면.

126) 여기서 설인귀(薛仁貴)는 唐나라 때 장군 설인귀(薛仁貴)를 가리키는 것은 아니라, 설우(薛虞)를 가리키는 것으로 보인다. 설우(薛虞)의 字나 號에 仁貴라는 이름이 있는지는 확인되지 않는다. 다만, "臲卼"을 "劓杌"로 쓴 것이 설우(薛虞)의 책에 나온다는 것은 문헌에서 확인할 수 있다(徐芹庭, 『兩漢十六家易注闡微』, 五洲出版社, 中華民國 64年, 107면). 마국한(馬國翰)이 지은 『옥함산방집일서(玉函山房輯佚書)』 가운데 『周易薛氏記』(1卷)이 집록되어 있다. 설우(薛虞)가 어느 시기의 사람인지 구체적으로 알 수 없으나, 마국한(馬國翰)은 漢・魏 사이의 儒生일 것이라고 추측한다. 『周易』에 뛰어났고, 그의 저작이 있었으나, 唐나라 때에 이미 없어졌다. 唐나라 陸德明이 지은 『經典釋文』 가운데, 그의 설이 인용되어 있다(金勝東, 『易思想辭典』, 부산대 출판부, 1998, 497면).

은 모양을 형용한 말≫ 허신(許愼)이 [『說文』에서] 말하기를, '얼올(臲卼)'이 '不安함'의 뜻이라고 하였다.[127] 요컨대 ['얼올(臲卼)'은] 艮의 山이 험난한 象이 된다. ≪혹자는 '얼올(臲卼)'이 문지방[門臬]의 명칭이라고 하는데, 艮은 또한 '門'이 되며, '얼(臬)'은 문지방[橛]이 된다.[128]≫

【48. 수풍 정(水風 井)】

巽下坎上 ○ 第二十七卦之反 ≪泰一之五≫

巽이 下卦이고, 坎이 上卦이다. ○ 第27卦의 反卦이다. ≪泰卦의 1이 5로 간다.≫

大傳曰 井 德之地也 ≪巽伏 爲坎德之基≫ 井 居其所而遷 ≪於坎位

127) "얼올(臲卼)"은 첩운(疊韻)의 연체어이며, 위태로워 불안한 모습이다. 얼(臲)은 위(危)와 얼(臬)의 성음으로 되어 있고, 올(卼)은 위(危)와 올(兀)의 성음으로 되어 있다(김상섭 역, 『高亨의 周易』, 예문서원, 1995, 385면).

128) 여기서 "或曰"이라고 한 것은 鄭玄 등의 설을 가리킨다. 정현은 『禮記』「曲禮上」에 "由闑右"에 대한 注에서, "闑, 門橛"이라고 함. 이 鄭玄의 說에 근거해서, 고형(高亨)은 "올(卼)은 얼(臬)이요, 나무말뚝이라는 뜻의 궐(橛)"이라고 주장하였다(김상섭 역, 위의 책, 385~386면).

成坎≫ 井以辨義 ≪兩互爲睽 兌義而离辨≫

井→兩互作卦 → 睽

「大傳」(「繫辭傳」)에서 말하였다. "井은 德의 터전이며 ≪[井卦를 보면, 下卦인] 巽의 '엎드려 낮춤'이 坎의 德의 토대≫ …… 우물은 자신의 자리에 있으면서 [낮은 곳으로 흘러가거나, 사람들이 와서 퍼가니] 멀리 옮겨가며 ≪坎의 자리에 坎이 성립≫ [그 물에 자신의 모습·얼굴이 비치듯] 우물로써 바른지 어떤지를 分辨한다." ≪[井卦의] 兩互卦가 [火澤] 睽卦가 되니, [睽卦의 下卦인] 兌는 義를 상징하고, [睽卦의 上卦인] 离는 分辨함을 상징한다.≫

○程子曰 巽 入也 木器入於水下 汲井之象也[129]

○程子가 말하였다. "[井卦의 下卦인 巽의 物象은 나무(木)이며] 巽은 들어감(入)인데, [따라서 井卦는] 나무로 만든 용기(容器)를 물밑에 [들여] 넣어서 우물에서 물을 긷는 象이다."

○鏞案 卦自泰來 坤邑之內 乾人[130]聚居 ≪地天卦≫ 不可以無井也 移之爲井 則於坎之位 ≪四五六≫ 仍爲坎泉 ≪五今剛≫ 不失其居 ≪坎爲居≫ 而水則有遷 ≪五之一≫ 玆 所謂 井 居其所而遷也 井之爲德 不改其居 ≪附地 不可動≫ 而膏澤四散 ≪人汲之而去≫ 君子居敬以徙[131]義 不失其身 而民被其澤 有取於是也

---

129) 다산의 인용문은 伊川의 「易傳」의 原文을 축약하여 적은 것으로서, 原文은 다음과 같다. "巽之象則木也. 巽之義則入也, 木入於水下而上乎水 汲井之象也."

130) [校閱] "乾人"의 "인(人)"이 奎章本에는 "입(入)"으로 되어 있는데, 誤記이다.

131) [校閱] "居敬以徙義"의 "사(徙)"가 奎章本에는 "도(徒)"로 되어 있으나 誤記이다.

泰 → 井

○[鏞案] 井卦는 泰卦로부터 왔는데 [泰卦에서는] 坤의 마을(邑) 안에 乾의 사람들이 모여 살고 있으니 ≪泰卦는 地와 天으로 구성된 卦≫ 우물이 없을 수 없다. 그런데 [泰卦로부터 推移하여] 井卦로 되면, 坎의 자리에 ≪[上卦의] 4·5·6位[는 坎位]≫ 거듭 坎의 샘(泉)이 되어 ≪[井卦의] 제5位가 지금 剛≫ 제 자리를 잃지 않았고 ≪坎은 거처함이 됨≫ 또 물은 곧 [낮은 곳으로] 옮겨가는 것이니 ≪[泰卦의] 5가 1로 감≫ 이것이 [「계사전」에서] 이른바 "井居其所而遷", 즉 "우물은 제 자리에 있으면서도 옮겨간다"라고 한 것이다. 우물의 성질(德)은 그 자리를 바꾸지는 않지만 ≪[그 자체는] 땅에 붙어 있어 움직이지 못함≫ 그 혜택이 사방으로 퍼져 나가는 데 있다. ≪사람들이 [스스로 와서, 그것을] 길어서 감≫ 君子가 [자신의 자리에 머무르면서, 敬을 행하는] 居敬으로써, [밖으로는] 의로움을 [전파(傳播)하여] 옮기고, 그 자신을 잃지 않으면서도, 백성들이 그 혜택을 입는 것에는 이런 [우물의] 德으로부터 취함이 있다.

又 井者 渙之交也 ≪風水易≫ 渙之時 坎泉在下 巽繘在上 ≪風在上≫ 交之爲井 則桔槔之繘 ≪下巽木≫ 入於水底 而坎水上出 ≪上今坎≫ 井之象也 然且 上坎之水 不過是汲出者也 大坎在下 ≪初四夾≫ 是 井泉也 ≪初六之詞 以大坎爲井≫

泰 → 井 渙

또 井卦는 渙卦로부터 交易된 것이다. ≪風과 水를 바꿈[으로써 風水 渙

卦가 水風 井卦가 됨]≫ 渙卦의 때에는 坎의 샘물이 아래에 있고, 巽의 두레박줄이 위에 있었는데 ≪[두레박줄(繩)을 상징하는] 巽이 [渙卦의] 上卦에 있음≫ [渙卦로부터] 交易하여 井卦가 되면 두레박(桔槔)의 줄은 ≪[井卦의] 下卦인 巽이 [두레박의] '나무[木]'가 됨≫ 물밑으로 들어가는 반면에, 坎의 물은 위로 올라오니 ≪[井卦의] 上卦가 지금 坎≫ [이것이] 우물의 象이다. 그런데 한편 [井卦의] 上卦인 坎의 물은 위로 길어 낸 것에 불과한 것이고, [1·2·3·4位의] 큰 坎이 아래에 있으니 ≪初位에서 제4位까지를 합쳐 형성되는 夾卦[는 大坎의 형태]≫ 이것이 '井泉'이다. ≪[困卦의] 初六의 爻詞는 [이 1·2·3·4位의] 큰 坎을 '우물'로 본 것이다.≫

井, 改邑, 不改井, 无喪无得, 往來井井. 汔至, 亦未繘井, 羸其瓶, 凶.

井卦는 고을을 바꿀 수는 있어도, 우물을 바꿀 수는 없다. [우물의 성질은 아무리 취해도 마르지 않으며, 아무리 적셔도 넘치지 않는 데 있으니] 잃는 것도 없고, 얻는 것도 없을 것이다. 가는 곳이나 오는 곳이나, 우물이 있고 또 우물이 있다. [샘물은] 거의 메말라 버리고, 또한 두레박줄도 [우물 밑까지] 닿지 않는데, [게다가] 그 물병도 작으니, 흉할 것이다.

此 井之不變者也 卦自泰來 泰之坤邑 有徙有改 ≪五之一≫ 是改邑也 ≪改坤而爲坎≫ 於坎之位 ≪四五六≫ 今仍爲坎 今之井泉 ≪坎爲水≫ 猶昔之井泉 ≪泰之時 位坎≫ 不改井也 古人立邑 必相水

泉 ≪如公劉 觀其流泉≫ 或水泉不利 則改邑 以就井 此又改邑不改井之實理也

䷊ ䷯

泰 → 井

이것은 井卦가 변하지 않는 경우이다. 井卦는 泰卦로부터 왔는데 [이 과정에서] 泰卦의 坤의 고을(邑)을 옮기고 [또] 고치니 ≪[泰卦의] 5가 1로 감[132]≫ 이것이 "改邑", 즉 "고을을 고치는 것"이다. ≪坤을 고쳐, 坎으로 됨≫ [본래부터] 坎의 자리였는데 ≪[上卦인] 4・5・6位[는 본래 坎의 자리]≫ 지금 [井卦에서] 거듭 坎이 이루어지니, 지금 우물에 있는 샘은 ≪坎은 물이 됨≫ 以前의 우물처럼 [여전히 같은 장소에] 있으니 ≪泰卦의 때에는 그 자리가 坎≫ [이것을 가리켜] "不改井", 즉 "우물을 고치지 않음"이라고 한 것이다.[133] 옛 사람들은 마을을 세울 때, 반드시 그 물길과 샘을 살폈으니 ≪예컨대 [『詩經』에서, 周나라 先祖인] 공유(公劉)[134]가 "觀其流泉", 즉 "그 흐르는 샘물을 살핀다"라고 한 것과 같음[135]≫ 만약 샘이나 水源이 불리하면, 마을의 위치를 바꾸어 우물이 있는 곳을 따라 가게 된다. 이것이 또한 "改邑不改井", 즉 "고을을 바꿀 수는 있어도, 우물을 바꿀 수는 없음"의 실제적 이치인 것이다.[136]

132) 물론 三陽卦이니 推移의 본법은 '一之五'이다.

133) 그 位로 볼 때 泰卦에서 이미 坎泉이 있었고, 지금 井卦에서 바로 그 자리에 坎泉이 되니, '不改井'이라는 것이다.

134) 공유(公劉): 周나라 始祖인 후직(后稷)의 자손으로서, 文王의 祖上이다. 사방으로 흩어졌던 周族을 다시 일으키고 后稷이 시작했던 농사의 일을 부흥시켰다.

135) "既景迺岡, 相其陰陽, 觀其流泉(해 그림자를 살펴 사방을 정하고, 높은 산을 경계로 삼아 背向을 살피고, 그 흐르는 샘물을 살핀다)."(『詩經』「大雅」「生民之什」「公劉」)

136) 따라서 일반적으로는 '改邑'과 '改井'은 동시적인 것인데, 여기서는 '改邑, 不改井'이라 했다는 것.

○井以渙交 ≪風水易≫ ䷺ 渙之坎水 雖則有遷 ≪下遷上≫ 巽木之來 ≪上遷下≫ 又鑿一泉 ≪下大坎≫ 无喪无得也 ≪若自泰來則下喪上得≫ 其往其來 ≪交易之≫ 皆得有井 ≪下大坎≫ 往來井井也 ≪兩坎 故疊文≫ 井之爲德 取之不竭 濡之不溢 无喪无得 所以贊其美也

○井卦는 渙卦로부터 交易된 것인데 ≪風과 水의 위치를 바꿈[으로써, 風水 渙卦가 水風 井卦로 됨]≫ [渙卦에서 井卦로 交易되면] 渙卦에 있던 坎의 물은 비록 옮겨가지만 ≪아래에 있다가 위로 옮김≫ 巽의 나무가 내려와서 ≪위에서 아래로 옮겨감≫ 또 하나의 샘을 파니 ≪[井卦의] 下部에 큰 坎[의 형태가 있음]≫ [이것을 가리켜] "无喪无得", 즉 "잃은 것도 없고, 얻은 것도 없는 것"이라고 하였다. ≪[예컨대] 만약 泰卦에서 나온 경우라면, 아래는 잃고 위는 얻음이 된다.≫ [이처럼] 오고 감에 ≪[上卦와 下卦를] 交易시킴[으로써 渙卦가 井卦로 됨≫ 모두 우물을 얻으니 ≪[井卦의] 下部에 큰 坎의 형태가 있음≫ [이것을 가리켜] "往來井井", 즉 "가는 곳이나 오는 곳이나, 우물이 있고 또 우물이 있음"이라고 한 것이다. ≪[井卦에는 위아래로] 두 개의 坎이 있으므로 ['井井(우물이 있고 또 우물이 있음)'이라고, 글자를 겹쳐서] 첩문(疊文)을 사용한 것≫ 우물의 성질은 [아무리] 취해도 마르지 않으며, [아무리] 적셔도 넘치지 않는 데 있으니, "无喪无得(잃는 것도 없고, 얻는 것도 없는 것)"이라고 한 것은 [우물의 그런] 미덕(美德)을 찬미한 것이다.

○汔者 水涸也 ≪說文云≫ 井之兩互 其卦 睽也 ䷥ 兌渟之上离火乾燥 ≪潤下而炎上≫ 井泉之汔至也 ≪涸之極≫ 睽自中孚來 ≪四

之五≫ 中孚之時 巽繘在上 ≪巽爲繩≫ 以汲[137]兌泉 ≪渟水也≫ 今巽既絶 ≪睽上离≫ 亦未繘井也

井→ 兩互作卦→睽　　　井 → 睽 ← 中孚

◯'흘(汔)'이란 물이 말라 버린 것을 뜻한다. ≪『說文』에 이렇게 말함≫ 井卦의 兩互卦는 그 卦가 睽卦가 된다. [睽卦를 보면] 兌[의 연못]에 물이 고여 있는 데, 그 위에 离의 불(火)이 건조하니 ≪[물은] 아래를 적시고 [불은] 위로 타오름≫ 샘물이 거의 메말라 버린 것(汔至)이다. ≪메마른 것이 극(極)에 다다른 것이다.≫ 睽卦는 中孚卦로부터 나왔는데 ≪[中孚卦의] 4가 5로 감≫ 中孚卦의 때에는 巽의 두레박줄이 위에 있어 ≪巽은 밧줄이 됨≫ 兌의 샘물을 길었으나 ≪고여 있는 물≫ 지금 [睽卦에서는] 巽[의 두레박줄]이 이미 끊어져 있으니 ≪睽卦의 上卦는 离≫ [이것을 가리켜] "亦未繘井", 즉 "또한 두레박줄도 [우물에] 미치지 않는다"라고 한 것이다.

睽自大壯來 ≪上之三≫ 大壯之時 兌缾甚大 ≪義見下≫ 渟水將盈 ≪大兌澤≫ 今缾既小 ≪睽下兌≫ 羸其缾也 ≪羸者 形小也≫ 易例多陽爲羸 ≪乾爲瘠≫ 井有三陰 睽乃四陽 所以羸也 兩互之占不其凶乎

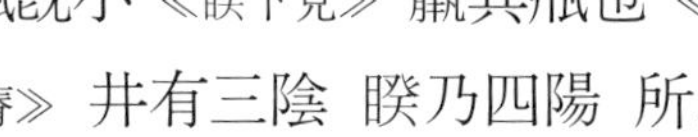

井→ 兩互作卦→睽←推移←大壯

睽卦는 大壯卦로부터 왔는데 ≪[大壯卦의] 上이 3으로 감≫ 大壯卦의 때에는 兌의 물병이 아주 커서 ≪이 뜻은 아래 설명됨≫ 고인 물이 곧 가득 차

137) [校閱] "以汲兌泉"의 "汲"이 新朝本에는 "級"으로 되어 있으나 誤記이다.

려고 하였는데 ≪[大壯卦는] 큰 兌의 澤≫ 지금 [睽卦로 되면] 물병이 벌써 작아지니 ≪睽卦의 下卦는 兌≫ "리기병(羸其甁)", 즉 "그 물병이 작다"라고 표현한 것이다. ≪'리(羸)'는 모양이 작은 것이다.≫ 易例에 따르면, 陽이 많으면, 여윈 것(羸)이 되는데[138] ≪乾은 [여위어서] 수척(瘦瘠)한 것이 됨≫ 井卦에는 陰이 세 개 있고, 睽卦에는 곧 陽이 네 개 있으니, [이것이 물병이] 작아짐(羸)의 까닭이 되니, 兩互卦의 占이 [어찌] 凶하지 않겠는가?

○案 諸家 直訓甁爲缶 非也 ≪器不同≫ 甁之爲物 下大上小 有口如兌 ≪古箴云 守口如甁≫ 兌者 甁也 ≪兌下大上小≫ 蘇子瞻 訓汔爲燥 亦有所本矣 ≪离爲燥≫

○[案] 여러 학자들은 단순히 '甁(병)'을 [액체를 담는 그릇의 한 종류인] '缶(부)'로 풀이하였는데, 잘못이다. ≪[병(甁)과 부(缶)는 다같이 그릇이지만] 그릇의 종류가 다름≫ '甁'이라는 器物은 아래가 크고 위가 작으며, 주둥이가 있는 것이 마치 兌의 모양[☱]과 같다. ≪옛 잠언(箴言)에 이르기를, "입을 [단속하기를] 물병처럼 하라"는 말이 있다.[139]≫ [따라서] 兌가 물병(甁)이다. ≪兌[☱]는 아래가 크고 위가 작다.≫ 소자첨(蘇子瞻[140])은 '汔(흘)'字를 ['마르다 · 건조하다 · 메마르다'는 것을 의미하는] '燥(조)'의 뜻으로 풀이하였는데, 역시 근거가 있는 말이다. ≪离는 '마를 燥(조)'의 뜻이 된다.≫

○虞翻曰 卦自泰來 乾折坤五故 改邑 初爲舊井 故 不改井

---

138) 陽이 많으면 강하거나 큰 것이 아니라 오히려 '羸'라는 것이다.

139) 수구여병(守口如甁) : 『明心寶鑑』「存心」篇에 朱文公(朱憙)의 말로 전해지고 있다. "守口如甁, 防意如城(입을 지키는 것은 병의 주둥이를 막듯이 하고, 뜻을 막기를 城을 지키는 것처럼 하라)"의 對句로 되어 있다. 본래 주희의 「敬齋箴」에 포함되어 있다.

140) 소자첨(蘇子瞻, 1036~1101) : 중국 宋나라 때의 文人이었던 소식(蘇軾, 1036~1101)을 가리킨다. 자첨(子瞻)은 蘇軾의 字이며, 號는 동파(東坡)이다. 詩와 글씨에 뛰어나 唐宋8大家의 한 사람으로 꼽히며, 宋나라에서 으뜸 가는 시인이라 일컬어진다. 그의 작품 가운데 「赤壁賦」는 불후의 명작으로 평가받고 있다. 왕안석(王安石)과 대립하여 좌천되었으나, 후에 철종(哲宗)에게 중용되어 구법파(舊法派)를 대표하였다.

≪此 不知爻變≫ 荀爽曰 陰來居初爲无喪 失中爲无得 又云 陽往居五爲井 陰來在下亦爲井 ≪其說 皆疏矣≫ 蜀才本 羸作累 ≪羸螺通 羸騾通 古字 本相通≫

泰 → 井

○ 우번(虞翻)이 말하였다. "井卦는 泰卦에서 나왔는데, 乾이 坤의 五位를 단절하는 까닭에 '改邑'이라고 한 것이며, 初位는 舊井에 해당되므로, '不改井'이라고 한 것이다." ≪[茶山의 견해로는] 이는 爻變을 알지 못해 하는 말이다.≫ 순상(荀爽)이 말하기를, "陰이 [안으로] 들어와서, 初位에 머무르는 까닭에, '无喪(잃는 것이 없음)'이 되며, 中을 잃었으니 '无得(얻는 것이 없음)'이 된다"고 하였으며, 또 말하기를, "['往來井井'에 대해] 陽이 나아가서 제5位에 있으면, 우물이 되며, 陰이 [안으로] 들어와서 아래에 있는 것도 역시 우물이 된다"라고 하였다. ≪[茶山의 견해로는] 이런 설명은 모두 疏略하다.≫ 촉재(蜀才)의 책에서는 '羸(리)'字가 '累(루)'字로 나온다. ≪'羸(리)'字와 '螺(나)'字가 통하며 '羸(리)'字와 '騾(라)'字가 通하니, 古字에서는 본래 서로 통용되었다.≫

彖曰 : 巽乎水而上水井, ≪句≫ 井養而不窮也. 改邑不改井, 乃以剛中也, 汔至, 亦未繘井, 未有功也, 羸其瓶, 是以凶也.

「彖傳」: 물에 巽[의 두레박줄]을 넣어서 물을 위로 [끌어] 올리는 것이 井[卦의 象]이니, 우물은 [만물을] 길러내면서도, 다함이 없는 것이다. "改邑不改井"이라고 한 것은 곧 剛이 中[의 위치]에 있기 때문이다. "汔至亦未繘井"이라고 한 것은 [물을 길러 가더라도 노력한] 功이 없음을 가리키며, "羸其瓶"이라고 하였으니, 이로 말미암아 흉하게 됨을 가리킨 것이다.

巽乎水而上水者 明卦與渙交也 渙之時 巽木在上 坎水在下 ䷺ 交之爲井 則巽入水底 ≪巽爲入≫ 而坎水升上矣 鄭玄曰 巽木桔槔也 ≪莊子 漢陰 丈人 以桔槔汲水≫ 桔槔 入水激之使上 ≪令水升≫ 然 巽亦爲繩 ≪說卦文≫ 入乎水者 繘也

井　　渙

"巽乎水而上水"라고 한 것은 井卦와 渙卦가 交易관계에 있음을 [분명히] 밝힌 것이다. 渙卦의 때에는 巽의 나무[☴]가 위에 있고, 坎의 물[☵]이 아래에 있었는데, [渙卦로부터] 交易하여 井卦가 되면, 巽[☴]은 물밑으로 들어가고 ≪巽은 들어감이 됨≫ 坎의 물[☵]이 위로 올라오게 된다. 鄭玄은 말하기를, "巽의 나무가 두레박(桔槔)에 해당한다"고 하였다. ≪『莊子』「外篇」「天地」편[141]에 "漢陰, 丈人, 以桔槔汲水", 즉 "漢水 남쪽에, 늙은 노인이 두레박[桔槔]으로 물을 긷는데"라고 운운한 대목이 있다.[142]≫ '길고(桔槔)'란 물에 들어가 부딪혀, 물을 위로 끌어올리는 것을 가리킨다. ≪물을 위로 끌어올리는 것이다.≫ 그런데 巽은 또한 밧줄이 되니 ≪「說卦傳」에 나온다.≫ 물에 들어가는 것은 [바로] 두레박줄(繘)인 것이다.

○泰之時 坤德無疆 萬物致養 ≪說卦文≫ 移之爲井 ≪一之五≫ 又以坎通 養而不窮也 源泉混混 用之不竭 井之德也

---

141) 『莊子』「外篇」「天地」, "子貢, 南遊於楚, 反於晉, 過漢陰. 見一[丈人], 方將爲圃畦 …… 名其爲[槔]……." 『莊子』「天運」, "子獨不見, 夫[桔槔]者乎? 引之則俯, 舍之則仰."

142) 茶山이 다소 착각하여 '漢陰丈人'과 '桔槔'를 연관지은 것일 수도 있으나, 뜻에는 전혀 문제가 없으니, '槔'를 '桔槔'로 바꾸어 인용한 것으로 볼 수가 있다.

泰 → 井

○[井卦의 母卦인] 泰卦의 때에는 坤의 德이 무궁하여 萬物이 잘 길러진다. ≪「說卦傳」의 글≫ [그런데 泰卦로부터] 추이하여 井卦로 되면 ≪[泰卦의] 1이 5로 감≫ 또한 坎으로써 형통하니, "養而不窮", "[즉, 만물을] 길러내면서도, 다함이 없는 것"이라고 한 것이다. 그 원천(源泉)이 심원하여, 사용하여도 [결코] 고갈(枯渴)되는 법이 없는 것이 우물의 德이다.

○剛中者 坎也 坎泉之故 改此坤邑 ≪坤爲坎≫ 以剛中也

泰 → 井

○"剛中(剛이 中[의 위치]에 있음)"은 [井卦의 上卦에 있는] 坎을 가리킨다. 坎의 샘물이 있는 까닭에 이 坤의 고을을 고치게 되니 ≪[泰卦에서 井卦로 추이하면서] 坤이 坎으로 됨≫ [그것은 井卦에서] 剛이 [제5位의] 中의 자리에 있음으로 말미암는 것이다.

○未有功者 未有坎也 ≪坎爲功≫ 睽以离燥 ≪睽上离≫ 未有坎泉 ≪上無坎≫ 雖往汲而無功也

井→ 兩互作卦→ 睽 ← 大壯

○"未有功([물을 길으러 가더라도 노력한] 功이 아직 없는 것)"은 坎이 없는

것을 가리킨다 ≪坎은 功이 됨≫ [井卦에서 兩互作卦하여 만들어진] 睽卦에서는 离로써 건조(乾燥)시킴으로써 ≪睽卦의 上卦는 离≫ 坎의 샘물이 [말라] 없어지니 ≪[睽卦의] 上卦에 坎이 없음≫ 비록 물을 길러 가더라도 소득이 없는 것이다.

○瓶者 汲器也 ≪說文云≫ 水之旣涸 瓶亦羸小 ≪大兌 今小兌≫ 是以凶也

井→兩互作卦→睽　←　大壯

○"瓶"은 물을 긷는 그릇을 가리킨다. ≪『說文』에 나옴≫ 물도 이미 말랐고, 물병도 또한 작으니 ≪[大壯卦에서] 큰 兌이었던 것이 지금 [睽卦로 추이하게 되면] 작은 兌로 됨≫ 凶함이 된다.

初六 : 井泥不食, 舊井无禽. ○象曰 : 井泥不食, 下也, 舊井无禽, 時舍也.

初六 : 우물이 진흙으로 흐려져서 먹을 수 없으니, 오래된 우물에 [물을 먹으러 모여드는] 짐승이 없도다. ○「象傳」: "우물이 진흙으로 흐려져서 먹을 수 없는 것(井泥不食)"은 [진흙으로 혼탁해진 지하수가 땅] 아래 있기 때문이다. "오래된 우물에 [물을 먹으러 모여드는] 짐승이 없는 것(舊井无禽)""은 [오랫동안] 버려 두고 쓰지 않았기 때문이다.

此 井之需也 卦自泰來 ≪五之一≫ 坤土下沈 ≪泰上坤≫ 入于水底 ≪五之一≫ 是 井泥也 其變爲需 ≪今水天≫ 需自中孚 ≪三之上≫ 中孚之時 兌口仰啓 ≪風澤卦≫ 可以食矣 移之爲需 則兌口不啓 ≪下今乾≫ 井泥不食也

泰 → 井 → 需 ← 中孚

이것은 井卦가 需卦로 변하는 경우이다. 井卦는 泰卦로부터 왔는데 ≪[泰卦의] 5가 1로 감≫ [泰卦에서 井卦로 推移하게 되면] 坤의 흙이 아래로 가라앉아 ≪泰卦의 上卦는 坤≫ 물밑으로 들어가니 ≪[泰卦의] 5가 1로 감≫ [이것을 가리켜] "井泥", 즉 "우물이 진흙으로 흐려짐"이라고 한 것이다. [井卦의 初九爻가] 변하면 需卦가 되는데 ≪[需卦는] 지금 水와 天으로 구성되어 있음≫ 需卦는 中孚卦로부터 왔다. ≪[中孚卦의] 3이 上으로 감≫ 中孚卦의 때에는 兌의 입이 위로 벌려져 있어 ≪[中孚卦는] 風과 澤으로 구성된 卦≫ 먹을 수가 있었지만, [中孚卦로부터] 추이하여 需卦가 되면, 兌의 입이 열려 있지 않으므로 ≪[需卦의] 下卦가 지금 乾≫ [이러한 상황을 가리켜] "井泥不食", 즉 "우물이 진흙으로 흐려져서, 먹을 수 없다"라고 한 것이다.

○卦自泰來 ≪五之一≫ 柔來爲坎 ≪爲大坎≫ 是之謂 井 ≪下大坎爲泉≫ 井旣有水 ≪大坎水≫ 巽鷄[143]來飮 ≪口向下≫ 今水旣乾 ≪初爻動爲乾≫ 是 舊井也 翰音亦亡 ≪巽今滅≫ 舊井无禽也

泰 → 井 → 需

143) [校閱] "巽鷄"의 "鷄"가 奎章本에는 "雞"로 되어 있다. 뜻에는 차이가 없다.

○井卦는 泰卦로부터 왔는데 ≪[泰卦의] 5가 1로 감≫ 柔가 안으로 들어와서 坎이 되니 ≪큰 坎이 됨≫ 이것을 가리켜 井(우물)이라고 한 것이다 ≪아래 [1·2·3·4位에 있는] 큰 坎은 샘물[泉]이 됨≫ 우물에 이미 물이 있어서 ≪ [1·2·3·4位에] 큰 坎의 물이 있음≫ 巽의 닭이 와서 마시는데 ≪[그] 입이 아래로 향하고 있음≫ [井卦의 初九爻가 변하여 需卦로 되면] 지금 그 물이 고갈(枯渴)되니 ≪[井卦 初九가 효변하여 需卦로 되면, 大坎卦이었던 것이] 乾으로 됨≫ [이것을 가리켜] '舊井(옛 우물)'이라고 한 것이다. [옛 우물에 물이 고갈되면서] 닭의 울음소리(翰音)도 역시 [따라서] 없어지니 ≪[需卦에서] 巽이 지금 사라짐≫ [이것을 가리켜] "舊井无禽", 즉 "옛 우물에 [모여드는] 짐승이 없다"라고 한 것이다.

○下者 地底也 時舍者 棄之不用也 君子 有澤民之才 而潛於下位 棄之不用 則民不能被其澤 而求我者 不至 此 舊井之无禽也

○[「象傳」의] "下"란 말은 [地下水가] 땅 밑에 있다는 뜻이다. "時舍"란 '버리고 쓰지 않음'을 가리킨다. 君子가 백성을 윤택하게 할 재주를 가지고, 아래 자리에 숨어 있는데도, 버려 두고 등용치 않는다면, 백성들이 그 은택(恩澤)을 입을 수 없을 것이며, [이러한 상황에서] 나를 도와줄 사람도 오지 않으니, 이것이 '오래된 우물에 [물 먹으러 오는] 짐승이 없음'이 가리키는 의미인 것이다.

○案 象義云 北方謂轆轤之軸曰 禽 此 曲解也 雞鶩鳧鴨之醜 皆井畔之所本有也

○[案] 『象義』[144]에서 말하기를, "北方에서는 도르래(轆轤)의 굴대를

144) 北方謂轆轤之軸曰禽 : 毛奇齡의 『仲氏易』에 이 說이 소개되어 있다(毛奇齡, 『仲氏易』(『中國古代易學叢書』 第36卷), 中國書店出版社, 1992, 369면). 『象義』라는 저술 명

'禽'이라고 한다"고 하였는데, 이는 곡해(曲解)인 것이다. 닭이나 오리 등의 부류는 모두 우물가에 본래 [살고] 있는 짐승들이다.

九二 : 井谷射鮒, 甕敝漏. ◯ 象曰 : 井谷射鮒, 无與也.

九二 : 계곡의 우물에서 붕어(鮒)를 활로 쏘아 잡으니, [우물의] 옹기(甕器)가 깨져 [물이] 새어 흐른다. ◯「象傳」: 계곡의 우물에서 붕어를 활로 쏘아 잡으니, [이처럼 우물은 터져 흘러내리고, 깨진 옹기(甕器)에서는 물이 새어버리고 말기 때문에, 이런 상황에서는] 아무도 더불어 함께 할 사람이 없는 것이다.

此 井之蹇也 蹇自觀來 ≪上之三≫ 大艮之山 ≪兼畫三≫ 坎水流出 ≪上下坎≫ 其象爲谷 ≪山間水道 曰谷≫ 井流而谷也

井 → 蹇 ← 觀

이것은 井卦가 蹇卦로 변하는 경우이다. 蹇卦는 觀卦에서 나왔는데 ≪[觀卦의] 上이 3으로 감≫ 큰 艮의 山으로부터 ≪[觀卦를] 겸획(兼畫)하여 삼획

칭은 ① 宋末 元初의 경학가인 정역동(丁易東)이 撰한 『周易象義』(16卷), ② 明代의 경학가인 당학징(唐鶴徵)의 저술인 『周易象義』(4권), ③ 明代의 유학자인 장본청(章本淸)의 『周易象義』 등에서 나타난다. 이 중에서 어느 것이 인용구의 출처인지는 확인하지 못하였다. 다만, 정역동(丁易東)의 『周易象義』를 대조해 본 결과, 정역동(丁易東)의 『周易象義』에서는 발견되지 않는다.

괘(三畫卦)로 만듦≫ [觀卦에서 蹇卦로 推移하게 되면] 坎의 물이 흘러 나와서 ≪[蹇卦는] 上卦와 그 아래 下互卦가 모두 坎≫ 그 象이 계곡이 되니 ≪山 사이로 물이 흐르는 길이 계곡이 됨≫ [이것은] 샘물이 흘러서 계곡이 형성된 것이다.

觀之巽魚 ≪本上巽≫ 坤土滿腹 ≪風地卦≫ 其鱗[145] 黃黑 ≪坤之色≫ 其象 鮒也 ≪卽所云 金鮒≫ 移之爲蹇 則巽魚之體 忽中坎矢 ≪上今坎≫ 井谷而射鮒也 井之旣毁 ≪二今坼≫ 魚逐水流 則射之者至 ≪矢及魚≫ 民之失依 有是象也

觀卦에는 巽의 물고기가 있어서 ≪[觀卦에서] 본래 上卦는 巽≫ 坤의 흙을 한 배 가득 먹고 ≪[觀卦는] 風과 地로 구성된 卦≫ 그 비늘이 黃黑色이니 ≪坤의 색깔≫ 그 象이 붕어의 모습이다. ≪즉 이른바 금붕어[金鮒]라고 하는 것이 그것이다.≫ [그런데 觀卦로부터] 추이하여 蹇卦가 되면, 巽의 물고기의 몸에 갑자기 坎의 화살이 [날아와] 명중하니 ≪[蹇卦의] 上卦가 지금 坎≫ "계곡의 우물에서 붕어를 활로 쏘아 잡은 것"이 된다. [井卦가 爻變하게 되면] 우물이 이미 허물어짐에 ≪[井卦의] 제2位가 지금 터짐≫ [그 속에 살던] 물고기가 [흐르는] 물을 따라 흘러감에, 마침내 [물고기를 화살로] 쏘아 잡으려는 사람이 다가오니 ≪화살이 물고기에 미침≫ 백성들이 의지할 곳을 잃어버림이 [바로] 이런 象이다.

○甕者 震缶也 ≪九家易≫ 泰之時 震甕之底 ≪上互震≫ 三剛堅

145) [校閱] "其鱗黃黑"의 "鱗"이 新朝本에는 "麟"으로 되어 있는데, 誤記이다.

實 ≪泰下乾≫ 移之爲井 旣損一剛 ≪一之五≫ 變而爲蹇 又破一剛 ≪二今坼≫ 俄而敝甕矣 甕底旣敝 坎水滲漏 ≪今互坎≫ 甕之所滲 兩陰滴滴 ≪下二陰≫ 甕敝漏也

泰 → 井 → 蹇

○'甕'은 震의 질그릇으로 된 장군(缶)을 가리킨다. ≪荀九家의 易說≫ [井卦의 母卦인] 泰卦의 때에는 震의 독[甕]의 밑바닥에 ≪[泰卦에 3·4·5位의] 上互卦가 震≫ 세 개의 剛이 [쌓여 있어] 견실(堅實)하였는데 ≪泰卦의 下卦인 乾을 가리킴≫ [泰卦로부터] 推移하여 井卦가 되면, 이미 한 개의 剛을 덜어내었는데 ≪[泰卦의] 1이 5로 간 것≫ [井卦의 九二爻가] 변하여 蹇卦가 되면, 다시 한 개의 剛이 부서지니 ≪제2位가 지금 [蹇卦에서] 갈라짐[으로써 陰이 됨]≫ 갑자기 독이 깨진 것이다. [이렇게] 옹기(甕器)[로 된 두레박]의 밑이 깨어져, 坎의 물이 새어 나오는데 ≪지금 [蹇卦에서 2·3·4位가] 互坎≫ 그 옹기(甕器)에서 새어 나오는 것이 두 개의 陰이 되어 뚝뚝 떨어지니 ≪[蹇卦의] 아래에 있는 두 개의 陰≫ [이러한 상황을 가리켜] "옹폐루(甕敝漏)"라고 한 것이다.

○ 二五俱剛 ≪本象也≫ 本無交與 故井流甕漏 艱險在前 ≪卦今蹇≫ 人可無與哉[146)]

井 → 蹇 ← 觀

○[井卦에서는] 제2位와 제5位가 모두 剛이니 ≪[井卦의] 本象에 해당

146) [校閱] 奎章本에서는 "哉"가 俗字로 되어 있다.

됨≫ 본래 [서로] 더불어 교섭함이 없었던 까닭에, 우물이 [터져] 흘러내리고, 옹기(甕器)도 새는데, 험난함이 앞에 있으니 ≪卦가 지금 蹇卦≫ [이런 상황이라면, 누구라도] 더불어 할 사람이 없을 것 아니겠는가!

○案 荀爽本 射作耶 ≪不可解≫ 子夏傳 注鮒 訓作蝦蟆 ≪程傳亦從之≫ 程迥 以爲蝸牛 ≪朱子云≫ 徐幾 以爲蛙屬 今 井底 實有鮒魚 井毁則魚露 不知何故 猜疑如是也 左太冲 吳都賦云 雖復臨河而釣鯉 無異射鮒於井谷 陸佃曰 鮒 小魚 相卽而行 名鯽 相附而行 名鮒 ≪儀禮 少牢 魚用鮒≫

○[案] 순상(荀爽)의 책에서는 '射(석)'字가 '耶(야)'字로 되어 있다. ≪[茶山의 견해로는 이렇게 되면] 해석할 수가 없다.≫ 『子夏傳』에서는 '鮒(부)'字를 새우(蝦)나 두꺼비(蟆) 따위를 뜻하는 것으로 보았다. ≪『程傳』에서도 또한 이 견해를 따랐다.≫ 정형(程迥)은 ['鮒(부)'字가] 달팽이(蝸牛)를 뜻한다고 보았으며 ≪朱子의 말≫ 서기(徐幾)는 ['鮒(부)'字를] 개구리[의 한] 종류(蛙屬)로 보았다. 요즘도 우물 바닥에는 실제로 붕어가 있고, 우물을 허물게 되면, 그 물고기가 노출(露出)되는 것이 [실제로 흔히] 있는 일이다. [그런데] 무슨 까닭에 이처럼 [명백한 글자를 두고] 억측을 한 것인지 알지 못하겠다. [晉나라 때] 좌태충(左太冲)[147]이 「오도부(吳都賦)」[148]에서 말하

---

147) 좌태충(左太冲) : 西晋(265~316) 시기의 가장 큰 시인이었던 左思(약 250~310)를 가리킨다. 字는 태충(太沖), 산동 임치(臨淄) 사람이다. 한미한 집안 출신으로 벼슬길이 여의치 못했으며 만년에 세속을 버리고 은거했다. 얼굴이 흉칙하게 생긴 데다 말까지 어눌해서, 많은 세월 동안 多作했지만, 아무도 알아주는 이 없었다. 그러던 어느 날 장화(張華)라는 유명한 시인이 우연히 左思의 『三都賦』라는 책을 읽고 크게 감탄하게 되면서 그 책을 호평하며 격찬하게 되었다. 그러면서 온 晉나라 서울인 洛陽의 학자, 귀족, 왕족 할 것 없이 모두 『三都賦』를 구하려고 장사진을 이루었다. '낙양지귀(洛陽紙貴)'라는 말은 너무나 많은 사람들이 그 책을 구입해서 종이값이 다 올랐다는 데서 유래되었다고 한다.

148) 「吳都賦」는 『三都賦』 중의 한 부분인데, 『三都賦』는 三國時代 蜀나라의 서울 成都, 吳나라의 서울 건업(建業), 魏나라의 서울, 세 도시의 풍물을 적은 책이다. 『吳都賦』는

기를, "비록 다시 黃河에 가서 잉어(鯉)를 낚으나, [『周易』에서 말한 바] 계곡의 우물에서 붕어를 활로 쏘아 잡는 것과 다름이 없다"라고 하였다. [또 宋代의] 육전(陸佃)이 [『비아(埤雅)』149)에서] 말하기를, "'부(鮒)'는 작은 고기인데, 서로 따라 다니니 이름을 '鯽(즉)'이라 하고, 서로 붙어 다니니 이름을 '鮒(부)'라고 한다"라고 하였다.150) ≪『儀禮』「少牢」「饋食禮」에 [이르기를] "물고기로는 붕어(鮒)를 사용한다"고 하였다.≫

○程傳云 射 注也 ≪謂水流而注於鮒≫ 然 溪蠻之俗 至今射魚 中國古俗 亦然 故 易詞如此

○『程傳』에서는 말하기를, "'석(射)'字는 '[물을] 붓는다(注)'의 뜻"이라고 하였다. ≪[즉 '석부(射鮒)'가] '물이 흘러 붕어에게 쏟아지는 상황'을 가리킨다고 말한 것≫ 그러나 계만(溪蠻)151) 지방의 습속에 지금도 물고기를 화살로 쏘아 잡는데, 中國의 옛날 풍속도 역시 그러했던 까닭에, 易詞가 이

孫吳가 建業을 도성으로 한 것을 서술하고 있으며 또한 앞에 吳(춘추 시기의 姑蘇 : 오늘날의 蘇州)의 성곽규모와 번화한 모습을 기술하고 있다. 『文選』의 제5권에 실려 있다.

149) 宋代의 육전(陸佃)이 『비아(埤雅)』: 『埤雅』는 20권으로 되어 있으며 名物을 전문 해석하여, 『爾雅』를 보충한 것으로 그 이름을 『埤雅』라고 하였다. 이 책은 물고기에 대하여 해석한 것을 필두로 하여 이어서 짐승·새·벌레·말·나무·풀에 대하여 풀이하였고 마지막으로 천문에 대하여 언급하고 있다. 『詩經』에 나오는 문구를 인용하여 풀이한 곳이 많으나 글자의 뜻을 해석하는 데 있어 왕안석의 『字說』과 같은 억설을 끼어 놓기도 하였다.

150) "즉어(鯽魚)"는 오늘날 붕어에 해당하는데, 서로 가까이 모여서 무리를 지어, 이동하므로, 가까이 무리지어 움직이므로, '나아간다'는 '즉(卽)'字를 붙여서 '즉어(鯽魚)'라고 이름을 붙인 것이다. 아울러 서로 가까이 모여 의지(附)하므로, '부(付)'字를 붙여서 '부어(鮒魚)'라고도 한 것이다. 오늘날 '붕어'라는 말은 이 '부어(鮒魚)'라는 말에서 유래한 것으로 추정된다.

151) 계만(溪蠻) : 고대에 중국 남방에 살고 있는 소수민족을 만(蠻)이라고 通稱하였는데, 『後漢書』에서는 苗族·土家族 등을 비롯한 이들 소수 민족을 五溪蠻 또는 武陵蠻 등으로 부르고 있다. 土家族은 古代에 貴州로부터 湖南의 서부지역으로 이동해간 민족인데, 烏蠻이라고도 불렸으며, 『宋史』에서는 '토정(土丁)', '토인(土人)', '토민(土民)', 또는 '토만(土蠻)' 등으로 적고 있다. 주요 거주지는 호남성(湖南省), 호북성(湖北省), 사천성(四川省), 귀주(貴州), 운남성(雲南省) 등지에 흩어져 살고 있다.

와 같다.

九三 : 井渫不食, 爲我心惻. 可用汲, ≪句≫ 王明, 竝受其福. ○ 象曰 : 井渫不食, 行惻也, 求王明, 受福也.

九三 : 우물을 [깨끗이] 쳤는데도 먹지 않으니, 내 마음이 슬프도다. [그 물을] 길러 먹을 수 있으니, 王이 총명하면 [나 뿐만 아니라, 임금과 백성이] 모두 그 福을 받을 것이로다. ○「象傳」: 우물을 [깨끗이] 쳤는데도 먹지 않으니, 측은한 마음이 발동하는 것이요, 王의 총명함에 求하여 福을 받는 것이다.

此 井之坎也 坎自臨來 ≪一之五≫ 兌澤之上 坤土塡塞 ≪地澤卦≫ 井堙之象也 移之爲坎 則坎功旣勞 ≪上下坎≫ 离乃修治 ≪中大离≫ 井上井下 ≪上下坎≫ 水泉淸澈 ≪坎爲水≫ 治井曰 渫也 ≪又淸也≫ 井美如此 宜其食也 兌口今滅 ≪臨下兌 今亡≫ 井渫不食也

井 → 坎 ← 臨

이것은 井卦가 坎卦로 변하는 경우이다. 坎卦는 臨卦로부터 왔는데 ≪[臨卦의] 1이 5로 감≫ [臨卦에서는] 兌의 연못 위에 坤의 흙으로 메워져 막혀 있으니 ≪地와 澤으로 구성된 卦≫ 우물을 막아버린 象이다. [그런데 臨卦로부터] 추이하여 坎卦가 되면, 坎의 功力을 쏟아 이미 수고로운데

≪[習坎卦의] 上卦와 下卦가 모두 坎≫ 離로써 이에 다스리니 ≪[習坎卦의] 가운데 큰 離가 있음≫ 우물의 위에서나 [혹은] 우물의 아래에서나 ≪上下가 坎≫ 샘물이 깨끗하고 맑게 된 것이다. ≪坎은 물이 됨≫ 우물을 치는 것을 '渫(설)'이라고 하니 ≪[우물을 쳐서] 다시 깨끗하게 함≫ 우물이 깨끗하기가 이와 같음에 당연히 그것을 먹을 수 있으나, [習坎卦에서는] 兌의 입이 지금 사라지고 없으니 ≪臨卦의 下卦에 있던 兌가 지금 [習坎卦가 되면] 없어짐≫ [이것을 가리켜] "井渫不食", 즉 "우물을 [깨끗이] 쳤는데도 먹지 않는다"라고 한 것이다.

○坎爲心痛 ≪說卦文≫ 爲我心惻也 ≪內爲我≫ 君子 懷才抱美 自視淸澈 而民不被澤 誠足自傷也

○坎은 마음의 고통을 뜻하니 ≪「說卦傳」의 글≫ "爲我心惻", 즉 "내 마음이 슬프다"라고 한 것이다. ≪內卦는 我에 해당됨≫ 君子가 재능을 품고 있고, 스스로도 자신이 깨끗하다고 여기는데, 백성들이 그 혜택을 입지 못하니, 스스로 상심할 만하다.

○當此之時 仰視君位 ≪五今剛≫ 艮手下垂 ≪三五互≫ 援而汲之 ≪汲引之≫ 力非不足也 旣有離光 ≪二五夾≫ 王實聖明也 亦離爲福[152] ≪二五夾≫ 民將並受也 苟援我而用之 ≪可用汲≫ 我固爲福 ≪內爲我≫ 王與民 皆福也 ≪坤爲民≫ 曷謂之福 坎自觀來 ≪上之二≫ 有隕自天 ≪上位天≫ 謂之福也

井 → 坎 ← 觀

---

152) [校閱] 新朝本과 國中本에는 "亦離爲福"으로 되어 있으나 奎章本에는 "亦有離福"으로 되어 있다.

○이런 때를 당하여 [모두] 임금이 계신 자리(君位)를 우러러 보는데 ≪[習坎卦의] 제5位가 지금 剛≫ 艮의 손을 아래로 내려트려 ≪[習坎卦의] 3·4·5位[의 互卦]≫ [두레박을] 잡아당겨 [우물물을] 길어내니 ≪[우물물을] 길어서 끌어당김≫ [결코] 힘이 부족한 것이 아니다. 이미 离의 光明이 밝으니 ≪2·3·4·5位의 협괘(夾卦)[는 大离의 형태]≫ 王이 진실로 성스러운 총명함을 지닌 것이다. 또한 离는 福이 되니 ≪2·3·4·5의 夾卦[는 大离의 형태]≫ 백성들이 장차 그 福을 모두 받을 것이다. 만약 나를 끌어당겨 등용한다면 ≪[나를 등용하는 것을] "可用汲", 즉, "그 물을 길러 먹을 수 있음"[에 비유한 것]≫ 나에게도 진실로 福이 되는 것이지만 ≪內卦는 내[我]의 쪽이 됨≫ 임금과 백성에게도 모두 福이 된다. ≪坤은 백성이 됨≫ 어째서 '福'이라고 하는 것인가? 坎卦는 觀卦로부터 왔으니 ≪[觀卦의] 上이 2로 감≫ 하늘에서 떨어져 내려오는 것이 있음에 ≪上位는 '하늘'에 해당됨[153]≫ 그것을 일컬어 "福"이라고 한 것이다.

○行惻者 惻隱之心 ≪坎爲心≫ 將以震行也 ≪震爲仁≫

○"行惻"은 측은지심(惻隱之心)이 ≪坎은 心이 됨≫ 장차 震으로 발동하는 것이다. ≪震은 仁이 된다.≫

○艮則爲求 ≪三五互≫ 求王明也

○艮은 곧 '求함'이 되니 ≪[習坎卦의] 3·4·5位의 互卦≫ [이것을 가리켜] "求王明", 즉 "王의 총명함에 求한다"라고 한 것이다.

○案 渫 治井也 謂泄去其艸木之汚穢也 ≪字從[154]泄從[155]木≫ 巽木今滅 正合字象 ≪朱子曰 渫 不停[156]汙也≫ 屈原傳 井泄不食 去汙

153) "貴賤之位, …… 五爲君, 六爲天, 是也."(『四箋』 卷1, 17가)
154) [校閱] "從"이 奎章本에서는 本字로 쓰여져 있다.
155) [校閱] "從"이 奎章本에서는 本字로 쓰여져 있다.

之意

○[案] "渫(설)"은 우물을 깨끗이 치는 것을 뜻하는데, [우물에서] 나뭇가지나 풀 등의 더러운 오물을 씻어내는 것을 가리킨다. ≪'渫(설)'字가 '泄'字와 '木'字[를 합친 형태]에 의거하고 있다.≫ 巽의 나무가 지금 소멸하니 바로 이런 글자의 象과 부합한다. ≪朱子가 말하였다. "'渫'은 [물이] 고여서 오염되지 않게 한다는 뜻이다."≫ 『史記』「굴원전(屈原傳)」에서 "井泄不食"이라고 인용한 것도 '泄(설)'을 오물을 제거한다는 뜻으로 해석하였음을 보여준다.[157]

六四 : 井甃, 无咎. ○ 象曰 : 井甃无咎, 修井也.

六四 : 우물[주변]에 벽돌담을 [둘러] 쌓으니, 잘못이 없을 것이다. ○「象傳」: "井甃无咎"는 우물을 수리(修理)함을 가리킨 것이다.

此 井之大過也 大過之卦 上不閉口 ≪兌在上≫ 下不塞竇 ≪下一陰≫ 井甃之象也 本以坤土 ≪泰上坤≫ 燒以离火 ≪三五互≫ 其物甃也 四之既變 四剛層砌 ≪二三四五剛≫ 若累甃然 是 井甃也

泰 → 井 → 大過

156) [校閱] "停"이 奎章本에는 "순(淳)"으로 되어 있는데, 誤記이다.

157) 『史記』「屈原賈生列傳」에 나온다. "易曰, 井泄不食, 爲我心惻, 可以汲, 王明, 並受其福, 王之不明, 豈足福哉"라고 함.

이것은 井卦가 大過卦로 변하는 경우이다. 大過라는 卦를 보면 위로는 [우물의] 입구가 닫혀 있지 않으며 ≪[입을 상징하는] 兌가 위에 있음≫ 아래로도 도랑으로 통하는 구멍(竇)이 막혀 있지 않으니 ≪아래에 한 개의 陰이 있음≫ [우물의 주변으로 벽돌담이 둘러쳐져 있으나, 위아래로 터져 있는] "정추(井甃)"의 象이다. 본래 [泰卦에서는] 坤의 흙이 있고 ≪泰卦의 上卦는 坤≫ 그것을 离의 불로 구우니 ≪[井卦의] 3·4·5位의 互卦≫ 그 물건이 [다름 아닌] 벽돌(甃)인 것이다. [井卦의] 六四爻가 이미 변하면, [大過卦로 변하게 되니] 네 개의 剛이 층층이 겹쳐져 쌓여 있는 것이 ≪2·3·4·5位의 剛≫ 마치 벽돌을 포개어 쌓아 둔 모습과 같으니, [이것을 가리켜] "井甃", 즉 "우물에 벽돌담을 쌓음"이라고 한 것이다.[158)]

○ 大過之卦 本自大壯 ≪五之一≫ 雷之乘乾 ≪左傳云≫ 移乃巽伏 ≪五之一 爲巽≫ 剛往得位 ≪一之五≫ 是 无咎也 井之修甃 如人之補過

井 → 大過 ← 大壯

○ [井卦 六四의 之卦인] 大過卦는 본래 大壯卦에서 나왔는데 ≪[大壯卦의] 5가 1로 감≫ [大壯卦는] 우레[☳]가 乾을 올라타고 있는 모습이다. ≪『左傳』에서 그렇게 말하였다.[159)]≫ [그런데 大壯卦로부터] 추이하여 [大過卦가 되면] 곧 巽의 [겸손한] 낮춤이 되고 ≪[大壯卦의] 5가 1로 가서, 巽이

---

158) 우물에 담장을 두른다고 해도, 그 위를 막지 않음은 물론이고, 아래로도 분명 완전히 둘러막는 것은 아니다. 물이 흘러나갈 구멍이 있어야 하는 것이다. 大過卦가 바로 그런 형상이다.

159) 『左傳』에서는 "雷之乘乾"이라고 한 것이 아니라, "雷乘乾"이라고 하였다. 『左傳』의 '昭公 32年'에 "在易卦, 雷乘乾曰 大壯, 天之道也"라고 함(文璇奎 譯著, 『春秋左氏傳』 下, 명문당, 1987, 323면).

됨≫ 剛이 [위로 나아]가서 [자신에게 합당한] 자리를 얻으니 ≪[大壯卦의] 1이 5로 간 것≫ [이것을 가리켜] "无咎"라고 한 것이다.[160] 우물에서 축담을 수리하는 것은 마치 사람이 그 잘못을 고치는 것과 같다.

○ 本有离治 ≪三五互≫ 是 用修井也

○[井卦에] 본래 离의 다스림이 있었으니 ≪3・4・5位의 互卦≫ "修井(우물을 정비함)"의 象을 쓴 것이다.

九五 : 井洌, 寒泉食. ○ 象曰 : 寒泉之食, 中正也.

九五 : 우물[의 물]이 맑고 시원하니, 차가운 샘물을 먹음이로다. ○「象傳」: 차가운 샘물을 먹는 것은 [제5位에 있는 剛의] 中正으로 말미암는 것이다.

此 井之升也 卦自泰來 ≪一之五≫ 坤則爲甘 ≪見臨 節≫ 移之爲井 ≪五之一≫ 下乃巽潔 ≪下今巽≫ 甘潔曰 洌 ≪程子云≫ 是 井洌也 下坎爲井 ≪在卑地 曰井≫ 上坎爲泉也 ≪在高處曰 泉≫

泰 → 井 → 升

160) '雷之乘乾'이 '咎'인 셈이며, 이런 상황이 해소되니 '无咎(허물될 것이 없음, 허물이 없어짐)'인 것이다.

이것은 井卦가 升卦로 변하는 경우이다. 井卦는 泰卦로부터 왔는데 ≪[泰卦의] 1이 5로 감≫ [泰卦의 上卦는 坤이니] 坤은 곧 단맛이 된다. ≪臨卦와 節卦에 [이런 用例가] 보인다.[161]≫ [그런데 泰卦로부터] 추이하여 井卦가 되면 ≪[泰卦의] 5가 1로 감≫ 下卦가 곧 巽이 되어 깨끗함을 상징하는데 ≪[井卦의] 下卦가 지금 巽≫ [물이] 감미롭고 맑은 것을 "洌"이라고 하니 ≪程子가 그렇게 말함≫ 이것이 "井洌"의 뜻이다. 아래의 [1·2·3·4位의] 坎은 우물이 되고 ≪[坎이] 낮은 땅에 있는 것을 '井'이라고 함≫ 上卦의 坎은 샘이 된다. ≪[坎이] 높은 지역에 있는 것을 '泉'이라 함≫

○ 泰之時 坎水之位 ≪四五六≫ 坤以爲溫 ≪見左傳≫ 移之爲井 中得乾剛 ≪一之五≫ 乾則爲寒 ≪說卦文≫ 是寒泉也 ≪坎爲北方卦 其氣亦寒≫ 遂當兌口 ≪二四五≫ 寒泉食也 五爲卦主故 言其本象

䷊ 泰 → ䷯ 井 → ䷭ 升

○ [井卦의 母卦인] 泰卦의 때에는 坎位에 물(水)이 있고 ≪上卦인 4·5·6位[가 坎位]≫ [또] 坤[의 따뜻함]이 있다.[162] ≪[坤이 따뜻함(溫)이 된다는 것은] 『左傳』에 나옴[163]≫ [그런데 泰卦로부터] 추이하여 井卦가 되면, 가운데 乾의 剛을 얻는데 ≪[泰卦의] 1이 5로 감≫ 乾이 곧 '차가움(寒)'이 되니 ≪「說卦傳」의 글≫ [따라서 乾의 차가움과 坎位의 水가 결합하면] 그것은 '寒泉(차가운 샘물)'이 된다. ≪坎은 北方卦로서, 그 기운이 또한 차가움[寒]

161) 臨卦 六三에 '甘臨, 无攸利'라 하였고, 節卦 九五에 '甘節'이라 하였다.
162) 坤이 따뜻함(溫)의 뜻이 된다는 것은 茶山의 '今補'에 나온다. 「說卦傳」에 따르면, 乾은 차가움(寒)을 뜻하므로(「說卦傳」의 글) 乾의 반대인 坤은 따뜻함(溫)을 뜻하게 된다.
163) 坤이 따뜻함(溫)이 된다는 것은 『左傳』의 本文에 나오는 것이 아니라, 杜預의 註에 나온다. 「南蒯之筮」(昭公 12年)에서 占筮하여 '坤之比'를 얻었는데, 그것을 풀이한 "外强內溫"라는 말에 대하여, 두예가 "坤順故溫"이라고 註釋하였다.

이 된다.≫ 마침내 兌의 입을 만나니 ≪[井卦의] 2・3・4位[의 下互卦]≫ '찬 샘물을 먹음(寒泉食)'이 된다. 九五는 [井卦의] 卦主가 되는 까닭에, 그 本象을 말한 것이다.

○ 中正者 剛得五也

○"中正"이란 [泰卦에서 井卦로 推移할 때] 剛이 제5位를 얻은 것을 가리킨다.[164]

䷸

上六 : 井收, 勿幕. 有孚, 元吉. ○ 象曰 : 元吉在上, 大成也.

上六 : 우물을 [사용한 뒤에] 철수(撤收)하더라도 [다른 사람들이 와서 먹을 수 있도록 하려면] 덮개를 덮지 말아야 한다. [제사를 드림에] 믿음이 있으니, [제사를 드리는] 군주에게 吉함이 있을 것이다. ○「象傳」: 君主에게 吉함이 있고, [군주가] 위에 [군림(君臨)하고] 있으니, 크게 이루어질 것이다.

此 井之巽也 收者 斂也 卦位旣終 收井之時也 幕者 冪塵也 ≪帷在上 曰幕≫ 渙之時 ䷺ ≪井之交≫ 兩剛爲冪 ≪渙上巽≫ 井水深隱 ≪坎在內≫ 將誰汲之 交之爲井則 上無所冪 ≪井上坎≫ 井水呈露 ≪無所覆≫ 井收勿幕也 程子曰 取而不蔽 其利無窮 ≪丘富國云 聖人之心 以博施濟衆 爲公≫

---

164) 제5位가 '中'이고, '陽'이 양의 자리인 제5位에 위치한 것이 '正'이다.

渙←交易←井→上爻變→巽

이것은 井卦가 巽卦로 변하는 경우이다. '거둘 收(수)'字는 '거둘 斂(렴)'字와 뜻이 같다. 卦位가 [上六에서] 이미 종결되니, 우물을 거두는 ['收井'의] 때에 해당한다. '幕(막)'이란 덮어서 흙먼지를 막는 것을 가리킨다. ≪휘장이 위에 있는 것을 '막(幕)'이라 한다.≫ 渙卦의 때에 ≪[渙卦는] 井卦를 交易한 것≫ 두 개의 剛이 [우물을 덮는] 천막(天幕)이 되어 ≪渙卦의 上卦는 巽≫ 우물물이 깊이 숨겨져 있으니 ≪[渙卦에서] 坎이 內卦에 있음≫ 장차 누가 [그것을] 길어 내겠는가? [그런데 渙卦로부터] 交易하여 井卦가 되면, 위에 덮은 것도 없고 ≪井卦의 上卦는 坎≫ 우물의 물이 드러나 노출(露出)되어 있으니 ≪막고 있는 덮개가 없음≫ [이것을 가리켜] "井收勿幕", 즉 "우물을 거두더라도 [덮개를] 덮지 않음"이라고 한 것이다. 程子가 말하기를, "취하지만 덮어서 가리지 않으니, 그 이로움이 무궁하다"라고 하였다. ≪구부국(丘富國)[165]이 말하였다. "聖人의 마음은 널리 베풀어 뭇사람들을 구제함으로써 公的인 것을 삼는다."≫

○其變爲巽 ≪上今剛≫ 中孚之誠 ≪巽自中孚來≫ 移亦不失 ≪猶互离≫ 是 有孚也

井 → 巽 ← 中孚

165) 구부국(丘富國): 중국 宋末, 元初의 경학자로서, 『周易傳義大全』에 "建安 丘氏"라고 불리우고 있다. 朱熹의 文人에게 수학한 朱熹의 再傳 弟子인데, 주희의 宗旨를 천명하는 것을 근본으로 삼았으며, 특히 易學에 뛰어났다. 저술로는 『周易輯解』(10권)·『學易說約』(5篇)·『經世補遺』 등이 있다(최석기, 『中國經學家事典』, 경인문화사, 2002, 20면).

○[井卦의 上六爻가] 변하여 巽卦가 되는데 ≪[巽卦의] 上位가 지금 剛≫ 中孚의 정성(精誠)을 ≪巽卦는 中孚卦로부터 옴≫ [巽卦로] 옮겨가도 역시 잃지 않았으니 ≪여전히 [巽卦의] 3·4·5位에 互离가 있음≫ 이것을 가리켜 "有孚(믿음이 있음)"이라고 한 것이다.

○卦旣有孚 祭祀之占也 ≪中孚 本祭祀之卦≫ 遯移爲巽 ≪二之四≫ 則下井上泉 ≪上下坎≫ 潔而又潔 ≪上下巽≫ 神所享也 誰其尸之 乾王之祭也 ≪遯上乾≫ 王祭旣潔 ≪今重巽≫ 其占 元吉 ≪君之吉[166]≫

巽 ← 遯

○[巽卦는 中孚卦로부터 왔는데, 中孚]卦에 이미 '有孚'의 뜻이 있으니, 제사(祭祀)의 占에 해당된다. ≪中孚卦는 본래 제사(祭祀)에 관련된 卦이다.≫ 遯卦가 추이하여 巽卦가 되면 ≪[遯卦의] 2가 4로 감≫ [본래 井卦에서는] 아래로 우물(井)이 있고, 위로 샘물이 있었는데 ≪[井卦에서 본래] 위아래가 [모두] 坎≫ [이제 巽卦에서] 정결하고 또 정결해지니 ≪[重巽卦에서] 위아래가 [모두] 巽≫ 신명(神明)이 제사지내는 것이다. [그러면] 누가 그 신주인가? [그것은] 乾王의 제사인 것이다. ≪遯卦의 上卦는 乾≫ 王의 제사가 이미 정결하니 ≪[重巽卦에서] 지금 巽이 거듭 있음≫ 그 吉함이 '元吉(君主가 吉함)'이 되는 것이다. ≪['元吉'은] 군주의 占에 해당된다.≫

○大者 陽也 卦以陽終 ≪上今剛≫ 是 大成也 ≪卦之成≫

---

166) [校閱] 新朝本과 國中本에는 "君之吉"로 되어 있으나, 奎章本에는 "君之占"으로 되어 있다. 前者가 문맥에 더 적합하다.

䷯ ䷸

井 → 巽

○“大”는 ‘陽’이다. [井卦 上六의 之卦인 巽]卦가 陽으로 종결되니 ≪[巽卦의] 上位가 지금 剛≫ 이것이 “大成(크게 이루어질 것)”의 뜻인 것이다. ≪卦의 완성≫

○案 井收勿幕 養民之義也 有孚 元吉 祭祀之占也 其用不同 故彼以勿幕爲吉 ≪以上坼 爲吉≫ 此以巽剛爲吉 ≪以上剛 爲吉≫ 不可拘也

䷯ ䷸

井 → 巽

○[案] “井收勿幕”은 ‘백성을 진휼(賑恤)한다’는 뜻이며, “有孚元吉”은 祭祀에 대한 占이다. 그 적용이 같지 않으므로, 前者[의 경우에]는 “勿幕”으로써 길함을 삼았고 ≪[井卦에서] 위가 陰으로 터져 있는 것을 吉함으로 본 것≫ 後者[의 경우에]는 巽卦의 [上位에 있는] 剛으로서 길함을 삼았으니 ≪巽卦의 上位의 剛이 吉이 됨≫ [해석함에 있어] 어느 하나에 구애될 필요가 없다.

○荀爽本 收作甃 ≪聲誤也≫ 干[167]寶本 勿作罔

○순상(荀爽)의 책에는 ‘거둘 收(수)’字가 ‘벽돌담 甃(추)’字로 나온다. ≪그 발음에 따른 착오이다.≫ 간보(干寶)의 책에는 ‘勿(물)’字가 ‘그물 罔(망)’字로 적혀 있다.

167) [校閱] “간보(干寶)”의 “干”이 奎章本과 新朝本과 國中本에 모두 “우(于)”로 되어 있는데, 誤記이다.

爻變表

1.乾	2.坤	3.屯	4.蒙	5.需	6.訟	7.師	8.比
初九=乾之姤	初六=坤之復	初九=屯之比	初六=蒙之損	初九=需之井	初六=訟之履	初六=師之臨	初六=比之屯
九二=乾之同人	六二=坤之師	六二=屯之節	九二=蒙之剝	九二=需之旣濟	九二=訟之否	九二=師之坤	六二=比之坎
九三=乾之履	六三=坤之謙	六三=屯之旣濟	六三=蒙之蠱	九三=需之節	六三=訟之姤	六三=師之升	六三=比之蹇
九四=乾之小畜	六四=坤之豫	六四=屯之隨	六四=蒙之未濟	六四=需之夬	九四=訟之渙	六四=師之解	六四=比之萃
九五=乾之大有	六五=坤之比	九五=屯之復	六五=蒙之渙	九五=需之泰	九五=訟之未濟	六五=師之坎	九五=比之坤
上九=乾之夬	上六=坤之剝	上六=屯之益	上九=蒙之師	上六=需之小畜	上九=訟之困	上六=師之蒙	上六=比之觀
用九=乾之坤	用六=坤之乾						

9.小畜	10.履	11.泰	12.否	13.同人	14.大有	15.謙	16.豫
初九=小畜之巽	初九=履之訟	初九=泰之升	初六=否之无妄	初九=同人之遯	初九=大有之鼎	初六=謙之明夷	初六=豫之震
九二=小畜之家人	九二=履之无妄	九二=泰之明夷	六二=否之訟	六二=同人之乾	九二=大有之離	六二=謙之升	六二=豫之解
九三=小畜之中孚	六三=履之乾	九三=泰之臨	六三=否之遯	九三=同人之无妄	九三=大有之睽	九三=謙之坤	六三=豫之小過
六四=小畜之乾	九四=履之中孚	六四=泰之大壯	九四=否之觀	九四=同人之家人	九四=大有之大畜	六四=謙之小過	九四=豫之坤
九五=小畜之大畜	九五=履之睽	六五=泰之需	九五=否之晉	九五=同人之離	六五=大有之乾	六五=謙之蹇	六五=豫之萃
上九=小畜之需	上九=履之兌	上六=泰之大畜	上九=否之萃	上九=同人之革	上九=大有之大壯	上六=謙之艮	上六=豫之晉

17.隨	18.蠱	19.臨	20.觀	21.噬嗑	22.賁	23.剝	24.復
初九=隨之萃	初六=蠱之大畜	初九=臨之師	初六=觀之益	初九=噬嗑之晉	初九=賁之艮	初六=剝之頤	初九=復之坤
六二=隨之兌	九二=蠱之艮	九二=臨之復	六二=觀之渙	六二=噬嗑之睽	六二=賁之大畜	六二=剝之蒙	六二=復之臨
六三=隨之革	九三=蠱之蒙	六三=臨之泰	六三=觀之漸	六三=噬嗑之離	九三=賁之頤	六三=剝之艮	六三=復之明夷
九四=隨之屯	六四=蠱之鼎	六四=臨之歸妹	六四=觀之否	九四=噬嗑之頤	六四=賁之離	六四=剝之晉	六四=復之震
九五=隨之震	六五=蠱之巽	六五=臨之節	九五=觀之剝	六五=噬嗑之无妄	六五=賁之家人	六五=剝之觀	六五=復之屯
上六=隨之无妄	上九=蠱之升	上六=臨之損	上九=觀之比	上九=噬嗑之震	上九=賁之明夷	上九=剝之坤	上六=復之頤

25.无妄	26.大畜	27.頤	28.大過	29.坎	30.離	31.咸	32.恒
初九=无妄之否	初九=大畜之蠱	初九=頤之剝	初六=大過之夬	初六=坎之節	初九=離之旅	初六=咸之革	初六=恒之大壯
六二=无妄之履	九二=大畜之賁	六二=頤之損	九二=大過之咸	九二=坎之比	六二=離之大有	六二=咸之大過	九二=恒之小過
六三=无妄之同人	九三=大畜之損	六三=頤之賁	九三=大過之困	六三=坎之井	九三=離之噬嗑	九三=咸之萃	九三=恒之解
九四=无妄之益	六四=大畜之大有	六四=頤之噬嗑	九四=大過之井	六四=坎之困	九四=離之賁	九四=咸之蹇	九四=恒之升
九五=无妄之噬嗑	六五=大畜之小畜	六五=頤之益	九五=大過之恒	九五=坎之師	六五=離之同人	九五=咸之小過	六五=恒之大過
上九=无妄之隨	上九=大畜之泰	上九=頤之復	上六=大過之姤	上六=坎之渙	上九=離之豊	上六=咸之遯	上六=恒之鼎